Bernt Engelmann Wie wir wurden, was wir sind

»Dem Sozialismus gehört die Zukunft . . .«
Wahlplakat der Berliner CDU vom Herbst 1946.

BERNT ENGELMANN

WIE WIR WURDEN WAS WIR SIND

VON DER BEDINGUNGSLOSEN KAPITULATION BIS ZUR UNBEDINGTEN WIEDERBEWAFFNUNG

BÜCHERGILDE GUTENBERG

Lizenzausgabe für die Büchergilde Gutenberg,
Frankfurt am Main · Wien · Zürich
mit Genehmigung der C. Bertelsmann Verlags GmbH, München

Schutzumschlag von Wolfgang Rudelius, Biedenkopf-Breidenstein
Gesamtherstellung: Mohndruck Graphische Betriebe GmbH, Gütersloh
Printed in Germany 1981 ISBN 3 7632 2512 9

Inhalt

1. Ein Landstrich namens Deutschland 7
2. Die Stunde Null 25
3. Vom Rosenzüchter zum Weichensteller 53
4. Der Kampf um die Macht 70
5. . . . wo sind sie geblieben? 104
6. Der Gegenangriff der alten Mächte 119
7. Am Abend der Demontage oder Wir sind noch einmal davongekommen 140
8. Geistiger »Leerraum«, Schwarzmarkt und Währungsreform 156
9. Berlin-Blockade und Weststaat-Gründung 180
10. Das Kabinett des Doktor Adenauer 205
11. Die Bundesrepublik als moralische Anstalt 228
12. Wohlstand schickt sich nicht für alle 243
13. Das Wirtschaftswunder – geplant seit Stalingrad 263
14. Autoritäre Willensbildung und einsame Entschlüsse 282

Zeittafel 301
Quellen und Anmerkungen 306
Register 346

1. Ein Landstrich namens Deutschland

VISIT GERMANY! fordert ein Plakat der Deutschen Bundesbahn. Es zeigt einen in der Sonne glänzenden TEE-Zug, den Transeurop-Expreß »Rheingold«, auf der Fahrt gen Süden. Er rast an grünen, rebenbestandenen Hügeln vorbei, immer entlang dem Strom, an dem – einem vor wenig mehr als hundert Jahren populär gewordenen Lied zufolge – »fest und treu die Wacht« zu halten einst deutscher Männer heilige Pflicht war.

VISITEZ L'ALLEMAGNE! so lockt ein zweites Plakat, das sich, ansonsten identisch mit dem ersten, an den französischen Nachbarn wendet, den »Erbfeind« von damals, gegen den von der Niederwaldhöhe aus auf 25 Meter hohem Sockel noch heute, zu Füßen einer 10,5 Meter hohen, einstigen Idealmaßen üppiger Weiblichkeit entsprechenden Germania, der »Genius des Krieges« ein gewaltiges Schwert ausstreckt. Dieses Schwert ist übrigens 1945 abhanden gekommen, konnte aber schon in den fünfziger Jahren originalgetreu ersetzt werden.

Die freundliche Einladung an Briten, Amerikaner und Franzosen, GERMANY oder L'ALLEMAGNE zu besuchen, ist übrigens insofern irreführend, als seitens der Deutschen Bundesbahn nur der westliche Teil Deutschlands gemeint ist, allenfalls noch West-Berlin, wo Touristen von einer erhöhten, bequem zu ersteigenden Plattform aus einen Blick über »die Mauer« werfen können. Diese auf östlicher Seite stark gesicherte und bewachte Mauer quer durch das gesamte Stadtgebiet der einstigen Reichshauptstadt teilt Berlin in einen von den USA, Großbritannien und Frankreich militärisch besetzten Westteil, der mit der Bundesrepublik in sehr engen, durch internationale

Vereinbarungen geschützten Beziehungen steht, und in einen etwas größeren östlichen Teil, der von der Deutschen Demokratischen Republik zu deren Hauptstadt erklärt worden ist.

Auch mitten durch Deutschland verläuft eine scharfe Trennungslinie, beiderseits bewacht und kontrolliert, wobei auf östlicher Seite die Vorkehrungen gegen ein unbefugtes Überschreiten dieser Grenze weit umfangreicher und schärfer sind, als es irgendwo sonst auf der Welt in Friedenszeiten üblich ist. Denn an dieser Demarkationslinie berühren sich die beiden großen Machtblöcke, deren Zentren weitab in Washington und Moskau liegen, und ihre Interessen stoßen hier hart aneinander.

Reisende, die den TEE »Rheingold« benutzen, bemerken von alledem nichts, und dies nicht nur wegen des Abstands von knapp zweihundert Kilometern zwischen dem Rheintal und der Grenze zur DDR östlich von Fulda.

Die Bilderbuch-Landschaft, die am Panoramafenster vorbeigleitet, gibt ihnen, so geschichtsträchtig sie ist, keinen Aufschluß über die vielen Besonderheiten des Landes, in dem sie sich befinden.

Selbst wenn sie, anstatt auf die Weinberge, die Burgruinen und die vielen Schiffe auf dem Rhein zu achten, eine beliebige bundesdeutsche Tageszeitung aufschlügen, lieferten ihnen deren Meldungen allenfalls ein paar Anhaltspunkte und gäben ihnen, den Zustand des Landes betreffend, mancherlei Rätsel auf.

Denn da hieße es beispielsweise:

»Kanzler warnt OPEC-Staaten. Vor seiner Abreise aus den USA wies Helmut Schmidt die Organisation erdölexportierender Länder auf die sehr ernsten Konsequenzen weiterer Preissteigerungen hin.«

»Zuschauerkatastrophe im Hamburger Volkspark-Stadion. HSV-Meisterfeier wurde zum Chaos mit Schwerverletzten und Verwüstungen. 110000 Fans sorgten für Schreckensbilanz.«

»Blutbad in Bangui. Deutsche Zeugen sprechen von ›beispiellosen Greueln‹. Schüler und Studenten auf Befehl ›Kaiser‹ Bokassas von Zentralafrika niedergemetzelt.«

»Milde Urteile im Bochumer Einsatzgruppen-Prozeß. Angeklagter Langl wegen Beihilfe zum Mord an 1600 Juden in Weißruthenien schuldig gesprochen, aber straffrei wegen ›geringer Schuld‹. Auch die Mitangeklagten auf freiem Fuß.«

»Niedersächsischer CDU-Spitzenkandidat für das Europa-Parlament legt sein Mandat nieder. Christdemokratische Europa-Prominenz hatte mit Sitzungsboykott gedroht, falls Hans Edgar Jahn, der 1943 als Buchautor Kriegs- und Rassenhetze betrieben hatte, Fraktionssprecher wird.«

»Franz Josef Strauß im Aufwind. CSU-Vorsitzender beharrt auf Kanzlerkandidatur: ›Der beste Mann hat den Führungsanspruch.‹ CDU-Spitze um Geschlossenheit besorgt: ›Strauß bedeutet absolute innenpolitische Konfrontation.‹«

»Hohe Strafen für Haag und Mayer beantragt. Bundesanwaltschaft fordert: ›Rädelsführer einer kriminellen Vereinigung sollen in Sicherheitsverwahrung.‹«

»Umfrageergebnis: Grundgesetz ist den Beamten fremd. Jeder dritte Beamte hatte das Grundgesetz, auf das er verpflichtet ist, noch nie in der Hand. Bis zu 66 Prozent der Beamten halten wichtige Grundgesetzartikel für DDR-Verfassungsbestimmungen.«

»Auschwitz-Akten lagerten ungeschützt in Gefängniskeller. Historiker bezeichnen die Unterbringung der ›historisch bedeutenden‹ Gerichtsakten des großen Frankfurter Auschwitz-Prozesses als Skandal. Staatsanwalt verspricht schnellstmöglich Abhilfe. Raumnot zwang zur ›Einkellerung‹ der Original-Dokumente.«

»Klöckner-Humboldt-Deutz erwartet Riesenauftrag aus der Sowjetunion. Krupp mit Ostgeschäft zufrieden. Thyssen sieht seine Chancen wachsen.«

»Einjährige Haftstrafen für linksradikale dpa-Besetzer gefordert. Kein Nachweis der Terror-Unterstützung. Staatsanwalt erklärt, erwiesenes ›Werben für eine terroristische Vereinigung‹ verlangt exemplarische Sühne.«

»Ehemaliger SS-Mann Kroker fordert von NDR-Fernsehjournalistin durch seinen Rechtsanwalt Beweise dafür, daß ihre Eltern oder andere Juden tatsächlich in deutschem KZ vergast wurden. Sieht Behauptung als ›längst widerlegte Greuelmär‹ an und droht mit Strafanzeige wegen Volksverhetzung und Beleidigung.«

Diese und viele andere Zeitungsmeldungen können, einzeln genommen oder unterschiedlich kombiniert, zu halbwegs richtigen, aber auch zu völlig falschen Schlußfolgerungen verleiten, gleich ob der Leser ein über den Hintergrund dieser Nachrichten wenig unterrichteter Ausländer oder ein ständiger Bewohner des Landes ist. Denn auch die Deutschen, zumal die Jüngeren, sind nicht hinreichend informiert über die Hintergründe und Ursachen einiger der wichtigsten Geschehnisse und Entwicklungen in ihrem Land.

Dieser Bericht soll ein besseres Verständnis der Zusammenhänge ermöglichen. Er handelt vornehmlich von der Entstehung des Staats im Westen Mitteleuropas, der sich »Bundesrepublik Deutschland« nennt. Es wird zunächst die Rede sein von den außergewöhnlichen Umständen, die zur Bildung dieses Staats geführt haben, und von den entscheidenden Weichenstellungen, die seine spätere Entwicklung und heutige Situation schon früh bestimmten. Daran erinnern sich heute nur noch sehr wenige, obwohl die Folgen deutlich, zum Teil sehr schmerzhaft fühlbar sind.

Die Information über die Gründerjahre der Bundesrepublik Deutschland und die Zeit davor ist von weit mehr als nur historischem Interesse, und dies keineswegs allein für die Menschen, die in diesem Staat leben. Denn dieses vergleichsweise junge, vor wenig mehr als drei Jahrzehnten aus Trümmern entstandene Gemeinwesen, dessen Bewohner damals Mangel an fast allem litten, was Menschen zum Leben brauchen, ist heute einer der reichsten und mächtigsten Staaten der Erde, allen – nicht zuletzt den eigenen – Bemühungen zum Trotz, diese Tatsache zu verschleiern. Die durch die frühen Entscheidungen weitgehend vorbestimmte Politik dieses Staats hat über seine Grenzen hinaus erhebliche, nicht selten weltweite Auswirkungen.

Dabei ist diese Bundesrepublik mit dem anspruchsvollen Namen Deutschland, die sich mit Zustimmung der Westmächte zur Rechtsnachfolgerin des 1945 untergegangenen Deutschen Reichs erklärt hat, ihrer Ausdehnung nach nur ein unbedeutendes Ländchen: kaum größer als Guinea oder Uganda, weniger als halb so groß wie das Zentralafrikanische Kaiserreich des mittlerweile gestürzten Bokassa I., etwas kleiner als Wyoming, der 44. Staat der USA, und nicht einmal ein Zwölftel so groß wie die Jakutische Autonome Sozialistische Sowjetrepublik, die ihrerseits innerhalb der riesigen Sowjetunion nur eine verhältnismäßig bescheidene Rolle spielt. Zwar zählt die Bundesrepublik Deutschland – einschließlich West-Berlin – mehr Einwohner, als Guinea, Uganda, das Zentralafrikanische Kaiserreich, Wyoming und Jakutien zusammen aufzuweisen haben, nämlich 61 Millionen.

Doch auch dies ist im Vergleich zur Bevölkerung anderer Staaten keineswegs viel: Die Republik Mexiko hat fast vier Millionen mehr Einwohner; in Brasilien und in Indonesien leben jeweils etwa doppelt so viele Menschen wie in der Bundesrepublik Deutschland; die Bevölkerung allein des europäischen Teils der Sowjetunion ist annähernd dreimal so zahlreich, und selbst ein weltpolitisch vergleichsweise weit weniger bedeutender Staat wie die westafrikanische Republik Nigeria zählt rund zwanzig Millionen mehr Bürger.

Auch das politische Machtzentrum der Bundesrepublik

Deutschland, die einstige preußische Kreisstadt Bonn, hat trotz der Eingemeindung aller umliegenden Dörfer und Städtchen nur 285 000 Einwohner aufzuweisen; selbst Bangui, die Hauptstadt des einstigen zentralafrikanischen »Kaisers« Bokassa und seines Reichs, zählt etwa 80 000 Einwohner mehr. In Mexico City leben rund vierzigmal mehr Menschen, nämlich fast zwölf Millionen, und selbst eine chinesische Provinzstadt wie Wuhan weist mehr als das Zehnfache an Einwohnern auf, ganz zu schweigen von den rund elf Millionen Menschen, die in Schanghai leben.

Doch während in der – sprichwörtlich überfüllten – Volksrepublik China die Bevölkerungsdichte derzeit im Landesdurchschnitt rund 90 Einwohner je Quadratkilometer erreicht hat, sind es in der Bundesrepublik Deutschland heute schon über zweieinhalbmal mehr, nämlich 247. Die Bundesdeutschen sind tatsächlich das geworden, was den damals weit weniger beengt lebenden Reichsdeutschen bereits 1927 von dem nationalistischen Erfolgsautor Hans Grimm warnend vorgehalten worden war: ein *Volk ohne Raum.*

Hans Grimm hatte seinen Landsleuten, trotz der damals gerade herrschenden guten Wirtschaftslage, völlige Verelendung und schließlichen Untergang prophezeit, falls sie sich nicht mehr »Lebensraum« und »einen Platz an der Sonne« verschaffen würden. Zwölf Jahre später, nach starker militärischer Aufrüstung, begannen die Deutschen damit, Grimms Forderungen nachzukommen, ein Nachbarland nach dem anderen mit Krieg zu überziehen und ihren eigenen »Lebensraum« rücksichtslos zu erweitern. Dieser Versuch, eigene vermeintliche Probleme auf Kosten anderer zu lösen, scheiterte bekanntlich, und 1946, ein Jahr nach dem Ende des Zweiten Weltkriegs, lebten in den drei westlichen Besatzungszonen Deutschlands und West-Berlin durchschnittlich 186 Menschen je Quadratkilometer, rund 50 mehr als 1927, und die Bevölkerungsdichte stieg dann von Jahr zu Jahr.

Inzwischen hat die Bundesrepublik auch wieder aufgerüstet; sie ist heute militärisch stärker als das Deutsche Reich im Jahre 1939. Das könnte bedrohlich erscheinen und mag es auch sein, doch ist weder bei den Bundesbürgern noch in der Politik ihrer

Regierung der Wunsch nach gewaltsamer Erweiterung des eigenen Gebietsstands zu verspüren. Den ihnen noch immer fehlenden »Platz an der Sonne« hingegen wissen sich die Bürger der Bundesrepublik Deutschland längst auf andere als militärische Weise zu verschaffen: Jedes Jahr reisen fast acht Millionen von ihnen nach Italien, knapp vier Millionen nach Spanien, jährlich rund zwei Millionen Bundesbürger besuchen Portugal, Griechenland, die Türkei, Tunesien, Malta oder Israel. In Frankreich können die Hotels mit jährlich mehr als zwanzig Millionen Übernachtungen bundesdeutscher Gäste rechnen, in Jugoslawien mit elf Millionen, in der Schweiz mit zwölf Millionen, in Holland mit knapp sechs Millionen und in Österreich gar mit über sechzig Millionen Übernachtungen. Auch Ostafrika, die Karibik oder gar die Inseln des Indischen Ozeans zählen zu den Ferienzielen immer größerer Scharen von Bürgern der Bundesrepublik Deutschland.

Sie können sich diesen und manchen anderen Luxus durchaus leisten, denn ihr Staat ist heute die stärkste und erfolgreichste Handelsmacht der Welt. Der Umfang der bundesdeutschen Ein- und Ausfuhren wird nur noch übertroffen von dem des Außenhandels der USA. Doch während die Amerikaner schon seit vielen Jahren weit mehr importieren, als sie exportieren können, erzielt die Bundesrepublik Deutschland alljährlich sehr hohe Exportüberschüsse. Mit einem Devisenbestand im Wert von mehr als 22 Milliarden US-Dollar ist die Deutsche Bundesbank heute etwa so reich wie die Zentralnotenbanken der USA, Japans und der Schweiz zusammen.

Die Bundesrepublik ist ein Krösus unter den wohlhabenden Staaten der Welt, dabei vergleichsweise sehr arm an Bodenschätzen. Sie muß den größten Teil ihres Rohstoffbedarfs importieren, ebenso drei Viertel der im Land verbrauchten Lebensmittel. Die wesentlichen Quellen ihres Reichtums sind Industrie und Handel. Für die industrielle Produktion sowie für Dienstleistungen aller Art holt sich das so überaus dicht besiedelte Ländchen, das sich Bundesrepublik Deutschland nennt, noch viele zusätzliche Arbeitskräfte aus anderen Staaten.

Gegenwärtig beschäftigt das bundesdeutsche »Volk ohne Raum« fast zwei Millionen ausländische Gastarbeiter, zumeist Südeuropäer oder Menschen aus der asiatischen Türkei, aber auch rund 33000 Nord- und Zentralafrikaner sowie fast 50000 Ost- und Südasiaten.

Da zahlreiche in der Bundesrepublik lebende ausländische Arbeitskräfte hier Familien gegründet oder ihre Angehörigen zu sich nach Deutschland geholt haben, ist die Gesamtzahl der nichtdeutschen Staatsangehörigen, die in der Bundesrepublik ihren ständigen Wohnsitz haben, inzwischen weit höher als die der ausländischen Beschäftigten, nämlich fast vier Millionen. Davon sind 1118000 Türken, 630000 Jugoslawen, 570000 Italiener, 328000 Griechen, über 200000 Spanier, 112000 Portugiesen und rund 50000 Afrikaner. Etwa die Hälfte der insgesamt beinahe vier Millionen ausländischen Dauergäste lebte 1977 schon über sechs Jahre in der Bundesrepublik, davon 1,3 Millionen sogar bereits zehn Jahre und länger.

Diese Hilfskräfte aus südlichen Ländern sind den Bundesbürgern als Fremde mitunter lästig, aber zugleich unentbehrlich, denn sie verrichten die körperlich schwersten und schmutzigsten Arbeiten, die zu übernehmen Einheimische trotz einer seit Jahren fast konstanten Zahl von knapp oder etwas über einer Million Arbeitslosen heute kaum noch bereit sind. In der Regel sind die Bundesbürger – im Landesdurchschnitt wie im Weltmaßstab – gutverdienende und anspruchsvolle Leute mit sehr hohem Lebensstandard. Sie verfügen über erstaunlich große Rücklagen; allein die Spargelder machen insgesamt rund 500 Milliarden DM aus. Allen bitteren Erfahrungen ihrer Eltern und Großeltern zum Trotz, die innerhalb einer Generation zwei fast totale Entwertungen ihrer Ersparnisse erleben mußten, haben sie volles Vertrauen zu ihrer Währung, und tatsächlich ist die Deutsche Mark seit langem das – neben dem Schweizer Franken – solideste und stabilste Zahlungsmittel der Welt.

Fast zwei Drittel der Bundesbürger schätzten bei einer Befragung die Lage ihres Landes wie ihre eigene wirtschaftliche Situation als durchaus zufriedenstellend ein und zeigten sich in beiderlei Hinsicht auch für die Zukunft optimistisch. Ebenfalls rund sechzig Prozent fanden – und dies sogar im Winter 1976/77, als die Konjunktur noch rückläufig war –, es gehe ihnen gut oder sogar sehr gut.

Völlig zufrieden sind die allermeisten Bürger der Bundesrepublik Deutschland auch mit ihrem Staat, seiner Struktur, seinem Wesen und seinen engen geographischen Grenzen. Das ist insofern verblüffend, als es sich bei der Bundesrepublik Deutschland nach dem Wortlaut der Präambel zu ihrer Verfassung, dem Grundgesetz vom 23. Mai 1949, nur um ein Provisorium handelt, lediglich geschaffen, »um dem staatlichen Leben *für eine Übergangszeit* eine neue Ordnung zu geben«. Der Schlußsatz dieser Präambel lautet: »Das ganze deutsche Volk *bleibt aufgefordert*, in freier Selbstbestimmung die Einheit und Freiheit Deutschlands *zu vollenden.*«

Die Wiedervereinigung Deutschlands »in den Grenzen vom 31. Dezember 1937« ist seit Bestehen der Bundesrepublik Deutschland das erklärte Hauptziel ihrer gesamten offiziellen Politik. Die etwas willkürlich erscheinende Datierung des geforderten früheren Besitzstandes, ausgerechnet auf den Silvesterabend des Jahres 1937, soll wohl nur verdeutlichen, daß die Bundesrepublik keine Ansprüche auf das – erst Mitte März 1938 »heim ins Reich« geholte – Gebiet von Österreich erhebt, auch nicht auf das – ein halbes Jahr später, im Oktober 1938 – dem Deutschen Reich »eingegliederte« Sudetenland, das bis dahin zur Tschechoslowakei gehört hatte.

Dagegen zählen zum Gebiet des Deutschen Reichs vom 31. Dezember 1937, das die Bundesrepublik seit ihrem Bestehen für sich oder für einen neuen, alle deutschen Territorien einschließenden Staat beansprucht, die damalige Provinz Ostpreußen (ohne das Memelgebiet und ohne die seinerzeit Freie Stadt Danzig), die heute polnischen Teile Pommerns und Schlesiens sowie die 1919 verbliebenen Reste von Posen und Westpreußen, schließlich das ganze heutige Staatsgebiet der Deutschen Demokratischen Republik.

Von der Entstehung und völkerrechtlichen Begründung dieser

beachtlichen, erklärtermaßen aber nur »in Frieden und Freiheit« zu realisierenden Forderung sowie von der Aufrechterhaltung dieser Ansprüche, auch als sie schon längst zu einer reinen, der praktischen Politik zudem sehr hinderlichen Illusion geworden waren, wird noch ausführlich die Rede sein. Vorerst geht es jedoch nur darum, jene Kausalkette aufzuzeigen, die dazu führte, daß um die Mitte des 20. Jahrhunderts im Zentrum des europäischen Kontinents ein Staat namens »Bundesrepublik Deutschland« entstand. Jener Staat demonstrierte schon mit dieser Namensgebung, daß er sich als »Deutschland«, das Land der – möglicherweise sogar aller – Deutschen empfand, und erhob dann – ja, erhebt noch heute, zumindest verbal – Ansprüche auf Gebiete, die zwar einst zum Deutschen Reich, teilweise auch schon zum Deutschen Bund des 19. Jahrhunderts gehörten, die aber inzwischen längst entweder Bestandteile anderer Staaten geworden sind oder, wie die DDR, eigene staatliche Souveränität erhalten und dieser internationale Anerkennung verschafft haben.

Das Vorhandensein mehrerer deutscher Staaten ist nichts Neues; es gab deren im Mittelalter wie in der Neuzeit über Jahrhunderte hinweg in solchem Übermaß, daß selbst hochspezialisierte Historiker sich scheuen würden, sie genau zu zählen. Umgekehrt waren die Zeitabschnitte, wo die allermeisten von Deutschen besiedelten Gebiete Mitteleuropas in einem Staat vereint waren, nur sehr kurz und für die Bewohner, trotz der damit verbundenen Befriedigung ihrer angeblichen oder tatsächlichen nationalen Sehnsüchte, alles andere als glücklich. Auch war und ist der geographisch-politische Begriff »Deutschland« im Verlauf der Geschichte immer wieder neu und stets anders definiert worden. 1844, nur wenig mehr als ein Jahrhundert vor der Gründung der Bundesrepublik Deutschland, gab die bei F. A. Brockhaus in Leipzig erschienene *Allgemeine deutsche Real-Encyklopädie für die gebildeten Stände* beispielsweise die folgende Beschreibung: *»DEUTSCHLAND, ein fruchtbarer, alle Klimate der gemäßigten Zone umfassender Länderstrich im Herzen Europas, grenzt im Osten an Westpreußen, Posen und das russische Polen, den* *polnischen Freistaat Krakau, Galizien und Ungarn, im Süden an das Adriatische Meer und Oberitalien (Lombardei), im Westen an die Schweiz, Frankreich, Belgien, Holland und im Norden an die Nordsee, an Schleswig und die Ostsee.«*

Demzufolge gehörten zwar Prag, Kattowitz und auch Auschwitz zu Deutschland, ebenso Bozen und Abbazia (heute als jugoslawischer Badeort Opatija bekannt) sowie Luxemburg und das längst holländische Limburg, nicht aber Königsberg und Danzig, Bromberg, Flensburg oder Westerland auf Sylt.

Zeigt schon dieses eine Beispiel, wie unterschiedlich und abwechslungsreich selbst stille Gelehrte den Begriff »Deutschland« und die Grenzen ihres eigenen Vaterlands zu anderer, noch nicht sehr lange zurückliegender Zeit definiert haben, so wird es geradezu abenteuerlich, wenn man die Ansprüche untersucht, die von deutschen Wortführern hinsichtlich der Grenzen Deutschlands im 20. Jahrhundert mit großer Lautstärke erhoben worden sind. Im Ersten Weltkrieg, dem mißglückten *Griff nach der Weltmacht*, wie Fritz Fischer ihn genannt hat, forderten Militärs, bürgerliche Politiker, hohe Beamte, Großagrarier und vor allem die Herren der Industrie des Deutschen Reichs im Westen die Annexion der nordfranzösischen Kohle- und Erzgebiete bis zur Kanalküste, dazu die Rhein- und Scheldemündungen und die Degradierung Hollands, Belgiens und Luxemburgs zu deutschen Vasallenstaaten. Im Osten sollten Finnland, Estland, Lettland und Litauen, Russisch-Polen, die Ukraine, die Krim und die Ölgebiete am Schwarzen und am Kaspischen Meer militärisch besetzt gehalten und wirtschaftlich ausgebeutet werden. Österreich-Ungarn, der ganze Balkan, die Türkei und der Vordere Orient bis zu den Ölquellen des Irak sollten ebenfalls unter deutsche Oberherrschaft kommen. Und noch auf der Bad Kreuznacher Konferenz vom April 1917 über die Kriegsziele des Deutschen Reichs wurden weitere Forderungen erhoben: zwei Drittel von Afrika, zahlreiche Stützpunkte im Mittelmeer und im Atlantik sowie die Auslieferung der Handelsflotten aller Kriegsgegner Deutschlands an das Reich.

Nach dem militärischen und wirtschaftlichen Zusammenbruch

des kaiserlichen Deutschlands und dem ruhmlosen Ende der Monarchie im November 1918 wurde das nun zur Republik erklärte Reich von den Siegermächten vergleichsweise glimpflich behandelt. Es verlor zwar große Teile seines bisherigen Territoriums, doch im wesentlichen nur diejenigen Gebiete, in denen überwiegend Nichtdeutsche lebten. Im Frieden von Versailles wurde 1919 Elsaß-Lothringen an Frankreich zurückgegeben; Eupen und Malmédy kamen zu Belgien, Nordschleswig fiel an Dänemark, das Memelgebiet an Litauen, Ostoberschlesien sowie der größte Teil von Posen und Westpreußen kam zur neuen Republik Polen, während Ostpreußen deutsch blieb, jedoch getrennt vom übrigen Reichsgebiet durch den »polnischen Korridor«. Danzig wurde Freie Stadt, und das Hultschiner Ländchen kam zur neuen, aus Böhmen und Mähren gebildeten Tschechoslowakischen Republik.

Diese Verkleinerung des Deutschen Reichs, verbunden mit seiner militärischen Entmachtung, hohen Reparationen sowie dem Verlust aller im späten 19. Jahrhundert eroberten Kolonien in Übersee, wurde von der deutschen Oberschicht und von großen Teilen des Mittelstands, weit weniger von der Arbeiterschaft, als äußerst schmerzlich, ja, als nationale Schande empfunden (wobei daran erinnert sei, daß jene 1919 gezogenen, »schändlichen« Grenzen genau denen entsprechen, die auch noch am 31. Dezember 1937 galten und seit Bestehen der Bundesrepublik für ein wiedervereinigtes Deutschland als rechtmäßig angesehen werden).

Obwohl die Revolution von 1918, die die Fürstenherrschaft in Deutschland beendete, blutig niedergeschlagen wurde, noch ehe sie recht begonnen hatte, und obwohl die von der breiten Masse erwartete radikale Umgestaltung der Gesellschaft ausblieb, waren die alten Mächte – Adel, Militär, Klerus sowie das Industrie, Handel und Banken beherrschende Großbürgertum – nicht bereit, sich mit den neuen Verhältnissen abzufinden. Dabei hatte die junge Weimarer Republik – wie sie nach dem Tagungsort ihrer verfassunggebenden Nationalversammlung genannt wurde – nur eine bürgerliche Demokratie errichtet, auf die Verwirklichung sozialistischer Zielvorstellungen verzichtet und weder den Besitzstand der alten Führungsschichten angetastet noch deren Einfluß entscheidend vermindert. Die Ministerialbürokratie, die Apparate der Verwaltung, Justiz und Polizei sowie das – auf ein Hunderttausendmann-Heer reduzierte – Militär wurden nach wie vor beherrscht von kaisertreuen, den alten Mächten ergebenen Antirepublikanern. So stand die erste deutsche Republik, die die Konkursmasse des bankrotten Kaiserreichs übernommen hatte, von Anfang an auf sehr schwachen Füßen. Die Bemühungen ihrer Politiker – es waren meist bürgerliche, liberale oder christliche Demokraten und Männer vom rechten Flügel der Sozialdemokratie –, die Republik im Innern zu konsolidieren und außenpolitisch eine Aussöhnung mit allen Nachbarn anzustreben, stießen auf den entschlossenen, teils offenen, teils heimlichen Widerstand der alten Mächte.

Das ganze Sinnen und Trachten des alten Establishments war auf die Wiederherstellung stramm autoritärer Verhältnisse gerichtet, wobei ihm die Rückkehr zur Hohenzollern-Monarchie am liebsten gewesen wäre. Als Übergang sollte eine Militärdiktatur alle demokratischen und sozialen Errungenschaften beseitigen, zugleich eine massive Wiederaufrüstung zur Vorbereitung eines Revanchekriegs betreiben. Mit diesem neuen Krieg wollten die alten Führungsschichten die deutsche Vormachtstellung auf dem Kontinent und auf den Weltmärkten zurückgewinnen und zugleich allen sozialistischen Bestrebungen in Mittel- und Osteuropa ein blutiges Ende bereiten. Vor allem sollte der Kommunismus ausgerottet werden, der im einstigen russischen Zarenreich an die Macht gelangt war. Dabei würde sich – so hofften Deutschlands Großagrarier, Industrielle, Bankiers und Militärs – auch die Gelegenheit ergeben, die Grenzen des Reichs weit nach Osten vorzuschieben, wodurch man mehr »Lebensraum«, Millionen billiger Arbeitskräfte und gewaltige Rohstofflager zu gewinnen hoffte.

Der »Bolschewismus« genannte Kommunismus russischer Prägung, dessen Sieg über das Zarentum ursprünglich von der militärischen Führung des kaiserlichen Deutschlands zwecks

Zermürbung des letzten Widerstands der zaristischen Armee kräftig gefördert worden war, eignete sich auch vorzüglich als Schreckgespenst, mit dem die alten Führungsschichten das deutsche Kleinbürgertum ängstigen und für seine Pläne gewinnen konnten. Und da die alten Mächte zugleich ihre eigene Verantwortung für Krieg, Niederlage und alle bösen Folgen leugneten und auf andere abzuwälzen trachteten, benötigten sie auch noch einen Sündenbock, dem sie alle Schuld an Deutschlands Niedergang zuschieben konnten. Die von Industriekonzernen, Banken und Großgrundbesitzern unterstützte deutsche Rechte fand hierfür jene religiöse Minderheit am besten geeignet, der schon seit alters her in christlichen Ländern gern die Schuld an Katastrophen unterschiedlichster Art zugeschoben wurde: die Juden.

Die knapp 600000 reichsdeutschen Bürger jüdischen Glaubens des Jahres 1914 hatten sich zwar im Ersten Weltkrieg um kein Deut weniger patriotisch, pflichtbewußt und opferbereit gezeigt als andere Deutsche; der Anteil der Freiwilligen, Frontsoldaten, für besondere Tapferkeit Ausgezeichneten, Verwundeten und Gefallenen entsprach bei den jüdischen Deutschen haargenau dem Reichsdurchschnitt, und sie waren in ihrer großen Mehrheit national gesinnt, gemäßigt konservativ oder liberal und entschieden antirevolutionär. Aber das nützte ihnen nichts. Für die judenfeindliche Kampagne der deutschen Rechten, die schon 1919 begann, spielten Tatsachen überhaupt keine Rolle.

Die Juden sollten einerseits als Kapitalisten, Freimaurer und »Welthochfinanz« mit Hilfe einer internationalen Verschwörung der »Weisen von Zion« den Krieg gegen das kaiserliche Deutschland angezettelt und später das militärisch jedem Angriff trotzende Deutsche Reich durch eine verbrecherische Hungerblockade bezwungen haben. Ihr Ziel war es, das deutsche Volk »für immer zu versklaven«. Anderseits sollten *die Juden* aber auch in Deutschland am Krieg nur verdient, von Drückebergerposten aus die Revolution geschürt, sich und ihre marxistischen Freunde, während alle anderen darbten, kräftig gemästet und dann den schrecklichen »Dolchstoß in den Rücken« der tapferen,

»im Felde unbesiegten« Frontsoldaten geführt haben. Schließlich dichtete man ihnen auch noch an, als »Herren der Wallstreet« die heimlichen »Drahtzieher des Bolschewismus« in Osteuropa zu sein, als ob ausgerechnet die New Yorker Börse die geeignete Stelle gewesen wäre, den internationalen Kommunismus zu organisieren.

Knapp anderthalb Jahrzehnte der Hetze gegen die Juden und die »Judenrepublik« genügten. Denn während dieser Zeit erlebte Deutschland auch die – von Wirtschaftspolitikern der Rechten wie Hjalmar Schacht noch künstlich gesteigerte – Inflation, die den deutschen Mittelstand völlig verarmen ließ, während die Industriekonzerne und der Großgrundbesitz enorme Profite machten. Und nach wenigen Jahren der Erholung folgte die große Weltwirtschaftskrise, die auch in Deutschland Massenarbeitslosigkeit und Elend verursachte, weite Teile der Arbeitnehmerschaft demoralisierte und wesentlich dazu beitrug, daß immer mehr Deutsche den Parolen der rechten Ultras Glauben schenkten. Im Winter 1932/33 war es dann soweit, daß die alten Führungsschichten ihre Pläne verwirklichen und der deutschen Demokratie endlich den Garaus machen konnten.

Führende Industrielle, Bankiers, Versicherungsmagnaten und Großagrarier brachten, im Bund mit den hohen Militärs, im Januar 1933 eine Regierung unter der Kanzlerschaft des Naziführers Adolf Hitler an die Macht. Sie hofften jedoch, diesen gefährlichen Demagogen und seine zum Rabaukentum neigende Gefolgschaft dadurch unter Kontrolle zu halten, daß sie fast alle Ministerien ihren konservativen Vertrauensleuten zuschanzten und im übrigen auf die Reichswehr vertrauten. Doch der einmal installierte Nazi-Faschismus entwickelte rasch seine eigene Dynamik. Zwar lief anfangs fast alles genau so, wie es sich Hitlers mächtige Gönner gewünscht hatten: Gewerkschaften und Arbeiterparteien wurden zerschlagen, ihre Errungenschaften wieder beseitigt, der Parlamentarismus durch eine Diktatur ersetzt und die Wirtschaft durch – zunächst heimliche – Rüstungsaufträge und strategischen Autobahnbau »angekurbelt«. Aber kaum saßen die Hitlerleute fest im Sattel, da ergriffen sie auch mancherlei Maßnahmen, die den alten Führungsschichten gar nicht behagten; bei dem einen oder anderen bisherigen Förderer der Nazis kam Skepsis auf, zumal Hitler an eine Wiedererrichtung der Hohenzollern-Monarchie überhaupt nicht dachte.

Doch der Elan, mit dem die Nazis dann die Gunst der Stunde und die Schwäche der Großmächte auszunutzen verstanden, riß am Ende auch die Zweifler mit. Dieser Hitler, so fanden sie, verstand es wirklich hervorragend, die Massen zu zähmen, zugleich den alten Führungsschichten glänzende Profite zu verschaffen, Deutschland zu stärken und aller Welt die Stirn zu bieten:

1935 kehrte das Saarland »heim ins Reich«; 1936 marschierte die Wehrmacht ins bis dahin entmilitarisierte Rheinland ein, dessen Grenze sogleich mit einem starken Verteidigungssystem, dem sogenannten »Westwall«, befestigt wurde. Die neue deutsche Luftwaffe unterstützte den spanischen General Franco bei seinem Putsch gegen die republikanische Regierung in Madrid, der nach langen blutigen Kämpfen zur Errichtung einer faschistischen Diktatur führte. 1938 wurde Österreich dem Deutschen Reich »angeschlossen«, ebenso das Sudetenland. Im Frühjahr 1939 vereinnahmte Deutschland auch das restliche Gebiet der Tschechoslowakischen Republik, bildete daraus das »Protektorat Böhmen und Mähren« sowie einen slowakischen Vasallenstaat und bereitete nun den Angriff auf Polen vor. Am 1. September 1939 war es dann soweit. Die Wehrmacht besetzte Danzig und fiel in Polen ein, dessen Bestand von Frankreich und Großbritannien garantiert worden war. Damit begann der von der deutschen Führung angestrebte und von langer Hand vorbereitete Zweite Weltkrieg.

Nach zahlreichen »Blitzsiegen« und erfolgreichen Überfällen auf eine Reihe weiterer Länder unter Mißachtung ihrer Neutralität und Bruch gerade erst geschlossener Verträge erreichte das »Großdeutsche Reich«, wie es sich nun nannte, 1941/42 seine größte Ausdehnung: Im Norden waren ganz Dänemark, Norwegen und das mit dem Reich verbündete Finnland von der Wehrmacht besetzt; im Osten standen deutsche Truppen vor Leningrad und Moskau, im Südosten der Sowjetunion, die Hitler unter Bruch des Freundschafts- und Nichtangriffspakts von 1939 im Juli 1941 »blitzartig« überfallen hatte, sogar im Donezbecken, auf der Krim und am Kaukasus. Im Süden waren der ganze Balkan, die Insel Kreta und die nordafrikanische Küste von Bizerta bis West-Ägypten in der Hand der Deutschen und ihrer italienischen Verbündeten, und im Westen hielt die deutsche Wehrmacht ganz Frankreich, Belgien, Holland und Luxemburg sowie die britischen Kanalinseln besetzt.

Drei Jahre später aber hatte sich das Blatt völlig gewendet: Nun waren die deutschen und die mit ihnen verbündeten Armeen an allen Fronten geschlagen und auf dem Rückzug. Ein später Versuch deutscher Generale und Stabsoffiziere, sich am 20. Juli 1944 Hitlers zu entledigen und einen Separatfrieden mit den Westmächten zu schließen, war gescheitert.

Anfang 1945 begannen die alliierten Armeen ins Reichsgebiet einzudringen. Im Februar hatten sowjetische Verbände Ostpreußen abgeschnitten, Breslau erobert und den Sturm auf Berlin begonnen. Im Westen bereiteten sich amerikanische, britische und französische Kampfverbände darauf vor, den Rhein in breiter Front zu überschreiten und das Ruhrgebiet einzukesseln. Die deutsche Wehrmacht leistete nach der Anfang Januar gescheiterten Ardennenoffensive nur noch hinhaltenden Widerstand.

Am 25. April 1945 meldete das alliierte Oberkommando: »Truppen der amerikanischen und der sowjetischen Armee haben sich bei Torgau an der Elbe vereinigt.«

Der militärische, wirtschaftliche und politische Zusammenbruch des Deutschen Reichs war nicht mehr aufzuhalten. Am 30. April 1945 beging Hitler Selbstmord im Bunker seiner stark befestigten Reichskanzlei, inmitten der weitgehend zerstörten, von der Roten Armee völlig eingeschlossenen und größtenteils schon eroberten Reichshauptstadt.

Am 1. Mai ließ der von Hitler zu seinem Nachfolger ernannte Großadmiral Karl Dönitz den Kampf gegen die Westmächte einstellen. Am 2. Mai ergaben sich die letzten Verteidiger von Berlin der Roten Armee.

Am 7. Mai 1945 gab der Sender Flensburg, die letzte Station

des »Großdeutschen Rundfunks«, der so viele Jahre lang mit Fanfarenklängen seine »Sondermeldungen« von triumphalen Siegen der deutschen Wehrmacht verkündet und die Bevölkerung bis zuletzt zum »Durchhalten bis zum Endsieg« aufgefordert hatte, »die bedingungslose Kapitulation aller deutschen Truppen« bekannt.

Am 8. Mai um Mitternacht trat an fast allen Fronten Waffenruhe ein. Die letzten Kämpfe endeten in der Tschechoslowakei am 9. und in Kurland am 10. Mai 1945.

Generaloberst Alfred Jodl, der engste militärische Berater Hitlers und seit Kriegsbeginn Chef des Wehrmachtführungsstabs, unterzeichnete in Reims die Kapitulationsurkunde. Danach erhob er sich und erklärte auf englisch: »Mit dieser Unterschrift sind das deutsche Volk und die deutschen Streitkräfte auf Gedeih und Verderb der Hand des Siegers ausgeliefert ... Ich kann in dieser Stunde nur die Hoffnung ausdrücken, daß der Sieger sie mit Großmut behandeln wird.«

Wenn der Generaloberst, der im Oktober 1946 vom Internationalen Militärgerichtshof in Nürnberg als einer der Hauptkriegsverbrecher zum Tode verurteilt und gehängt wurde, Zustimmung von den Vertretern der Siegermächte erwartet hatte, so irrte er sich.

Niemand antwortete ihm.

Die Alliierten waren entschlossen, gegenüber den besiegten Deutschen keine Großmut walten zu lassen.

2. Die Stunde Null

Die bedingungslose Kapitulation »aller gegenwärtig unter deutschem Befehl stehenden Streitkräfte zu Land, zu Wasser und in der Luft« war zwar das offizielle Ende des Zweiten Weltkriegs in Europa. Aber fast jeder im untergehenden »Großdeutschen Reich« hatte die »Stunde Null« entweder bereits mehr oder weniger lange vor dem 7. Mai 1945, 24 Uhr, erlebt oder sah ihr noch bangend entgegen.

Auch hatten Kapitulation und Kriegsende für die Deutschen höchst unterschiedliche Bedeutung, je nachdem, wo sie sich gerade befanden; ob sie bewaffnet und in Uniform waren oder an den Kampfhandlungen unbeteiligte Zivilpersonen; ob sie sich, wie nur die wenigsten, zu Hause befanden oder in einer ihnen fremden Umgebung, ob an einem einigermaßen sicheren Ort oder auf der Flucht ins Ungewisse; ob sie mit ihren Angehörigen beisammen waren oder von diesen getrennt, ob als Soldaten bereits in einem Gefangenenlager, womöglich in Übersee, in einem der letzten Widerstandsnester an einer sich auflösenden Front oder nach unerlaubter Entfernung von der Truppe in irgendeinem Versteck.

Von nicht geringer Bedeutung war es auch für jeden Deutschen, welche der Sieger nun Gewalt über ihn hatten: Amerikaner, Briten, Franzosen oder Russen, reguläre Kampftruppen oder Partisanen, befreite Völker wie Polen, Tschechen oder Jugoslawen, halbverhungerte ukrainische Zwangsarbeiter aus einem Rüstungsbetrieb oder einige im Dorf schon seit langem lebende, in der Regel freundlich behandelte französische Kriegsgefangene.

Schließlich spielte es bei jedem Deutschen für sein persönliches Erleben der »Stunde Null« auch eine entscheidende Rolle, ob er die Kapitulation als langersehnte Befreiung vom Terror der Nazis, zumindest als das herbeigewünschte Ende eines wahnwitzigen Kriegs, empfinden und nun aufatmen konnte – oder ob sie für ihn den endgültigen Zusammenbruch alles dessen bedeutete, was ihm erstrebenswert erschienen war, womöglich die Vernichtung seines Traums von einem siegreichen Großdeutschland, das die Welt beherrschte; ob er selbst an den zahlreichen Kriegsverbrechen beteiligt war und die Rache der Sieger fürchten mußte oder, umgekehrt, es verstanden hatte, Übergriffe zu verhindern und sich dafür nun Anerkennung erhoffen durfte.

Trotz aller individuellen Unterschiede gab es jedoch einen allgemeinen Trend: Von wenigen Ausnahmen abgesehen, fürchteten die besiegten Deutschen, Soldaten wie Zivilisten, weit mehr die sowjetischen, polnischen und anderen slawischen Sieger als deren westliche Verbündete. Viele Millionen Menschen waren in den Wochen vor und nach der »Stunde Null« auf der Flucht von Ost nach West.

Noch während an zahlreichen Frontabschnitten im Osten und zumal um das eingeschlossene Berlin heftige Kämpfe tobten, setzten sich immer mehr Wehrmachtangehörige, erst einzeln oder in Gruppen, dann in geschlossenen Verbänden, nach Westen ab und ließen sich von den Amerikanern oder Briten gefangennehmen. In den letzten April- und ersten Maitagen nahm diese Absetzbewegung rapide zu und wurde rasch zur Massenflucht.

Das deutsche Oberkommando zögerte die Kapitulation am Ende nur noch hinaus, um möglichst viele Soldaten durch die westlichen Linien schleusen zu können. Erst als der amerikanische Oberkommandierende, General Dwight D. Eisenhower, damit drohte, die gesamte Westfront zu sperren und keine Deutschen mehr ins amerikanisch besetzte Gebiet zu lassen, bequemte sich die Wehrmachtführung, seine Forderung nach bedingungsloser Kapitulation endlich zu erfüllen. Immerhin waren so noch fast 1,5 Millionen deutsche Soldaten in westliche, anstatt in sowjetische Kriegsgefangenschaft gekommen, davon Hunderttausende in jenen achtundvierzig Stunden, die Eisenhower als letzte Frist zugestanden hatte.

Die Anzahl der Zivilpersonen, vornehmlich Frauen, Kinder, Greise und Kranke, die in diesen kritischen Wochen aus den Ostprovinzen, dann auch aus Mitteldeutschland und dem Sudetengebiet nach Westen flüchteten, war noch weit größer: Fast vier Millionen Menschen verließen in den letzten Kriegs- und ersten Nachkriegswochen ihre Heimat- oder Zufluchtsorte östlich von Elbe, Saale, Fichtelgebirge und Bayerischem Wald. Zu Fuß, auf Fahrrädern, mit Pferde- oder Ochsengespannen vor dem Karren mit ihrer letzten Habe schlossen sie sich dem großen Treck ins amerikanisch, britisch oder französisch besetzte Gebiet an. In den folgenden Monaten und Jahren nahm dieser Flüchtlingsstrom noch stark zu, und bis zum Juli 1948 hatten sich mehr als 15 Millionen Deutsche dem Exodus angeschlossen.

Die Haupttriebfeder dieser Massenflucht war die Angst – die Angst vor der Rache der Sieger, die Angst vor dem Kommunismus, vor allem die Angst vor den sowjetischen Truppen. Naziparolen von der »bolschewistischen Weltgefahr«, von den slawischen »Untermenschen«, die »Bastarde zwischen Menschen und Tieren« mit »bestialischen Instinkten« sein sollten, spukten noch in den Köpfen. Die »asiatischen Horden«, Nachfahren der Hunnen, Mongolen und Tataren, die einst Europa verwüstet hatten, würden, so fürchteten die meisten, alles niedermachen, brandschatzen und vernichten.

Zwar konnte niemand leugnen, daß es nicht die Völker des Ostens gewesen waren, die ein friedliches Deutschland angegriffen hatten, sondern daß, umgekehrt, die Deutschen erst in Polen, dann in die Sowjetunion eingefallen waren und dann in beiden Ländern schlimmer gehaust hatten als selbst einst die Hunnen in Mitteleuropa. Millionen wehrloser Menschen, darunter mindestens anderthalb Millionen Kinder, waren von eigens dazu abgestellten Polizei- und SS-Verbänden auf grausamste Weise abgeschlachtet worden. Die Mordkommandos hatten weder Säuglinge geschont noch hilflose Greise. Weitere Millionen Menschen waren als Sklavenarbeiter verschleppt worden; man hatte sie und die sowjetischen Kriegsgefangenen großenteils elend zugrunde gehen lassen. In den von Deutschen besetzten Gebieten Polens und der Sowjetunion waren Städte und Dörfer mutwillig niedergebrannt, Gotteshäuser geschändet, Kunstschätze zerstört oder ebenso geraubt worden wie das Vieh, die Ernten und alle Vorräte. Scharen von jungen Mädchen hatte die SS zwangsweise zu »Feldhuren« gemacht und Schwangere von eigens dazu abgerichteten Schäferhunden zerfleischen lassen.

Diese schrecklichen Tatsachen waren den Flüchtlingen, die aus dem Osten in den Westen Deutschlands strömten, durchaus bekannt, wenn auch den meisten nicht in vollem Umfang und in allen grausigen Einzelheiten. Gerade deshalb fürchteten sie ja auch die Rache der Sieger. Und zahlreiche Übergriffe der Eroberer in den ersten Tagen der Besetzung, wo massenhafte Vergewaltigungen und wüste Plünderungen stattfanden, sowie zum Teil sehr blutige Exzesse der befreiten Zivilbevölkerung in den zuvor unter deutscher Herrschaft gewesenen Gebieten schienen allen Befürchtungen der Deutschen recht zu geben und bestärkten sie noch in ihrer Angst.

Zahlreiche Übergriffe – Morde, Plünderungen und Vergewaltigungen – hatte es auch im Westen Deutschlands gegeben, beispielsweise nach der Eroberung Freudenstadts durch französische Kolonialtruppen. Doch das schreckte die Flüchtlinge vom Treck nach Westen nicht ab, auch nachdem im sowjetisch besetzten Gebiet die Disziplin der Truppe rasch wiederhergestellt war. Die Angst vor dem Kommunismus und vor den »bolschewistischen Untermenschen« gab den Ausschlag, der bloße Gedanke, die Greuel der SS in Polen und Rußland könnten an ihnen gerächt werden, versetzte die Flüchtenden in Panik.

Die vollständige Aufteilung Deutschlands in Besatzungszonen der Siegermächte war von den Regierungen der USA, Großbritanniens und der Sowjetunion schon früh ins Auge gefaßt worden. Bereits am 1. Dezember 1943 hatten sie sich auf der Konferenz von Teheran auf eine solche Zerstückelung Deutschlands definitiv geeinigt.

Am 12. September 1944 legten die Alliierten sodann in London die künftigen Ost- und Westgrenzen Deutschlands fest. Wenig später teilten die USA und Großbritannien den Westteil Deutschlands, den sie noch gar nicht erobert hatten, bereits unter sich auf. Im Februar 1945 beschlossen sie in Jalta, gegen den Wunsch der Sowjets, einen Teil des künftigen britisch-amerikanischen Besatzungsgebiets den Franzosen zu überlassen, und zwar das Territorium des heutigen Bundeslands Rheinland-Pfalz, das südliche Baden-Württemberg sowie das Saarland. Zur britischen Zone gehörten Schleswig-Holstein, Hamburg, Niedersachsen und Nordrhein-Westfalen, zur amerikanischen Zone Hessen, Bayern, das nördliche Baden-Württemberg sowie als Nachschubhafen und -basis die Hansestadt Bremen. Das übrige Deutschland östlich der Elbe und der fränkischen Saale, ausgenommen Großberlin, das unter Viermächteverwaltung kommen sollte, bildete die sowjetische Zone.

Damit glaubten die Siegermächte, für die Nachkriegszeit alles bestens geregelt zu haben. Gemeinsam erklärten Amerikas Präsident Franklin D. Roosevelt, der britische Premier Winston S. Churchill und der Führer der Sowjetunion, Generalissimus Josef Stalin: »Es ist unser unbeugsamer Wille, den deutschen Militarismus und Nationalsozialismus zu zerstören und dafür Sorge zu tragen, daß Deutschland nie wieder imstande ist, den Weltfrieden zu stören.«

Doch von dieser Absichtserklärung bis zu ihrer Verwirklichung war ein weiter Weg; es gab darüber hinaus kein gemeinsames Konzept für die Behandlung Deutschlands nach dem Sieg. Jede der vier Besatzungsmächte hatte ihre eigenen Vorstellungen: Frankreich, geführt von General de Gaulle, wollte das linke Rheinufer und das Ruhrgebiet ein für allemal deutscher Kontrolle entziehen, darüber hinaus die Wiedererstehung eines Deutschen Reiches verhindern. England, das im Juli 1945 seinen konservativen Premier Churchill abgewählt und dessen Kriegskabinett durch eine Regierung der Arbeiterpartei ersetzt hatte, wünschte ein Deutschland nach britischem Vorbild mit einer starken Sozialdemokratie. Die Sowjets wollten alle verbliebenen

Machtpositionen der alten Führungsschicht – Großgrundbesitz, Industrie, Banken sowie deren Einfluß auf Verwaltung, Justiz und Militär – beseitigen und eine radikale Neuordnung vornehmen. Die Amerikaner dachten – im Gegensatz zu den Briten und Franzosen – an einen dezentralisierten, föderalistisch organisierten Bundesstaat, der ihren Vorstellungen von Demokratie entsprach. Und natürlich wollten sie nichts von Sozialisierung oder gar von Sozialismus wissen.

Einig waren sich die Siegermächte dagegen in einem wichtigen Punkt: Sollte es je wieder ein vereinigtes Deutschland geben, dann mußte es beträchtlich kleiner sein als jenes Deutsche Reich, das man 1919 in Versailles den Besiegten des Ersten Weltkriegs belassen hatte. Auf der Konferenz von Potsdam, die vom 17. Juli bis zum 2. August 1945 in der einstigen preußischen Residenz tagte, legten die USA, die Sowjetunion und Großbritannien – Frankreichs General de Gaulle war erst gar nicht eingeladen worden – ihre künftige Deutschlandpolitik fest.

Sie beschlossen, die deutschen Gebiete östlich der Oder und der (Lausitzer) Neiße zunächst, bis zur endgültigen Regelung durch einen Friedensvertrag, »unter polnische Verwaltung« zu stellen, das nördliche Ostpreußen mit Königsberg der Sowjetunion zu überlassen und alle noch jenseits der Oder-Neiße-Linie sowie in der wiederhergestellten Tschechoslowakei und in Ungarn lebenden Deutschen in eine der vier Besatzungszonen zu »überführen«.

Schon die Tatsache, daß die Westmächte dem zustimmten, was da in sanfter Umschreibung »Überführung« – später »Umsiedlung« – genannt wurde, zeigt deutlich, daß alle Konferenzteilnehmer die Oder-Neiße-Grenze, von eventuellen kleineren Korrekturen durch einen späteren Friedensvertrag abgesehen, als endgültig ansahen. Denn hätten sie wirklich nur an eine provisorische Regelung gedacht, so wäre die Vertreibung von mehr als zehn Millionen Menschen aus ihrer Heimat eine sinnlose Grausamkeit gewesen, ihre Aufnahme in den ohnehin überfüllten Besatzungszonen, wo es bereits der Stammbevölkerung an Unterkunft und Nahrung fehlte, ein Verstoß gegen die eigenen

Interessen der Besatzungsmächte, durch den zudem höchst gefährlicher sozialer und politischer Zündstoff im Westen Deutschlands angesammelt wurde. So kann kein Zweifel daran bestehen, daß die Westmächte schon im Sommer 1945 die Oder-Neiße-Grenze als im wesentlichen endgültig ansahen.

Das Potsdamer Abkommen vom 2. August 1945 regelte aber, über die Grenzziehung im Osten Deutschlands hinaus, noch vieles andere: Ein »Alliierter Kontrollrat« mit Sitz in Berlin sollte fortan die gesamte Deutschlandpolitik der vier Besatzungsmächte koordinieren und die oberste Gewalt im verkleinerten und militärisch vollständig besetzten Deutschland ausüben.

Sodann gab es gemeinsame bindende Beschlüsse über die völlige Entmilitarisierung und Entnazifizierung, die allmähliche Demokratisierung auf lokaler und regionaler Ebene, die Auflösung aller wirtschaftlichen Konzerne und Kartelle, die Demontage industrieller Anlagen sowie die Bestrafung aller Kriegsverbrecher.

Von dem Grad der tatsächlichen Durchführung dieser Beschlüsse und ihrer Wirksamkeit wird noch die Rede sein, doch es sei hier angemerkt, daß sich die Westmächte und die Sowjetunion zwar später wiederholt gegenseitig einen Bruch des Potsdamer Abkommens vorgeworfen, seine Gültigkeit aber nie bezweifelt und es bis heute auch nicht aufgekündigt haben. Selbst durch den späteren Deutschlandvertrag und die übrigen Pariser Verträge vom Herbst 1954 zwischen den Westmächten und der Bundesrepublik Deutschland wurde das Potsdamer Abkommen formell nicht beseitigt.

Als die alliierten Politiker und Militärs im Sommer 1945 ihre künftige Deutschlandpolitik zu koordinieren versuchten, ahnten sie bereits, daß sie sich mit der bedingungslosen Kapitulation und der Übernahme der Staatsgewalt mehr Arbeit und vor allem mehr Verantwortung aufgebürdet hatten, als ihnen lieb sein konnte.

Gewiß, die alliierten Militärs herrschten jetzt allein über das Land, dessen bisherige Führung sechs Jahre lang fast ganz Europa unterjocht hatte. In ihrer Besatzungszone regierte nun in jedem Stadt- und Landkreis einer ihrer Offiziere und machte von seinen nahezu unbegrenzten Vollmachten diktatorischen Gebrauch. Aber mit aller Reglementierung, die mancherorts selbst den Fußgänger- und Radfahrerverkehr nur mit schriftlicher Genehmigung des Ortskommandanten zuließ, den alliierten Soldaten zunächst jedweden außerdienstlichen Kontakt mit den Deutschen streng untersagte und sogar das unbefugte Ausrupfen von Gras an Wegrändern und Bahndämmen unter Strafe stellte, waren Chaos, Seuchengefahr und die sich anbahnende Hungersnot größten Ausmaßes nicht aufzuhalten. Der britische Außenminister Ernest Bevin, der schon Churchills Kriegskabinett angehört hatte und im Juli 1945 England auf der Potsdamer Konferenz vertrat, klagte später vor dem Unterhaus, die bedingungslose Kapitulation und das von ihr verursachte Vakuum hätten den Besatzern ein unregierbares Monster hinterlassen, »ein Deutschland ohne Gesetz, ohne Verfassung, ohne eine einzige Person, mit der wir verhandeln, ohne eine einzige Institution, mit der wir die Lage meistern konnten. Wir hatten von Grund auf, mit absolut nichts als Basis, wiederaufzubauen.«

Das hieß auch, daß es für die Besatzungsoffiziere zunächst niemanden gab, auf den sie die Verantwortung für die weitere Entwicklung hätten abwälzen können, und die Aussichten waren alles andere als rosig:

Überall in den Großstädten lagen die Trümmer meterhoch. Vielerorts war die Gas- und Strom-, oft auch die Wasserversorgung zusammengebrochen und die Kanalisation zerstört. Der Postverkehr ruhte; das gesamte Verkehrs- und Transportsystem war lahmgelegt. Straßen, Brücken, Eisenbahnstrecken waren weitgehend unbenutzbar. In der britischen Zone, die Hamburg, Hannover und das ganze Ruhrgebiet sowie Köln einschloß, waren von ehedem rund 13 000 Streckenkilometern der Reichsbahn nur noch knapp tausend befahrbar. Es gab nur wenige, behelfsmäßige Rheinbrücken, und die Lebensmittel in den Ballungsgebieten gingen zur Neige.

In Frankfurt am Main, dem wichtigsten Zentrum der amerikanischen Besatzungszone, waren die US-Truppen schon in den letzten Märztagen 1945 einmarschiert. Robert T. Pell, der dabei war und später Presseoffizier im amerikanischen Hauptquartier wurde, notierte sich damals: ». . . eine Totenstadt. Nach der Ausgangssperre um 19 Uhr schallen die Stiefel der GIs wie Schritte in einer Gruft. Man hört keine Hunde bellen und keinen Laut von anderen Tieren . . .« Und wie es um die Moral der besiegten Deutschen bestellt war, hat Alfred Andersch beschrieben: »In einer Gesellschaft, die zu neunzig Prozent aus Hungernden besteht, gilt der Diebstahl nicht mehr als Verbrechen . . .«; auch kaum verhüllte Prostitution, trotz Ausgangssperre und Fraternisierungsverbot, war an der Tagesordnung und so wenig deklassierend wie der Schwarzhandel, mit dem sich nun auch beschäftigungslose Landgerichtsräte, entlassene Offiziere und Universitätsprofessoren über Wasser zu halten suchten. »Was täglich durch unsere Sprechstunde geht und was wir auf allen Straßen und Plätzen Deutschlands sehen, ist mit Worten nicht zu beschreiben«, berichtete damals der aus einem Nazi-Konzentrationslager befreite Leiter des Evangelischen Hilfswerks in Berlin, Propst Heinrich Grüber, seinen englischen Amtsbrüdern. »Menschen, die sich aus Verzweiflung das Leben nehmen. Tausende von Leichen spülen die Oder und Elbe ins Meer, man achtet nicht mehr darauf. Tausende von Leichen hängen in den Wäldern um Berlin, keiner schneidet sie mehr ab . . . Zehntausende sterben auf den Landstraßen vor Hunger und Entkräftung. Tausende wissen seit Wochen, seit Monaten nicht, wo sie je wieder eine Heimat finden werden . . .«

In vielen Städten drohte ein Ausbruch von Seuchen, zumal dort, wo die Trinkwasserversorgung zusammengebrochen war und die Kanalisation nicht mehr funktionierte. In Kassel waren Typhuskranke während des letzten großen Bombenangriffs aus der Isolierstation des zerstörten Krankenhauses geflüchtet und nicht wieder zurückgekehrt; aus Konzentrations- und Kriegsgefangenenlagern der Nazis hatten einige Befreite, die der strengen Quarantäne entgangen waren, Infektionskrankheiten aller Art in die Städte eingeschleppt.

In dieses Chaos hinein ergossen sich die Flüchtlingsströme aus dem Osten. Die Ankommenden wurden zunächst in Massenquartieren oder auf freiem Feld notdürftig untergebracht und dann so rasch wie möglich in ländliche, vom Krieg wenig heimgesuchte Gegenden abgeschoben, wo sie den Einheimischen oft ein Dorn im Auge waren. Die Bauern sahen die bei ihnen zwangsweise Einquartierten meist als lästige Eindringlinge an; der Begriff »Flüchtling« wurde zum Schimpfwort, vor allem dort, wo – wie beispielsweise in Schleswig-Holstein – die heimatlos Gewordenen aus dem Osten fast die Hälfte der Gesamtbevölkerung ausmachten. Im Gebiet der vier Besatzungszonen stieg der Anteil der Flüchtlinge bis 1948 auf knapp 23 Prozent. Angesichts dieser extremen Notsituation waren die Militärs, die für alles und jedes zuständig und damit auch verantwortlich waren, um ihre Aufgabe gewiß nicht zu beneiden. Manche ihrer rüden, den Deutschen damals als bloße Schikane erscheinenden Maßnahmen wird im nachhinein verständlich, zumal wenn man bedenkt, was alles auf diesen kampferfahrenen, aber für Verwaltungsaufgaben wenig geschulten Truppenoffizieren lastete:

Zunächst ihre militärische Aufgabe, nämlich die Sicherung des eroberten Gebiets und der Verbindungswege, die Aufrechterhaltung der Kampfkraft und Disziplin ihrer Soldaten, deren Unterbringung, Verpflegung und Schutz, nicht zuletzt vor Seuchen; sodann die Sorge um den bisherigen Feind, dessen Ernährung und Versorgung mit dem Allernötigsten, die Schaffung von Quartieren für Obdachlose, die Räumung der verseuchten Lager, in denen bisher Kriegsgefangene, Zwangsarbeiter, politische Häftlinge, aber auch Schwerverbrecher untergebracht gewesen waren, die Wiederaufnahme des Verkehrs und des Transports von Versorgungsgütern sowie, wo irgend möglich, auch der Produktion; die dringendsten Aufräumungsarbeiten und vieles andere, wobei sie gleichzeitig die für die nahe Zukunft geplante Demontage noch intakter Industrie- und Verkehrsanlagen im Auge behalten mußten; schließlich die Probleme, die der wachsende Zustrom von Vertriebenen und der starke Mangel an männlichen Arbeitskräften mit sich brachten.

Die Reste der deutschen Wehrmacht, vom halbwüchsigen Flakhelfer bis zum greisen Volkssturmmann, befanden sich in Kriegsgefangenschaft, zusammen rund zwölf Millionen Mann. Bis zum Waffenstillstand waren zudem fast vier Millionen Männer als Soldaten gefallen, auf andere Weise ums Leben gekommen oder galten als vermißt.

Was die Kriegsgefangenen betraf, so waren sie nach Kriegsende in Lagern untergebracht, die zwischen dem Polarkreis und Ägypten, Großbritannien und Ostsibirien sowie in fernen Erdteilen lagen. Auch in Deutschland gab es Massenlager, in denen mangels jeglicher Vorsorge der nackte Hunger regierte, wobei – nur am Rande sei's vermerkt – die amerikanischen Camps, zum Beispiel das bei Heilbronn oder das bei Bad Kreuznach, um kein Deut besser, eher noch schlimmer waren als die der anderen Siegermächte, die Sowjetunion nicht ausgenommen.

Anfangs planten die Alliierten, sämtliche deutschen Kriegsgefangenen bis zum Abschluß eines Friedensvertrags hinter Stacheldraht zu halten und sie beim Wiederaufbau der von deutschen Truppen verwüsteten Gebiete als Zwangsarbeiter einzusetzen. Doch dann entschieden sie sich für eine Politik der allmählichen Entlassung, und bis zum Frühjahr 1947 waren rund vier Fünftel aller Gefangenen wieder heimgekehrt.

Es blieben immerhin noch genug, die von den Siegermächten auch über diesen Zeitpunkt hinaus zurückbehalten wurden: rund 31000 in den USA, 435000 in Großbritannien und seinem Commonwealth; von den 700000 deutschen Soldaten, die die Amerikaner den Franzosen zur Zwangsarbeit überlassen hatten, lebten im Frühjahr 1947 noch rund 630000 in französischem Gewahrsam. Fast 900000 Gefangene befanden sich nach offiziellen Angaben noch in sowjetischen Lagern, mindestens 300000 wurden in Polen, Jugoslawien, Belgien und anderswo zurückgehalten – alles in allem rund 2,4 Millionen Männer, die zwei Jahre nach der Kapitulation noch immer nicht heimgekehrt waren.

Trotz dieser und anderer Qual, die das deutsche Volk nun erdulden mußte, konnte es sich im großen und ganzen über seine Behandlung durch die Sieger nicht beklagen. »Im Gegenteil«, so hat schon Hagen Rudolph in einer Untersuchung der Lage nach Kriegsende festgestellt, »für Nachgeborene zumindest, die fassungslos und mit hilflosem Entsetzen später von den Grausamkeiten und millionenfachen Morden der Nazis hören, bleibt es – ohne zynisch sein zu wollen – immer ein bißchen unerklärlich, daß es nach dem Krieg in Deutschland nicht aus Rache und Haß zu Gewalttätigkeiten und Ausschreitungen in großem Ausmaß gekommen ist. Die Zivilisation ist 1945 doch ziemlich nahtlos wieder eingezogen.«

Genauso empfanden es damals auch die meisten Deutschen, trotz vieler, für die Betroffenen gewiß schrecklicher Erlebnisse, zumal in den ersten Nachkriegsjahren. »Wir sind noch einmal davongekommen«, so lautete die weitgehend übereinstimmende Meinung, und tatsächlich ist den Deutschen, auch unter Berücksichtigung der schrecklichsten Greuel, von seiten der Sieger und Befreiten nur ein kleiner Bruchteil dessen widerfahren, was Deutsche im Namen Deutschlands denen zuvor angetan hatten, die in ihrer Gewalt gewesen waren.

Es wäre indessen ein Irrtum, anzunehmen, daß sich die Besiegten allzu lange mit solchen Vergleichen beschäftigt und entsprechend einsichtsvoll, reuig und beschämt gezeigt hätten. Ganz im Gegenteil: Sobald der erste Schock vorüber war, ließen die Deutschen ihre jüngste Vergangenheit für sich selbst eilig in Vergessenheit geraten. Es war wohl zunächst nackter Selbsterhaltungstrieb; man hätte gar nicht weiterleben können im ständigen Bewußtsein einer Schuld von gar nicht mehr faßbaren Ausmaßen, und später gewöhnte man sich daran, so zu tun, als ob es gewisse Dinge – von den ersten Morden und Folterungen in den Kellern der SA-Kneipen im Februar 1933 über das verniedlichend »Kristallnacht« genannte brutale und blutige Judenpogrom vom November 1938 sowie die zahllosen Greueltaten in den eroberten Ländern bis zu den letzten Erhängungen kriegsmüder Soldaten und Zivilisten noch in den ersten Maitagen 1945 – überhaupt nicht gegeben hätte.

Die äußeren Umstände der ersten Nachkriegszeit boten für diesen Verdrängungsprozeß ideale Voraussetzungen: Die meisten Männer, die ja weit häufiger als ihre Frauen und Kinder Zeugen der Barbarei, wenn nicht gar mitschuldig, geworden waren, befanden sich noch in Kriegsgefangenschaft; noch 1946 bestand die Bevölkerung in den vier Zonen des besetzten Deutschlands zu 44 Prozent aus Frauen, zu 23 Prozent aus Kindern. Sodann war, wer damals überleben wollte, zu hektischer Aktivität gezwungen und fand gar keine Zeit zum Grübeln über Vergangenes. Es hieß täglich vor fast leeren Geschäften anstehen, wenn die spärlichen Rationen zugeteilt wurden. Ende Mai 1945 gab es noch für Normalverbraucher wöchentlich 140 Gramm Fleisch oder Wurst, 50 Gramm Fett, 200 Gramm Nährmittel, 100 Gramm Zucker oder Rübensirup, dazu monatlich 400 Gramm Salz, 25 Gramm Bohnenkaffee, 100 Gramm Ersatzkaffee, 12 Kilo Kartoffeln und 9 Kilo Brot. Aber man mußte ständig die Augen offen halten, damit man diese Zuteilung auch wirklich bekam, und durfte keine Gelegenheit verpassen, zusätzliche Nahrung zu ergattern. Es kostete viel Zeit und Mühe, hie und da etwas Milch, ein paar Eier oder etwas Gemüse zu beschaffen. Sodann galt es, die eigene Unterkunft wenigstens notdürftig auszubessern und allmählich etwas wohnlicher zu gestalten. Es hieß Ausschau halten nach Brettern und Bohlen, Nägeln und Fensterglas; es mußte überall Lebensnotwendiges wiederhergestellt oder erfindungsreich improvisiert werden, und zu alledem brauchte jeder seine ganze Kraft. Die zugeteilte Nahrung wurde, entgegen ursprünglichen Hoffnungen, von Monat zu Monat weniger. Während des Kriegs war es den meisten Deutschen ernährungsmäßig weit besser gegangen als in der Nachkriegszeit, denn die Einfuhren aus den besetzten Ländern fehlten ja nun. Im Oktober 1945 war der Tagessatz je Normalverbraucher auf 1500 Kalorien gesunken, mancherorts auch schon auf 1350 Kalorien. Doch selbst diese Angaben waren trügerisch, weil sie sich auf eine fast nur aus Kohlenhydraten bestehende Nahrung bezogen; Fett und Eiweiße gab es nur in so winzigen Mengen, daß es zu schweren Mangelerscheinungen kam. Bei Anbruch des Winters fürchteten die Besatzungsbehörden, der Hunger könnte die Deutschen rebellisch machen. Am 31. Oktober 1945 meldete General

Eisenhower nach Washington, es gebe Anzeichen für die Vorbereitung eines bewaffneten Aufstands gegen die amerikanischen Streitkräfte.

Das war jedoch eine völlige Fehleinschätzung der Lage. Seit der Kapitulation dachte niemand in Deutschland an Widerstand oder gar offenen Aufruhr. Da die Deutschen mit ihrer Nazi-Vergangenheit radikal gebrochen hatten und nichts mehr davon wissen wollten, hatten sie keine Mühe, brave Untertanen ihrer neuen Herren zu sein. Sie litten stumm und waren in ihrer großen Mehrheit bemüht, sich den Besatzern gegenüber durch respektvolles, nicht selten unterwürfiges Verhalten für eine vielleicht doch später einmal bessere Behandlung zu empfehlen, sich ihnen nach Kräften anzupassen und ihnen das Leben im besetzten Deutschland so angenehm wie möglich zu machen. Noch ehe Mitte Juli 1945 das Verbot, das den alliierten Soldaten jeden privaten Umgang mit Deutschen untersagte, aufgehoben worden war, hatten Hunderttausende im besetzten Land damit begonnen, ihr Schulenglisch oder -französisch aufzupolieren oder die Sprache der jeweiligen Besatzungsmacht notdürftig zu erlernen und mit den Soldaten freundschaftliche Beziehungen anzuknüpfen. Wer gar über gute Kenntnisse der örtlich benötigten Fremdsprache verfügte, hatte die Möglichkeit, das Vertrauen der Besatzungsoffiziere zu erwerben und in die Lokalpolitik zumindest als Dolmetscher vermittelnd einzugreifen.

Überhaupt waren die Militärs schon bald genötigt, sich mit deutschen Helfern zu umgeben und diesen nach und nach einen Teil der Verantwortung zu übertragen. Sie setzten kommissarische Bürgermeister, später auch Landräte ein, besetzten die wichtigsten Verwaltungsstellen mit Deutschen, die ihnen dafür geeignet schienen, und stellten sogar deutsche Hilfskräfte in die Militärregierung ein – Dolmetscher, ortskundige Fahrer, Küchenpersonal, Putzfrauen, aber auch Juristen, Verwaltungsfachleute und politische Berater.

Im allgemeinen mußte jeder, der von den Besatzungsbehörden nun mit irgendeiner Funktion betraut wurde, sich vorher einer strengen politischen Überprüfung unterziehen; nur einwandfrei

Unbelastete, die keiner Naziorganisation angehört hatten, durften eingestellt werden. Doch es gab schon bald mancherlei Ausnahmen, wovon noch die Rede sein wird, und zudem war das Vertrauen vieler, zumal amerikanischer, Besatzungsoffiziere in die Angaben, die die Betreffenden über ihre eigene Vergangenheit machten und eidesstattlich für wahr erklärten, nicht immer gerechtfertigt, wie sich bald zeigen sollte.

Die ärgsten personalpolitischen Mißgriffe begingen indessen die amerikanischen Militärs, zumal wenn sie ihr Vertrauen auf katholische Kirchenfürsten setzten und sich von diesen jene Männer vorschlagen ließen, denen sie einen Teil der Verantwortung für das besetzte Gebiet zu übertragen gedachten.

In Bayern, das von der 3. US-Armee unter dem Befehl des sehr eigenwilligen Generals George Patton erobert worden war, wurde bereits am 28. Mai 1945 eine deutsche Zivilregierung eingesetzt, die nach den Richtlinien des Militärbefehlshabers mit dem Wiederaufbau der Verwaltung beginnen sollte. General Patton wollte nicht, daß er und seine Offiziere »sich um jeden Dreck selbst kümmern« müßten. Deshalb hatte er seinem engsten Mitarbeiter, Colonel Charles Keegan, den Auftrag gegeben, so rasch wie möglich geeignete Deutsche aufzutreiben, die eine Landesregierung mit einem Ministerpräsidenten an der Spitze bilden könnten. Keegan hatte daraufhin zwei seiner Untergebenen, den Oberstleutnant Bromage und den Hauptmann Landeen, beide im Zivilberuf Universitätsprofessoren, auf die Suche geschickt, und da die beiden Kundschafter niemanden in München und Umgebung kannten, dem sie vertrauen konnten, ihnen bei der Auswahl rechtschaffener, kompetenter und vor allem von jeder Verstrickung mit den Nazis freier Persönlichkeiten selbstlos mit guten Ratschlägen zur Seite zu stehen, wandten sie sich an den höchsten Geistlichen, den Münchner Erzbischof, Kardinal Michael Faulhaber.

Sie wußten nicht, daß der Kardinal schon in der Weimarer Republik politisch sehr weit rechts gestanden hatte; daß er zu den eifrigsten Befürwortern jenes Konkordats gehörte, das der Vatikan bereits 1933 mit Hitler schloß und das nach der Einschätzung des offiziellen Parteiorgans der Nazis, des *Völkischen Beobachters*, damals »eine ungeheuere moralische Stärkung der nationalsozialistischen Reichsregierung und ihres Ansehens« bedeutete. 1936 erläuterte der Kardinal die frühe und positive Einstellung der römischen Kirche zur Nazidiktatur und widersprach energisch der These, Rom hätte anfangs gezögert, mit den braunen Machthabern in Berlin zu paktieren. »In Wirklichkeit«, so erklärte der Münchner Erzbischof, »ist Papst Pius XI. der beste Freund, am Anfang sogar der einzige Freund des neuen Reiches gewesen. Millionen im Ausland standen zuerst abwartend und mißtrauisch dem neuen Reich gegenüber und haben erst durch den Abschluß des Konkordats Vertrauen zur neuen deutschen Regierung gefaßt.«

Im Mai 1945 schlug dieser Kirchenfürst den Amerikanern als neuen bayerischen Ministerpräsidenten den, wie er erklärte, »glänzend geeigneten« und »völlig unbelasteten« Münchner Rechtsanwalt Dr. Fritz Schäffer vor, und die Militärregierung nahm diesen Rat dankbar an. Oberst Keegan befahl Dr. Schäffer zu sich und erklärte ihm, ohne ihn auch nur zu fragen, ob er einverstanden sei, daß er mit sofortiger Wirkung das Amt eines Ministerpräsidenten von Bayern zu übernehmen habe.

Schäffer erinnerte sich später, die Unterredung sei »kurz, förmlich und kalt« verlaufen; »kein Handschlag, kein freundliches Beisammensein« habe die Ernennung besiegelt. Dabei ahnten die Amerikaner damals nicht einmal, aus welcher politischen Ecke ihr neuer Ministerpräsident kam und welche Pläne er verfolgte. Seine Vergangenheit war ihnen weitgehend unbekannt.

Fritz Schäffer, geboren 1888 in München, hatte 1919 als Freikorpsmann an einigen konterrevolutionären Aktionen und an der blutigen Beseitigung der Münchner Räterepublik teilgenommen. 1920 war er ins bayerische Kultusministerium berufen worden. Wie sehr er schon damals mit den Nazis sympathisierte, ließ er 1922 erkennen, als er als Abgeordneter der klerikal-konservativen Bayerischen Volkspartei für seine Fraktion die Ablehnung eines sozialdemokratischen Antrags auf Verbot der Nazi- und anderen völkischen Kampfverbände, die in Coburg politische Gegner überfallen und brutal zusammengeschlagen hatten, wie folgt begründete: »Wir haben keinen Anlaß, uns gegen diese Verbände zu wenden, wir haben keinen Anlaß, ihnen mit Mißtrauen entgegenzutreten ... Die Interpellation [der SPD] müßte eigentlich lauten: ›Was gedenkt die bayerische Staatsregierung zu tun, um die bayerische Sozialdemokratie vor einem unangenehmen parteipolitischen Gegner zu bewahren?‹ Die Nationalsozialisten haben allerdings hierbei ihre körperliche Überlegenheit zu sehr ausgenützt und ..., über die Abwehr hinaus, von ihrer körperlichen Gewandtheit Gebrauch gemacht ... Soll es unsere Aufgabe sein, dem Marxismus einen Gegner zu ersparen?«

Von 1929 an war Fritz Schäffer Vorsitzender der Bayerischen Volkspartei (BVP), 1931 wurde er daneben Staatsrat und Leiter des bayerischen Finanzministeriums. 1932 setzte er sich als Parteivorsitzender wiederholt für ein Reichskabinett der »nationalen Konzentration« unter Einbeziehung der Nazis ein, erklärte dem Reichspräsidenten v. Hindenburg, seine Partei und er hätten »gegen eine Kanzlerschaft Hitlers keine prinzipielle Einwendung«, und dem damaligen Reichskanzler v. Papen teilte er mit, er sei »durchaus bereit, in eine Regierung Hitlers einzutreten«. Doch die Nazis brauchten Fritz Schäffer nicht, auch nicht in Bayern, wo die BVP zuletzt eine Koalition mit den Hitleranhängern eingegangen war. Im März 1933 mußten Schäffer und seine Parteifreunde ihre Ministersessel räumen, und wenig später löste sich die BVP auf. Denn, so Fritz Schäffer damals, »über allem steht für die Bayerische Volkspartei der große Gesichtspunkt, daß ein Scheitern der jetzigen Reichsregierung ein Unglück und eine Gefahr für das ganze deutsche Volk wäre«. Am 4. Mai 1933 erklärte er gegenüber dem *Regensburger Anzeiger*, »die Aufgabe, zu der Adolf Hitler als ein Neuerer des Reiches berufen ist, ist so groß, daß es nötig ist, alle Kräfte wachzurufen und einzusetzen, daß dem Kanzler um Deutschlands willen die gigantische Aufgabe gelingt. Nichts wäre wahnsinniger als eine politische Spekulation auf ein Scheitern dieser Aufgabe.«

Ausgerechnet diesen nazifreundlichen Reaktionär Schäffer ernannten die Amerikaner zum ersten Ministerpräsidenten und beauftragten ihn mit der Reinigung des öffentlichen Lebens und vor allem der Verwaltung von allen nazistischen und militaristischen Elementen. Schäffer tat dann in Wahrheit nichts in dieser Richtung, sondern eher das Gegenteil, und schon im Sommer 1945 begannen einzelne amerikanische Dienststellen, ihr Oberkommando auf den eklatanten Fehlgriff in Bayern und seine Folgen aufmerksam zu machen. Zwei nach München entsandte Offiziere meldeten: »Die bayerische Regierung besteht aus einer klerikalen, monarchistischen, militaristischen Clique, angefüllt mit senilen, starrköpfigen Reaktionären.«

Eine solche Regierung war allerdings durchaus nach dem Geschmack des Generals Patton, eines erzkonservativen Sozialistenfressers, der sich dann auch offen gegen eine Entnazifizierung aussprach. In Bad Tölz erklärte der General am 22. September 1945: »Die Entnazifizierung hemmt den Aufbau«, man brauche die alten Fachleute, und das ganze Problem sei ohnehin eine maßlose Aufbauschung.

Damit aber hatte Patton den Bogen überspannt. Der Oberkommandierende, General Eisenhower, bestellte ihn sich zum Rapport, kanzelte ihn ab und befahl ihm eine sofortige Änderung seiner bisherigen Personalpolitik. Noch am Abend desselben Tags – es war der 28. September 1945 – wurden Schäffer und seine Minister zur Militärregierung bestellt und amtsenthoben. Schäffers Nachfolger, der Sozialdemokrat Wilhelm Hoegner, der die Nazizeit im schweizerischen Exil überlebt hatte, dann der einzige Nazigegner unter Schäffers Regierungsmitgliedern gewesen war, hat die Szene genau beschrieben:

»Ich wurde in das Zimmer von Colonel Ray Dalferes geführt. Er stand hinter seinem Schreibtisch, vor ihm eine Anzahl von US-Offizieren, mit ihren Stahlhelmen auf dem Kopf. Ministerpräsident Schäffer und seine Gruppe wurden hereingerufen. Dann mußten wir Deutschen uns um Dalferes in einem Halbkreis aufstellen. Ein ganz besonders kümmerliches elektrisches Licht verbreitete einen bräunlich-gelben Schein. Colonel Dalferes griff einen Brief und begann: ›Sie, Herr Fritz Schäffer, Ministerpräsident von Bayern, sind hiermit entlassen. Hier ist Ihr Brief!‹ Schäffer nahm den Brief mit unbewegtem Gesicht. Dalferes fuhr fort: ›Sie, Herr Lange, Wirtschaftsminister von Bayern, sind hiermit entlassen. Hier ist Ihr Brief.‹ Dann: ›Sie, Herr Rattenhuber, Landwirtschaftsminister von Bayern, sind hiermit entlassen. Hier ist Ihr Brief.‹ Dann wandte er sich mir zu: ›Sie, Dr. Wilhelm Hoegner, sind hiermit zum Ministerpräsidenten von Bayern ernannt. Hier ist Ihr Brief . . . Haben die Gentlemen noch irgend etwas zu sagen?‹ «

Das war nicht der Fall.

Pattons Alleingang war damit zunächst gestoppt; der General wurde zudem aus Bayern zurückgerufen und in Heidelberg kaltgestellt. Wenige Wochen später verunglückte er tödlich. Auch Fritz Schäffer wurde, wenn auch nur vorübergehend, jeder Einfluß genommen. Die Amerikaner untersagten ihm jedwede politische Betätigung sowie »irgendeine Position von Bedeutung« anzunehmen, ja, entzogen ihm sogar das aktive und passive Wahlrecht. Erst 1948 erlaubte ihm General Clay, für die bayerische Christlich-Soziale Union, zu deren Gründungsmitgliedern Schäffer zählte, ein Landtagsmandat zu übernehmen, jedoch kein Staatsamt. Aber schon im folgenden Jahr änderte sich auch das: Dr. Fritz Schäffer wurde nach der Gründung der Bundesrepublik Finanzminister im ersten Kabinett Konrad Adenauers, und er blieb Bundesminister, von 1957 an zuständig für die Justiz, bis zum Jahre 1961. Wichtige Weichenstellungen, die in seinen Ressorts während seiner zwölfjährigen Amtszeit vorgenommen wurden, beeinflussen noch heute das öffentliche Leben der Bundesrepublik Deutschland. Fritz Schäffer, der 1967 in Berchtesgaden verstorben ist, war schon 1954 mit dem Großkreuz des Verdienstordens ausgezeichnet worden, den der erste Bundespräsident, Theodor Heuss, »für Leistungen, die zum Wiederaufbau Deutschlands beitragen«, 1951 gestiftet hatte.

Doch nicht nur die Amerikaner, auch die Sowjets begingen in ihrer Besatzungszone bei der Auswahl deutscher Beauftragter für die Verwaltung etliche Fehler, besonders in den ersten Wochen.

So setzte der örtliche Kommandant im Mai 1945 den Journalisten Ernst Lemmer, geboren 1898 in Remscheid, kurzerhand als Bürgermeister von Klein-Machnow bei Berlin ein. Wie das vor sich ging, hat Lemmer später so beschrieben:

»Ich hörte ein Auto vorfahren ... und erblickte einen russischen Offizier, der mit einem Zettel in der Hand einem amerikanischen Jeep entstieg ... Zaghaft öffnete ich ... Der Russe grüßte nicht, machte aber gottlob kein unfreundliches Gesicht. ›Du Lemmer?‹ fragte er knapp. Ich bejahte ... ›Gutt! Karascho! Du Bürgermeister!‹«

Ernst Lemmer – das hatte ihn wohl der sowjetischen Besatzungsmacht empfohlen – war bis 1933 Generalsekretär des Gewerkschaftsrings deutscher Arbeiter- und Angestelltenverbände gewesen, außerdem von 1924 bis 1933 Reichstagsabgeordneter der Deutschen Demokratischen Partei, dann der Deutschen Staatspartei. Was die Sowjets zur Zeit der Ernennung Lemmers noch nicht wußten: Ihr Schützling hatte sich nach 1933 sehr rasch den neuen Machthabern angepaßt, von 1934 an als Korrespondent schweizerischer und anderer ausländischer Blätter im direkten Auftrag des Nazi-Propagandaministers Goebbels und des Amts VI (Ausland-Abwehr) des berüchtigten Reichssicherheitshauptamts gearbeitet, die Verbrechen der Nazis beschönigt und gerechtfertigt, Spitzeldienste geleistet und noch 1944 die Ausrottung der Juden in Lettland, wohin er mit einem Dienstpaß des Auswärtigen Amts reisen durfte, als »begreifliche Sicherheitsmaßnahme« seinen ausländischen Lesern verständlich zu machen versucht, wobei er an Lob für die »hervorragenden Leistungen« der SS nicht sparte.

Jahre später, als diese Propagandatätigkeit Lemmers für die Nazis bekannt wurde und Zweifel an seiner antifaschistischen Gesinnung und menschlichen Integrität weckte, fanden sich Zeugen, die ihm heimliche Verbindung zum Widerstand bescheinigten, womit – so fanden seine Parteifreunde – Lemmers Arbeit für Goebbels und die Terrorzentrale der SS ihre nachträgliche Rechtfertigung erhielt.

Jedenfalls machte Ernst Lemmer von seinem ersten kommissarischen Bürgermeisterposten in Klein-Machnow aus dann rasch Karriere. Er war Mitbegründer und bis Anfang 1948 zweiter Vorsitzender der Christlich-Demokratischen Union (CDU) in der sowjetisch besetzten Zone, Chefredakteur des Berliner *Kurier*, CDU-Fraktionsvorsitzender im Berliner Abgeordnetenhaus und von 1952 an Mitglied des Bundestags. 1956 wurde er Bundespostminister, dann bis 1962 Bundesminister für gesamtdeutsche Fragen. Von 1964 bis zum Oktober 1965 leitete er das Bundesvertriebenenministerium und war dann noch bis 1969 Sonderbeauftragter der Bundesregierung für Berlin. Er starb 1970, ausgezeichnet mit dem Großkreuz des Verdienstordens der Bundesrepublik Deutschland.

Neben solchen personellen Fehlgriffen, die in allen Besatzungszonen vorkamen, trafen die alliierten Militärs jedoch in vielen Fällen eine Wahl, die ihren erklärten Absichten, nur einwandfreie Gegner der Nazis mit öffentlichen Ämtern zu betrauen, durchaus entsprach. In Biberach machten die Franzosen den im April 1945 aus einem Gefangenentransport entflohenen, von den Nazis 1939 zu zehn Jahren Zuchthaus verurteilten Sozialdemokraten Fritz Erler zum Landrat, setzten ihn allerdings bald wieder ab und internierten ihn sogar, aber kurze Zeit später wurde er in die Staatskanzlei von Württemberg-Hohenzollern berufen und danach wieder Landrat, diesmal in Tuttlingen. Im amerikanisch besetzten Württemberg-Baden wurde Dr. Reinhold Maier zum Ministerpräsidenten ernannt, ein erfahrener Jurist, der als Liberaler vor 1933 der demokratischen Reichstagsfraktion und als Wirtschaftsminister der württembergischen Landesregierung angehört hatte.

Die Reihe positiver wie auch negativer Beispiele ließe sich beliebig fortsetzen; eine sehr stattliche Anzahl später sehr prominenter Bundespolitiker begann ihre Nachkriegskarriere schon im Sommer 1945 auf kommunaler oder regionaler Ebene. Die meisten folgten damals der Aufforderung einer örtlichen Militärregierung und ließen sich mit Verwaltungsaufgaben betrauen. Nur wenige – wie beispielsweise der Stuttgarter Rechtsanwalt Dr. Arnulf Klett, der dann zwei Jahrzehnte lang die Geschicke der württembergischen Landeshauptstadt bestimmte – ergriffen dazu als »Männer der ersten Stunde« selbst die Initiative und wurden von der Besatzungsmacht dann nur noch in ihrem Amt bestätigt.

Einige der späteren Spitzenpolitiker der Bundesrepublik hatten schon in der Weimarer Republik, manche sogar bereits im Kaiserreich, wichtige Ämter bekleidet, auf die sie sich 1945 berufen konnten; andere kamen nach dem Krieg erstmals in Stellungen, wo sie Verwaltungsaufgaben und zugleich politischen Einfluß hatten. Je ein Beispiel soll erläutern, wie das jeweils vor sich gehen konnte:

Als ein politisch noch unbeschriebenes Blatt präsentierte sich im Frühsommer 1945 den amerikanischen Besatzern des oberbayerischen Landkreises Schongau ein damals noch nicht dreißigjähriger Studienrat aus München, der – wie er angab – kurz vor Kriegsende als Oberleutnant der Reserve aus der Wehrmacht entlassen worden war. Seine letzte Dienststellung: Stabsadjutant und Chef der Stabsbatterie der Heeresflakschule in Altenstadt bei Schongau.

Strenggenommen war dieser Oberleutnant noch gar nicht aus der Wehrmacht entlassen; er hatte das selbst besorgt, und die entsprechenden Eintragungen in seinen Papieren waren gefälscht. Am 27. April 1945 hatte er sich, noch ehe die ersten Amerikaner in Schongau eingetroffen waren, von seiner Truppe entfernt und war im Pfarrhaus des nahen Dorfes Schwabniederhofen vorläufig untergekommen. Bei einer Kontrolle kam der kleine Schwindel heraus; eine amerikanische Patrouille brachte den Oberleutnant in die Kaserne zurück, und er hätte nun eigentlich in ein Kriegsgefangenenlager eingewiesen werden müssen und dann noch monate-, vielleicht jahrelang auf seine Entlassung warten können. Doch er hatte Glück, nicht zuletzt, weil er ganz gut englisch sprach. Die Schongauer Militärregierung brauchte dringend Dolmetscher, und so kam es, daß der – wie er erklärte – politisch völlig unbelastete Studienrat als Hilfskraft der Amerikaner in Schongau bleiben durfte. In den folgenden Monaten machte er sich bei den örtlichen Militärdienststellen, beim Landratsamt und beim Bürgermeister nahezu unentbehrlich. Sein Einfluß stieg, vor allem dadurch, daß er einen mächtigen Freund und Gönner fand: den Chef einer in Schongau stationierten Einheit des militärischen Geheimdienstes der Amerikaner, Captain Ernest F. Hauser.

Hauser, der viele Jahre später im Zusammenhang mit einem Rüstungsauftrag der Bundesrepublik Deutschland an die Firma Lockheed, bei dem es um etliche Milliarden Mark ging, eine interessante Rolle spielte, herrschte 1945 im Landkreis Schongau zeitweise wie ein absoluter Monarch. Seinem deutschen Freund und Dolmetscher fiel dabei die Rolle eines Oberhofmarschalls zu, der für eine gnädige Stimmung des launischen Herrschers sorgen und dessen oft sehr harte, mitunter in die privatesten Bereiche eingreifende Befehle abmildern konnte. Da war es kein Wunder, daß die Schongauer, an ihrer Spitze der zunächst kommissarisch zum Landrat ernannte frühere Bayerische Volksparteiler Franz Xaver Bauer, sich den einflußreichen Studienrat aus München zum Freund zu machen suchten. Sein Name war übrigens Franz (damals noch nicht Franz Josef) Strauß.

Ehe Captain Hauser, zur großen Erleichterung der Landkreisbewohner, Schongau wieder verlassen mußte, wurde der Dolmetscher Strauß erst zum stellvertretenden Landrat ernannt, später zum Landrat gewählt, und er behielt dieses Amt bis zum Jahresende 1948, als er von Schongau Abschied nahm und Leiter des – eigens für ihn beim Staatsministerium des Innern geschaffenen – Bayerischen Landesjugendamts wurde. Doch dieser Posten war im Grunde nur noch eine Pfründe, denn Strauß war längst Parteipolitiker geworden, Gründungsmitglied und seit 1946 Mitglied des Landesvorstands der neuen Christlich-Sozialen Union (CSU), seit 1948 Mitglied jenes Wirtschaftsrats, der als Vorläufer eines Parlaments der westlichen Besatzungszonen in Frankfurt am Main tagte, seit 1949 auch Generalsekretär der CSU und damit der eigentliche Motor dieser Partei.

»Er hatte das Glück, zu jung zu sein, um eine Nazivergangenheit zu haben«, schrieb einige Jahre später der britische Labour-Abgeordnete Richard Crossman über Franz Josef Strauß, als dieser bereits Verteidigungsminister im Kabinett des Bundeskanzlers Konrad Adenauer geworden war. »Ein SA-Obersturmführer Strauß, ein Kriegsgefangener vielleicht bis 1950 in Sibirien – was wäre aus ihm geworden? Oder, wenn er im Landkreis Schongau nicht den Weg über die Militärregierung als Dolmetscher zum Landrat gefunden hätte, sondern seinem Beruf als Studienrat nachgegangen wäre?«

Bleibt hinzuzufügen, daß einige Details der Vergangenheit des Studienrats und Oberleutnants der Reserve Franz Strauß damals nicht bekannt waren. Es handelte sich aus heutiger Sicht um Mitgliedschaften ohne nennenswerte Bedeutung, aber vor dem Übergang der politischen Überprüfung auf – meist sehr nachsichtige – deutsche Instanzen hätten die alliierten Militärs und zumal die Experten ihrer Geheimdienste mit ziemlicher Sicherheit daran Anstoß genommen und Strauß zu keinem politischen Amt zugelassen. Er war nämlich am 1. Mai 1937 einer Gliederung der Nazipartei, dem »Nationalsozialistischen Kraftfahr-Korps« (NSKK) beigetreten und hatte sich damit zum Eintritt in die NSDAP verpflichtet. Später war er beim Sturm 23/M 86 in München zum Rottenführer befördert und zum »weltanschaulichen Referenten« ernannt worden; daneben war er 1937 auch noch Mitglied des »Nationalsozialistischen Deutschen Studentenbundes« geworden. Nachdem er bei Kriegsbeginn zur Wehrmacht einberufen und Ende Januar 1943 wegen Erfrierungen an den Zehen von der Ostfront in die Heimat zurückversetzt worden war, hatte ihn die Nazi-Parteikanzlei des Reichsleiters Martin Bormann, die darüber zu entscheiden hatte, mit einer neuen, als sehr wichtig angesehenen Aufgabe betraut: Er war zum »Offizier für wehrgeistige Führung« ernannt worden.

Nach den strengen Richtlinien mußte der »Offizier für wehrgeistige Führung«, später »Nationalsozialistischer Führungsoffizier« (NSFO) genannt, nicht nur ein »bewährter Frontoffizier« sein, sondern auch eine »schwungvolle Persönlichkeit« mit der Eignung, »Gedanken in Wort und Schrift auf andere zu übertragen«, sowie mit »Begeisterung für die besondere Aufgabe«; ausdrücklich wurden nur »bedingungslose, kämpferische, fanatische

Joseph Goebbels am 18. 2. 1943 im Berliner Sportpalast: »Wollt ihr den totalen Krieg? Wollt ihr ihn, wenn nötig, totaler und radikaler als wir ihn uns heute überhaupt vorstellen können?« Nicht nur diejenigen, die ihm fanatisch zustimmten, erlebten in den folgenden zwei Jahren diesen totalen Krieg.

Adolf Hitler am 1. Februar 1933: »Nun deutsches Volk, gib uns die Zeit von vier Jahren und dann urteile und richte.« Es dauerte noch zwölf Jahre, bis sich das deutsche Volk ein endgültiges Urteil bilden konnte: Frankfurt am Main nach der Zerstörung durch die Alliierten.

Frankfurt a. M. nach dem Wiederaufbau – Kurt Tucholsky am 7. 10. 1934 an Walter Hasenclever: »Und wenn das fällt –: wäre denn das ein Fortschritt, wenn sich das ganze Land, waren- und kredithungrig, wieder mit den amerikanischen Banken einließe? Das wäre also das, wofür wir gekämpft haben? Wohl nicht ganz.«

»Trümmerfrauen« im Dezember 1946 und im Sommer 1948 bei Aufräumungsarbeiten in Berlin – Kurt Schumacher am 21. 9. 1949 im Bundestag: »Wir können uns ein demokratisches Staatswesen nicht vorstellen, bei dem die Arbeiter eine so geringe Rolle spielen, daß die Regierungserklärung das Wort ›Arbeiter‹ nicht einmal erwähnt hat . . .«

Nationalsozialisten« zugelassen. »Erfahrungen und praktische Fähigkeiten in der politisch-weltanschaulichen Führung und Erziehung«, wie Strauß sie vom NSKK her hatte, waren »erwünscht«, ebenso die Zugehörigkeit zur Partei oder zu einer ihrer Gliederungen.

Es war dem zum Oberleutnant beförderten und zum Stabsadjutanten ernannten Strauß dann noch rechtzeitig vor Kriegsende möglich gewesen, dieser »besonderen Aufgabe« ledig zu werden. Ansonsten hätte es ihm so ergehen können wie einem seiner Offizierskameraden, der bis zuletzt »NS-Führungsoffizier« geblieben war und dann – wie er zunächst erklärt hat – »auf Betreiben von Strauß von den Amerikanern festgenommen wurde und für sieben Monate ins Internierungslager Garmisch« kam. Dort wandelte er sich zu einem entschiedenen Demokraten und Antimilitaristen, wurde später als Autor sehr bekannt, auch nochmals von Strauß, nun wegen »Untergrabung des Verteidigungswillens der Bundesrepublik«, heftig angegriffen. Fast wäre es dann zu gerichtlichen Auseinandersetzungen zwischen Strauß und dem »08/15«-Autor, Hans Hellmut Kirst, gekommen; die beiden ehemaligen »Führungsoffiziere« zogen es aber dann doch vor, einen Vergleich zu schließen.

Gehen wir noch einmal zurück ins Jahr 1945, als in Bayern die Christlich-Soziale Union gegründet wurde, im Kreis Schongau unter anderen von Landrat Bauer und seinem Stellvertreter Strauß. Schon etwa zwei Monate später, im Januar 1946, fand Strauß, wohl versehen mit Empfehlungen Bauers, Eingang in den Führungskreis der CSU, in dessen Mittelpunkt der Münchner Rechtsanwalt Dr. Josef Müller stand. Dr. Müller, der allgemein »Ochsensepp« genannt wurde, verfügte über glänzende Verbindungen, sowohl zu den Besatzern wie zum hohen katholischen Klerus, sogar zum Vatikan; während des Krieges hatte er enge Kontakte zur militärischen Abwehr des – noch im April 1945 von den Nazis hingerichteten – Admirals Wilhelm Canaris unterhalten und Verbindungen zu päpstlichen Vertrauensleuten in Rom, deutschen Widerstandsgruppen, gegnerischen Geheimdiensten und einzelnen hohen SS-Führern. Diese schillernde

Persönlichkeit wurde zunächst der politische Lehrmeister des jungen Landrats Strauß und dessen Vorbild.

Dr. Josef Müller, erster Parteivorsitzender der bayerischen CSU, hatte sich von Anfang an mit innerparteilichen Gegnern auseinanderzusetzen, die einen anderen Kurs als er einschlagen wollten. Der konservativ-klerikale Dr. Alois Hundhammer hätte am liebsten nur monarchistisch gesinnte, kirchentreue bayerische Katholiken in die CSU aufgenommen; auch Fritz Schäffer sah in der CSU nichts als eine Neuauflage der alten Bayerischen Volkspartei; Josef Baumgartner, erster CSU-Landwirtschaftsminister, war dagegen antiklerikal; »mit dem Herrgott komme ich gut aus«, pflegte er zu sagen, »aber leider nicht mit seinem Bodenpersonal«, und außerdem war sein Interesse ganz auf ein möglichst selbständiges Bayern gerichtet. August Haußleiter schließlich, des »Ochsensepp« evangelischer Stellvertreter im Parteivorstand, vertrat eine recht eigenwillige Deutschlandpolitik; als er sich damit in der CSU nicht durchsetzen konnte, schied er grollend aus und gründete eine eigene Partei, die »Deutsche Gemeinschaft«. Auch Baumgartner verließ bald schon die CSU, wurde Vorsitzender der Bayernpartei und verhalf dieser, dank seiner großen Popularität bei den Bauern Altbayerns, anfangs zu beträchtlichen Stimmenanteilen bei den Wahlen, bis er und seine Partei durch eine ebenso kühne wie skrupellose Strategie der CSU-Führung völlig kompromittiert und ins politische Abseits verwiesen wurden.

Mit allen diesen innerparteilichen Rivalen und Widersachern hatte sich Dr. Josef Müller anfangs herumzuschlagen, wobei sein Ziel eine für beide christliche Konfessionen attraktive, auch für die nach Bayern eingeströmten Flüchtlinge und Vertriebenen offenstehende, mit einer eigenen Deutschlandpolitik über die engen Grenzen des Freistaats hinaus wirkende CSU war. Um sich durchzusetzen, benötigte der »Ochsensepp« mehr Hausmacht, als er zunächst hatte. So sammelte er als Parteivorsitzender eine Reihe ihm ergebener, ideologisch nicht festgelegter junger Leute um sich, die den Parteiapparat straff organisieren und fest in seine Hand bringen sollten. Einer dieser jungen Männer war der

Landrat Franz Strauß, der sich auf Anraten des erfahrenen »Ochsensepp« hin 1949 den zweiten Vornamen, Josef, zulegte, »weil das einen besseren Klang ergibt«. Zum Kreis der ehrgeizigen jungen Leute, die in dem CSU-Parteivorsitzenden Dr. Josef Müller ihren politischen Lehrmeister suchten und fanden, gehörten auch die Juristen Dr. Friedrich Zimmermann, Dr. Peter Deeg, Rechtsanwalt Hartwig Cramer aus Nürnberg, Rechtsanwalt Dr. Richard Thiermann, Dr. Weiß aus Kissingen, Rechtsanwalt Dr. Otto Lenz, der von Berlin nach München gekommen war, sowie Achim Oster, ein Sohn des von den Nazis hingerichteten Abwehr-Obersten Hans Oster.

Es ist sicherlich kein Zufall, daß alle diese und einige weitere Freunde aus dem Kreis um den »Ochsensepp« später in der einen oder anderen der vielen Affären, die den steilen Aufstieg des Franz Josef Strauß begleiteten, eine – manchmal recht dunkle – Rolle spielten. Doch nur Strauß selbst und in seinem Schatten sein engster Vertrauter Friedrich Zimmermann konnten allen Blessuren, die sie dabei davontrugen, zum Trotz, immer höher aufsteigen, Franz Josef Strauß sogar zu einem international bekannten Spitzenpolitiker der Bundesrepublik Deutschland mit dem erklärten Ziel, 1980 sein bayerisches Ministerpräsidentenamt mit dem eines die Richtlinien der Bonner Politik bestimmenden Bundeskanzlers zu vertauschen. »Ich bin ein Deutschnationaler«, so erklärte Strauß 1969 und fügte hinzu: »Ich verlange bedingungslosen Gehorsam!« Das der CDU nahestehende Monatsmagazin *Civis* hatte hingegen schon 1965 über ihn geschrieben: »In seiner Disziplinlosigkeit liegt Straußens persönliche Tragik. Sie nämlich scheint jenen Unkenrufen recht zu geben, nach denen Straußens ganz legitimes Streben nach Macht im Staate eines Tages der Demokratie gefährlich werden muß.«

Soweit das erste Beispiel für eine politische Karriere, die kurz nach der »Stunde Null« des Jahres 1945 begann und einem bis dahin völlig Unbekannten binnen weniger Jahre die Möglichkeit gab, auf die Entwicklung des westlichen Teils von Deutschland erheblichen Einfluß zu nehmen.

Das zweite Beispiel handelt dagegen von einem Spitzenpolitiker, der seine Laufbahn bereits lange vor 1945 definitiv, und dies schon aus Altersgründen, beendet zu haben schien. Auch sein erster Versuch, nach dem Untergang der Nazidiktatur wieder zu – mindestens regionalem – Einfluß zu gelangen, scheiterte sehr rasch. Indessen gelang es ihm im zweiten Anlauf doch noch, ein politisches Amt und schließlich mehr Macht zu erringen als alle anderen westdeutschen Nachkriegspolitiker, so daß er die staatlichen und gesellschaftlichen Verhältnisse im britisch-amerikanisch-französischen Besatzungsgebiet Deutschlands gegen alle Widerstände von innen und außen im wesentlichen so zu prägen vermochte, wie es seiner Vorstellung entsprach.

3. Vom Rosenzüchter zum Weichensteller

Am 16. März 1945, rund sieben Wochen vor der bedingungslosen Kapitulation der Wehrmacht und während in Berlin noch Adolf Hitler die Reste seines »Großdeutschen Reichs« gegen die anrückenden Armeen der Weltmächte zu verteidigen versuchte, setzten die Amerikaner im eroberten und weitgehend zerstörten Köln einen – wie sie fanden – sehr geeigneten, fast siebzigjährigen Kommunalpolitiker aus der Zeit vor 1933 als kommissarischen Oberbürgermeister ein: Konrad Adenauer.

Der neue Chef der Zivilverwaltung war gebürtiger Kölner. Am 5. Januar 1876 hatte er in der Domstadt das Licht der Welt erblickt, und zwar als Sohn eines mittleren Justizbeamten, der aber 1866, nach der Schlacht bei Königgrätz, wegen besonderer Tapferkeit vom Unteroffizier zum königlich preußischen Leutnant avanciert war. Diese ungewöhnliche Beförderung war entscheidend für den ersehnten sozialen Aufstieg der Familie Adenauer aus dem Kleinbürgertum, den der Vater selbst zwar nicht erreichte, wohl aber seine Kinder und Enkel.

Der Sohn Konrad, eins von sieben Geschwistern, durfte Jura studieren, was für seine Familie mit großen Opfern verbunden war. Als Assessor des Kölner Rechtsanwalts Kausen, der die katholische Zentrumsfraktion in der Stadtverordnetenversammlung führte, schloß sich der junge Konrad Adenauer ebenfalls dem Zentrum an. 1904 heiratete er ein Mädchen, Emma Weyer, aus liberal-großbürgerlichem Haus. Deren Mutter, eine geborene Wallraf, stammte aus einer sehr wohlhabenden Kölner Patrizierfamilie, die damals auch den Oberbürgermeister der Stadt stellte. Als 1906 die Zentrumsfraktion einen neuen Beigeordneten vorzuschlagen hatte und dabei zunächst an einen Parteifreund aus Saarbrücken dachte, überraschte Adenauer seinen Chef, den Rechtsanwalt Kausen, mit der Frage: »Warum nehmen Sie nicht mich, Herr Justizrat? Ich bin bestimmt genauso gut wie der andere.«

Es war das erste, aber keineswegs das letzte Mal, daß sich Adenauer selbst für ein Amt vorschlug, und er hatte schon damals Erfolg mit dieser Methode. Die Zentrumspartei nominierte ihn, die Liberalen unter Führung des Oberbürgermeisters Max Wallraf hatten gegen Adenauer nichts einzuwenden; schließlich war er ja ein angeheirateter Verwandter der Familien Wallraf und Weyer, die das Sagen hatten, und machte zudem einen guten Eindruck.

Andere politische Gruppen, vor allem die für die Interessen der breiten Unterschicht, insbesondere der Industriearbeiterschaft, eintretende Sozialdemokratie, waren durch das reaktionäre preußische Dreiklassenwahlrecht vom Einfluß auf die Kommunalpolitik nahezu ausgeschlossen. So konnte Konrad Adenauer auf einen Erfolg seiner Kandidatur vertrauen, und tatsächlich erhielt er dann 35 von 37 Stimmen.

Als neugewählter Beigeordneter wurde er mit dem wichtigen Finanzressort, im Ersten Weltkrieg auch noch mit der Organisation der Lebensmittelversorgung, betraut. 1909 avancierte er zum Ersten Beigeordneten, und als Max Wallraf 1917 als Staatssekretär ins Reichskabinett berufen wurde, konnte Adenauer dessen Nachfolge antreten. Die Stadtverordneten wählten ihn einstimmig zum neuen Oberbürgermeister von Köln, was fast automatisch auch seine Berufung in die preußische Erste Kammer, das Herrenhaus, zur Folge hatte.

Dieses preußische Herrenhaus entsprach – ebenso wie die Ersten Kammern der anderen deutschen Länder – in seiner Zusammensetzung ziemlich genau dem, was wir eingangs »die alten Mächte« genannt haben: Hocharistokratie, ostelbisches Junkertum, rheinisch-westfälischer Geld- und Landadel, dazu, meist als Vertreter der Städte und Universitäten, die wichtigsten Repräsentanten des Großbürgertums, einige verdiente Militärs, führende Bankiers sowie Vertreter des Klerus. Die ganze Geld- und Machtelite des Königreichs Preußen war im Herrenhaus versammelt, und so kommt dem Umstand, daß Adenauer dieser Institution noch etwa ein Jahr lang angehört hat, bis sie nach dem Untergang der Monarchie im November 1918 abgeschafft wurde, eine gewisse, mindestens symbolische Bedeutung zu.

Indessen war das rheinische Hemd dem Kölner Oberbürgermeister Konrad Adenauer zeitlebens näher als der preußische Rock oder der reichsdeutsche Mantel. In den Wirren nach dem Zusammenbruch von 1918 sah er deshalb zunächst eine Chance für die Befreiung des Rheinlands von preußischen Fesseln und für eine mit dem Reich nur noch lose verbundene, nach Westen hin orientierte Rheinische Republik. Aber er behielt dabei einen klaren Blick für das politisch Machbare und hütete sich vor allzu kompromittierenden Bindungen an diejenigen, die sich offen als Separatisten bekannten.

Immerhin: Als am 1. Februar 1919 die zur Weimarer Nationalversammlung gewählten Abgeordneten aus den besetzten Teilen der preußischen Rheinlande sowie die Oberbürgermeister der rheinischen Städte im Kölner Rathaus zusammenkamen – von 84 Eingeladenen waren 65 erschienen –, da hielt Adenauer eine Rede, worin es hieß: »Ich komme ... zu der Frage, ob es eine Lösung gibt, die den Forderungen Frankreichs Genüge trägt und doch eine derartige Schädigung Deutschlands, wie sie mit der Abtrennung des linken Rheinufers von Deutschland notwendigerweise verbunden sein würde, vermeidet. Vielleicht, ich möchte das ›vielleicht‹ unterstreichen, gibt es eine solche Lösung, einen Ausweg ... [Er] würde meines Erachtens darin bestehen, daß sich die Länder am Rhein, nicht etwa nur das linke Rheinufer, nicht etwa nur die Rheinprovinz, sondern auch die angrenzenden rechtsrheinischen Landesteile zu einem westdeutschen Bundesstaat, zu einer Westdeutschen Republik im Verbande des Deutschen Reiches, zusammenschließen ...

Würde Preußen geteilt werden, die westlichen Teile Deutschlands zu einem Bundesstaate, der ›Westdeutschen Republik‹, zusammengeschlossen, so würde dadurch die Beherrschung

Deutschlands durch ein vom Geiste des Ostens, vom Militarismus beherrschtes Preußen unmöglich gemacht ... Diese Westdeutsche Republik würde wegen ihrer Größe und wirtschaftlichen Bedeutung in dem neuen Deutschen Reiche eine bedeutungsvolle Rolle spielen und demgemäß auch die außenpolitische Haltung Deutschlands in ihrem friedensfreundlichen Geiste beeinflussen können ... Ich schließe ... mit der Feststellung: Entweder kommen wir direkt oder als Pufferstaat zu Frankreich oder wir werden eine Westdeutsche Republik. Ein Drittes gibt es nicht ... Wie soll diese Initiative ergriffen werden? Ich stehe auf dem Standpunkt, daß die Westdeutsche Republik unbedingt auf dem gesetzmäßigen Wege geschaffen werden muß – wenn wir nicht durch außenpolitische, bis jetzt noch nicht zu übersehende Verhältnisse anders gezwungen sein werden.«

Seine Rede enttäuschte die entschiedenen Separatisten, die auf die sofortige Ausrufung einer »Rheinischen Republik« gehofft hatten. Aber der von der Kölner Kommunalpolitik her ans Taktieren gewöhnte Oberbürgermeister wollte sich nicht festlegen. »So unmißverständlich wie die ersten, so vieldeutig und orakelhaft waren die letzten Sätze dieser sowohl für den damaligen Rheinländer wie für den späteren Bundeskanzler Adenauer ungemein aufschlußreichen Rede«, hat sein Biograph Gösta v. Uexküll dazu bemerkt und hinzugefügt: »Was konnte außenpolitisch geschehen, um die Westdeutsche Republik auch ohne den Segen der Reichsverfassung – mit dem sie ohnedies niemals im Ernst rechnen konnte – zu konstituieren, wenn nicht eine bewaffnete Intervention Frankreichs? Rechnete Adenauer mit einer solchen Intervention, wünschte, ja redete er sie nicht geradezu herbei, oder wollte er nur ganz nüchtern feststellen, daß ... ohne ›militärische Macht‹ und ohne ›Einverständnis der Entente‹ eine rheinische Republik nicht gegründet werden könne? Die Antwort mußte jeder sich selber geben.«

Der Traum vieler diesseits wie jenseits des Rheins von einer eng an Frankreich angelehnten »Westdeutschen Republik« scheiterte 1919 nicht zuletzt am Widerspruch Großbritanniens, dem an einer französischen Hegemonie am Rhein, die sich auch auf die Benelux-Staaten hätte auswirken müssen, durchaus nicht gelegen war. So unterdrückte Adenauer seine Herzenswünsche, trennte sich eilig von den »Reichsfeinden und Landesverrätern«, wie die Separatisten dann genannt wurden, und wandte sich wieder der Kölner Kommunalpolitik zu. Er hatte keine Neigung, seine politische Zukunft einer verlorenen Sache zu opfern, wo er doch auf gerade erst begonnene zwölf Jahre zum Oberhaupt der rheinischen Metropole gewählt war.

Auch hatte der 1916 verwitwete Oberbürgermeister wieder Heiratspläne, und im September 1919 nahm er dann in zweiter Ehe die Tochter Auguste, genannt Gussie, seines Nachbarn, des angesehenen Dermatologen Professor Ferdinand Zinsser, zur Frau. Es wurde daraus eine drei Jahrzehnte währende, sehr harmonische Ehe, und sie bekam insofern später auch erhebliche politische Bedeutung, als Gussie Adenauer einflußreiche amerikanische Verwandte hatte. Ein Bruder ihres Vaters, George Zinsser, war ein sehr erfolgreicher Geschäftsmann in den USA. Dessen Tochter Ellen heiratete 1930 einen New Yorker Rechtsanwalt mit politischem Ehrgeiz und hervorragenden Verbindungen, John McCloy, der 1950 zum Hohen Kommissar für die amerikanische Besatzungszone ernannt wurde und nun seinen angeheirateten Vetter, den ein Jahr zuvor zum ersten Bundeskanzler gewählten einstigen Kölner Oberbürgermeister Adenauer, zu beaufsichtigen hatte. Eine zweite Tochter George Zinssers heiratete übrigens Lewis W. Douglas, der bald nach dem Ende des Zweiten Weltkriegs amerikanischer Botschafter in London wurde, was sich für den Bundeskanzler dann ebenfalls als recht nützlich erweisen sollte.

Es gab noch zwei weitere Brüder Zinsser, die in den USA Karriere gemacht hatten und dem Ehemann ihrer Nichte Gussie, Konrad Adenauer, mitunter behilflich sein konnten: August Zinsser, bis 1926 Präsident der Yorkville Bank, dann der Central Savings Bank, auch Vizepräsident der Manufacturers' Trust Company, der Washington Square Association, der August Zinsser Realty Co sowie Direktor der Guardian Insurance Company; der jüngste Onkel von Gussie Adenauer, Hans Zinsser, hatte eine glänzende akademische Laufbahn absolviert und war seit 1923 Professor der Harvard-Universität.

Nur am Rande sei erwähnt, daß auch die beiden Zinsser-Schwiegersöhne und Vettern Gussie Adenauers, die politische Karrieren eingeschlagen hatten, in – wie in den USA üblich – sehr engen Beziehungen zu den großen Wirtschaftskonzernen standen. Lewis William Douglas, der spätere amerikanische Botschafter in London, war bis 1938 Vizepräsident eines der größten Chemie-Konzerne der USA, der American Cyanamid Co, gewesen und hatte 1945 die Präsidentschaft bei der Mutual Life Insurance Co of New York, einer der bedeutendsten Versicherungsgesellschaften des Landes, übernommen, ehe er für drei Jahre in den diplomatischen Dienst seines Landes überwechselte. Später wurde er Generaldirektor der Southern Arizona Bank and Trust Co.

Der Rechtsanwalt John Jay McCloy schließlich, bis 1947 Mitglied des Komitees für Atomenergie, dann Präsident der Weltbank, wurde nach seiner Rückkehr aus Deutschland, wo er von 1949 bis 1952 als Hoher Kommissar der USA amtierte, zunächst Verwaltungsratsvorsitzer der Chase National Bank, New York, dann Präsident der Ford-Stiftung.

Dies alles war bei der zweiten Heirat im Herbst 1919 natürlich noch nicht vorauszusehen gewesen; Oberbürgermeister Konrad Adenauer hatte lediglich eine »gute Partie« im großbürgerlichen Sinn gemacht, und er begann auch bald darauf in wiederum großbürgerlicher Weise, für sich selbst ein Vermögen zu bilden. Die ersten Versuche größeren Stils, sehr gewagte Börsenspekulationen, mißlangen dabei allerdings kläglich. Doch die Bankiers bewahrten den tüchtigen, mit den maßgebenden Vertretern des Großkapitals befreundeten und zuverlässig antisozialistischen Oberbürgermeister vor dem Ruin. Später fand Adenauer bessere Methoden, wohlhabend zu werden. Sein Jahresgehalt zuzüglich Aufwandsentschädigung erreichte schließlich rund 50000 Reichsmark, dazu kamen Nebeneinnahmen in etwa gleicher Höhe, die er als Vorstandsvorsitzer oder Aufsichtsrat in einer Reihe von Unternehmen, darunter sogar die Deutsche Bank AG, kassieren konnte. Man rechnete ihm vor, daß er mehr verdiente als der Reichskanzler oder selbst der Reichspräsident, aber solche Kritik ließ ihn kalt. In seinem wachsenden, bald schon sehr beträchtlichen Privatvermögen sah er nur den verdienten Lohn seiner bedeutenden Leistungen für Köln, das ihm die große Universität, den Grüngürtel, die Messe, den neuen Rheinhafen und manches andere verdankte.

Er war sich seiner Stellung völlig sicher, verzichtete deshalb auch auf die Reichskanzlerschaft, die ihm die Zentrumspartei 1926 anbot, aber als es drei Jahre später darum ging, daß ihn die Kölner Stadtverordneten auf weitere zwölf Jahre zum Oberbürgermeister wählen sollten, bekam er die Folgen seiner unbekümmerten privaten Vermögensbildung und autokratischen Regierungsweise empfindlich zu spüren. War er 1917 noch einstimmig gewählt worden, so gewann er die Abstimmung von 1929 nur noch ganz knapp – mit einer Stimme Mehrheit, nämlich der der Stadtverwaltung, also praktisch seiner eigenen. Allerdings saßen im Stadtparlament nicht mehr nur die vom Dreiklassenwahlrecht stark begünstigten Vertreter der Reichsten und des wohlhabenden Bürgertums, sondern auch die Repräsentanten des unteren Mittelstands und der breiten Unterschicht, und das waren 1929 vornehmlich Sozialdemokraten sowie einige Kommunisten. Bald sollten auch noch Oppositionelle von rechtsaußen, Anhänger der erstarkenden Hitler-Partei, hinzukommen, die in Adenauer einen korrupten Vertreter der Weimarer Koalition sahen.

Wie die meisten Repräsentanten des katholischen Zentrums und der gemäßigten Rechten, hielt Adenauer die Nazis, trotz ihres Rowdytums und ihrer wüsten Hetze gegen die Republik, die Juden, aber auch gegen den politischen Katholizismus, für mögliche Verbündete gegen die – seiner Ansicht nach weit größere – »Gefahr von links«. Als Vertreter der »alten Ordnung«, als kirchentreuer Katholik (»Ich bin bei der ältesten Firma am Ort eingetragen, da wird man am reellsten bedient«) und als Besitzbürger, der er inzwischen geworden war, erblickte Konrad Adenauer im Sozialismus, erst recht im russischen Kommunismus, stets die schrecklichste aller Gefahren.

Schon im November 1918 hätte er die – in Köln übrigens ganz unblutig verlaufende – Revolution am liebsten gewaltsam niederschlagen lassen. Er machte den Stadtkommandanten nachdrücklich darauf aufmerksam, daß »im Hof des Apostelgymnasiums eine Batterie Feldartillerie marschfertig und mit ausreichender Munition« einsatzbereit zur Verfügung stände, und er war enttäuscht, als sein deutlicher Wink unbeachtet blieb. Dann allerdings machte er eilig seinen Frieden mit dem neuen »Arbeiter- und Soldatenrat«, stellte den Revolutionären Büros im Rathaus zur Verfügung und ließ sich zu ihrem »Chef des Sicherheitsdienstes« ernennen. Doch wenig später, im Februar 1919, erklärte er einem französischen Journalisten: »Sie können sich denken, welch günstigen Boden die Revolution, so, wie sie diejenigen wünschen, die von allgemeiner Vernichtung träumen, jetzt vorfindet. Wenn der Bolschewismus uns ergreift, wird er nicht viel Zeit brauchen, auch bei Ihnen einzudringen. Indem Sie uns gegen ihn schützen, schützen Sie sich selbst davor.«

Dreizehn Jahre später, als 1932 die Zentrumspartei die Möglichkeit einer Koalition mit den Nazis sondieren ließ, hielt Adenauer dies für eine gute Idee; jedes Bündnis schien ihm damals recht, das die »Gefahr von links« einzudämmen vermochte. Auch glaubte er, eine Einbeziehung der Nazis in die Regierungsverantwortung sei ein gutes Mittel, ihnen »den Giftzahn zu ziehen«.

Ebenfalls 1932, nach dem Staatsstreich vom 20. Juli, mit dem der Reichskanzler Franz v. Papen die legale preußische Staatsregierung beseitigte und damit das letzte Bollwerk der Republik zerstörte, besann sich Konrad Adenauer noch einmal anders. Ausgerechnet er, der eingefleischte Preußenhasser, war seit zwölf Jahren Präsident des preußischen Staatsrats, und als solcher reichte er nun die Verfassungsklage gegen die Reichsregierung ein. Gleichzeitig setzte er den stürmischen Forderungen der Nazis nach Auflösung des preußischen Landtags sein hartnäckiges Nein entgegen.

Die Quittung für diese Haltung erhielt er sofort nach den Reichstagswahlen vom 5. März 1933: SA besetzte sein Haus, und der Kölner Gauleiter der Nazi-Partei erklärte auf einer Kundgebung vor dem Rathaus, Adenauer sei »wegen Landesverrats und Verschwendung öffentlicher Gelder« abgesetzt. Hermann Göring, kommissarischer Innenminister von Preußen, verfügte überdies Adenauers fristlose Entlassung aus dem Beamtenverhältnis wegen »schwerer Dienstvergehen« und »nationaler Unzuverlässigkeit«, die Sperrung seiner Konten, seine Ausweisung aus dem Regierungsbezirk Köln und die Streichung seiner Pension.

Seiner Verhaftung entging der abgesetzte Oberbürgermeister nur durch rasche Flucht, zunächst nach Berlin. Der Bankier Robert Pferdmenges, einer der wenigen Freunde, die noch zu Adenauer hielten, stellte ihm dazu seinen Wagen und seinen Fahrer zur Verfügung. Ein anderer alter Freund, mit dem er einst zusammen das Apostelgymnasium besucht hatte, nahm ihn später bei sich auf: Ildefons Herwegen, Abt des Benediktinerklosters Maria Laach in der Eifel, wo sich Adenauer bis zum Frühjahr 1934 verborgen hielt. Dann begab er sich wieder nach Berlin, wo er für sich und seine Familie eine Villa in Neubabelsberg mietete.

Am Abend des 30. Juni 1934 – an diesem und am folgenden Tag ließen Hitler und Göring zahlreiche hohe SA-Führer und andere alte Mitstreiter sowie eine Reihe ihrer Gegner durch Erschießungskommandos umbringen – wurde Adenauer überraschend von der Gestapo verhaftet, zweimal kurz verhört und am übernächsten Tag ohne weitere Erklärung wieder entlassen. Daraufhin wechselte er in den folgenden Monaten ständig seinen Aufenthaltsort, fand aber den Mut, sich am 10. August 1934 mit einem – sehr aufschlußreichen, im Anhang vollständig wiedergegebenen – Brief an den neuen Reichs- und preußischen Minister des Innern, den Altnazi Wilhelm Frick, zu wenden:

»Die NSDAP«, schrieb Adenauer an den Minister, »habe ich immer durchaus korrekt behandelt und mich dadurch wiederholt in Gegensatz zu den damaligen ministeriellen Anweisungen und auch zu den von der Zentrumsfraktion der Kölner Stadtverordnetenversammlung vertretenen Anschauungen gesetzt. So habe ich jahrelang entgegen der damaligen Verfügung des Preußischen Innenministers der NSDAP die städtischen Sportplätze zur Verfügung gestellt und ihr bei ihren Veranstaltungen auf diesen das Hissen ihrer Hakenkreuzfahnen gestattet . . . Ich habe auch ausdrücklich erklärt, daß nach meiner Meinung eine so große Partei wie die NSDAP unbedingt führend in der Regierung vertreten sein müsse . . . Die in der Entlassung [aus dem Beamtenverhältnis] . . . liegende Kennzeichnung als national unzuverlässig ist für mich und meine Familie – ich habe sieben Kinder – in höchstem Maße schmerzlich und unverdient . . .«

Dieser Brief hatte den gewünschten Erfolg: Adenauers Konten und Grundbesitz wurden freigegeben, seine Pensionsansprüche anerkannt und ausbezahlt. Das folgende Jahrzehnt – fünf Vorkriegs- und fünf Kriegsjahre hindurch – blieb er von den Nazis völlig unbehelligt. Als Privatmann führte er ein zurückgezogenes Leben in Rhöndorf, südlich des Siebengebirges bei Bad Honnef, wo er ein ihm zusagendes Haus gekauft hatte, pflegte dort seinen Garten, züchtete Rosen, konnte sich seinem Hobby – allerlei skurrile technische Erfindungen – und nicht zuletzt auch seiner Familie widmen.

Es schien, als hätten die braunen Machthaber den einst so einflußreichen Zentrumspolitiker Adenauer entweder völlig vergessen oder als nunmehr absolut ungefährlich eingestuft. Doch nach dem mißglückten Attentat auf Hitler vom 20. Juli 1944 verhaftete ihn die Gestapo zum zweitenmal. Nach kurzem Verhör in Bonn kam er in ein »Auffanglager« auf dem Köln-Deutzer Messegelände.

»Die nächste – und für viele Häftlinge letzte – Station auf diesem Weg war das Konzentrationslager Buchenwald«, heißt es dazu in Gösta v. Uexkülls Adenauer-Monographie. »Daß Adenauer Buchenwald erspart blieb, verdankt er mit ziemlicher Gewißheit vor allem dem Mithäftling Eugen Zander, einem Kommunisten . . .« – »von der idealistischen Sorte«, wie Adenauer in seinen *Erinnerungen* dazu bemerkt hat.

Zander entdeckte den früheren Kölner Oberbürgermeister in einer verwanzten Baracke, »an Schlaflosigkeit leidend und zum

Skelett abgemagert«, nahm ihn sich zum Stubengefährten und sorgte, so gut er konnte, für seinen Schützling.

Was im Gefangenenlager vor sich ging, blieb Adenauer nicht verborgen. In Paul Weymars Adenauer-Biographie ist ein erschütternder Bericht des Stubengenossen Zander enthalten: »Täglich gingen Transporte in die Vernichtungslager ... Einmal wurden zwei blutjunge Russen beim Diebstahl von Lebensmitteln erwischt. Ihre Bestrafung wurde zu einem öffentlichen Schauspiel für das ganze Lager gemacht. Man band ihnen die Arme auf den Rücken, und ein paar Leute von den Wachmannschaften schlugen mit Holzknüppeln so lange auf die nackten Körper ein, bis die Oberarme brachen und die Splitter durch das Fleisch drangen. An diesem Abend rührte Adenauer sein Essen nicht an, und ich hörte, wie er sich noch lange stöhnend auf seinem Lager wälzte ...«

Eines Tages entdeckte Zander Adenauers Namen auf einer Liste von Gefangenen, die in der folgenden Nacht abtransportiert werden sollten. Mit guten Beziehungen zum Lagerarzt gelang es Zander, die Überführung seines angeblich schwerkranken Schützlings in ein Kölner Krankenhaus zu erreichen. Von dort flüchtete Adenauer in ein altes Gasthaus im Westerwald, die Nister Mühle. Doch die Gestapo verhaftete nun seine Frau Gussie und erpreßte von ihr die Preisgabe des Verstecks. Am 26. September 1944 wurde Adenauer zum drittenmal verhaftet; diesmal kam er nach Brauweiler bei Köln, wo er wiederum Zeuge des Terrors wurde, den die Nazis anwandten. »Es ist furchtbar, dieses Schreien zu hören, manchmal stundenlang«, berichtete er später, und er fügte hinzu: »Diese Gestapoleute haben jedes menschliche Gefühl verloren.«

Ende November 1944 wurde Adenauer aus der Gestapohaft entlassen. Zu Fuß machte er sich auf den Heimweg nach Rhöndorf, hatte aber das Glück, unterwegs von einem Bekannten aufgelesen und im Auto nach Hause gefahren zu werden. Von da an bis zum Übergang der Amerikaner auf das rechte Rheinufer blieb Konrad Adenauer von weiteren Verfolgungen durch die Nazis verschont.

Acht Tage nach der Besetzung Rhöndorfs und des übrigen Siegkreises durch die Alliierten hielt ein amerikanischer Jeep vor Adenauers Haus, Am Zennigsberg 8a. Zwei Offiziere der Militärregierung besuchten den Hausherrn und erkundigten sich höflich, ob er mit ihnen nach Köln fahren und dort wieder Oberbürgermeister werden wolle. Adenauer erklärte sich sofort dazu bereit.

Das war insofern nicht weiter verwunderlich, als er sich – wie aus inzwischen freigegebenen Berichten von Agenten des amerikanischen Geheimdienstes O.S.S. klar hervorgeht – schon einige Wochen zuvor in die Lokalpolitik gestürzt hatte und seitdem emsig darum bemüht war, Kölns Verwaltung zuverlässig antisozialistischen Zentrumsleuten zu übertragen, natürlich unter seiner Führung.

So heißt es in einem O.S.S.-Agentenbericht vom 23. April 1945: »Köln von Zentrum beherrscht ... Ausnahme: Personal-Dezernent [Josef] Brisch, früher Oberbürgermeister Solingen, SPD ... Vorbereitungen zur Schaffung der Stadtverwaltung waren ursprünglich von Godesberg aus getroffen worden unter Adenauers Leitung, der sich mit reaktionärsten Zentrumsleuten umgeben hat. A. soll sicher Oberbürgermeister werden, zögert noch, weil drei Söhne im Nazi-kontrollierten Gebiet. Machtpolitik bei der Gestaltung der Stadtverwaltung ...«

Und in einem etwas späteren Bericht, wohl von Anfang Mai, findet sich der Satz: »Brisch wieder Oberbürgermeister Solingen, da er Kampf gegen Adenauer-Clique aufgegeben hat; A. wieder Oberbürgermeister von Köln.«

Ganz offenbar lag der amerikanischen Führung daran, in Köln wie auch anderswo in ihrem Besatzungsgebiet den sozialistischen Einfluß möglichst gering zu halten. Die nach zwölf Jahren harter Verfolgung noch übrigen Sozialdemokraten, Kommunisten und christlichen Gewerkschafter wurden nur dort mit Verwaltungsaufgaben betraut, wo es nach der Bevölkerungsstruktur kaum anders möglich war; ansonsten überließen die Militärs die lokalen und regionalen Schlüsselpositionen lieber bürgerlichen Politikern mit entschiedener Abneigung gegen sozialistische Experimente. Ob sie bei der Einsetzung Konrad Adenauers in Köln nur dieser allgemeinen Linie folgten oder ob sich der Kölner Kardinal Frings, vielleicht auch Frau Adenauers so einflußreiche amerikanische Verwandtschaft für ihn eingesetzt hatten, mag dahingestellt bleiben.

Dennoch war die Amtszeit Adenauers als erster Nachkriegs-Oberbürgermeister von Köln nicht von sehr langer Dauer. Im Juni 1945 zogen sich die Amerikaner aus dem Rheinland zurück, das fortan zur britischen, im Süden mit den Regierungsbezirken Koblenz und Trier zur französischen Besatzungszone gehörte. Chef der Militärregierung im Bereich Nord-Rhein mit Sitz in Düsseldorf wurde Brigadegeneral John Barraclough, und da fast gleichzeitig in London die Labour-Partei an die Macht kam, war auch mit einer Änderung der personalpolitischen Generallinie zu rechnen. Sozialdemokraten und Kommunisten, die im Kölner Rathaus heftig gegen den »Reaktionär und Zentrumsmann« Adenauer opponierten und ihm die Duldung des Verbleibs alter Nazis in ihren Stellungen vorwarfen (»Präsident letzten Nazi-Standgerichts läuft frei herum«, heißt es sogar in einem O.S.S.-Agentenbericht aus Köln vom Frühjahr 1945), hofften nun auf etwas Unterstützung von seiten der Besatzungsmacht.

Doch mit einer so drastischen Entscheidung, wie sie Brigadier Barraclough dann am 6. Oktober 1945 traf, hatte dennoch niemand gerechnet. An diesem Tag wurde Adenauer von Barraclough als Oberbürgermeister von Köln fristlos entlassen; zugleich wurde dem Gefeuerten verboten, »weder direkt noch indirekt irgendeiner wie auch immer gearteten politischen Tätigkeit« nachzugehen.

Über die Gründe dieser Amtsenthebung und völligen Kaltstellung ist viel gerätselt worden. Adenauer vermutete dahinter eine politische Intrige und macht in seinen *Erinnerungen*, kaum verhüllt, ein Zusammenspiel zwischen deutschen Sozialdemokraten und Labour-Politikern dafür verantwortlich. Sicherlich war weder eine solche Initiative, falls es sie überhaupt gegeben hat, noch das Mißfallen über die zu langsamen Aufräumungsarbeiten in Köln, das Barraclough als wichtigsten Grund für Adenauers Entlassung angab, ausschlaggebend. Zwar glich Kölns Innenstadt damals tatsächlich einer Mondlandschaft; aber niemand konnte den Kölnern und ihrer Stadtverwaltung den Vorwurf machen, sie hätten sich bei der Trümmerbeseitigung mehr beeilen können. Es gab einfach noch viel zu wenig Arbeitskräfte in der Domstadt, denn ein Großteil der Bevölkerung war noch evakuiert oder vor den Bomben geflüchtet, die bereits Zurückgekehrten aber hatten zunächst damit alle Hände voll zu tun, sich für den Winter eine notdürftige Behausung zu schaffen.

Viel wahrscheinlicher ist es, daß die Briten für die Entlassung Adenauers ganz andere Gründe hatten und daß ihnen jeder Vorwand recht war, ihn politisch auszuschalten. Denn der Kölner Oberbürgermeister hatte im Herbst 1945 den kühnen Plan gefaßt, sein Lieblingsprojekt aus dem Jahre 1919 wiederaufleben zu lassen.

»Nach meiner Ansicht«, so hatte er am 5. Oktober 1945, genau einen Tag vor seiner Amtsenthebung, vor ausländischen Journalisten erklärt, »sollten die Westmächte die drei Zonen, die sie besetzt halten, tunlichst in einem rechtsstaatlichen Verhältnis zueinander belassen. Das Beste wäre, wenn die Russen nicht mittun wollen, sofort wenigstens aus den drei westlichen Zonen einen Bundesstaat zu bilden.« Es konnte ihm also mit der Teilung Deutschlands gar nicht schnell genug gehen, doch das, was die Briten besonders verbittern mußte, kam noch hinzu:

»Um aber den Sicherheitswünschen Frankreichs gegenüber einem solchen westdeutschen Bundesstaat zu genügen«, verkündete er vor der versammelten Auslandspresse, »müßte man die Wirtschaft dieses westdeutschen Gebiets mit der Frankreichs und Belgiens so eng wie möglich verflechten. Denn gemeinsame wirtschaftliche Interessen sind die beste Grundlage für die Annäherung der Völker und die Sicherung des Friedens.« Eine Verschmelzung, nicht nur des Saargebiets, sondern auch des Ruhrreviers, des Rhein-Main-Gebiets und Hamburgs mit der Montan- und Chemieindustrie Frankreichs und Belgiens war genau das, was Großbritannien unter keinen Umständen zulassen konnte und wollte.

Im Vergleich zu diesen Plänen Adenauers war seine Kölner Personalpolitik, die bei den Engländern ebenfalls Anstoß erregte, von allenfalls sekundärer Bedeutung. Gewiß, er bevorzugte kirchentreue, konservative Bürgerliche, vor allem Männer vom rechten Flügel des einstigen katholischen Zentrums, und er sah über deren Verstrickungen in die Machenschaften der Nazis häufig hinweg. Aber er machte nicht – noch nicht – schwer belastete Nazis und Kriegsverbrecher zu seinen Mitarbeitern.

Er war von den Nazis selbst wiederholt verfolgt worden und hatte gewiß keine echte Sympathie für sie gehabt. Aber als überzeugten Antifaschisten konnte man ihn auch nicht gelten lassen, wogegen sein Antikommunismus eindeutig, unbezweifelbar und durch keine Differenzierung beeinträchtigt war. Wie er zum Faschismus im allgemeinen – nicht zu dessen besonders brutaler und spezifisch deutscher Spielart, dem Nazismus – stand, hatte Konrad Adenauer bereits Anfang 1929 erkennen lassen, als der italienische Faschistenführer Benito Mussolini seinen Frieden mit der römisch-katholischen Kirche machte und die Lateranverträge unterzeichnete. Damals telegrafierte der Kölner Oberbürgermeister und Präsident des preußischen Staatsrats an den »Duce«, der wegen der Ermordung des international hochangesehenen italienischen Arbeiterführers Giacomo Mateotti noch in schlechtestem Rufe stand. Wörtlich hieß es in Adenauers Telegramm: »Der Name Mussolini wird in goldenen Buchstaben in die Geschichte der katholischen Kirche eingetragen!«

Dieses überschwengliche Kompliment des Zentrumspolitikers an den blutbefleckten Faschistenführer zeigt deutlich, bis zu welchen Extremen ein katholischer Konservativer zu gehen bereit war, wenn Rom einen Bundesgenossen gegen den heidnischen Sozialismus gefunden hatte. In Deutschland gab es darüber hinaus für die römische Kirche noch einen weiteren Gegner: den Protestantismus.

Das preußisch-protestantische Übergewicht zu beseitigen, einen überwiegend von Katholiken bewohnten Weststaat zu bilden, ihn vom übrigen Deutschland zu trennen und in ein enges Bündnis mit den katholischen Nachbarländern Frankreich und

Belgien zu bringen – das war Adenauers alter, schon 1918/19 verfolgter Plan. Denn nur in einer solchen Westdeutschen Republik konnten er und seine politischen Freunde jemals die absolute Mehrheit erringen.

Schon im Kaiserreich, aber auch in den vierzehn Jahren der Weimarer Republik, hatten sämtliche Hochburgen der Zentrumspartei, von wenigen östlichen Wahlkreisen mit meist polnischer Bevölkerungsmehrheit abgesehen, in jenen Gebieten gelegen, die seit Mai 1945 von den drei Westmächten besetzt worden waren. Im gesamten Gebiet der sowjetisch besetzten Zone, der späteren Deutschen Demokratischen Republik, hatte die katholische Zentrumspartei von 1871 bis 1933 nur einen einzigen Wahlkreis über mehrere Wahlperioden hinweg zu halten vermocht, nämlich Erfurt-Heiligenstadt.

Umgekehrt lagen fast zwei Drittel der sicheren Wahlkreise der Sozialdemokraten nach 1945 im Gebiet der sowjetischen Besatzungszone, zumal nachdem die Amerikaner am 1. Juli 1945 Thüringen und große Teile Sachsens den Sowjets geräumt und dafür die Übergabe der Berliner Westsektoren an die Truppen der drei Westmächte eingehandelt hatten.

Erst vor diesem Hintergrund wird klar, was Adenauer mit der Trennung Westdeutschlands vom restlichen Gebiet des ehemaligen Deutschen Reichs innenpolitisch bezweckte: eine wesentliche Stärkung des Katholizismus zum Nachteil der Protestanten und die Sicherung des Übergewichts seiner alten Partei gegenüber den Sozialdemokraten. Allerdings gab es dabei noch allerlei Hindernisse zu überwinden: Der Strom der Flüchtlinge von Ost nach West drohte die Berechnungsgrundlagen zum Nachteil der Katholiken und Zentrumsanhänger zu verändern; vom deutschen Volk wurde die Teilung des Vaterlandes in allen vier Zonen noch als ein unnatürlicher, allenfalls vorübergehend erträglicher Zustand empfunden, und persönlich hatte der Kölner Oberbürgermeister noch keine Möglichkeit gehabt, in die politische Entwicklung außerhalb seiner engeren Heimat einzugreifen und selbst die Fäden in die Hand zu nehmen.

»Eigentlich«, so hat Gösta v. Uexküll zum letzten Punkt bemerkt, »hätte Adenauer Barraclough dankbar sein müssen, denn der Hinauswurf aus Köln zwang ihn geradezu, sich in den Strudel der großen Politik zu stürzen«, wobei angemerkt sei, daß das gegen Adenauer ausgesprochene Verbot politischer Betätigung von den Briten noch vor Jahresende 1945 wieder aufgehoben wurde. Aber noch ehe es soweit war, hatte der abgesetzte Oberbürgermeister bereits damit begonnen, sich den Weg dahin zu bahnen, wo seit dem November 1918 der ihm nach seiner Ansicht gebührende Platz war: an die Spitze eines westdeutschen Teilstaats, den er nach seinen Vorstellungen regierte und wo für Sozialisten, erst recht für Kommunisten, kaum eine Chance bestand, ihn und seine Freunde in absehbarer Zeit aus der Regierung des Landes zu verdrängen.

Aber der Hinauswurf aus dem Oberbürgermeisteramt schmerzte ihn dennoch; es blieb davon ein Stachel zurück, und sein Verhältnis zu den Engländern, das nie sehr herzlich gewesen war, wurde von nun an noch kühler. Er nahm sich vor, es ihnen eines Tages heimzuzahlen.

Doch vorerst hatte er anderes, weit Dringenderes zu tun. Im Januar 1946, kurz nach Adenauers 70. Geburtstag, sollte im westfälischen Herford der Parteivorsitzende für die überall zunächst auf Kreisebene – in Köln übrigens ohne Beteiligung des Oberbürgermeisters, der sich abwartend verhalten hatte – von Katholiken *und* Protestanten gemeinsam gegründete Christlich-Demokratische Union (CDU) gewählt werden.

Die Delegierten der einzelnen Militärverwaltungsgebiete waren um einen großen Tisch versammelt; nur ein Stuhl, der des ja erst zu wählenden Zonenvorsitzenden, war leer geblieben. Adenauer nahm ohne Zögern darauf Platz, mit der lapidaren Begründung, er sei schließlich der Älteste, und ihm komme es zu, die Führung zu übernehmen. Wenn die anderen auch zunächst dachten, er wolle nur für die Dauer der Wahl als Alterspräsident fungieren und dann seinen Vorsitz wieder abgeben, so sahen sie doch bald ihren Irrtum ein. Adenauer dachte nicht daran, die Führung der CDU wieder aus der Hand zu geben, jedenfalls nicht für die folgenden zwei Jahrzehnte.

4. Der Kampf um die Macht

Die allermeisten Deutschen, die den Zweiten Weltkrieg und die Wirren der ersten Nachkriegszeit überlebt hatten, waren zunächst vornehmlich damit beschäftigt, ihre primitivsten, allerdringendsten eigenen Bedürfnisse zu stillen: Sie brauchten Nahrung, beileibe nicht zum Sattessen, sondern zum Nichtverhungern; sie benötigten eine Unterkunft, ein Bett oder wenigstens irgendeine Lagerstatt, einen Raum oder doch einen Teil davon, der sich heizen ließ mit Brennstoff gleich welcher Art; sie brauchten etwas zum Anziehen, wobei sie nicht etwa an Ersatz von unmodern gewordenen Kleidern und Schuhen durch Modisches oder gar an etwas Eleganteres dachten, sondern an Abhilfe eines kaum noch erträglichen, lebensbedrohenden Mangels. »Vor lauter Winter bin ich schon ganz schwachsinnig«, schrieb am 11. Februar 1947 die von den Nazis verfolgte, 1945 aus der Illegalität wieder aufgetauchte und in ihrem weitgehend zerstörten Kölner Elternhaus notdürftig untergekommene Schriftstellerin Irmgard Keun an den noch nicht aus dem Exil heimgekehrten älteren Kollegen Hermann Kesten. »In meiner Ruine hier kann man's Fürchten lernen, und meine Schuhe und Strümpfe sind so, daß ich damit allenfalls noch vorsichtig über eine weichgrüne, sommerwarme Matte wandern könnte ... Sie haben wirklich tausend Zigaretten an mich abgeschickt? Das wäre herrlich, wenn die ankämen! Dann würde ich mir für 120 Zigaretten ein paar Schuhe eintauschen können und für 40 Zigaretten ein Paar Strümpfe, vielleicht ... noch ein Kleid, einen Mantel ... Ich habe aber Angst, sie kommen nicht an ...«

Als die Versorgung mit Grundnahrungsmitteln, Brennstoffen

und Energie im Winter 1946/47 einen Tiefpunkt erreichte, fielen der Not Zehntausende von Menschen zum Opfer. Noch bis zum Sommer 1948, als sich die Verhältnisse aus Gründen, von denen noch die Rede sein wird, mit einem Schlag merklich besserten, fehlte es an nahezu allem und jedem.

Der Ernährungs-Tagessatz für »Normalverbraucher« sank auf wenig mehr als 1000 Kalorien, wobei es sich aber um sehr einseitige Kost von geringer Qualität handelte. Tierisches Eiweiß, hochwertige Fette und vitaminreiche Lebensmittel fehlten fast völlig. Auch der schwarze Markt, der Schleich- und heimliche Straßenhandel mit Waren aus alliierten Beständen und ausgeraubten Vorratslagern sowie der Tauschhandel mit Bauern und anderen Selbsterzeugern, konnte den Bedarf nicht mehr decken, und die Preise stiegen in für die meisten nicht mehr erschwingliche Höhen. Wer noch ein paar Schmuckstücke, eine wertvolle Uhr, ein Goldstück oder ein silbernes Eßbesteck besaß, opferte solche Kostbarkeiten für ein Dutzend Eier, ein Pfund Speck oder ein paar Liter Vollmilch. Huflattich, Löwenzahn und Brennesseln waren als Gemüse begehrt, und für eine dringend benötigte Nähnadel oder eine einfache Glühbirne mußte eine als »Trümmerfrau« bei der Bergung, Reinigung und Lagerung von Ziegelsteinen zerstörter Häuser arbeitende, allein für die Familie sorgende Mutter den Großteil ihres Wochenverdienstes hergeben.

Bei alledem hatte die große Mehrzahl der Deutschen in den vier Besatzungszonen keinerlei Interesse an Politik und Weltgeschehen, machte sich kaum Gedanken über die zukünftige Gestaltung von Staat und Gesellschaft, war ohnehin nur vage informiert und im übrigen wie zuvor bereit, alle Entscheidungen ihrer Obrigkeit zu überlassen, und das war seit dem Mai 1945 die für den jeweiligen Wohnort zuständige Militärregierung.

Die alten Machthaber, die heimlich als »Goldfasane« verspotteten Nazi-Kreis- und Gauleiter, waren verschwunden, meist mit viel Gepäck und Geld, nicht selten mit einer anderen als ihrer Ehefrau. Verflüchtigt hatten sich auch die gefürchteten Männer der »Gestapo«, der Geheimen Staatspolizei, ebenso die vom »SD«, vom Sicherheitsdienst der SS. Es gab überhaupt keine SS-

Leute mehr, obwohl diese »Garde des Führers« bis zur letzten Stunde die kriegsmüde Bevölkerung terrorisiert und jeden des »Defätismus« Verdächtigen kurzerhand aufgehängt hatte. Alle Stand-, Sonder- und »Volksgerichte« und was an geheimpolizeilichen Einrichtungen bislang der Einschüchterung der Bevölkerung in der Heimat gedient hatte, war wie weggewischt.

Eine Zeitlang schien es fast so, als hätte es in Deutschland, von wenigen Ausnahmen abgesehen, überhaupt keine Nazis gegeben, jedenfalls keine mit Einfluß oder gar Macht, höchstens ein paar Befehlsempfänger der untersten Ebene, dazu etliche – aber bloß nominelle, im Herzen auf der Seite des Widerstands gewesene – Parteigenossen sowie »Mitläufer« der diversen Gliederungen.

Die oberste Nazi-Führung – die Reichsleiter, die Minister und Staatssekretäre, die Prominenz der SS und der anderen Parteiorganisationen – saß, soweit sich die einzelnen nicht durch Selbstmord der Verantwortung entzogen hatten, fast ausnahmslos in alliiertem Gewahrsam und wartete auf ihre Aburteilung. Zahlreiche Männer und Frauen aus den oberen und mittleren Rängen der Nazi-Organisationen waren in besonderen Lagern interniert worden (wobei die Angaben über die Gesamtzahl der in den drei Westzonen in Lagerarrest befindlichen Nazis zwischen 70000 und 100000 schwanken und eine etwa ebenso große Anzahl für die sowjetisch besetzte Zone angenommen werden kann).

Schließlich gab es unter den Millionen von ehemaligen Angehörigen der Wehrmacht und der Waffen-SS, die sich außerhalb Deutschlands in Kriegsgefangenschaft befanden, noch eine stattliche Anzahl mehr oder weniger stark belasteter Nazis, darunter zahlreiche SS-Führer. Aber aus dem öffentlichen Leben der vier Besatzungszonen schienen die einstigen Machthaber vollständig und, wie allgemein vermutet, endgültig verschwunden zu sein.

Das galt auch für die Wirtschaft, für die Geschäftsleitungen der kleinen und mittleren Unternehmen ebenso wie für die der Industriekonzerne, Banken und Versicherungen. Denn die Bosse der reichsdeutschen Wirtschaft hatten ja nicht wenig dazu beigetragen, die Nazis 1933 an die Macht zu bringen. Vor allem aber waren sie die Hauptnutznießer bei der Zerschlagung der Gewerkschaften, der Beseitigung der Tarifautonomie und des Streikrechts, der Ausschaltung der Juden und der »Arisierung« ihres Besitzes, des Rüstungsbooms und der Annexion immer neuer Gebiete gewesen. Sie hatten dort Betriebe und Rohstoffvorkommen »übernommen«, und sie hatten gewaltig profitiert von der rücksichtslosen Ausbeutung vieler Millionen Arbeitssklaven.

Darüber hinaus waren die meisten deutschen Unternehmer und Spitzenmanager nicht nur Mitglieder der Nazi-Partei geworden, sondern hatten auch hohe Positionen in der Partei, der SS und in vergleichbaren Organisationen eingenommen. Als Beispiele dafür mögen die Reichstagsfraktion der NSDAP, die »Akademie für Deutsches Recht« und der »Freundeskreis des Reichsführers SS Heinrich Himmler« dienen, letzterer eine Einrichtung mit dem Zweck, sowohl den intimen Meinungs- und Informationsaustausch zwischen SS-Führung und einflußreichen Männern der Wirtschaft zu fördern als auch Geld für kostspielige Liebhabereien Himmlers aufzubringen. Dem »Freundeskreis« gehörten zwischen November 1939 und Weihnachten (»Julfest«) 1944 unter anderen die folgenden Persönlichkeiten an, deren SS-Ränge und damals wichtigste Funktionen in Staat, Partei (Pg. = Parteigenosse, also NSDAP-Mitglied) und Wirtschaft jeweils vermerkt sind:

Pg. Dr. Hermann Behrends, SS-Gruppenführer, zuletzt Höherer SS- und Polizeiführer für Serbien und Montenegro, 1946 hingerichtet;

Pg. Dr. Rudolf Bingel, Generaldirektor der Siemens-Schuckertwerke AG, Vorstandsmitglied des Vereins Deutscher Eisenhüttenleute;

Pg. Karl Blessing, Vorstandsmitglied der Margarine-Union AG (Unilever-Gruppe), dann der Kontinentale Öl-AG;

Pg. Dr. Heinrich Bütefisch, SS-Obersturmbannführer, Vorstandsmitglied der IG Farbenindustrie AG, des größten deutschen Chemiekonzerns, Direktor der Leuna-Werke, vielfaches Verwaltungsratsmitglied;

Pg. Dr. Hans Fischböck, SS-Brigadeführer, Vorstandsmitglied der Österreichischen Creditanstalt-Wiener Bankverein AG;

Pg. Dr. h. c. Friedrich Flick, Inhaber des Flick-Konzerns, Generaldirektor der Mitteldeutsche Stahlwerke AG, vielfacher Aufsichtsrat, Präsidiumsmitglied der Reichsvereinigungen Kohle und Eisen;

Pg. Herbert Göring, SS-Obersturmbannführer, Verwaltungsratsvorsitzer der Weser-Flugzeugbau GmbH, vielfacher Aufsichtsrat;

Pg. Dr. Karl Ritter v. Halt, SA-Oberführer, Vorstandsmitglied der Deutsche Bank und Discontogesellschaft AG;

Pg. Ewald Hecker, SS-Brigadeführer, Präsident der Industrie- und Handelskammer Hannover, Betriebsführer der »Gewerkschaft Friedrich der Große«, Herne, vielfacher Aufsichtsrat;

Pg. Dr. h. c. Emil Helfferich, Aufsichtsratsvorsitzer der Deutschen Esso AG;

Pg. Otto Heuer, Vorsitzer des Vorstands der Portland Cementwerke Heidelberg;

Pg. Dr. Richard Kaselowsky, Inhaber der Firma Dr. August Oetker, Bielefeld, vielfacher Aufsichtsrat;

Pg. Wilhelm Keppler, SS-Obergruppenführer, Aufsichtsratsvorsitzer der Braunkohle-Benzin AG, der Umsiedlungstreuhand GmbH, der Deutsche Revisions- und Treuhand AG;

Pg. Wilhelm Kleinmann, SS-Gruppenführer, Staatssekretär, stellvertretender Generaldirektor der Deutschen Reichsbahn;

Pg. Fritz Kranefuß, SS-Brigadeführer, kaufmännischer Leiter der Braunkohle-Benzin AG, Mitglied des Aufsichtsrats der Dresdner Bank AG;

Pg. Carl Vincent Krogmann, Schiffsreeder, Teilhaber der Firma Wachsmuth & Krogmann, seit 1933 Regierender Bürgermeister von Hamburg, Mitglied der Akademie für Deutsches Recht;

Pg. Karl Lindemann, Teilhaber der Firma Melchers & Co., Bremen, Aufsichtsratsvorsitzer des Norddeutschen Lloyd, Aufsichtsrat der ESSO, der HAPAG usw., bremischer Staatsrat;

Pg. Prof. Dr. Dr. Emil Meyer, SS-Standartenführer, Mitglied des Vorstands der Dresdner Bank AG, vielfacher Aufsichtsrat, Mitglied der Akademie für Deutsches Recht;

Pg. Dr. Werner Naumann, SS-Standartenführer, Staatssekretär im Reichspropagandaministerium;

Pg. Otto Ohlendorf, SS-Gruppenführer, Amtschef im Reichssicherheitshauptamt, Chef des Inland-Sicherheitsdienstes (SD), Unterstaatssekretär im Reichswirtschaftsministerium, Geschäftsführer der Reichsgruppe Handel, 1940/42 Leiter der Einsatzgruppe D in Südrußland, 1951 hingerichtet;

Pg. Dr. Alfred Olscher, Ministerialdirektor, Vorstandsmitglied der Reichs-Kredit-AG und der Vereinigte Industrie-Unternehmungen AG, vielfacher Aufsichtsrat, Mitglied der Akademie für Deutsches Recht;

Pg. Oswald Pohl, SS-Obergruppenführer, Chef des Wirtschafts- und Verwaltungshauptamts (WVHA) der SS, dem sämtliche Konzentrationslager unterstanden; Geschäftsführer der Deutsche Wirtschaftsbetriebe GmbH der SS, Aufsichtsratsvorsitzer der Deutschen Ansiedlungsgesellschaft, 1951 hingerichtet;

Pg. Dr. Karl Rasche, SS-Obersturmbannführer, Vorstandsmitglied der Dresdner Bank AG, vielfacher Aufsichtsratsvorsitzer;

Pg. Friedrich Reinhart, Staatsrat, Aufsichtsratsvorsitzer der Commerzbank AG, Mitglied der Akademie für Deutsches Recht;

Pg. Hellmuth Roehnert, Vorstandsvorsitzer der Rheinmetall-Borsig AG, Vorstandsmitglied der Reichswerke Hermann Göring und der Busch-Jäger Lüdenscheider Metallwerke AG, Aufsichtsratsvorsitzer der Junkers-Flugzeug- und Motorenwerke AG;

Pg. Erwin Rösener, SS-Gruppenführer, zuletzt Höherer SS- und Polizeiführer für Salzburg, Kärnten, Steiermark, Vorarlberg und Tirol mit »Bandenbekämpfungs«-Aufgaben, 1946 hingerichtet;

Pg. August Rosterg, Generaldirektor der Wintershall AG, vielfacher Aufsichtsrat, Vorsitzender und Mitglied zahlreicher Grubenvorstände;

Pg. Dr. Walter Schieber, SS-Brigadeführer, Staatsrat, Vorsitzer des Verwaltungsrats der Gustloff-Werke, Weimar, Vorstandsvorsitzer der Thüringische Zellwolle AG und weiterer Unternehmen, vielfacher Aufsichtsrat;

Pg. Dr. Heinrich Schmidt, Aufsichtsratsvorsitzer der Wintershall AG, der Kali-Bank, der Bergbau AG Lothringen und weiterer Unternehmen;

Pg. Dr. Kurt Schmitt, SS-Brigadeführer, Generaldirektor a.D. der Allianz-Versicherungsgruppe, bis 1935 Reichswirtschaftsminister, Vorstands-, dann Aufsichtsratsvorsitzer der Münchner Rückversicherungs-AG, vielfacher Aufsichtsrat;

Pg. Kurt Freiherr v. Schröder, SS-Brigadeführer, Mitinhaber des Bankhauses J. H. Stein, Köln, vielfacher Aufsichtsrat, Mitglied der Akademie für Deutsches Recht;

Pg. Wolfram Sievers, SS-Oberführer, Direktor des Instituts für wehrwissenschaftliche Zweckforschung, 1944 Abwehrbeauftragter des OKW, 1951 hingerichtet;

Pg. Otto Steinbrinck, Generalbevollmächtigter des Flick-Konzerns, Generalbeauftragter für die Stahlindustrie in den besetzten Westgebieten, dann dort auch für den Kohlenbergbau zuständig, Vorstandsmitglied der Mitteldeutsche Stahlwerke AG und der Maximilianshütte AG, vielfacher Aufsichtsrat;

Pg. Dr. Albert Vögler, Generaldirektor der Vereinigten Stahlwerke, Mitglied des Reichstags (NSDAP), zahlreiche Aufsichts- und

Verwaltungsratsmandate, bis 1936 Präsident des Vereins deutscher Eisenhüttenleute;

Pg. Dr. Wilhelm Voß, SS-Standartenführer, Generaldirektor der Waffenwerke Brünn, Präsident der AG vormals Skoda-Werke, Vorstandsmitglied der Reichswerke Hermann Göring, vielfacher Aufsichtsrat;

Pg. Hans Walz, SS-Hauptsturmführer, Generaldirektor des Bosch-Konzerns, zahlreiche Aufsichtsrats- und andere Mandate;

Pg. Franz Heinrich Witthoeft, Inhaber der Firma A.O. Meyer, Hamburg, Senator, Aufsichtsratsmitglied der Deutsche Werft AG, der Hansa-Mühle AG, der Commerzbank AG usw.;

Pg. Karl Friedrich Wolff, SS-Obergruppenführer, Höchster SS- und Polizeiführer in Italien, Oberbefehlshaber Süd;

Pg. Prof. Dr. Walther Wüst, SS-Oberführer, Gründer und Kurator des »Ahnenerbe«, 1941 Rektor der Universität München.

Der Reichstagsfraktion der NSDAP (Stand: 1936) gehörten, neben zahlreichen kleineren Fabrikanten und adligen Großgrundbesitzern, auch einige führende Vertreter der Großindustrie und der Bankwelt an, zum Beispiel:

Dr. h. c. Oskar Farny, württembergischer Großgrundbesitzer und führender Vertreter der Raiffeisenkassen, nach 1945 führend in der baden-württembergischen CDU und von 1953 bis 1960 Minister für Bundesangelegenheiten;

Dr. Ing. Dr. Ing. e. h. Friedrich Springorum, Aufsichtsratsvorsitzer der Eisen- und Stahlwerke Hoesch AG und Ehrenvorsitzender des Vereins Deutscher Eisenhüttenleute;

Dr. Dr. h. c. Emil Georg v. Stauß, Generaldirektor der Deutsche Bank AG, vielfacher Aufsichtsrat;

Dr. Ing. e. h. Albert Vögler, Generaldirektor der Vereinigten Stahlwerke AG, des damals größten deutschen Montankonzerns;

Dr. h. c. Fritz Thyssen, Großindustrieller, vielfacher Aufsichtsratsvorsitzer, Großaktionär der Vereinigte Stahlwerke AG. Er hatte bereits den Hitler-Putsch von 1923 finanziert, später den Aufbau der Nazi-Kampfverbände mit einem Millionenbetrag gefördert. 1939, kurz vor Kriegsausbruch, sagte er sich von den Nazis los, flüchtete ins Ausland, wurde 1940 von der Gestapo verhaftet und, wenn auch als »Ehrenhäftling«, in ein Konzentrationslager eingeliefert. Nach amerikanischer Haft, in die er 1945 wegen seiner langjährigen Verbindung zu den Nazis kam, emigrierte er 1949 nach Argentinien und starb dort 1951.

Was unser letztes Beispiel, die »Akademie für Deutsches Recht«, betrifft, so war es ihre Aufgabe, »die Neugestaltung des deutschen Rechtslebens auf dem Fundament des nationalsozialistischen Gedankenguts zu fördern und zu sichern«. Dem achtzehnköpfigen Präsidium dieser Nazi-Akademie gehörten nicht nur die Reichsminister Dr. Hans Frank, Dr. Joseph Goebbels, Dr. Wilhelm Frick und Hanns Kerrl an, sondern auch zwei führende Persönlichkeiten aus der Wirtschaft, nämlich:

Generaldirektor Dr. Wilhelm Kißkalt, Ehrenvorsitzender des Aufsichtsrats der Münchner Rückversicherungs-AG und einer der einflußreichsten Männer in der Allianz-Gruppe, sowie Bankier August v. Finck, Inhaber des Bankhauses Merck, Finck & Co., Großgrundbesitzer und Großaktionär zahlreicher Industrieunternehmen, damals Aufsichtsratsvorsitzer der Allianz- und der Münchner Rückversicherungs-AG, einer der Allerreichsten in Deutschland.

Unter den nicht dem Präsidium angehörenden Mitgliedern der »Akademie für Deutsches Recht« waren so viele Prominente der Wirtschaft, daß sich ihre Aufzählung aus Platzgründen verbietet; einige davon wurden bereits als Mitglieder des »Freundeskreises des Reichsführers SS Heinrich Himmler« genannt, dem beizutreten übrigens niemand gezwungen worden war. Gerade das Beispiel dieses »Freundeskreises des Reichsführers SS« zeigt aber deutlich, wie eng die Leiter der größten deutschen Banken und Industriekonzerne mit der SS verbunden, wie unbekümmert die führenden Persönlichkeiten der Wirtschaft auf Tuchfühlung mit den Verwaltern des Terrors und der Vernichtungslager, ja selbst mit den Henkern, den Vollstreckern der Befehle zum Massenmord, gegangen waren.

Die meisten Unternehmer, fast alle Konzernherren und Großbankiers sowie eine Vielzahl führender Manager saßen seit dem Mai 1945 entweder unter dem Verdacht der Beteiligung an Kriegsverbrechen im Gefängnis oder in Internierungslagern. Kaum jemand, ausgenommen vielleicht sie selbst, dachte ernstlich daran, daß diese zutiefst kompromittierten Kapitalisten jemals wieder zu Macht und Einfluß gelangen würden. Hinzu kam, daß alle Konzerne unter Einschluß der Großbanken entflochten und zerstückelt werden sollten und daß mit Demontagen fast aller nach den Kriegszerstörungen noch erhaltenen Produktionsanlagen zu rechnen war.

Unter diesen Umständen bestand ohnehin kaum noch Aussicht, daß sich in absehbarer Zeit überhaupt irgendwelche wirtschaftlichen Machtzusammenballungen im geteilten Deutschland würden bilden können, und darüber hinaus waren sich alle politischen Parteien darin einig, daß der Kapitalismus ausgespielt habe; die Herrschaft über die großen Unternehmen der Industrie, des Verkehrs sowie des Bank- und Versicherungswesens sollten nie mehr private Kapitalisten ausüben, sondern nur noch die Allgemeinheit, und zwar durch dem Volk verantwortliche Beauftragte.

Die politischen Parteien, die sich damals in diesem wichtigen Punkt weitgehend einig zu sein schienen, waren keine spontanen Zusammenschlüsse der ersten Wochen nach der Kapitulation. Zunächst hatten sich fast überall – in den von den Nazis vor Anfang Mai 1945 befreiten Gebieten zuerst, anderswo gleich nach dem Einmarsch der Sieger – »Antifaschistische Ausschüsse« gebildet. Diese »Antifa«, wie sie kurz genannt wurden, waren die ersten Bürgerinitiativen, die die zusammengebrochene Verwaltung mit neuem Personal wieder funktionsfähig machen, die dringendsten Aufräumungs- und Instandsetzungsarbeiten unbürokratisch organisieren, das herrschende Elend lindern und polizeiliche Aufgaben – Verhinderung von Gewalttaten und Plünderungen – übernehmen wollten und dies, wie sich dann zeigte, auch konnten.

Natürlich beglichen die »Antifa« vielerorts auch alte Rechnungen mit Spitzeln der Gestapo und anderen aktiven Nazis, die ihnen in die Hände fielen. Aber die geradezu panische Angst, die fast alle ehemaligen NSDAP-Mitglieder und deren Familien vor den örtlichen »Antifa« hatten, war unbegründet. In den amerikanischen Geheimdienstberichten hieß es dazu: »Trotz allem haben die antifaschistischen Organisationen ihre Anhänger zurückgehalten und nicht aufgewiegelt.« Sie verhielten sich »verantwortungsbewußt und waren ein Kanal, der die Emotionen abfließen ließ, die andernfalls zu gewalttätigen Volksaufläufen geführt hätten«.

Die treibenden Kräfte zur Bildung der örtlichen »Antifa« waren fast ausnahmslos Kommunisten und Sozialdemokraten, also diejenigen politischen Gruppen, die von 1933 an am meisten unter dem Terror der Nazis gelitten, den stärksten Widerstand geleistet und dafür die schwersten Strafen hinzunehmen hatten. Unter den weit über 500000 Gefangenen, die schon vor Kriegsausbruch, also in den Jahren 1933–1939, von den Nazis in Konzentrationslager eingesperrt worden waren und von denen – nach den Berechnungen Eugen Kogons – knapp 140000 bereits vor Beginn des Zweiten Weltkriegs ihr Leben hatten lassen müssen, waren die meisten deutsche oder österreichische Kommunisten, Sozialdemokraten, Gewerkschafter sowie Angehörige anderer Organisationen der Linken gewesen. Viele tausend weitere kommunistische und sozialdemokratische Funktionäre hatten wegen »Vorbereitung zum Hochverrat« und ähnlicher Delikte lange Jahre in den Zuchthäusern verbringen müssen, waren in Strafbataillonen geschunden worden oder hatten die Zeit der Nazi-Diktatur im Exil, im Untergrund oder in ähnlich schwierigen Verhältnissen zu überstehen versucht. Die Anzahl der von den Gerichten zum Tode verurteilten und hingerichteten sowie der ermordeten, zu Tode gefolterten oder »auf der Flucht erschossenen« Kader ging hoch in die Zehntausende.

Angesichts dieser Opfer waren die Mäßigung und Disziplin der »Antifa« wirklich bemerkenswert, und in Anbetracht der gemeinsamen Erfahrungen, die die Anhänger der SPD und der KPD unter der Herrschaft der Nazis hatten machen müssen, war es beinahe selbstverständlich, daß sie nach der Befreiung zusammenhielten und es nicht wieder zu einer Spaltung und damit Schwächung der sozialistischen Arbeiterbewegung kommen lassen wollten. Allerdings standen zunächst die dringendsten praktischen Aufgaben im Vordergrund; zur Aufstellung eines Programms, wie man gemeinsam »den Sozialismus verwirklichen«

wollte, waren die »Antifa«-Komitees noch nicht gekommen. Sie sahen ihre Aufgabe vorerst darin, als eine neue demokratische Kraft aufzutreten, vorhandene Gegensätze zu überbrücken und die alten Partei-Schablonen nicht wieder zur Anwendung kommen zu lassen. Die »Antifa«-Gruppen waren – wie es in einer O.S.S.-Analyse hieß – »der festen Überzeugung, daß ihre Interessen sowohl mit denen ganz Deutschlands als auch mit denen der alliierten Besatzer übereinstimmen«.

Doch gerade in dem letzten Punkt täuschten sie sich. Es war nicht allein ihre sozialistische Zielsetzung, sondern mindestens ebensosehr ihre spontane, unbekümmerte, durch keinerlei Schuldgefühle gehemmte Initiative, die bei den Besatzungsmächten Argwohn erregte. Die Militärregierungen fürchteten das Entstehen einer Bewegung, die in ihren Richtlinien nicht vorgesehen war und das von den Stäben ausgearbeitete Programm einer stufenweisen Demokratisierung durcheinanderzubringen drohte. Also wurden noch im Sommer 1945 alle »Antifa«-Organisationen von den Besatzungsmächten kurzerhand verboten; städtische Polizei beschlagnahmte im Auftrag der örtlichen Militärregierung alle schriftlichen Unterlagen, und die meist in den Rathäusern eingerichteten Büros wurden samt dem Inventar »zur anderweitigen Verwendung« bestimmt.

Erst Monate später hielten es die Alliierten für an der Zeit, die Bildung politischer Gruppierungen zuzulassen, und zwar unter strenger Aufsicht der jeweiligen Militärregierung und nur mit deren Lizenz, oft auch nach den personellen Vorstellungen und Wünschen einzelner Besatzungsoffiziere.

Die wichtigsten Parteien, die damals entstanden, waren die SPD; die KPD; die später zur FDP vereinigten liberalen Gruppen mit anfangs von Region zu Region unterschiedlichen Namen; die Zentrumspartei, die besonders in Nordrhein-Westfalen und Niedersachsen Anhänger fand und betont katholisch konfessionell und föderalistisch, aber sozialpolitisch entschieden nach links orientiert war; sodann die zuerst nur in der Nordrheinprovinz und in Westfalen, dann auch in den übrigen Gebieten gegründete Christlich-Demokratische Union (CDU), die

Oben: Urteilsverkündung gegen Friedrich Flick am 24. 12. 1947 in Nürnberg. Flick wurde wegen Beschäftigung von Zwangsarbeitern, Aneignung von Fabriken in den ehemals deutsch besetzten Gebieten und Zugehörigkeit zum Freundeskreis des Reichsführers SS Heinrich Himmler zu 7 Jahren Freiheitsstrafe verurteilt. Drei Jahre später war er wieder einer der reichsten Industriellen der Bundesrepublik. *Unten links: Ich bezahlte Hitler* war der Titel des Buches, das Fritz Thyssen schrieb und das 1940 von einem englischen Verleger veröffentlicht wurde. Dieses Buch bildete das Hauptthema des ersten Verhandlungstages gegen Dr. h.c. Thyssen vor der Spruchkammer in Königstein im Taunus. *Unten rechts:* Alfried Krupp von Bohlen und Halbach während eines Verhörs in Nürnberg.

Oben links: Dr. Viktor Agartz, in den ersten Nachkriegsjahren einflußreicher linker »Chefideologe« der Gewerkschaften, wurde bald kaltgestellt. *Oben rechts:* Dr. Johannes Semler, Direktor der Verwaltung für Wirtschaft, hielt am 4. Januar 1948 seine sogenannte »Hühnerfutter-Rede«. *Unten:* Nicht nur die Arbeiter forderten nach dem Krieg die Sozialisierung ihrer Betriebe. Im Ahlener Programm der CDU vom Februar 1947 hieß es dazu: »Das kapitalistische Wirtschaftssystem ist den staatlichen und sozialen Lebensinteressen des deutschen Volkes nicht gerecht geworden.«

Weichensteller im Hintergrund: *Oben links:* Dr. Franz Josef Wuermeling, Vorstandsmitglied im Werhahn-Konzern, brachte die CDU-Sozialausschüsse auf den »rechten« Weg. *Oben rechts:* Dr. Ludger Westrick, Erhards Staatssekretär und alter Bekannter aus dem »Kleinen Arbeitskreis« von 1943/45. *Unten links:* Karl Blessing, erster Bundesbankdirektor, einst im Freundeskreis Himmlers. *Unten rechts:* »Fremde Heere Ost« – General Reinhard Gehlen diente nacheinander drei Herren und prägte ihr Feindbild.

Prof. Dr. Ludwig Erhard, entschiedener Anhänger der Freien Marktwirtschaft, plante das Wirtschaftswunder schon nach der Katastrophe von Stalingrad.

sich auf den rechten Flügel des ehemaligen Zentrums, auf bürgerliche Gruppen beider christlicher Bekenntnisse, den rheinisch-westfälischen Adel sowie auf Teile der katholischen Arbeiterbewegung stützen konnte. Als bayerische Besonderheit gab es, wie bereits erwähnt, die Christlich-Soziale Union (CSU) und die föderalistisch-antiklerikale Bayernpartei; ferner wurde, zunächst nur in Norddeutschland, von der britischen Besatzungsmacht auch noch eine konservative Deutsche Partei zugelassen. Später kamen etliche weitere Parteien hinzu, die alle nach rechts hin tendierten und von denen einige, wie beispielsweise der Gesamtdeutsche Block (GB) und der mit ihm eine Listenverbindung eingehende Bund der Heimatvertriebenen und Entrechteten (BHE), vorübergehend erhebliche Stimmenanteile zu erzielen vermochten.

Von allen diesen Parteien konnten sich anfangs nur die SPD und die KPD auf eine zwar durch Verfolgung und Krieg stark gelichtete, doch für einen Wiederaufbau der Parteiorganisationen noch ausreichende Anzahl erfahrener und bewährter Funktionäre stützen. Beide Parteien hatten auch schon im Sommer 1945 und im Gegensatz zu den bürgerlichen Parteien ihre Zentralen in Berlin reorganisiert: das Zentralkomitee der KPD mit Wilhelm Pieck an der Spitze und der Zentralausschuß der SPD, zu dessen Vorsitzendem einige Wochen später Otto Grotewohl gewählt wurde. Grotewohl, seit 1912 Mitglied der SPD, hatte in der Zeit der Weimarer Republik von 1920 an dem Braunschweiger Landtag und als Innen-, Kultus- und Justizminister der braunschweigischen Landesregierung, außerdem von 1925 bis 1933 der sozialdemokratischen Reichstagsfraktion angehört und war während der Nazizeit wiederholt von der Gestapo verhaftet worden.

Neben dem Berliner Zentralausschuß mit Grotewohl an der Spitze gab es seit Mai 1945 noch eine weitere, zunächst inoffizielle Parteizentrale der SPD, das »Büro Schumacher« in Hannover, das sich in den drei Westzonen schon sehr bald Autorität zu verschaffen wußte.

Der Chef dieses Büros war Dr. Kurt Schumacher, der 1946

zum Vorsitzenden der SPD im westlichen Teil Deutschlands gewählt wurde. Der 1895 in Kulm geborene Westpreuße war ein Mann von ungewöhnlicher Energie und Zähigkeit. Er hatte 1914 als Kriegsfreiwilliger einen Arm verloren, gehörte seit 1918 der SPD und von 1930 bis 1933 der sozialdemokratischen Reichstagsfraktion an. Er war im Parlament wiederholt mit den Nazis hart aneinandergeraten, besonders mit Dr. Joseph Goebbels, Hitlers späterem Reichspropagandaminister, dessen Ausfälle gegen die angeblich unpatriotischen Sozialdemokraten er als Schwerkriegsversehrter mit großer Schärfe zurückgewiesen hatte.

1933 war Dr. Schumacher von den Nazis verhaftet und trotz seiner Kriegsverletzung bis 1945 in verschiedenen Konzentrationslagern gefangengehalten und dort schwer mißhandelt worden. Nach seiner Befreiung hatte er sich, obwohl seine Gesundheit durch die lange KZ-Haft sehr angegriffen war, sofort an den Wiederaufbau der sozialdemokratischen Parteiorganisation gemacht, aber mit eigenen, von denen des SPD-Zentralausschusses abweichenden Vorstellungen, wobei er nach anfänglichen Meinungsverschiedenheiten auch von der »Londoner Gruppe« unterstützt wurde.

Dieser Zusammenschluß führender deutscher Sozialdemokraten im Exil, der sich im März 1941 als »Union deutscher sozialistischer Organisationen in Großbritannien« konstituiert hatte, war bis zu dessen Tod im Oktober 1945 von Hans Vogel geleitet worden, dem letzten Vorsitzenden des im November 1940 in Lissabon aufgelösten SPD-Emigrationsvorstands. Nach Vogels Tod übernahm Erich Ollenhauer die Leitung der »Londoner Gruppe«; er war bis 1933 als Sekretär der Sozialistischen Jugend-Internationale Mitglied des SPD-Parteivorstands gewesen. Ollenhauer sowie die übrigen führenden Sozialdemokraten in London – Waldemar v. Knoeringen, Fritz Heine, Erwin Schoettle und Willi Eichler – kehrten noch 1945 nach Deutschland zurück, stellten sich an die Seite Dr. Kurt Schumachers und erkannten dessen Führungsanspruch an, ebenso die aus den USA und aus Schweden nach und nach heimkehrenden sozialdemokratischen Führer, wobei das einigende Band Dr. Schumachers entschiedener Antikommunismus war.

Damals bestand in vielen Orten Deutschlands, und zwar in allen vier Besatzungszonen, bei Sozialdemokraten, Kommunisten und nicht parteigebundenen Gewerkschaftern der schon in der Bildung von »Antifa«-Ausschüssen zutage getretene Wunsch nach enger Zusammenarbeit, nach »Aktionseinheit« und nach schließlicher Verschmelzung der SPD und KPD zu einer großen Partei, wie vor dem Ersten Weltkrieg.

Diese Bestrebungen, die von Mitgliedern des SPD-Zentralausschusses in Berlin unterstützt wurden, lehnte Dr. Schumacher strikt ab und setzte ihnen seinen und seiner Freunde entschlossenen Widerstand entgegen. In den Westzonen, wo die Militärregierungen die »Antifa«-Bewegung stoppten, konnte sich Schumacher schließlich durchsetzen, nicht jedoch in der sowjetischen Besatzungszone.

Dort fand am 21./22. April 1946 im Berliner Admiralspalast die von der Besatzungsmacht gebilligte und unter massivem Druck geförderte Verschmelzung von SPD und KPD zur Sozialistischen Einheitspartei (SED) statt. Wilhelm Pieck und Otto Grotewohl übernahmen gemeinsam den Parteivorsitz. Bei diesem Zusammenschluß zählte die SED der sowjetisch besetzten Zone und Ost-Berlins nach offiziellen Angaben bereits 1 298 000 Mitglieder, wovon 53 Prozent von der SPD und 47 Prozent von der KPD her kamen.

Wie das Kräfteverhältnis in den drei Westzonen war, zeigten die Ergebnisse der diversen Landtagswahlen, die dort im Jahre 1946 stattfanden. Dabei errangen die Sozialdemokraten, die Kurt Schumacher zu ihrem Vorsitzenden gewählt hatten, insgesamt 7,25 Millionen, die KPD 1,92 Millionen Stimmen, wogegen auf die Unionsparteien in allen drei Westzonen nur insgesamt 7,18 Millionen Stimmen entfielen; erst in weitem Abstand folgten die anderen bürgerlichen Gruppierungen. Damit schien Schumachers Strategie ihre Bewährungsprobe bestanden zu haben, denn die SPD war aus den Wahlen als die eindeutig stärkste Partei hervorgegangen, und dies in klarer Abgrenzung gegen die Kommunisten und mit Parolen, die an die nationalen Gefühle der Deutschen appellierten: Wiedervereinigung in den Grenzen von 1937, keine Anerkennung der Oder-Neiße-Linie, ein starker, zentralistischer Staat mit Berlin als Hauptstadt.

Schumachers Vorstellungen vom Staat als einer »sittlichen Idee«, die starke nationale, »gesamtdeutsche« und antiföderalistische Komponente seiner Politik, sein vehementer Antikommunismus und seine behaarliche Weigerung, sich mit den Ergebnissen des Zweiten Weltkriegs abzufinden, hatten – wie die Wahlergebnisse des Jahres 1946 deutlich zeigten – bei der Bevölkerung der Westzonen Anklang gefunden, nicht zuletzt bei den Neubürgern, den Flüchtlingen und Vertriebenen aus den Ostgebieten, deren Gefühlen sie in starkem Maße Rechnung trugen. Überhaupt zielte Schumachers Politik darauf ab, die heimatlos Gewordenen in die SPD zu integrieren und die Entstehung eines neuen Rechtsradikalismus zu verhindern. Dies ist ihm auch weitgehend gelungen, und doch sind erhebliche Zweifel angebracht, ob die von Kurt Schumacher damals geführte SPD tatsächlich – wie er 1948 erklärte – »die Probe vor dem Richterstuhl der Geschichte bestanden« hat.

»In Deutschland wird die Demokratie sozialistisch sein – oder sie wird gar nicht sein!«, so hatte Schumacher seinen Parteifreunden zunächst versichert. Seine Feststellung entsprach in den Jahren 1945/46 nicht nur dem Wunsch der meisten Sozialdemokraten, sondern durchaus auch den Vorstellungen, die damals bis weit ins bürgerliche Lager hinein verbreitet waren. Darüber, daß die gesellschaftlichen Verhältnisse grundlegend verändert werden müßten, herrschte Einigkeit zwischen den allermeisten politisch interessierten Deutschen, von den Kommunisten über die Anhängerschaft von SPD und Zentrum bis zu großen Teilen der Christdemokraten, und auch die westlichen Besatzungsmächte hatten dagegen zunächst keine Einwände.

Man hielt es damals allgemein für beinahe selbstverständlich, daß der Kapitalismus für Deutschland als Gesellschaftsform nicht mehr in Frage käme. Es gab allenfalls Meinungsverschiedenheiten darüber, inwieweit das Privateigentum an den Produktionsmitteln abgeschafft oder eingeschränkt, der Großgrundbesitz enteignet oder beschnitten und wer die Kontrolle über die Wirtschaft haben sollte. Einig war man sich auch darin, daß Staatsverwaltung, Justiz, Polizei, Unterrichtswesen und andere öffentliche Bereiche sowie das ganze Wirtschaftsleben von Nazis gesäubert und »demokratisiert« werden müßten; die alten Machtstrukturen, so fanden selbst viele Konservative, sollten endgültig beseitigt werden.

Auch die von Schumacher geführte SPD stellte solche Forderungen auf. In der Proklamation des 1. Parteitags der SPD vom Mai 1946 in Hannover hieß es: »Das heutige Deutschland ist nicht mehr in der Lage, eine kapitalistische Unternehmerwirtschaft zu ertragen und Unternehmerprofite, Kapitaldividenden und Grundrenten zu zahlen. Die jetzt noch herrschenden Eigentumsverhältnisse entsprechen nicht mehr den sonstigen gesellschaftlichen Zuständen und Bedürfnissen. Sie sind zu dem schwersten Hemmnis der Erholung und des Fortschritts geworden. Der vorhandene private Großbesitz an Produktionsmitteln, Kapitalien und Rohstoffen und das mögliche Sozialprodukt der deutschen Volkswirtschaft müssen den Bedürfnissen aller zugänglich gemacht werden. Der heutige Zustand, bei dem die große Mehrheit alles verloren hat, eine Minderheit aber reicher geworden ist, muß zugunsten einer Gesellschaftsordnung mit gerechter Lastenverteilung überwunden werden. Die von der Sozialdemokratie erstrebte sozialistische Wirtschaft beruht auf einer gelenkten Wirtschaftspolitik . . .« Ferner forderte die Parteitags-Proklamation vom Mai 1946: »Die Sozialisierung hat zu beginnen bei den Bodenschätzen und bei den Grundstoffindustrien. Alle Betriebe des Bergbaus, der Eisen- und Stahlerzeugung und -bearbeitung bis zum Halbzeug, der größte Teil der chemischen Industrie und die synthetischen Industrien, die Großbetriebe überhaupt, jede Form von Versorgungswirtschaft und alle Teile der verarbeitenden Industrie, die zur Großunternehmung drängen, sind in das Eigentum der Allgemeinheit zu überführen. Der gesamte Verkehr, die neu zu gestaltende Geld- und Kreditversorgung und das Versicherungswesen sind Gegenstand sozialistischer Planung. Eine grundlegende Agrar- und Bodenreform ist unter Enteignung der Großgrundbesitzer sofort einzuleiten.«

Aber dic SPD verzichtete bewußt darauf, die Gunst der Stunde zu nutzen und – wie die Kommunisten es forderten und wie die SED in der sowjetischen Besatzungszone es sofort in Angriff nahm – ihr sozialistisches Programm nun auch unverzüglich in die Praxis umzusetzen, wo immer dies möglich schien, notfalls auch gegen die Intentionen der Besatzungsmächte.

Die Voraussetzungen dafür waren durchaus gegeben; die Potsdamer Beschlüsse sowie die diversen Absichtserklärungen der Alliierten ließen den regionalen Militärregierungen wenig Spielraum, einer zielbewußten und energischen Verwirklichung sozialistischer Forderungen entgegenzutreten. Ohne Preisgabe der von ihren führenden Politikern verkündeten Grundsätze hätten sie die Übernahme von Großbetrieben durch die Belegschaften oder die Besetzung aller Schlüsselpositionen der Wirtschaft durch Vertrauensleute antikapitalistischer Parteien und Gewerkschaften gar nicht verhindern können, zumal auch kein Widerstand von seiten der Unternehmer und Aktionäre, nicht einmal Protest aus dem Bürgertum zu verzeichnen gewesen wäre. Denn, so seltsam dies heute klingen mag, die Tatsache ist nicht zu leugnen, daß – wie es der Wirtschaftschronist der fünfziger und frühen sechziger Jahre Kurt Pritzkoleit einmal formuliert hat – »das Deutschland der ersten Nachkriegsjahre überwiegend ›rot‹ war; daß die Erfahrungen, die Deutschland in drei Jahrzehnten Krieg und Inflation mit den Herren im Hause der Wirtschaft machen mußte, die sozialistische Sehnsucht im Herzen des Volkes geweckt hatte. Dieser antikapitalistischen Strömung, die Adenauer natürlich nicht entgangen war, die er nach ihrer Kraft und Beständigkeit aber sicherlich überschätzte, verdankte das berühmte Ahlener Programm seine Entstehung.«

Das »Ahlener Wirtschafts- und Sozialprogramm der CDU«, wie sein offizieller Name lautete, war Anfang Februar 1947 vom Zonenausschuß der Christlich-Demokratischen Union für die britische Besatzungszone unter dem Vorsitz Konrad Adenauers ausgiebig diskutiert und sorgfältig redigiert worden, ehe es unter dem Motto »CDU überwindet Kapitalismus und Marxismus« der – darüber gar nicht sonderlich erstaunten – Öffentlichkeit übergeben wurde. Es gehört zu den wichtigsten und erregendsten Versuchen, die alten Zustände von bürgerlicher Seite her endgültig zu beseitigen und die wirtschaftlichen und gesellschaftlichen Verhältnisse in Westdeutschland in einer Weise zu normalisieren, die der befürchteten Umgestaltung durch einen siegreichen Sozialismus zuvorkam und dessen Angriffspunkte beseitigte.

»Man sollte es nicht so völlig vergessen, wie es geschehen ist«, hat dazu Kurt Pritzkoleit schon 1962 bemerkt, »sondern es immer wieder lesen und als Maßstab an die Ereignisse anlegen, die die Wirtschaft in unseren Tagen zur Erörterung stellt. Um so mehr, da das Programm die Billigung des Parteivorsitzenden Adenauer gefunden haben muß, der durchaus der Mann gewesen wäre, eine abweichende Meinung, hätte er sie gehabt, auch zur Geltung zu bringen. Freilich, die Ahlener Forderungen mögen durchaus das Werk der« – in ihrer Mehrzahl viel weiter links als Adenauer stehenden – »CDU-Politiker gewesen sein. Aber sie waren durchaus nicht von ungefähr formuliert, sondern sind wahrscheinlich mit Vertretern der Industrie, namentlich der Schwerindustrie, erörtert und teilweise auch von ihnen gebilligt worden.«

Das war tatsächlich der Fall gewesen, nur daß die Unternehmer damals sogar bereit waren, in einigen Punkten noch größere Zugeständnisse zu machen, als die CDU von ihnen forderte, ja, daß den verängstigten Großindustriellen die antikapitalistischen Forderungen der Christdemokraten noch nicht weit genug gingen. Dies geht klar hervor aus einem Schreiben, das drei führende Montanindustrielle, Dr. Reusch für die Gutehoffnungshütte, Dr. Hehemann für den Otto-Wolff-Konzern und Dr. Jarres für die Klöckner-Werke, am 21. Januar 1947, also kurz vor der Verabschiedung des Ahlener Programms der CDU, an den damaligen Leiter des Verwaltungsamts für Wirtschaft der britischen Besatzungszone, Dr. Viktor Agartz, richteten (der, nur am

Rande sei's erwähnt, dem linken Flügel der SPD angehörte, wegen seiner marxistischen Einstellung später aus der SPD, dann auch aus dem DGB ausgeschlossen wurde, damals aber noch großen Einfluß hatte).

In dem Schreiben der drei Industriellen an Dr. Agartz hieß es: »Es war gerade der Sinn der Konzernbildung, durch Herstellung inniger Verbindung zwischen den einzelnen Produktionsstufen die wirtschaftliche Leistungsfähigkeit zu verbessern und eine weitgehende Kostenverringerung zu ermöglichen. Wenn hierbei auch zuweilen die optimalen Grenzen der Arrondierung überschritten worden sein mögen, so zeigt doch die Konzernentwicklung bereits in den Jahren vor dem Kriege deutliche Ansätze zu einer Rückbildung. Diese Entwicklung ist durch den Krieg unterbrochen worden, muß aber nun mit allem Nachdruck fortgeführt werden.

Wir erklären uns daher bereit, unter Beachtung der Bestimmungen des in Kürze zu erwartenden Dekartellisierungsgesetzes, Entflechtungsmaßnahmen durchzuführen, die sowohl auf organisch gebildete Zusammenhänge Rücksicht nehmen als auch neue selbständige, wohlübersehbare und wirtschaftlich optimal bemessene Betriebseinheiten schaffen.

Wir schlagen ferner die Überführung dieser neuen Werke in gemischtwirtschaftlichen Besitz – gegebenenfalls unter kapitalmäßiger Beteiligung auch der Gewerkschaften – vor, um schon auf der Ebene des Betriebs die öffentlichen Interessen mit dem privatwirtschaftlichen Ertragsstreben in Übereinstimmung zu bringen und einen möglichst hohen Leistungsgrad zu erreichen. Schließlich erklären wir« – man lese und staune! – »unsere aufrichtige Bereitschaft, den Belegschaften und den Gewerkschaften volle Mitwirkungsrechte einzuräumen. Wir wollen uns den Forderungen einer neuen Zeit nicht verschließen und stimmen einer Beteiligung auch der Arbeitnehmerschaft an der Planung und Lenkung sowie an den Aufsichtsorganen für die großen Erwerbsgesellschaften der Eisen- und Stahlindustrie voll und ganz zu. Dabei erfüllt uns die Hoffnung, daß die Verwirklichung unserer aus der allgemeinen Not geborenen Vorschläge eine neue und sichere Vertrauensgrundlage für die Zusammenarbeit der Werksleitungen und der berufenen Vertreter der Allgemeinheit schafft; daß es damit gelingt, unsere für die Gesamtwirtschaft so ungemein wichtige Schlüsselindustrie endlich von einem politischen Odium zu befreien und die in ihr schlummernden Kräfte zu voller Entfaltung für eine friedliche Wiederaufbauarbeit zu bringen.«

Man darf annehmen, daß dieser bemerkenswerte Brief nicht allein zur Beruhigung des sozialen Gewissens der zuvor und ansonsten ja nicht allzu zimperlichen Montanindustriellen geschrieben wurde. Vieles spricht dafür, daß er vor allem dazu beitragen sollte, die »organisch gewachsenen Zusammenhänge« – im Klartext: den Eisen-Kohle-Verbund – über die bevorstehende Entflechtung hinwegzuretten.

Aber das Angebot »kapitalmäßiger Beteiligung auch der Gewerkschaften« sowie das der innerbetrieblichen Mitbestimmung durch Belegschafts- und Gewerkschaftsvertreter in den Vorständen und Aufsichtsräten war in diesem Brief eindeutig enthalten. Doch während die Ruhrindustriellen die Frage der Vergesellschaftung ihrer Unternehmen sorgsam aussparten, widmete das Ahlener Programm der CDU dieser Frage breiten Raum.

Dieses Ahlener Programm – sein voller Wortlaut ist im Anhang wiedergegeben – begann mit der Feststellung: »Das kapitalistische Wirtschaftssystem ist den staatlichen und sozialen Lebensinteressen des deutschen Volkes nicht gerecht geworden. Nach dem furchtbaren politischen, wirtschaftlichen und sozialen Zusammenbruch als Folge einer verbrecherischen Machtpolitik kann nur eine Neuordnung von Grund aus erfolgen. Inhalt und Ziel dieser sozialen und wirtschaftlichen Neuordnung kann nicht mehr das kapitalistische Gewinn- und Machtstreben, sondern nur das Wohlergehen unseres Volkes sein.«

Im einzelnen forderte das Ahlener Wirtschafts- und Sozialprogramm der CDU: die Verhinderung der Zusammenballung wirtschaftlicher Kräfte in der Hand von Einzelpersonen, von Gesellschaften und privaten wie öffentlichen Organisationen; statt dessen die Überführung in Gemeineigentum, nicht allein des Kohlebergbaus und der Eisen- und Stahlindustrie, sondern auch der Großchemie und der »Großindustrien mit monopolartigem Charakter«, wie ihn beispielsweise die Elektroindustrie schon damals hatte; die Entflechtung aller Konzerne, »die nicht technisch, sozial oder wirtschaftlich absolut notwendig« sind, strenge Kartellgesetze, gesetzliche Begrenzung privaten Aktienbesitzes, staatliche Kontrolle des Bank- und Versicherungswesens, Ausdehnung der für die Montanindustrie vorgesehenen Mitbestimmung auch auf die sonstigen Großbetriebe sowie Beteiligung der Arbeitnehmer am Ertrag des Unternehmens.

Des weiteren forderte das Ahlener Programm eine »Planung und Lenkung der Wirtschaft« durch Wirtschaftskammern unter parlamentarischer Kontrolle und Beteiligung der Arbeitnehmer wie auch der Verbraucher.

Im fünften Abschnitt hieß es: »Bei allen Reformen der deutschen Wirtschaft, mag es sich um Bodenreform, Neuaufbau der industriellen Wirtschaft oder Neugestaltung des Verhältnisses zwischen Arbeitnehmern und Betrieb handeln, ist das erste und vornehmste Ziel das Wohl des gesamten Volkes.«

Wenig später war in diesem Abschnitt ein Satz enthalten, den man sich, sozusagen, auf der Zunge zergehen lassen muß: »Die privatkapitalistischen Konzern- und Machtbildungen im Bergbau und in der Großindustrie werden auf dem Wege der Entflechtung aufgelöst, weil sie ihren Einfluß und ihre Machtstellung zum Nachteil des Staates und der Gesellschaft mißbraucht haben.« Bei den Einzelbestimmungen zur Entmachtung des privaten Kapitals war unter anderem vorgesehen, daß »kein Aktionär der privaten Hand und kein Beauftragter über mehr als 10 Prozent ... der Stimmen in der Hauptversammlung direkt oder indirekt verfügen darf«, also auch keine Großbank! Und nirgendwo sollte das private Kapital mehrerer Aktionäre zusammen eine Mehrheit bilden dürfen.

Schließlich folgten Vorstellungen, wie die erforderlichen Änderungen der Besitz- und Machtverhältnisse vorzunehmen seien: »Zunächst ist der bisherige private Besitz heranzuziehen, der entschädigungslos frei wird auf Grund einer Verurteilung als

Kriegsverbrecher oder auf Grund der Entziehung aus politischen Gründen im Rahmen der gesetzlichen Maßnahmen«, sodann »der bisherige private Besitz, der im Rahmen des kommenden Lastenausgleichs . . . frei wird«, und zwar bereits im Vorgriff auf erst später fällige Vermögensabgaben. Reichte beides zusammen nicht aus, eine nichtprivate Mehrheit in der Hauptversammlung eines Unternehmens herzustellen, so sollten die privaten Aktionäre verpflichtet sein, die noch fehlende Anzahl von Aktien an die nichtprivaten Interessenvertreter abzutreten.

Zur Vorbereitung dieser gemischtwirtschaftlichen Neuordnung verlangte die CDU eine »Offenlegung der Besitzverhältnisse im Bergbau, in eisenschaffender und chemischer Großindustrie«, alles in allem ein schon sehr weitgehendes Programm für eine bürgerliche Partei, die die unternehmerische Initiative für unerläßlich hielt und die Heiligkeit des Privateigentums auf ihre Fahnen geschrieben hatte.

Doch damals sah die rheinisch-westfälische CDU in einer solchen gemischtwirtschaftlichen Lösung die einzig noch mögliche Alternative zu einer totalen Sozialisierung und staatlichen Planwirtschaft, wie sie von SPD und KPD, aber auch, mit nur geringfügigen Abmilderungen, von der Zentrumspartei gefordert und von der britischen Besatzungsmacht bereits vorbereitet wurde.

Mit diesem Ahlener Programm bestritt die CDU dann ihren ersten Landtagswahlkampf in Nordrhein-Westfalen, wo am 20. April 1947 die zunächst von der Militärregierung ernannte Volksvertretung durch ein demokratisch gewähltes Parlament ersetzt werden sollte. Auch in Schleswig-Holstein und Niedersachsen wurden an diesem Tag die ersten Landtage gewählt. Nur in den Stadtstaaten Hamburg und Bremen gab es schon seit dem Herbst 1946, als in der britischen Zone die Kreistage sowie die Stadt- und Gemeinderäte gewählt worden waren, demokratisch gebildete Parlamente und Regierungen, wobei in beiden Städten die SPD die Mehrheit errungen hatte.

Durch die sehr geringe Wahlbeteiligung am 20. April 1947 – im Durchschnitt nahmen nur 66 Prozent der Wahlberechtigten an diesen Landtagswahlen teil, mancherorts, wie in Aachen, weniger als 50 Prozent – hatte die CDU zwar empfindliche Verluste im Vergleich zu den Kommunalwahlen des Herbstes 1946, aber sie erreichte dennoch ihr wichtigstes Ziel und wurde die stärkste Partei in Nordrhein-Westfalen. Mit 1,87 Millionen Wählerstimmen errang sie im Düsseldorfer Landtag 92 Mandate, dagegen die SPD mit 1,6 Millionen Stimmen nur 64. Starke Gewinne hatten KPD und Zentrum zu verzeichnen, und auch die FDP schnitt relativ gut ab.

Die Kommunisten erhielten in ganz Nordrhein-Westfalen 14 Prozent, rund 700 000 Stimmen, und damit 28 Mandate. Aber vielerorts im Ruhrgebiet hatte fast ein Viertel derer, die zur Urne gegangen waren, kommunistisch gewählt, in Bottrop sogar 28,2, in Gelsenkirchen 26 Prozent. Die Zentrumspartei hatte sich gegenüber den Kommunalwahlen des Vorjahrs ebenfalls stark verbessert. Ihr Stimmenanteil stieg von knapp 300 000 auf fast 500 000, und sie errang damit 20 Mandate. Die FDP gewann im Vergleich zu den Kommunalwahlen 0,7 Prozent hinzu und erhielt 11 Mandate.

Die sozialdemokratische *Neue Ruhr-Zeitung* bezeichnete einerseits die starke Zunahme der kommunistischen Wähler als ein »Warnzeichen«, wobei sie aber hinzufügte, daß »dem Radikalismus ein tiefer Einbruch noch nicht gelungen« sei; anderseits zogen die Sozialdemokraten aus dem Wahlergebnis vom 20. April 1947 den Schluß, die britische Zone habe sich für die Sozialisierung entschieden. Denn in Nordrhein-Westfalen ebenso wie in Niedersachsen, Schleswig-Holstein und zuvor bereits in Hamburg seien nun die Parteien, die sich für eine Sozialisierung der gesamten Wirtschaft sowie für eine umfassende Bodenreform und für staatliche Planwirtschaft ausgesprochen hätten, in der absoluten Mehrheit.

Damit waren SPD, KPD und Zentrum gemeint, die tatsächlich jetzt gemeinsam in der Lage gewesen wären, die CDU und die kleineren bürgerlichen Parteien in allen Landesparlamenten der britischen Zone zu überstimmen. Ein solches Übergewicht der drei »Sozialisierungsparteien« hätte übrigens im Frühjahr 1947 auch in der amerikanischen Besatzungszone und damit, trotz umgekehrter Mehrheitsverhältnisse im französisch besetzten Gebiet, für den ganzen Bereich der späteren Bundesrepublik bestanden, wenn man von dem Gesamtergebnis aller Landtagswahlen ausging.

Aber an ein Zusammengehen der drei Parteien war überhaupt nicht zu denken. Schärfste Ablehnung des Kommunismus und des sowjetischen Gesellschaftssystems durch die Sozialdemokraten unter Führung Dr. Schumachers ließ die Möglichkeit einer Koalition zwischen SPD und KPD als völlig absurd erscheinen, und auch die Kommunisten hatten die Zwecklosigkeit ihrer Bemühungen um ein Bündnis dieser Art längst eingesehen. Die nur in Nordrhein-Westfalen politisch ins Gewicht fallende Zentrumspartei, die mit ihrem Vorsitzenden, dem früheren westfälischen Regierungspräsidenten Dr. Rudolf Amelunxen, bis zur Landtagswahl den ersten, noch ernannten Düsseldorfer Ministerpräsidenten gestellt hatte, war zu einem Regierungsbündnis mit der SPD nur bedingt, mit der KPD überhaupt nicht bereit, obgleich bis zum April 1947 im Kabinett Amelunxen der Kommunist Heinz Renner als – von den britischen Militärbehörden ernannter – Arbeits- und Sozialminister anerkennenswerte Arbeit geleistet und sich durchaus kooperativ verhalten hatte. Die größten Hindernisse für eine vollständige Beseitigung der früheren Besitz- und Machtverhältnisse in den westdeutschen Großunternehmen lagen aber nicht so sehr in der mangelnden Bereitschaft der drei »Sozialisierungsparteien«, gemeinsam eine Regierung zu bilden, als vielmehr bei den anderen Beteiligten. Da waren einmal die Amerikaner, die entgegen ihren anfänglichen Bekundungen unter dem Druck der US-Konzerne einen Kurswechsel vorgenommen hatten und nun eine völlige Beseitigung des kapitalistischen Systems entschieden ablehnten; mit entsprechendem Druck auf die britische Militärregierung stärkten sie den antisozialistischen Kräften den Rücken. Und da war zum anderen die auf ihr »gemischtwirtschaftliches« Ahlener Programm eingeschworene rheinisch-westfälische CDU, die im Düsseldorfer Landtag nun die stärkste Fraktion bildete und den Regierungschef stellte.

Der neue Ministerpräsident von Nordrhein-Westfalen war der aus der katholischen Arbeiterbewegung hervorgegangene Führer des linken Flügels der CDU, Karl Arnold, ein Mann des Jahrgangs 1901, der den ehrlichen Willen hatte, der kapitalistischen Vorherrschaft den Garaus zu machen und zugleich eine sozialistische Entwicklung zu verhindern. Am 17. Juni 1947 gab er dazu eine Erklärung ab, worin es hieß, bei der Neuordnung der Grundstoffindustrien solle »sowohl das bisherige großkapitalistische System als auch eine einseitige bürokratische Staatswirtschaft ausscheiden«. Sein Ziel sei »eine echte Gemeinwirtschaft, in der sich Einzelverantwortung und Einzelinitiative voll auswirken« könnten. Eine private Beteiligung an den in Gemeinwirtschaft zu überführenden Grundstoffindustrien – Kohlebergbau, eisen- und stahlerzeugende Industrie und Großchemie – werde nicht zugelassen. Die Überführung anderer Industriezweige in Gemeineigentum sei nicht vorgesehen.

Eine Woche später, am 24. Juli 1947, konstituierte sich in Frankfurt am Main der Zweizonen-Wirtschaftsrat als neue, gesetzgebende Körperschaft der bereits im Dezember 1946 zu einem gemeinsamen Wirtschaftsgebiet vereinigten britischen und amerikanischen Besatzungszonen. Dieser Wirtschaftsrat wurde gemäß alliierten Weisungen aus zunächst 53 Delegierten der acht Länderparlamente gebildet. Je zwanzig Mitglieder des Wirtschaftsrats gehörten der SPD und der CDU/CSU an; hinzu kamen fünf Freidemokraten, drei Kommunisten, zwei nordrhein-westfälische Zentrumsvertreter, zwei niedersächsische Föderalisten und ein Abgeordneter der nur in Bayern zu kurzer Scheinblüte gelangten »Wirtschaftlichen Aufbau-Vereinigung« (WAV). Gemeinsam sollten sie den »Volkswillen« repräsentieren.

Der Sprecher der CDU, der Herforder Fabrikant Dr. Friedrich Holzapfel, bekundete auf der ersten Sitzung des Wirtschaftsrats erneut, seine Partei werde jede Zusammenballung wirtschaftlicher Macht in den Händen weniger verhindern und eine gemeinwirtschaftliche Lösung auf der Grundlage des Ahlener Programms sowie eine umfassende Bodenreform anstreben, ebenso einen gerechten Lastenausgleich und eine mit den Privilegien der Sachwertbesitzer aufräumende Währungsreform.

Bald darauf mußten die Parlamentarier des Frankfurter Wirtschaftsrats die erste »Regierung« für das vereinigte britisch-amerikanische Besatzungsgebiet, die »Bizone«, wählen: die Direktoren der fünf Hauptverwaltungen.

Auf diese Quasi-Minister der »Bizone« gedachten Briten und Amerikaner die Verantwortung für Wirtschaft, Finanzen, Ernährung, Post und Verkehr zu delegieren, damit die Deutschen selbst die ihnen gemäße Alternative zum alten kapitalistischen System entwickeln könnten.

Das wichtigste Ressort, das Direktorium für Wirtschaft, hatte ursprünglich der Marxist Dr. Viktor Agartz (SPD) übernehmen sollen. Dagegen hatten nicht nur die Interessenvertreter der Industrie und Bankwelt opponiert, sondern auch die amerikanischen, mit den großen Konzernen der USA eng verbundenen Fachleute. Zudem lag Dr. Agartz mit »ungewöhnlich starken Vitaminmangel-Erscheinungen« in einem Krankenhaus.

So hatten sich die acht Wirtschaftsminister der britisch-amerikanisch besetzten Länder – sechs von der SPD, zwei von der CDU/CSU – auf den niedersächsischen Wirtschaftsminister Alfred Kubel als geeigneten Kandidaten geeinigt und diesen dem Plenum einstimmig vorgeschlagen. Der 38jährige Sozialdemokrat Kubel genoß Respekt und Vertrauen bei allen Fraktionen; selbst das erste politische, damals noch in Hannover erscheinende Wochenmagazin, *Der Spiegel*, wußte nur Lobenswertes über den Kandidaten zu melden. Sein Bericht über Alfred Kubel – in Heft 30 des 1. Jahrgangs – vermittelt zugleich einen interessanten Einblick in die Lebensverhältnisse eines westdeutschen Ministers im zweiten Nachkriegsjahr:

»Als Drogerielehrling hat er angefangen. Nachdem er« – vor den Nazis – »aus Braunschweig fliehen mußte, wurde er Arbeiter bei einer Berliner Schlauchbootfabrik. Erfindungen brachten ihm den Aufstieg. Er wurde Geschäftsführer eines Gummikonzerns. 1938 sperrte man den als Aktivisten des Internationalen Sozialistischen Kampfbundes bekannten Idealisten für ein Jahr ins Gefängnis. Auf der Flucht vor der Gestapo landete er 1945 als Bauernknecht in dem niedersächsischen Dorf Adenbüttel. Von seinem Adenbütteler Behelfsheim, das er mit seiner Frau und seinen zwei Kindern bewohnt, fährt Alfred Kubel heute jeden Morgen mit einem blauen Henkeltopf in das Hannoversche Wirtschaftsministerium. Er ist zwischendurch Ministerpräsident des aufgelösten Landes Braunschweig, Industriemanager ... und Generaldirektor der Deutschen Asphalt AG gewesen. Aber zu einer vernünftigen Stadtwohnung haben seine Beziehungen noch nicht gereicht. Er ist unterernährt, und manche Konferenz wurde schon abgeblasen, weil Kubel vor Erschöpfung zusammengeklappt war. Trotzdem überfällt er jeden Morgen von neuem seine Mitarbeiter mit Plänen und Neuerungen, kaum daß er das Paket mit trockenen Brotscheiben und den Henkeltopf mit oft von der Hitze saurer Suppe irgendwo in einer Fensterecke abgelegt hat.

Der ehemalige Freisozialist ist erst seit 1945 Mitglied der SPD. Trotzdem wissen seine Parteifreunde keinen Fähigeren, der das Hauptamt für Wirtschaft in Frankfurt leiten könnte, seit Viktor Agartz von der Liste der Kandidaten gestrichen werden mußte.«

Alfred Kubel wurde indessen nicht zum Direktor für Wirtschaft gewählt. Dieses wichtigste Ressort in der neuen Zweizonen-Verwaltung erhielt Dr. Johannes Semler (CSU), Sproß einer alten, sehr wohlhabenden Hamburger Patrizierfamilie, dessen Vater als Vorgänger Gustav Stresemanns bis 1914 nationalliberaler Reichstagsabgeordneter gewesen und dessen Mutter eine Tochter des Hamburger Senators und Bürgermeisters Johann Georg Mönckeberg war.

Dr. Semler, langjähriges Vorstandsmitglied der Deutschen Warentreuhandgesellschaft und Finanzberater des ehemaligen Herzogs Ernst August von Braunschweig und Lüneburg, war gegen Kriegsende nach Bayern gezogen und gehörte 1945 zu den Gründern der CSU. Er wurde später, von 1950 bis 1953, deren Bundestagsabgeordneter, auch Vorsitzer des Aufsichtsrats der »Agenta« Internationale Anlagegesellschaft mbH, München, und stellvertretender Aufsichtsratsvorsitzer bei »Azella« J. H. Benecke GmbH, Hannover. 1957 übernahm er die Sanierung der Kasseler Henschel-Werke, 1960 den Vorsitz im Aufsichtsrat der Bayerische Motoren-Werke AG (BMW) in München.

Auch das Direktorium für Ernährung und Landwirtschaft, das dem zum linken Flügel der bayerischen CSU gehörenden Bauernführer Dr. Josef Baumgartner, der bald darauf verärgert zur Bayernpartei übertrat, fest zugesagt worden war, bekam einen anderen Chef, nämlich den früheren pommerischen Rittergutsbesitzer Hans Schlange-Schöningen. Er war von 1921 bis 1928 deutschnationaler Landtagsabgeordneter in Preußen, von 1924 bis 1932 auch Reichstagsabgeordneter und bis 1929 Landesvorsitzender der Deutschnationalen in Pommern gewesen, dann aus dieser Partei ausgetreten und hatte die Volkskonservative Vereinigung gegründet. Im Reichskabinett des Zentrumspolitikers Heinrich Brüning war Schlange-Schöningen dann von 1930 bis zum Frühjahr 1932 Reichsminister ohne Geschäftsbereich und Reichskommissar für jene »Osthilfe« gewesen, mit der in der Weimarer Republik der ostelbische Großgrundbesitz finanziell kräftig unterstützt worden war. Als er dann Pläne durchsetzen wollte, die Landabgaben der Großagrarier zugunsten neuer Bauernstellen für Siedlungswillige vorsahen, erzwang der erboste ostpreußische Landadel seine Entlassung. In den zwölf Jahren der Nazi-Diktatur lebte Schlange-Schöningen zurückgezogen auf seinem Rittergut und hielt Verbindung zu konservativen Widerstandskreisen. Er gehörte 1945 zu den Gründern der CDU und wurde später deren Bundestagsabgeordneter, 1950 erster Vertreter der Bundesrepublik in London.

Das Direktorium der Finanzen, das zunächst der SPD als Trostpflaster für das ihr entgangene Wirtschaftsressort zugedacht gewesen war, erhielt ein weiterer Vertreter der bayerischen CSU: der 60jährige Dr. Otto Schniewind. In den ersten Jahren der Nazi-Diktatur hatte er dem Reichsbank-Direktorium angehört und war unter Dr. Hjalmar Schacht Ministerialdirektor im Reichswirtschaftsministerium, nachdem er zuvor – gegen ein jährliches Honorar von 100000 Reichsmark – als Finanzberater des Schahs von Persien fungiert hatte. Nach Differenzen mit Dr. Schacht wegen Techniken der Rüstungsfinanzierung war Dr. Schniewind dann aus dem Staatsdienst ausgeschieden und Privatbankier in München geworden.

Wenige Wochen vor seiner Wahl zum Direktor für Finanzen des vereinigten Wirtschaftsgebiets war Dr. Schniewind von der Münchner Spruchkammer zunächst als »Hauptschuldiger« angeklagt worden. Das Entnazifizierungsverfahren endete jedoch mit seiner vollen Rehabilitierung, da er 1944 vier Tage lang von der Gestapo scharf verhört worden war; die Verschwörer vom 20. Juli hatten ihn, ohne sein Wissen, als Reichsfinanzminister nach Hitlers Sturz in Aussicht genommen.

Dr. Schniewind, persönlich haftender Gesellschafter des Münchner Bankhauses Neuvians, Reuschel & Co., später auch Vorsitzer des Aufsichtsrats der Commerzbank AG und anderer Großunternehmen, bürgte – ebenso wie seine Kollegen Dr. Semler und Schlange-Schöningen – für einen unternehmerfreundlichen Kurs, bei dem an eine Erfüllung des Ahlener Programms nicht zu denken war, schon gar nicht an sozialistische Lösungen. Übrigens wurden auch die beiden restlichen Ressorts – Post und Verkehr – mit Repräsentanten der CDU/CSU besetzt; Dr. Eugen Fischer, Frankfurt, wurde Verkehrsdirektor, Staatssekretär Hans Schuberth, München, neuer Postdirektor. Das Post-Ressort hatte die CDU eigentlich dem bei der Verteilung der wichtigsten Posten leer ausgegangenen Dr. Friedrich Holzapfel überlassen wollen, ihrem Sprecher und stellvertretenden Zonen-Vorsitzenden, der sich so lebhaft für die Verwirklichung des Ahlener Programms eingesetzt hatte. Aber sämtliche Personalentscheidungen waren außerhalb der Fraktion gefallen, in intimen Gesprächen zwischen Konrad Adenauer und einigen maßgebenden Beratern der amerikanischen Militärregierung, dann in einer sehr vertraulichen Unterredung zwischen Adenauer und dem bayerischen CSU-Vorsitzenden Dr. Josef Müller, dem »Ochsensepp«. Dabei war auch die Strategie entwickelt worden, die dann in für alle anderen überraschender Weise dazu führte, daß die CDU/CSU nun allein regierte und dabei nicht nur die übrigen Parteien, zumal die SPD, von allen Schaltstellen ausgeschlossen hatte, sondern auch ihren eigenen starken linken Flügel.

Was die Abdrängung der Sozialdemokraten in die Opposition betraf, so bemerkte dazu der Wirtschaftschronist Kurt Pritzkoleit: »Wieder ist die SPD aus der Verantwortung hinausgewählt worden, wieder fielen sämtliche Ämter an Männer der CDU, die ihre Wahl der Hilfe der Freien Demokraten und der Deutschen Partei verdanken. Die Schranke des Tabus, gegen die Sozialdemokraten im frühen Bismarckreich aufgerichtet, hat im Herzen des Bürgertums fortbestanden und alle Wechselfälle des politischen Daseins überdauert: das einzige nationale Gut, das die Parteien aus der Vergangenheit hinübergerettet haben . . . Wieder blieb den Sozialdemokraten nichts anderes übrig, als in die konstruktive Opposition zu gehen . . .«

Pritzkoleits Feststellungen waren durchaus zutreffend, aber sie ließen zwei weitere Faktoren außer acht, die ebenfalls eine wesentliche Rolle für die Niederlage der SPD spielten. Da war einmal das weit größere taktische Geschick Adenauers sowie sein Mangel an Skrupeln, wenn es darum ging, mit allerlei Zugeständnissen und Versprechungen Mehrheiten zustande zu bringen, und da war zum andern die grundsätzliche Abneigung der Sozialdemokraten, zumal ihres Führers Dr. Schumacher, gegen die Institution des Zweizonen-Wirtschaftsrats, der sie mißtrauten, weil sie darin – wie sich zeigen sollte: zu Recht – die Vorstufe einer westdeutschen Separatregierung und den Hebel zur künftigen Spaltung Deutschlands sahen, für die sie keine Mitverantwortung tragen wollten, und so betrieben sie den Kampf um die Macht in dem neuen Gremium nur halbherzig und ohne die zur Überwindung der bürgerlichen Vorurteile gegen sie erforderlichen Energie.

Es war das erste Mal, daß Konrad Adenauer seine Macht – und sein Geschick, sie anzuwenden – demonstriert hatte, diesmal noch, ohne selbst öffentlich in Erscheinung zu treten. Die von ihm arrangierte Postenverteilung im Zweizonen-Wirtschaftsrat war nur als eine Art Generalprobe gedacht gewesen. In nicht allzu ferner Zukunft, so wußten er und andere Eingeweihte bereits, würden wichtige Weichen gestellt werden, die die Entwicklung in Westdeutschland für die nächsten Jahrzehnte bestimmen sollten. In der internationalen Politik und vor allem in den Beziehungen zwischen den Siegermächten des Zweiten Weltkriegs waren einschneidende Veränderungen zu verzeichnen, die sich auf den Kurs, der in den westlichen Besatzungszonen Deutschlands künftig zu steuern war, schon bald stark und nachhaltig auswirken mußten.

Die Menschen in Deutschland spürten noch nichts davon. Die meisten waren an politischen Fragen ohnehin kaum interessiert und vollauf beschäftigt mit ihren eigenen Sorgen um ihre Gesundheit, Ernährung, Wohnung, Heizung und Kleidung, um den vom Krieg zerstörten oder von Demontage bedrohten Arbeitsplatz sowie um den noch nicht aus ferner Kriegsgefangenschaft heimgekehrten Ehemann oder Sohn, ohne recht zu begreifen, daß es für alle diese schwierigen und sehr ernsten Probleme eigentlich nur politische Lösungen gab.

Die wenigen Deutschen, die damals an der Politik Anteil nahmen, drängten weiterhin auf einen vollständigen Bruch mit der Vergangenheit und einen demokratischen Neubeginn in allen Bereichen. Nie mehr Nazismus, nie mehr Diktatur, nie mehr Kapitalismus, nie mehr Ausbeutung, nie mehr Militarismus, so lauteten die Parolen, und die wichtigste hieß: Nie wieder Krieg, nie wieder Rüstung, nie wieder deutsche Soldaten!

Konrad Adenauer und seine engsten Freunde beurteilten die Dinge anders, vor allem mit weniger Emotionen. Sie wußten, daß es in der Politik das Wort »niemals« nicht gibt, auch daß sich die »roten« Träume der – selbst in den Unionsparteien noch die Mehrheit bildenden – Männer und Frauen, die entschieden für eine Reinigung des öffentlichen Lebens von den Nazis und deren Nutznießern, für einen »christlichen Sozialismus«, Entflechtung, Bodenreform und »sinnvoll gelenkte« Planwirtschaft waren, kaum erfüllen und daß sich die Ängste und Sorgen der Konzernherren, Großaktionäre, Generaldirektoren, Großgrundbesitzer und Bankiers, aber auch die der politisch schwer belasteten

Beamten, Richter und Militärs vielleicht als weitgehend unbegründet erweisen würden.

Gewiß, in Nürnberg war vom Internationalen Militärtribunal nach fast einjähriger Prozeßdauer das Verdammungsurteil gegen die Nazis und gegen ihre Helfershelfer aus Wirtschaft, Staatsverwaltung und Wehrmacht gesprochen worden. Zwölf Prominente des »Dritten Reiches« – die Reichsminister Hermann Göring, Joachim v. Ribbentrop, Dr. Wilhelm Frick, Alfred Rosenberg sowie den Generalbevollmächtigten für den Arbeitseinsatz, Fritz Sauckel, den Generalgouverneur von Polen, Hans Frank, und den Reichskommissar für die besetzten Niederlande, Dr. Arthur Seyß-Inquart, den OKW-Chef Generalfeldmarschall Wilhelm Keitel und den Chef des Wehrmachtführungsstabs, Generaloberst Alfred Jodl, ferner den Chef des Reichssicherheitshauptamts, Ernst Kaltenbrunner, den für die Judenhetze schon in der Weimarer Republik hauptverantwortlichen Gauleiter Julius Streicher, sowie in Abwesenheit den spurlos verschwundenen Reichsleiter Martin Bormann – hatten die alliierten Richter zum Tode verurteilt und am 10. Oktober 1946 dem Strick des Henkers überlassen; Göring hatte zuvor Selbstmord begangen.

Aber schon zu Beginn des Hauptkriegsverbrecherprozesses im November 1945 war das mangelnde Interesse der meisten Deutschen an diesem Strafgericht offenbar geworden. Der Dramatiker und Erzähler Friedrich Wolf, der schon im Ersten Weltkrieg als Bataillonsarzt ein erbitterter Kriegsgegner, entschiedener Sozialist und schließlich Kommunist geworden war, hatte auf einer »Kulturbund«-Veranstaltung in Berlin Ende November 1946 in einer leidenschaftlichen Ansprache die Apathie seiner Landsleute gerügt. »Gerade angesichts des großen Nürnberger Prozesses«, erklärte er, »wurden hier und da Stimmen laut: ›Wir wollen die ewige Schuldfrage nicht mehr hören! Wir stellen einfach das Radio ab und damit fertig!‹ Ist das aber eine unser würdige Haltung, wenn wir wie Kinder uns die Decke über den Kopf ziehen, und nun ist die Umwelt für uns nicht mehr da?«

Wolfs Kollege Carl Zuckmayer, der im selben Monat November 1946 aus dem amerikanischen Exil zurückkehrte, sah es anders: »Diese Ankunft, diese Fahrt durch die Ruinen, am kahlgeschlagenen Tiergarten entlang – die alten Bäume waren längst zu Brennholz gemacht, sogar die Strünke ausgerodet, es war da nur noch ein riesiger, ausgedehnter Kartoffelacker, über den man hinblickte wie über eine Wüste –, von einem Trümmerfeld zum andern ... Es war der kälteste Herbst und Winter der Nachkriegszeit, es war der Tiefpunkt des Mangels, der sich erst jetzt, nachdem er zum Dauerzustand geworden, nachdem der unmittelbare Kriegsschrecken vergangen war, mit voller Härte fühlbar machte ... Jeden Morgen sah man in Berlin vor den von den Amerikanern eingerichteten Nothydranten lange Schlangen von Frauen mit Wassereimern stehen ... Sie trugen dicke wollene Männerhosen, vielfach an den Knöcheln mit Lappen umwikkelt ... Fast an jedem Abend gab es Stromsperre, und man saß bei einem blakenden Stearinstummel. Alte Leute und Kinder starben, wenn sie krank wurden. Soweit es für die Deutschen überhaupt Spitäler gab, waren sie überbelegt und hatten weder genügend Medikamente noch Pflegepersonal ...« In Zuckmayers ausführlicher Beschreibung dieses Elends findet sich ein Satz, der das totale Desinteresse der meisten Deutschen jener Zeit an der Abrechnung mit den Nazis zu erklären versucht. Es war, so schrieb er über den November 1946, »als hätten sie in dieser Notzeit gar nicht wirklich gelebt, als wären sie wie Schlafwandler durch diese jammervollen Jahre gegangen«.

Konrad Adenauer, der die Zeit der Nazi-Diktatur vornehmlich als Rosen züchtender Ruheständler verbracht hatte, gehörte zweifellos nicht zu denen, die am politischen Geschehen und besonders an dem Vorgehen der Alliierten gegen die Kriegsverbrecher uninteressiert waren. Zumal im Frühjahr 1947 gab es für ihn und seine politischen Freunde auf diesem Gebiet eine Entwicklung, die sie gespannt und wohl auch mitunter sorgenvoll verfolgten. Es standen nämlich nun die sogenannten »Nachfolgeprozesse« des Nürnberger Hauptverfahrens an – so das am 18. April 1947 eröffnete Verfahren im »Fall 5« gegen den Industriellen Friedrich Flick und die Bevollmächtigten seines Konzerns, auch das am 13. Mai 1947 eingeleitete Strafverfahren im »Fall 6« gegen die maßgebenden Direktoren des IG-Farben-Großchemiekonzerns oder das im »Fall 10« gegen Alfried Krupp v. Bohlen und Halbach und das Direktorium des Essener Krupp-Konzerns, dessen Beginn für den August 1947 vorgesehen war.

Trotz des großen Eifers, mit dem die alliierten Strafverfolger jetzt an die Arbeit gingen, sprach inzwischen einiges dafür, daß die meisten Komplizen Hitlers in Spitzenpositionen der Wirtschaft, ja sogar viele der an den Massenmorden direkt oder als Schreibtischtäter beteiligten SS-Führer und den Nazis willfährigen Militärs sehr glimpflich davonkommen würden.

5. . . .wo sind sie geblieben?

»Ich stoße vor meinem Tode den früheren Reichsführer SS und Reichsminister des Innern, Heinrich Himmler, aus der Partei sowie aus allen Staatsämtern aus . . .« So hatte Adolf Hitler, zwei Tage vor seinem Selbstmord, testamentarisch verfügt, schäumend vor Wut über Himmlers »Treulosigkeit« ihm gegenüber und des »Reichsführers« Versuch, »die Macht im Staat an sich zu reißen«.

In den letzten Tagen seines Lebens wollte Hitler keinen SS-Führer mehr in seiner Umgebung dulden, jeder aus dem »Schwarzen Korps« war ihm nun verdächtig. Seinen Schwager, den SS-Gruppenführer Hermann Fegelein, Himmlers Chefvertreter, der den »Führerbunker« der Berliner Reichskanzlei eigenmächtig und in Zivil hatte verlassen wollen, ließ er sofort erschießen, und dieser Vorfall bestärkte ihn noch darin, seine einstigen »Treuesten der Treuen« für eine einzige Bande von Verrätern zu halten.

Das Internationale Militärtribunal in Nürnberg, völlig unbeeindruckt von dem späten Urteil Hitlers über die SS, erklärte am 30. September 1946 »die Schutzstaffel der Nationalsozialistischen Deutschen Arbeiterpartei – allgemein als SS bekannt –« zu einer verbrecherischen Organisation. In der Urteilsbegründung hieß es: »Es ist unmöglich, auch nur einen Teil der SS auszunehmen . . . Die Allgemeine SS« – schon 1939 zu einem Korps von 240000 Männern angewachsen, bei Kriegsende auf weniger als 40000 Mitglieder geschrumpft, weil die meisten zur Waffen-SS oder Totenkopf-SS eingezogen worden waren – »nahm aktiv an der Verfolgung der Juden teil und wurde als Reservoir für die

Rekrutierung von Mannschaften für die Konzentrationslager benutzt. Einheiten der Waffen-SS nahmen direkt an der Tötung von Kriegsgefangenen und an Greueltaten in den besetzten Gebieten teil. Sie stellte Personal für die Einsatzgruppen und hatte Befehlsgewalt über die Mannschaften der Konzentrationslager, nachdem die Totenkopf-SS, die diese ursprünglich kontrollierte, in ihr aufgegangen war. Ebenso wurden verschiedene SS-Polizeieinheiten weitgehend zu den Greueltaten in den besetzten Ländern und für die Ausrottung der dortigen Juden verwendet. Die SS-Zentralstelle überwachte die Tätigkeit dieser verschiedenen Formationen und war für solche Sonderunternehmungen wie die Experimente an Menschen und die ›Endlösung‹ der Judenfrage verantwortlich. Der Gerichtshof kommt zu dem Ergebnis, daß die Kenntnis dieser verbrecherischen Handlungen zur Genüge allgemein war, um die Erklärung zu rechtfertigen, daß die SS eine verbrecherische Organisation . . . war.«

Abschließend hieß es in der Begründung: »In die SS schließt der Gerichtshof alle Personen ein, die offiziell als Mitglieder in die SS aufgenommen worden waren, einschließlich der Mitglieder der Allgemeinen SS, der Waffen-SS, . . . der SS-Totenkopfverbände und der . . . aller verschiedenen Polizeiabteilungen, die Mitglieder der SS waren«, ausgenommen lediglich die sogenannte »Reiter-SS« sowie diejenigen Soldaten der Waffen-SS, »die vom Staate auf solche Art in ihre Reihen gezogen wurden, daß ihnen keine andere Wahl blieb und die keine solchen Verbrechen begingen. Grundlage dieses Urteils ist die Teilnahme der Organisation an Kriegsverbrechen und Verbrechen gegen die Menschlichkeit im Zusammenhang mit dem Kriege; diese als verbrecherisch erklärte Gruppe kann daher nicht solche Personen umfassen, welche vor dem 1. September 1939 einer der . . . aufgezählten Organisationen nicht mehr angehörten.«

Zweck und Absicht dieses Urteils war es, jedes Mitglied der SS für die Zugehörigkeit zu dieser verbrecherischen Organisation von den ordentlichen Gerichten unter Anklage zu stellen und schuldig zu sprechen, sofern der Angeklagte nicht beweisen konnte, daß er, ohne vorher der Allgemeinen SS angehört zu haben, unfreiwillig zur Waffen-SS eingezogen worden war und an keinen Verbrechen teilgenommen hatte. Je nach den Umständen waren die Schuldigen mit dem Tod, mit lebenslangem oder zeitlich begrenztem Freiheitsentzug mit oder ohne Zwangsarbeit, Geldstrafen, Vermögensentzug, Rückgabe unrechtmäßig erworbenen Besitzes und völligem oder teilweisem Verlust der bürgerlichen Ehrenrechte zu bestrafen.

Zu verbrecherischen Organisationen wurde, neben der SS, auch die Gestapo, einschließlich Grenzpolizei und SD (Sicherheitsdienst der SS), erklärt, und zwar wegen Ermordung von politischen Gegnern, Juden, Kriegsgefangenen und ausländischen Zwangsarbeitern in großer Zahl, ferner das Führerkorps der NSDAP (Angehörige der Reichsleitung, Gauleiter und Kreisleiter mit den Abteilungsleitern ihrer Dienststellen sowie sämtliche Ortsgruppenleiter).

Alle Mitglieder dieser für verbrecherisch erklärten Organisationen waren zunächst zu internieren, ein Vorgang, der als »automatischer Arrest« bezeichnet wurde, sodann nach den Ausführungsbestimmungen der einzelnen Besatzungsmächte vor Gericht zu stellen, wobei in der britischen Besatzungszone Spruchgerichte gebildet wurden, die Haftstrafen bis zu zehn Jahren aussprechen konnten. In der amerikanischen wie auch in der sowjetischen Zone gab es auch Todesurteile. Insgesamt wurden in den drei Westzonen, einschließlich der Nürnberger Urteile im Hauptkriegsverbrecherprozeß, rund 5000 Angeklagte als Kriegsverbrecher verurteilt, davon 806 zum Tode, von denen 486 hingerichtet wurden. In der sowjetisch besetzten Zone wurden 24 Todesurteile vollstreckt, wobei berücksichtigt werden muß, daß die meisten Kriegsverbrecher sich ins Gebiet westlich der Elbe abzusetzen versuchten, was vielen auch gelang, oder sich bereits in sowjetischer Gefangenschaft oder in der eines der befreiten Länder befanden. Im übrigen galt für die Kriegsverbrecher das alte deutsche Sprichwort: Die Nürnberger hängen keinen, sie hätten ihn denn ...!

Was das oberste Führerkorps der SS betraf, den, sozusagen, »harten Kern« dieser kriminellen Vereinigung, so folgten nur wenige dem Beispiel ihres »Reichsführers« Himmler, der nach seiner Entdeckung und Festnahme durch die Engländer am 23. Mai 1945 mittels einer Giftkapsel, die er im Mund verborgen hatte, Selbstmord beging.

Von den insgesamt fast zweihundert SS-Führern, die in der Hierarchie des »Dritten Reichs« den Generalen der Wehrmacht gleichgestellt waren, sind allenfalls ein Dutzend freiwillig aus dem Leben geschieden. Eine etwas größere Anzahl dieser obersten SS-Führer wurde nach dem Krieg von alliierten Gerichten zum Tode verurteilt und hingerichtet, und einige verschwanden spurlos und blieben bis heute unauffindbar, beispielsweise der »Ehren«-SS-Obergruppenführer Martin Bormann oder SS-Gruppenführer Heinrich Müller, genannt »Gestapo-Müller«.

»Das Gros der SS-Führer kam freilich seltsam glimpflich davon«, stellte schon Heinz Höhne in seiner grundlegenden Untersuchung der Geschichte der SS, *Der Orden unter dem Totenkopf*, verwundert fest. »Von den 30 Höheren SS- und Polizeiführern überlebten 16, von den zwölf Hauptamt-Chefs drei, von den acht in Rußland verwendeten Einsatzgruppen-Kommandeuren drei. Die meisten der Überlebenden wurden zu Zuchthausstrafen verurteilt, später jedoch begnadigt und entlassen«, so die SS-Oberstgruppenführer Josef (»Sepp«) Dietrich und Paul Hausser. Dietrich, nach dem Ersten Weltkrieg zunächst bayerischer Polizeibeamter, dann Hitlers persönlicher Sicherheitsbeauftragter, führte von 1933 an die »Leibstandarte SS Adolf Hitler«, organisierte 1934 die Ermordung des »Stabschefs« Ernst Röhm und anderer hoher SA-Führer, übernahm im Zweiten Weltkrieg die Führung militärischer SS-Verbände, zuletzt das Kommando über die 6. SS-Panzer-Armee und wurde 1946 von einem amerikanischen Kriegsgericht als verantwortlich für die Erschießung von Kriegsgefangenen zu lebenslänglichem Freiheitsentzug verurteilt, jedoch 1955 begnadigt. 1957 verurteilte ihn ein deutsches Gericht wegen seiner Beteiligung an der Ermordung Röhms und anderer Opfer der Aktion vom 30. Juni und 1. Juli 1934 zu 18 Monaten Gefängnis. Zusammen mit den SS-Generalen Paul Hausser, Felix Steiner, Kurt Meyer und Herbert Gille war Sepp Dietrich führend beteiligt an der Gründung und den Aktivitäten der sogenannten »HIAG« (Hilfsgemeinschaft auf Gegenseitigkeit ehemaliger Angehöriger der Waffen-SS); er starb 1966 als freier und wohlhabender Mann.

Aus der langen Reihe hoher und höchster SS-Führer, die den Krieg und die Nachkriegszeit überlebten, seien noch einige wenige Beispiele herausgegriffen, die für die Schicksale dieser Hauptverantwortlichen für die Greueltaten der SS und – nach dem Urteil des Internationalen Militärtribunals – »Rädelsführer einer verbrecherischen Organisation« als typisch gelten können:

SS-Obergruppenführer August Heißmeyer, Höherer SS- und Polizei-Führer, Chef des SS-Hauptamts und enger Mitarbeiter Himmlers, erhielt – nachdem er zunächst mit gefälschten Papieren seiner Verhaftung entgangen war – später eine Strafe von 18 Monaten Gefängnis, und zwar nur wegen falscher Namensführung, wurde kurz darauf amnestiert und konnte dann, als Direktor für eine westdeutsche »Coca Cola«-Filiale engagiert, einen friedlichen Lebensabend verbringen.

»Ehren«-SS-Obergruppenführer Dr. Hans Lammers, der in der Weimarer Republik seit 1921 als höherer Beamter im Reichsinnenministerium Karriere gemacht und schon früh mit den Nazis konspiriert hatte, wurde 1933 Hitlers Staatssekretär, von 1937 an Reichsminister und Chef der Reichskanzlei. Wegen seiner Beteiligung an den Verbrechen der Nazis verurteilte ihn ein amerikanisches Militärgericht im sogenannten »Wilhelmstraßenprozeß« 1949 zu zwanzig Jahren Gefängnis. Doch bereits 1952 wurde Dr. Lammers begnadigt und entlassen; bis zu seinem Tod im Jahre 1962 lebte er als Pensionär in Düsseldorf.

Das dritte Beispiel betrifft den SS-Obergruppenführer Josias Erbprinz (seit 1946: Fürst) zu Waldeck und Pyrmont, Nazi und SS-Führer schon vor 1933, im Zweiten Weltkrieg Höherer SS- und Polizei-Führer im Oberabschnitt Werra-Fulda, auch »Gerichtsherr« des Konzentrationslagers Buchenwald. An der »Heimatfront« war der Hocharistokrat vor allem durch Lebensmittelschiebungen sowie dadurch aufgefallen, daß er sich einen

KZ-Häftling, einen Berufsverbrecher noch dazu, als »Ordonnanz« hielt und in Zebrakleidung für sich »einkaufen« ließ. Daneben war Erbprinz Josias aber auch verantwortlich für eine Vielzahl von Verbrechen im Lager Buchenwald und wurde dafür von den Amerikanern 1947 zu lebenslänglichem Zuchthaus verurteilt, jedoch schon bald darauf begnadigt und 1950 auf freien Fuß gesetzt. Er konnte dann sein fürstliches Erbe antreten: rund 80 Millionen Quadratmeter Grundbesitz nebst zwei Schlössern sowie sonstige, sehr beträchtliche Vermögenswerte. Er residierte dann noch bis zu seinem Tod im Jahre 1967 auf seinem Familienschloß Schaumburg. Spätere deutsche Ermittlungsverfahren gegen ihn – unter anderem wegen seiner Beteiligung am Massenmord des Sommers 1934 – wurden eingestellt; der Fürst, so bescheinigten ihm die Ärzte, war »nicht vernehmungs- und nicht verhandlungsfähig«.

Das vierte Beispiel betrifft den SS-Obergruppenführer, General der Waffen-SS und der Polizei, SS-Hauptamtchef, Staatsrat und NSDAP-Reichstagsabgeordneten Werner Lorenz. Als einer der engsten Vertrauten Himmlers leitete er die »Volksdeutsche Mittelstelle«, hinter der sich ein Apparat verbarg, mit dessen Hilfe der SD in Polen und anderswo im Ausland lebende Deutsche für seine Zwecke einspannte, beispielsweise jene Listen von Angehörigen der polnischen Intelligenz aufstellte, die kurz nach dem Einmarsch der deutschen Wehrmacht ermordet wurden. Der Name der SS-Obergruppenführers Werner Lorenz stand unter zahlreichen Dokumenten, die im Nürnberger Hauptkriegsverbrecherprozeß von den Anklägern als Beweise vorgelegt wurden, doch Lorenz selbst blieb offenbar unbehelligt, denn er lebte als freier Mann in West-Berlin. Später heiratete seine Tochter Rosemarie, die zunächst mit dem sehr wohlhabenden norddeutschen Zementfabrikanten Horst Herbert Alsen verehelicht gewesen war, in zweiter Ehe den besten Freund ihres geschiedenen Mannes, den Hamburger Zeitungsverleger Axel Cäsar Springer. Der neue Schwiegersohn des ehemaligen SS-Obergruppenführers, ansonsten großen Teilen der Nazi-Ideologie abhold, stimmte mit dem Vater seiner Frau zumindest in einigen wesentlichen Punkten weltanschaulich überein, nämlich hinsichtlich eines entschiedenen und völlig undifferenzierten Antisozialismus, erst recht Antikommunismus, sowie, damit eng verbunden, in der Überzeugung, daß die bundesdeutschen Grenzen weit nach Osten hin verschoben und alle sowjetischen Einflüsse zurückgedrängt werden müßten.

Das fünfte und letzte Beispiel handelt von einem Mann, der zwar nur »Ehren«-SS-Obergruppenführer war, doch dessen unheilvolles Wirken den Terror der SS erheblich gefördert und pseudojuristisch gerechtfertigt hat: Dr. Wilhelm Stuckart, Mitglied der Hitler-Partei seit 1922, fanatischer Nazi, in der Weimarer Republik bis zu seinem freiwilligen Ausscheiden aus dem Justizdienst im Jahre 1932 als Richter tätig, dann Anwalt der SA und SS, kommissarischer Oberbürgermeister von Stettin und von 1935 an Staatssekretär im Reichsinnenministerium, wo er die Abteilung I, zuständig für Verfassung und Gesetzgebung, leitete.

Dr. Stuckart und seine engsten Mitarbeiter waren nicht nur maßgeblich beteiligt am verwaltungsmäßigen »Anschluß« der seit 1938 annektierten Gebiete und an der Errichtung des »Reichsprotektorats Böhmen und Mähren«. Sie stellten vielmehr auch die Richtlinien auf, die die Durchführung der »Rassegesetze« des Nazi-Regimes regelten.

Zusammen mit seinem engsten Mitarbeiter auf dem Gebiet der Diskriminierung und Verfolgung aller angeblichen »Nichtarier«, dem Ministerialrat Dr. Hans Maria Globke, war Dr. Stuckart »federführend« bei den administrativen Vorbereitungen für die als »Endlösung« bezeichnete Vernichtung der europäischen Juden, nicht allein im Deutschen Reich; er oder Dr. Globke nahmen auch an zahlreichen Konferenzen in den besetzten Gebieten teil, die demselben Zweck dienten.

SS-Obergruppenführer Stuckart wurde 1949 in Nürnberg zu nur vier Jahren Gefängnis verurteilt und nach wenigen Wochen bereits aus der Haft entlassen. Eine Berliner Spruchkammer verurteilte ihn 1952 zu einer Geldstrafe, doch ansonsten blieb er bis zu seinem Tode unbehelligt.

Soweit die Beispiele für das glimpfliche Davonkommen zahlreicher hoher SS-Führer, wobei angemerkt sei, daß auch die meisten ihrer Handlanger etwa von 1950 an sehr schonend behandelt und, soweit sie zu Freiheitsstrafen verurteilt worden waren, begnadigt und entlassen wurden.

Einige dieser stark belasteten Helfershelfer hatten, obwohl sie ursprünglich auf den alliierten Listen der abzuurteilenden Kriegsverbrecher verzeichnet waren, noch weniger zu erdulden, wofür das Schicksal des Stuckart-Mitarbeiters Dr. Globke exemplarisch ist: Der 1898 in Düsseldorf geborene Sohn eines gutkatholischen Textilkaufmanns war in Aachen aufgewachsen und hatte nach dem Ersten Weltkrieg in Köln und Bonn Rechtswissenschaft studiert, war auch Mitglied der Bonner Bavaren im Cartell-Verband (CV) katholischer Studenten geworden. 1922, nach Promotion zum Dr. jur. *magna cum laude*, bewarb sich der inzwischen der katholischen Zentrumspartei beigetretene Jurist um Anstellung im Staatsdienst und hatte bereits 1925 den Posten eines stellvertretenden Polizeipräsidenten von Aachen, wohl nicht zuletzt dank hervorragender Beziehungen zum katholischen Episkopat.

1929 wurde Dr. Globke Regierungsrat im preußischen Innenministerium und 1932, noch unter der Kanzlerschaft des Zentrumspolitikers Heinrich Brüning, Referent im Reichsministerium des Innern. 1933, nachdem die Nazis die Macht übernommen hatten und Dr. Wilhelm Frick Innenminister geworden war, drohte die Karriere des 35jährigen Zentrumsmanns Dr. Globke jäh zu enden. Aufgrund des Gesetzes »zur Wiederherstellung des Berufsbeamtentums« vom 7. April 1933 konnten die Nazis alle Beamten, »die nach ihrer bisherigen politischen Betätigung nicht die Gewähr dafür bieten, daß sie jederzeit rückhaltlos für den nationalen Staat eintreten«, aus dem Dienst entfernen; die Mitgliedschaft in einer der »Systemparteien« – damit waren SPD, Zentrum und Demokratische oder Staatspartei gemeint – genügte als Beweis für »nationale Unzuverlässigkeit«.

Für einen überzeugten Demokraten wäre es ohnehin an der Zeit gewesen, seinen Abschied zu nehmen. Aber Dr. Globke blieb im Amt, weil ihn – so behauptete er jedenfalls später – seine Parteifreunde vom Zentrum sowie kirchliche Stellen dringend darum baten. Er wurde auch von den Nazis nicht hinausgeworfen, im Gegenteil: Bereits im Oktober 1933, kaum daß der Vatikan ein Konkordat mit den neuen Machthabern in Berlin geschlossen hatte, wurde Regierungsrat Dr. Globke zum Oberregierungsrat befördert. Im Innenministerium war durch die Entlassung eines jüdischen Beamten, des Ministerialrats Friedrich Wittelshöfer, eine Planstelle freigeworden, und »daher« – wie es in dem Vorschlag zur Beförderung hieß – könnte Dr. Globke nun aufrücken (was ihm aber zunächst nicht gelang). Der dienstentlassene Wittelshöfer und dessen Ehefrau wurden übrigens acht Jahre später, durch Erlaß des Reichsministers des Innern vom 4. März 1941, »der deutschen Staatsangehörigkeit für verlustig« erklärt und ihr gesamtes Vermögen beschlagnahmt, und zwar aufgrund von Durchführungsverordnungen, die der immens fleißige Dr. Globke ausgearbeitet hatte.

Dr. Globkes Referat lieferte nämlich den gesamten gesetzlichen Rahmen für die totale Entrechtung der Juden, der die Voraussetzung für ihre »Aussiedlung« und schließliche Vernichtung bildete. Er hat später geltend gemacht, daß er damit »nur Schlimmeres verhindert« habe; so sei beispielsweise von seiten der Nazi-Partei durch Reichsleiter Martin Bormann gefordert worden, allen als Juden geltenden deutschen Staatsangehörigen, gleich welcher Religion, die Kennzeichnung »Jud« als amtlichen Namenszusatz zu verordnen. Globke »milderte« dies dann dahingehend ab, daß sie sich mit zweitem Vornamen »Israel« oder »Sara« nennen und stets so unterschreiben mußten. Der entsprechende Gesetzentwurf, der »im wesentlichen von politischen Erwägungen« ausging, trug die Unterschriften des Staatssekretärs Dr. Stuckart und seines zuständigen Referenten Globke. Der Chef der Reichskanzlei, Dr. Lammers, bestätigte dem Innenministerium mit Schreiben vom 20. Dezember 1937, daß kein Mitglied der Reichsregierung dem Entwurf widersprochen und daß der »Führer und Reichskanzler« ihm zugestimmt habe.

Das Gesetz war damit angenommen und trat am 1. Januar

1938 in Kraft. Zusammen mit den ebenfalls von Dr. Globke ausgearbeiteten Durchführungsbestimmungen wurde es auch von Bormann und Himmler lebhaft begrüßt, denn durch die neue Kennzeichnung wurden die zunehmende Drangsalierung der Juden und die Durchführung des Pogroms vom 9. November 1938 wesentlich erleichtert.

Der Lohn für Dr. Globkes Arbeit blieb nicht aus: Mit Datum vom 20. April 1938 – »Führers« Geburtstag – schrieb Innenminister Dr. Frick an den »Stellvertreter des Führers«, Rudolf Heß: »Oberregierungsrat Dr. Globke gehört unzweifelhaft zu den befähigtsten und tüchtigsten Beamten meines Ministeriums. In ganz hervorragendem Maße ist er an dem Zustandekommen der nachstehend genannten Gesetze beteiligt gewesen: a) des Gesetzes zum Schutze des deutschen Blutes und der deutschen Ehre vom 15. September 1935 ...; b) des Gesetzes zum Schutze der Erbgesundheit des deutschen Volkes ...; c) des Personenstandsgesetzes ...; d) des Gesetzes zur Änderung von Familiennamen und Vornamen ... Außerdem verdient seine Mitarbeit bei der Wiedervereinigung Österreichs mit dem Deutschen Reich anerkennend hervorgehoben zu werden.

Dr. Globke ist bisher wegen seiner früheren langjährigen Zugehörigkeit zur Zentrumspartei nicht zur Beförderung zum Ministerialrat vorgeschlagen worden. Bei seiner seit der Machtergreifung durch die NSDAP bewiesenen Loyalität und steten Einsatzbereitschaft halte ich es aber für dringend erforderlich, ihm nunmehr durch die Beförderung zum Ministerialrat eine Anerkennung für seine ganz vorzüglichen Leistungen zu Teil werden zu lassen.«

Fricks Antrag wurde stattgegeben, und so konnte Dr. Globke endlich in die Planstelle des hinausgeworfenen Kollegen Friedrich *Israel* Wittelshöfer aufrücken. Wenig später, im Herbst und Winter 1938/39, verhandelte Ministerialrat Dr. Globke bereits erstmals »als Vertreter der Reichsregierung« mit den Ministerien in Prag über einen Vertrag, der dann zustande kam und die erste Zwangsaussiedlung von rund 500000 Menschen aus dem Sudetenland zur Folge hatte.

Inzwischen war Dr. Globke auch längst der Spezialist für »Judenangelegenheiten« im Reichsinnenministerium, nicht zuletzt durch seinen – von Staatssekretär Dr. Stuckart mit einem Vorwort versehenen – Kommentar zu den antijüdischen »Nürnberger Gesetzen«. Globke behauptete später, dieser Kommentar habe allein der milderen Auslegung dieser Gesetze und damit zur Rettung zahlreicher Verfolgter gedient. Doch in der Praxis bewirkte er – wie die im Anhang angeführten Beispiele zeigen – oft genau das Gegenteil, und Globkes Arbeit fand sogar den Beifall des fanatischsten Nazis unter den damals führenden Juristen, des späteren Präsidenten des Volksgerichtshofs, Dr. Roland Freisler, 1936 noch Staatssekretär im Reichsjustizministerium und Vorsitzender der Abteilung Strafrecht in der NS-»Akademie für Deutsches Recht«. Freisler erteilte dem Stuckart-Globke-Kommentar, der in mancherlei Hinsicht weitergehende und strengere Auslegungen der »Nürnberger Gesetze« vornahm als andere Kommentare, sein uneingeschränktes Lob.

»Hier handelt es sich um mit Paragraphen verübte Ächtung, um mit Paragraphen verübten Mord, und Herr Dr. Globke hat das ganz genau gewußt«, erklärte am 12. Juli 1950 der sozialdemokratische, im »Dritten Reich« von den Nazis verfolgte Jurist Dr. Adolf Arndt im Bundestag zu Globkes Kommentar, und er fügte hinzu: »Er war bei Seyß-Inquart im Haag, bei Bürckel in Metz, bei Wagner in Straßburg, bei Forster in Danzig, bei Neurath und Karl Hermann Frank in Prag, bei Antonescu in Bukarest und bei Tiso, Mach und Karmasin in Preßburg. Das sind nur einige dieser Reisen. Überall, wo dieser Koreferent für Judenfragen mit dem SS-Obergruppenführer Stuckart erschien, soll natürlich von Juden – außer in Straßburg, wofür ein Dokument vorliegt, das ist Pech! – nie gesprochen worden sein und soll das Reichsministerium nur als Hort und Hüter der Juden in Erscheinung getreten sein. Aber alle Welt weiß, daß von diesen Plätzen aus und nach diesen Besprechungen sich die Blutspur der gemarterten und gemordeten Juden in die Vernichtungslager nach Auschwitz und Maidanek zog. Und Herr Dr. Globke wußte um diese Greuel! Er hat es selbst als Zeuge zugestanden, und sein

Kollege, der Ministerialrat Lösener aus dem Reichsinnenministerium, der der erste Referent für Judenfragen und ursprünglich ein erklärter Nationalsozialist war, konnte dieses Unsagbare nicht auf sein Gewissen nehmen und hat ausdrücklich mit diesem Grunde seinen Abschied verlangt und ist zum Reichsverwaltungsgericht übergegangen. Aber Herr Dr. Globke blieb . . .«

Tatsächlich: bis kurz vor Kriegsende blieb Dr. Globke als Ministerialrat und Dezernent im Reichsinnenministerium der zuständige Sachbearbeiter für alle administrativen Maßnahmen, die der Entrechtung von Juden, »Mischlingen«, »Rheinlandbastarden« – das waren in Globkes Sprachgebrauch die Kinder deutscher Mütter aus der Zeit der Rheinlandbesetzung nach dem Ersten Weltkrieg, die farbige Soldaten zu Vätern hatten –, Zigeunern sowie von Angehörigen slawischer und anderer »minderrassiger« Volksgruppen dienten. Darüber hinaus wurde Dr. Globke im letzten Geschäftsverteilungsplan des Nazi-Regimes vom 15. Januar 1945 insgesamt dreißigmal aufgeführt, an erster Stelle im Geschäftsbereich des »Generalbevollmächtigten für die Reichsverwaltung« als dessen Referent für »Allgemeine Angelegenheiten und Geschäftsführung«, also praktisch die rechte Hand des Ministers. Dabei ist anzumerken, daß dieser Minister, dem der unentbehrliche Ministerialrat Dr. Globke »in unbezweifelbarer Loyalität« bis fast zum bitteren Ende diente, seit dem 24. August 1943 nicht mehr Dr. Wilhelm Frick war, sondern der Reichsführer SS Heinrich Himmler.

Noch gerade rechtzeitig vor der Einschließung Berlins durch die sowjetischen Armeen konnte sich Dr. Globke absetzen. Er begab sich zunächst nach Kochel im oberbayerischen Landkreis Tölz, wo bereits seine Frau, die Remscheider Fabrikantentochter Augusta geborene Vaillant, mit den Kindern Zuflucht gefunden hatte. Aber bereits kurz nach dem Einmarsch der Amerikaner in Bayern erhielt Dr. Globke einen Wink von wohlunterrichteter Seite, daß sein Name unter der Nr. 101 auf der alliierten Liste der Kriegsverbrecher verzeichnet sei.

Daraufhin suchte und fand er Asyl bei dem Provinzial des Dominikanerordens, Pater Laurentius Simer, im Kloster Walberberg bei Köln. Doch schon bald spürten amerikanische Fahnder ihn dort auf; er wurde festgenommen und kam zunächst in das »Ministerial Collecting Center« Hessisch-Lichtenau. Dort entdeckte ihn der amerikanische Ankläger Dr. Robert Kempner, vor 1933 als Regierungsrat und Justitiar im preußischen Innenministerium der Flurnachbar des damaligen Regierungsrats und eifrigen Zentrumsmanns Dr. Hans Josef Maria Globke, nun in amerikanischer Offiziersuniform aus dem Exil zurückgekehrt und auf der Suche nach Zeugen der Anklage für die bevorstehenden Kriegsverbrecherprozesse.

Globke war, wie sich dann herausstellte, in den zwölf Jahren seiner emsigen Arbeit für die Hauptkriegsverbrecher Frick und Himmler in Wahrheit der wichtigste Agent des katholischen Episkopats, der Verbündete des heimlichen Widerstands, daneben auch der selbstlose Helfer in der Not, wenn leider auch nur für sehr wenige, so doch für einige namhafte, von den Nazis Verfolgte gewesen. Seine besonderen Fürsprecher waren Kardinal Graf Preysing, Bischof von Berlin, der ehemalige Zentrumsführer Heinrich Krone sowie zwei Rechtsanwälte, die beide in Zusammenhang mit dem mißglückten Putschversuch gegen Hitler vom 20. Juli 1944 von der Gestapo verdächtigt und als Verbindungsleute der katholischen Kirche zum Widerstand in Haft gewesen waren: Dr. Josef Müller, der »Ochsensepp«, ein alter Freund Dr. Globkes, und dessen politischer Schüler Dr. Otto Lenz.

Bei soviel Fürsprache kam es dann gar nicht erst zu einer Anklage gegen Dr. Globke; dieser wurde vielmehr – wie Dr. Kempner später erklärte – der »wertvollste«, weil bestens informierte und stets aussagebereite Zeuge des Anklägers, der allerdings – nur am Rande sei's vermerkt – die Hauptschuld vorzugsweise auf bereits tote Personen schob, dafür um so mehr diejenigen entlastete, die ihm selbst oder seinen Entlastungszeugen hätten gefährlich werden können. Daß er dabei wiederholt und erweisbar nicht die volle, sondern allenfalls die halbe oder eine noch weiter verminderte Wahrheit sagte, versteht sich unter diesen Umständen fast von selbst.

Bereits Ende 1946 konnte Dr. Globke als freier und – zunächst – völlig rehabilitierter Mann in seine Heimatstadt Aachen zurückkehren. Dort wurde er Mitglied der CDU und Stadtkämmerer, bis er 1949 zum Vizepräsidenten des Landesrechnungshofs von Nordrhein-Westfalen berufen wurde. Aber das waren nur die ersten Stationen seiner Nachkriegskarriere, die ihn bald schon in noch weit einflußreichere Positionen führen sollte, als er sie im Dienst der Nazis hatte einnehmen können.

Bis es jedoch soweit war, daß der einstige Judenreferent des in Nürnberg hingerichteten Ministers Dr. Frick ins Kanzleramt Einzug halten und dort über ein Jahrzehnt lang die Politik der Bundesrepublik Deutschland wesentlich beeinflussen konnte, verging noch einige Zeit. Im Herbst 1946, als Dr. Globke in Aachen Mitglied der rheinisch-westfälischen CDU wurde, war daran überhaupt noch nicht zu denken – jedenfalls nicht für die große Mehrheit der Christdemokraten, schon gar nicht für Anhänger des Zentrums, der SPD oder gar der KPD –, daß ein hoher Ministerialbeamter des »Dritten Reiches« eine politische Schlüsselposition hätte einnehmen dürfen, selbst wenn er in der Nazizeit der katholischen Kirche treu und im Herzen ein Hitlergegner geblieben war.

Es dachten indessen schon damals nicht alle so streng. Gerade im Winter 1946/47, der Zeit des größten Mangels und des bittersten Elends, begannen sich im Westen Deutschlands jene Kräfte neu zu formieren, die dem von der großen Mehrheit der Bevölkerung wie auch von der britischen Besatzungsmacht befürworteten Prozeß einer völligen Abkehr vom Nazismus, Kapitalismus und Militarismus mit allen Kräften Widerstand zu leisten entschlossen waren.

Diese Kräfte wollten keine vollständige Reinigung des öffentlichen Lebens von belasteten Nazis, vielmehr – nach unvermeidlicher Aburteilung einer kleinen Anzahl von Hauptverantwortlichen und einiger sadistischer Folterknechte – ein rasches Ende der Entnazifizierung und die Wiedereingliederung aller reuigen Sünder, wobei die bewährten Fachleute in Verwaltung, Polizei und Justiz weiterbeschäftigt werden sollten. Diese nach Kopfzahl kleine, aber sehr mächtige Gruppe wollte auch keine Gemeinwirtschaft, erst recht keine Sozialisierung, sondern den möglichst intakten Fortbestand des hochkapitalistischen Systems, keine totale Demokratisierung, sondern allenfalls eine formale, bürgerliche Demokratie, straff geführt durch konservative Politiker; keine grundlegende Veränderung der Besitzverhältnisse, Bodenreformen oder gar Enteignung, sondern Unantastbarkeit des privaten Eigentums und aller damit verbundenen »wohlerworbenen« Rechte.

Im Hungerwinter 1946/47, als die überwältigende Mehrzahl der Deutschen jedes Interesse an Politik verloren hatte, gingen diese Interessenvertreter der alten Mächte daran, alle geplanten gesellschaftlichen Reformen zu verhindern, zumindest aber so abzuschwächen, daß keine durchgreifenden Veränderungen der Eigentums- und Machtverhältnisse mehr für sie zu befürchten waren.

6. Der Gegenangriff der alten Mächte

»Im Grunde ist es egal, wer regiert, solange sie einen arbeiten lassen ...« Dieser einem rheinischen Kaufmann zugeschriebene Ausspruch bedarf insofern einer Erklärung, als er etwas verkürzt und daher mißverständlich wiedergibt, was der scheinbar unpolitische Geschäftsmann damit meinte. Der Satz hätte eigentlich lauten müssen: »Es ist mir gleichgültig, wie die Regierung personell zusammengesetzt ist; wichtig ist nur, daß sie mich mit meinem Kapital nach Belieben schalten und walten läßt«, woraus bereits hervorgeht, daß es sich bei diesem Kaufmann nicht um einen kleinbürgerlichen Selbständigen, sondern um einen kapitalkräftigen Unternehmer, möglicherweise sogar um einen Großkapitalisten handelte.

Die letzte Bezeichnung ist durchaus zutreffend, denn der Betreffende war Peter Werhahn, der 1922 achtzigjährig verstorbene Prinzipal der Offenen Handelsgesellschaft Wilh. Werhahn zu Neuss am Rhein, einer Familienfirma von schon damals ungewöhnlich großem Kapital und Einfluß sowie hervorragenden Beziehungen. Nur am Rande sei erwähnt, daß zu den sehr zahlreichen Verwandten der Gesellschafter auch der erst in Neuss, dann in Köln-Braunsfeld amtierende katholische Pfarrer Dr. Josef Frings zählte, ein Vetter des Firmenchefs, der 1942 Erzbischof von Köln, 1946 sogar Kardinal und zugleich dafür berühmt wurde, daß er in dem seiner Ernennung folgenden eisigen Winter in einer Predigt im Kölner Dom das siebte Gebot dahingehend auslegte, die unerlaubte Wegnahme fremden Eigentums – beispielsweise Briketts von den durch Köln rollenden Eisenbahntransporten der Besatzungsmächte – sei keine

Sünde, sofern sie nur zum Zweck der nackten Selbsterhaltung geschehe.

Wir werden auf den durch diesen menschenfreundlichen, von den Kölnern eifrig befolgten Wink sehr populär gewordenen Kardinal sowie auf seine reichen Neusser Verwandten in diesem Kapitel noch zurückkommen. Doch zunächst sei die Frage beantwortet, die sich stellen mußte, wenn von »Interessenvertretern der alten Mächte« und ihrem beginnenden Widerstand gegen jede Gesellschaftsreform die Rede war: Gab es denn 1946/47 überhaupt noch Großkapitalisten und deren Repräsentanten, die nicht in Internierungslagern oder Militärgefängnissen inhaftiert waren?

Gewiß waren die meisten deutschen Konzernherren, Bankiers und Generaldirektoren im Winter 1946/47 noch längst nicht wieder auf freiem Fuß oder gar in ihre früheren Positionen zurückgekehrt. Sie sahen vielmehr mit großer Sorge ihrer Aburteilung durch alliierte Militärgerichte und deutsche Spruchkammern entgegen. Außer den als Kriegsverbrecher angeklagten Großindustriellen Alfried Krupp v. Bohlen und Halbach, Friedrich Flick, den Direktoren des IG-Farben-Konzerns und der Dresdner Bank sowie den Konzernherren Hermann Röchling und Fritz Thyssen standen noch zahlreiche weniger prominente Unternehmer unter Anklage oder befanden sich als ehemalige Wehrwirtschaftsführer, Angehörige des Führerkorps der SS oder sonstiger »verbrecherischer Organisationen« in »automatischem Arrest«. Vielen anderen waren die Unternehmen beschlagnahmt oder unter Treuhandverwaltung gestellt worden, weil es sich um »arisierte«, den jüdischen Vorbesitzern zwangsweise abgenommene Betriebe handelte. Insgesamt war das Gros derer, die in den drei Westzonen die kapitalistische Gesellschaftsordnung repräsentierten, damals entweder in Haft oder durch Betätigungsverbote, Beschlagnahmen, Sperrung ihrer Konten und Depots sowie andere Maßnahmen nahezu entmachtet.

Es gab indessen Ausnahmen, und zwar in Fällen, wo es sich bei den Industriellen, Großaktionären, Firmenchefs, Bankiers oder Großgrundbesitzern um Persönlichkeiten handelte, die von jedem Verdacht frei waren, mit den Nazis zusammengearbeitet und von deren Verbrechen profitiert zu haben. Das waren gewiß nur wenige, doch sie hatten – wie die folgenden, auf Nordrhein-Westfalen beschränkten Beispiele zeigen werden – genügend Einfluß, den Widerstand gegen die »rote« Mehrheit in Westdeutschland, die drohende Sozialisierung und die schon recht konkreten Pläne für eine durchgreifende Bodenreform erfolgreich zu organisieren.

Was die Pläne für eine – mindestens teilweise – Enteignung und Neuverteilung des land- und forstwirtschaftlichen Großgrundbesitzes betraf, so schien es, daß ihre Durchführung kaum noch aufzuhalten war. Das Millionenheer der Flüchtlinge, das aus dem Osten in die drei westlichen Besatzungszonen einströmte und zu einem beträchtlichen Teil aus Landwirten bestand, ließ eine Umverteilung des Grundbesitzes zu Lasten der westdeutschen Großagrarier als unumgänglich erscheinen.

So jedenfalls sahen es nicht nur die meisten Deutschen, sondern auch die Besatzungsmächte. Selbst die Experten hielten die Bodenreform in den Westzonen bereits für eine zwar noch nicht vollendete, doch nicht mehr rückgängig zu machende Tatsache. In einer 1947 in Stuttgart neuaufgelegten Studie aus dem Jahre 1929 mit dem Titel *Deutsche Latifundien. Bericht und Mahnung*, meinte der Verfasser, Dr. Theodor Häbich, in seinem neuen, der veränderten Situation Rechnung tragenden Vorwort, seine Arbeit, die eine Reform der landwirtschaftlichen Eigentumsverhältnisse forderte, sei »heute schon historisches Dokument, nachdem im Osten eine Agrarreform das zu lange Konservierte zerstört hat und im Westen durch die anlaufende Bodenreform in der US-Zone und die kommende in der britischen Zone nicht nur die Reste des Feudaleigentums, sondern auch die übrigen Latifundien in Bauernhand überführt werden sollen«. Für die sowjetische Besatzungszone trafen seine Feststellungen durchaus zu, denn dort war unter der Parole »Junkerland in Bauernhand« tatsächlich der gesamte private Großgrundbesitz enteignet worden. Doch hinsichtlich der Verhältnisse in der amerikanischen und britischen Zone war sein Optimismus, wie die Entwicklung dann zeigte, nicht nur verfrüht, sondern beruhte auf einer gründlichen Täuschung.

Um zunächst eine ungefähre Vorstellung von den Größenordnungen zu geben, sei hier kurz die Ausgangslage aller Bodenreformpläne geschildert: In den drei westlichen Besatzungszonen (ohne das Saargebiet und die Westsektoren von Berlin) gab es nach dem Zweiten Weltkrieg etwa zwei Millionen land- und forstwirtschaftliche Betriebe. Davon waren rund ein Drittel Kleinstbetriebe mit bis zu zwei Hektar Land, die knappe Hälfte Kleinbetriebe, die zwei bis höchstens zehn Hektar bewirtschafteten, und der Rest allergrößtenteils kleine und größere Mittelbetriebe mit einem Grundbesitz zwischen 10 und 50, in weniger als einem Prozent der Fälle bis zu 100 Hektar. Allerdings gab es in den drei Westzonen etwa 500 land- und forstwirtschaftliche Großgrundbesitzer, fast ausnahmslos Angehörige des Hoch- und Landadels sowie einiger im Kaiserreich geadelter Bankiers- und Industriellenfamilien, denen zusammen ziemlich genau eine Million Hektar gehörten, und das entsprach etwa dem fünfzehnten Teil der land- und forstwirtschaftlich genutzten Gesamtfläche der drei Westzonen, wenn man die Staatsforsten außer Betracht läßt. Es standen also, ganz gleich, wie hoch der Bedarf an Siedlungsland für Heimatvertriebene, Flüchtlinge und andere Gruppen auch sein mochte, im wesentlichen dafür nur die riesigen Güter der westdeutschen Großgrundbesitzer zur Verfügung, und auf deren Bodeneigentum konzentrierten sich auch alle Reformpläne, wobei nicht etwa an eine totale Enteignung, sondern an teilweise Landabgaben gegen Entschädigung gedacht war.

Die größten privaten Grundbesitzer der britischen Zone waren die Herzöge von Arenberg. Ihnen gehörten dort mindestens 28 000 Hektar, möglicherweise auch weit mehr. Dadurch, daß sie ihre Immobilien auf eine Reihe von Gesellschaften mit beschränkter Haftung verteilt hatten, war ihr tatsächlicher Besitzstand kaum mehr genau zu ermitteln.

Bei den Arenbergs handelte es sich um ein katholisches Hochadelsgeschlecht, das ursprünglich in der Eifel beheimatet war.

Für die linksrheinischen, weit nach Belgien hinein reichenden Besitztümer dieser bis zum Vordringen der Französischen Revolution als Landesherren regierenden Arenberger erhielt die Familie zu Beginn des vorigen Jahrhunderts allerlei Entschädigungen rechts des Rheins, wie damals üblich auf Kosten geistlicher Herren. So wurde ihnen 1802 der ehedem zum Erzstift Köln gehörende heutige Landkreis Recklinghausen zugesprochen, außerdem aus dem eingezogenen Besitz des Hochstifts Münster die Grafschaft Meppen. Beides und einiges mehr konnte sich die Familie über knapp anderthalb Jahrhunderte und zwei Weltkriege erhalten, zwar nicht als zu regierendes Ländchen samt den Einwohnern als Untertanen, wohl aber als Großgrundbesitz von ständig steigendem Wert, zumal Steinkohlenfunde auf ihrem Gebiet und die stürmische Industrialisierung im 19. Jahrhundert aus den ursprünglich land- und forstwirtschaftlichen Besitztümern einen Teil des Ruhrreviers werden ließen.

Kurz vor dem Ersten Weltkrieg war der damalige Chef des Hauses Arenberg, Herzog Engelbert Maria, einer der zehn Reichsten im deutschen Kaiserreich; er versteuerte ein Vermögen von 59 Millionen Goldmark und ein jährliches Einkommen von 2,6 Millionen Goldmark. Das war aber nur ein Teil des Arenbergschen Wohlstands, wenig mehr als die Spitze des Eisbergs, denn die Familie war auch außerhalb Deutschlands, in fast allen westeuropäischen Ländern, sehr begütert, zudem an vielen industriellen und anderen Unternehmen maßgeblich beteiligt. Seine Durchlauchtigste Hoheit der Prinz und Herzog von Arenberg – so lautete der offizielle Titel, der noch 1953 durch königlich belgische Kabinettsorder bestätigt wurde – war zudem nicht nur Herzog von Meppen, Fürst von Recklinghausen usw., sondern auch – belgischer – Herzog von Aerschot und Croy, und er besaß, neben der reichsdeutschen, auch die belgische Staatsangehörigkeit.

Das erwies sich schon als sehr nützlich während der alliierten Rheinlandbesetzung nach dem Ersten Weltkrieg, sowohl gegenüber den Militärbehörden der Entente wie hinsichtlich der von den ersten Regierungen der Weimarer Republik gehegten Pläne, eine Bodenreform durchzuführen. Und auch 1946/47, als nicht nur von deutscher, sondern auch von alliierter Seite her eine Aufteilung des westdeutschen Großgrundbesitzes ins Auge gefaßt wurde, drohte dem Arenbergischen Bodeneigentum in der britischen, teilweise auch belgisch besetzten Zone weit weniger Gefahr als dem anderer Hocharistokraten, etwa dem des Fürsten Josias von Waldeck und Pyrmont, der als hoher SS-Führer und »Gerichtsherr« des Konzentrationslagers Buchenwald von totaler Enteignung bedroht war.

Die Herzöge von Arenberg hatten sich in der Nazizeit von allem ferngehalten, was als eine Verstrickung in die Verbrechen der braunen Machthaber hätte angesehen werden können; auf ihren Schlössern Pesch am Niederrhein und Nordkirchen im Regierungsbezirk Münster führten sie ein sehr zurückgezogenes Leben. Der Chef des Hauses, Herzog Engelbert Maria, der 1946 seinen 75. Geburtstag feiern konnte, war bei Kriegsausbruch in die Schweiz ausgewichen und wohnte bis zu seinem Tod im Jahre 1949 in Lausanne; von seinen Söhnen lebte der ältere in Monte Carlo, der jüngere am Lido von Punta del Este in Uruguay. Auch alle übrigen Familienmitglieder hatten es vorgezogen, den Krieg und die Nachkriegszeit außerhalb Deutschlands zu verbringen, ausgenommen Herzog Jean, Jahrgang 1914, der auf Schloß Pesch geblieben war, und Prinzessin Rose-Sophie, die 1943 einen fränkischen und pfälzischen adligen Großgrundbesitzer geheiratet hatte, auf dessen Schloß in der amerikanischen Besatzungszone sie nun lebte. Der Ehemann der Prinzessin Rose-Sophie, deren Vater, Geschwister, Onkel und Tanten vom Ausland aus die Entwicklung in Deutschland sorgenvoll verfolgten, war der Reichsfreiherr Karl Theodor v. und zu Guttenberg, Jahrgang 1921, selbst Erbe von rund 10000 Hektar land- und forstwirtschaftlichem Besitz sowie des v. Buhl'schen Weinguts in Deidesheim und der Kuranlagen samt Heilquellen von Bad Neustadt an der Saale. Der Baron zu Guttenberg, Mitbegründer der CSU, politisch sehr interessiert, verfügte über ausgezeichnete Beziehungen zur katholischen Kirche, zur britischen und amerikanischen Militärregierung, zur Parteiführung und zu deutschen Behörden, und er war zudem verwandt mit allen katholischen Hochadelshäusern, hatte einen Grafen Schenk v. Stauffenberg zum Onkel, eine Prinzessin zu Schwarzenberg zur Tante und, nachdem eine Schwester seiner Frau einen Erzherzog von Österreich geheiratet hatte, auch noch einen Habsburger zum Schwager. So schien der Baron zu Guttenberg in jeder Hinsicht der richtige Mann zu sein, sich ganz der Politik zu widmen und seine mit denen der Familie seiner Frau, den Herzögen von Arenberg, und denen aller anderen aristokratischen Großgrundbesitzern identischen Interessen nachdrücklich gegenüber sozialisierungslüsternen Gesellschafts- und Bodenreformern zu vertreten.

Das nächste Beispiel betrifft die rheinisch-westfälische Montanindustrie, wo es 1946/47 besonders schwer war, einen Wirtschaftsführer zu finden, der noch volle Bewegungsfreiheit besaß und sich für seine von Sozialisierungs- und Entflechtungsplänen der Besatzer wie der deutschen Parteien bedrohten Kollegen einsetzen konnte. Die traditionellen Wortführer des Ruhrreviers kamen dafür nicht in Frage: Krupp, Thyssen, Flick und ihre Direktoren waren inhaftiert; Albert Vögler, letzter Aufsichtsratsvorsitzer der Vereinigten Stahlwerke, hatte sich im April 1945 das Leben genommen; Paul Reusch, Leiter des Haniel-Konzerns und langjähriger Präsident des »Langnam-Vereins« – wie der »Verein zur Wahrung der gemeinsamen wirtschaftlichen Interessen in Rheinland und Westfalen« genannt wurde –, der Nordwestgruppe des Vereins Deutscher Eisen- und Stahlindustrieller und der Niederrheinischen Industrie- und Handelskammer, gehörte zu den Mitunterzeichnern der Forderung deutscher Wirtschaftsführer an Reichspräsident v. Hindenburg vom Oktober 1932, Hitler zum Reichskanzler zu ernennen; er hatte zwar 1942 wegen heftiger Meinungsverschiedenheiten mit der Naziführung von seinen zahlreichen Ämtern zurücktreten müssen und dann Verbindung zu den Widerstandskreisen um Goerdeler aufgenommen. Aber für ihn war die Zeit noch nicht gekommen; trotz des im Zusammenhang mit der drohenden Sozialisierung der Montanindustrie zitierten Briefs an Dr. Agartz, den er mitunterzeichnet hatte, gehörte er doch zu den energischsten Verfechtern eines »Hier-bin-ich-Herr-im-Hause«-Standpunkts.

Was für Paul Reusch galt, das galt mit wenigen Einschränkungen auch für seinen Sohn Hermann, der von 1942 an beim Generalbevollmächtigten für die Wirtschaft in Serbien und dann auch in anderen Balkanstaaten die Ausbeutung der dortigen Bodenschätze für die deutsche Rüstung geleitet hatte. Hermann Reusch konnte zwar schon bald Vorstandsvorsitzer der Haniel-Holdinggesellschaft werden, aber im Winter 1946/47 war es noch zu früh, ihn in den Kampf gegen diejenigen zu schicken, die die Ruhrindustrie von allen großkapitalistischen Einflüssen befreien und »entflechten« wollten. Zudem waren er und auch die anderen Ruhrmanager zu undiplomatisch für eine so schwierige Aufgabe.

Indessen gab es unter den Konzerngewaltigen des Ruhrreviers einen Mann, der für zumindest einen wichtigen Teil der Aufgabe sehr geeignet erschien und den Besatzungsmächten akzeptabel erscheinen mußte. Sein Name war damals noch nahezu unbekannt; man erinnerte sich seiner nur als des Schwiegersohns von Peter Klöckner.

Dieser Peter Klöckner, einer der großen Industrie- und Stahlhandels-Kapitäne des Ruhrreviers, hatte aus bescheidenen Anfängen die im Jahre 1906 in Duisburg gegründete Firma Klöckner & Co zur bedeutendsten Eisen- und Stahlhandelsfirma des rheinisch-westfälischen Industriegebiets entwickelt, daneben durch zum Teil sehr gewagte Börsenmanöver eine beträchtliche Anzahl von Unternehmen der Montanindustrie nach und nach in seinen Besitz gebracht. Sein Konzern überstand den Zusammenbruch nach dem Ersten Weltkrieg, den Verlust seiner wichtigsten Beteiligungen in Lothringen und die große Inflation von 1923. Kaum war die deutsche Währung wieder stabil geworden, da entstand an Rhein und Ruhr, neben dem Handelshaus Klöckner & Co, ein neuer Montankonzern Peter Klöckners, ein riesiger Wald von Hochöfen, Schloten, Fördertürmen und Walzwerksgerüsten. Daneben drang der Eisen- und Stahlhändler aus Duisburg in Unternehmen des Maschinen- und Motorenbaus ein. Er kaufte die Motorenfabrik Deutz AG allmählich auf, dann die Lastwagenfabrik C. D. Magirus in Ulm, die Flugzeugmotorenfabrik Oberursel und schließlich die Maschinenbauanstalt Humboldt AG in Köln-Kalk. Erst 1938, zwei Jahre vor dem Tode Peter Klöckners, entstand aus diesen Neuerwerbungen die Klöckner-Humboldt-Deutz AG. Sie wurde – neben dem Montankonzern der Klöckner-Werke AG und der Handels- und Holdinggesellschaft Klöckner & Co – das »dritte Bein« der Gruppe und übernahm später noch weitere Unternehmen des deutschen Maschinen- und Waggonbaus.

Aber Peter Klöckner war nicht nur ein kühner Börsenstratege, sondern auch ein durch Erfahrungen gewitzter, auf Vorsorge für den Notfall bedachter Konzernherr. So erwarb er, als die Weimarer Republik ins Wanken geriet, die Naziherrschaft sich schon ankündigte und damit ein neuer Weltkrieg wahrscheinlich wurde, teils über seine Handelsfirma, teils über eine eigens dazu gegründete Familienstiftung, die NV Handelsmaatschappij in Den Haag, und in diese holländische Firma brachte er in aller Stille große Teile seines Aktienbesitzes, vor allem des Montanbereichs, ein. Es schien ihm sicherer, einen bedeutenden Teil seines Konzernvermögens im neutralen Holland zu wissen, zumal er – im Gegensatz zu anderen Großindustriellen – den Nazis wenig Vertrauen entgegenbrachte.

Wo seine und seiner Familie politische Sympathien lagen, läßt der Umstand erkennen, daß des Konzernchefs Bruder und Juniorpartner – zusammen mit dem späteren Reichskanzler Franz v. Papen, der übrigens ein Schwiegersohn des saarländischen Großgrundbesitzers und Villeroy & Boch-Konzernchefs Luitwin v. Boch-Galhau war – die Tageszeitung *Germania* finanziert hatte, ein Blatt, das in der Weimarer Republik dem rechten Flügel der katholischen Zentrumspartei nahestand und vor allem die Interessen der katholischen Großgrundbesitzer und Industriellen vertrat.

Peter Klöckners engster Freund war Dr. Karl Jarres, ein Mann des rechten Flügels der nationalliberalen Deutschen Volkspartei in der Weimarer Republik, langjähriger Oberbürgermeister von

Duisburg, Aufsichtsratsvorsitzer der Klöckner-Werke AG, unter dem Zentrums-Reichskanzler Wilhelm Marx zeitweise Vizekanzler und Reichsinnenminister. Nach dem Tode des ersten Reichspräsidenten Friedrich Ebert hatte Dr. Jarres als »Mann der nationalen Rechten« für die Nachfolge kandidiert, auch die relative Mehrheit errungen, jedoch im zweiten Wahlgang zugunsten des Generalfeldmarschalls a.D. Paul v. Hindenburg verzichtet. Von 1933 an hatte sich Jarres ganz von der Politik zurückgezogen und seinen Aufsichtsratspflichten im Klöckner-Konzern gewidmet. Im Januar 1947 gehörte er zu den Verfassern jenes Schreibens, worin sich die Sprecher der Ruhrindustrie für eine »gemischtwirtschaftliche« Lösung unter voller Mitwirkung der Gewerkschaften, jedoch gegen eine Entflechtung »organisch gewachsener Zusammenhänge« ausgesprochen hatten.

Ein weiterer enger Freund Peter Klöckners war der langjährige Düsseldorfer Oberbürgermeister Dr. Robert Lehr, ein Deutschnationaler, der sich gegen Ende des Zweiten Weltkriegs dem Widerstandskreis um Carl-Friedrich Goerdeler angeschlossen hatte und für einen Separatfrieden mit den Westmächten bei Fortsetzung des Kampfs gegen die Sowjetunion eingetreten war. Im Hause des konservativen Anti-Nazis Dr. Lehr – der 1945 Oberpräsident der Nordrheinprovinz wurde, 1950 Adenauers Innenminister – lernte Peter Klöckners Stieftochter Anne-Liese Küpper 1932 einen jungen Mann kennen, den sie ein Jahr später heiratete: Dr. Günter Henle, Jahrgang 1899, aus angesehener bayerischer Beamten- und Gelehrtenfamilie.

Henle, hochdekorierter Offizier des Ersten Weltkriegs und hervorragender Jurist, hatte sich 1919/20 als Freikorps-Leutnant an der Niederschlagung der Arbeiteraufstände und an der Eroberung Münchens beteiligt, war in zwei exklusiven schlagenden Studentenverbindungen aktiv gewesen und mit 22 Jahren in den diplomatischen Dienst getreten. Über Auslandsposten im Haag und Buenos Aires kam er 1931 als Botschaftsrat an die Deutsche Botschaft in London. Im Jahr darauf wurde sein dortiger Chef, Botschafter Konstantin v. Neurath, Reichsaußenminister unter der Kanzlerschaft des Klöckner-Freundes Franz v. Papen.

1936 – Neurath war noch immer Reichsaußenminister, nun unter dem Reichskanzler Hitler – endete Günter Henles diplomatische Karriere aus Gründen, die damals verhängnisvoll schienen, sich aber später als außerordentlich glücklich erwiesen: Dr. Henle stammte aus einer zwar gutkatholischen, aber ursprünglich jüdischen Familie und galt nun als »Mischling«. Indessen brauchte sich der entlassene Botschaftsrat um seinen Lebensunterhalt keine Sorgen zu machen. Peter Klöckner nahm den Schwiegersohn unter seine Fittiche, machte ihn zunächst zum Vorstandsmitglied der Klöckner-Werke AG und bald darauf auch zum Juniorpartner in der Holdinggesellschaft Klöckner & Co.

1940 starb Peter Klöckner, und da dessen einziger Sohn wenige Jahre zuvor tödlich verunglückt war, mußte nun Dr. Henle die Nachfolge in der Gesamtleitung des Klöckner-Konzerns antreten. Das war aber den Nazis entschieden zuviel: »Ein Nichtarier« – so Gauleiter Josef Terboven – »kann kein kriegswichtiges Unternehmen leiten!« Dr. Henle mußte also, zumindest offiziell, aus allen seinen Ämtern ausscheiden und erhielt Betätigungsverbot im Klöckner-Konzern. Immerhin ließen ihn die Nazis aber die Stamm-, Holding- und Handelsfirma Klöckner & Co weiterführen, und damit behielt er die Kontrolle über alle Klöckner-Unternehmen.

Erst die englischen Besatzungsbehörden machten Dr. Günter Henle wieder zu einem regulären Ruhrindustriellen, wenngleich auf zunächst sehr unsanfte und peinliche Weise: Am 1. Dezember 1945 verhafteten sie ihn und führten ihn in Ketten ab. Zusammen mit 75 anderen führenden Unternehmern und Generaldirektoren des Ruhrgebiets sperrten sie ihn in ein Internierungslager und beschlagnahmten sein Vermögen. Die Haft dauerte neun Monate, aber noch bis Anfang 1947 – Henles väterlicher Freund Dr. Lehr war längst Oberpräsident der Nordrheinprovinz und ein führender Politiker der von ihm mitgegründeten CDU geworden – mußte der Klöckner-Chef warten, ehe er wieder seine Firma betreten und ihre Leitung übernehmen durfte. Nun allerdings war von einem Mißtrauen der britischen Besatzungsmacht ihm gegenüber keine Rede mehr; persönliche Beziehungen Dr. Henles zum Foreign Office in London und zu hohen Besatzungsoffizieren waren reaktiviert worden, und die Tatsache, daß er als »jüdischer Mischling« keiner Nazi-Organisation angehört hatte, begann sich günstig auszuwirken. Inzwischen war Dr. Henle auch Mitglied der CDU geworden, wenngleich er gegen deren Ahlener Programm tiefe Abneigung empfand. Als Klöckner-Chef – Konzernumsatz 1978, noch immer unter Günter Henles Führung, 14,4 Milliarden DM, ohne die Auslands-Töchter und den internen Umsatz; zirka 90000 Beschäftigte –, erster Präsident der »Wirtschaftsvereinigung Eisen und Stahl« und vom Frühjahr 1947 an Mitglied des Frankfurter Wirtschaftsrats, daneben einer der Hauptratgeber Konrad Adenauers in den ersten Nachkriegsjahren, war er genau der richtige Mann, die Interessen der bedrohten Großkapitalisten und Konzernherren gegen den Ansturm der Sozialisierer, auch in der eigenen Partei, mit viel Geschick und guten Beziehungen zu verteidigen.

Daß ein Konzernherr jüdischer Abstammung das »Dritte Reich« heil und auch wirtschaftlich unbeschadet überstanden hatte und so schon sehr früh dazu in der Lage war, als politisch Unbelasteter die kapitalistischen Interessen zu vertreten, grenzte schon fast an ein Wunder. Indessen gab es gar nicht weit von Duisburg, dem Sitz der Stammfirma Klöckner & Co, einen ähnlichen Fall, der noch um einiges wunderbarer war.

In der alten Domstadt Köln, im Haus Unter Sachsenhausen 4, hatte sich, lange bevor es Nazis in Deutschland gab, das Bankhaus Sal. Oppenheim jr. & Cie niedergelassen, eine 1789, dem Jahr des Beginns der Französischen Revolution, in Bonn gegründete Firma. Vor dem Ersten Weltkrieg gehörten die Chefs des Hauses Oppenheim, eines ursprünglich jüdischen Unternehmens, nicht nur dem Kölner Patriziat an, sondern bereits zur Geld- und Macht-Elite des Kaiserreichs, waren längst getauft und geadelt und versteuerten 1912 ein Vermögen von 67 Millionen Goldmark. Sie hatten zusammen 104 Aufsichtsratssitze, davon 17mal den Vorsitz, und lebten auf schönen Landsitzen, hauptsächlich interessiert an Pferdezucht und Reitsport.

Der eigentliche Kopf der Oppenheim-Bank, der die Geschäfte mit großem Geschick leitete, war seit etwa 1900 bis zu seinem Tode im Jahr 1932 kein Baron Oppenheim, sondern der Bankier Louis Hagen, der ursprünglich Levy geheißen hatte und der Enkel eines Oppenheim-Kassenboten war. Louis Hagen, früh vom Judentum zum Katholizismus übergetreten und Stadtverordneter der katholischen Zentrumspartei, stand dem noch von seinem Großvater gegründeten Bankhaus Levy vor – an dem der Baron Waldemar v. Oppenheim beteiligt war –, saß außerdem in Dutzenden von Aufsichtsräten und war eng befreundet mit dem Kölner Beigeordneten und späteren Oberbürgermeister Konrad Adenauer.

Unter Louis Hagens Leitung überstand die Oppenheim-Bank ohne Einbußen den Ersten Weltkrieg und die Stürme der Nachkriegszeit, wobei sich der Kommerzienrat Hagen, wie er in Köln genannt wurde, 1918/19 sehr stark und nach außen hin nicht ganz so vorsichtig wie sein Freund Konrad Adenauer um die Schaffung einer vom Deutschen Reich unabhängigen Rheinischen Republik bemühte. Übrigens, auch der Duisburger Oberbürgermeister Dr. Jarres, ein enger Freund, nicht nur Peter Klöckners, sondern auch Louis Hagens, sympathisierte mindestens zeitweise mit diesen Plänen.

Louis Hagen starb im Herbst 1932. Sein Nachfolger in der Leitung der Oppenheim-Bank, gerade in der kritischen Zeit der »Machtergreifung« Hitlers, wurde ein 1880 in Mönchengladbach geborener Bankfachmann, Sohn eines fromm protestantischen Textilfabrikanten von beträchtlichem Vermögen: Robert Pferdmenges. Er war 1919 in den Vorstand des A. Schaffhausenschen Bankvereins zu Köln eingetreten, hatte 1931 ein sehr vorteilhaftes Angebot erhalten, die Leitung einer Großbank zu übernehmen, war aber statt dessen Teilhaber der Firma Sal. Oppenheim jr. & Cie, Junior-Partner des Kommerzienrats Hagen und der Barone Waldemar und Friedrich Carl v. Oppenheim, geworden, im selben Jahr auch in den Aufsichtsrat der Klöckner-Werke AG eingetreten.

Im »Dritten Reich« richtete der neue Mann bei Oppenheim

sein Augenmerk vor allem auf die Erhaltung der alten wirtschaftlichen Machtpositionen des Hauses sowie auf die Pflege guter Beziehungen zu ausländischen Geschäftsfreunden. Die Zeit war den Privatbankiers nicht günstig, wenn sie sich nicht – wie der Baron v. Schröder – mit den neuen Machthabern verbündeten, und davon konnte bei Pferdmenges und im Hause Oppenheim keine Rede sein.

1936 mußte das Bankhaus Levy unter dem Druck der Nazis geschlossen werden; es wurde in die Firma Sal. Oppenheim jr. & Cie »eingegliedert«, wobei die Erben des Kommerzienrats Hagen Oppenheim-Kommanditisten wurden. Dann, im Mai 1938, durfte auch die Oppenheim-Bank ihren alten, jüdischen Namen nicht länger führen; sie wurde umbenannt in »Bankhaus Pferdmenges & Co«. Und obwohl die Barone v. Oppenheim, auch nach den strengen Auslegungen der Nürnberger »Rasse«gesetze durch Staatssekretär Dr. Stuckart und Ministerialrat Dr. Globke, eigentlich als Viertel- oder Achteljuden »arisch« genug gewesen wären, weiterhin die Firma zu repräsentieren, mußten sie unter dem Druck örtlicher Nazigrößen ihr Bankhaus räumen und sich, ganz zurückgezogen vom gesellschaftlichen Leben, mit ihren stillen Beteiligungen begnügen.

So rettete Robert Pferdmenges das alte Bankhaus über die Nazizeit und den Zweiten Weltkrieg hinweg, wobei zuletzt die Barone Oppenheim und ihr treuer Partner noch in Bedrängnis kamen: Nach dem 20. Juli 1944, als die Gestapo überall nach wirklichen oder vermeintlichen »Verschwörern« fahndete, kamen alle drei in Schutzhaft, zwar nicht, wie gewöhnliche Häftlinge, selbst wenn sie Adenauer hießen, für längere Zeit in ein Gefängnis oder Lager, sondern, soweit es Pferdmenges betraf, unter Hausarrest – mit SS-»Ehrenwache« vor der Tür – auf seinem Landsitz, soweit es die Oppenheims anging, in milde Haft, woraus ersichtlich wird, was ein riesiges Vermögen selbst gegenüber dem Terror des Jahres 1944 noch auszurichten vermochte.

Als die Amerikaner Köln erobert hatten und der Firma Pferdmenges & Co wieder der alte Name Sal. Oppenheim jr. & Cie zurückgegeben worden war, begann – zunächst in provisorischen Räumen, denn das alte Gebäude war den Bomben zum Opfer gefallen – ein geradezu grandioser Aufstieg zu neuer Macht und Größe unter der Leitung von Robert Pferdmenges, der – wie sein Vorgänger Louis Hagen – zu den allerengsten Freunden und Beratern Konrad Adenauers, wie auch zu den Gründern der CDU, gehörte.

Für die Christlich-Demokratische Union ging der Bankier dann in den Zweizonen-Wirtschaftsrat, später auch in den Bundestag. Obwohl er in beiden Gremien als der – im Plenum – schweigsamste Abgeordnete galt, war er an allen wirtschafts- und finanzpolitischen Beschlüssen maßgeblich beteiligt. Auch in personellen Fragen hatte Robert Pferdmenges stets ein gewichtiges Wort mitzureden. Sein politischer Einfluß in den für die spätere Entwicklung Westdeutschlands entscheidenden Jahren kann gar nicht groß genug eingeschätzt werden.

Was seine wirtschaftliche Macht betraf, so vermittelt die Liste der von ihm ausgeübten Lenkungs- und Kontrollfunktionen nur einen ungefähren Eindruck: Er war Aufsichtsratsvorsitzer der August-Thyssen-Hütte AG, Duisburg, der Nordstern-Versicherungs- und Rückversicherungs-Gruppe, der »Colonia«-Rückversicherungs AG, der DEMAG, der Rheinisch-Westfälischen Bodencredit-Bank, der Kabelwerk Rheydt AG sowie einer Reihe von Textilunternehmen, Aufsichtsrat bei der AEG, der Harpener Bergbau AG, der Klöckner-Humboldt-Deutz AG und einem Dtuzend weiterer Großunternehmen, Präsident des Banken-Verbands und des Zentralen Kreditausschusses sowie Mitglied des Präsidiums einer ganzen Reihe weiterer wichtiger Gremien der westdeutschen Wirtschaft. Vor allem aber – das war ja die eigentliche Quelle seiner Macht – stand er als geschäftsführender Teilhaber an der Spitze des bedeutendsten Privatbankhauses der drei Westzonen, der Firma Sal. Oppenheim jr. & Cie.

»Daß der Bundeskanzler sich immer wieder von Pferdmenges beraten ließ, war gerade auch auf dem personellen Gebiet von unschätzbarem Wert«, meinte später der Klöckner-Konzernchef Dr. Günter Henle zur Frage des großen Einflusses, den Konrad

Adenauer auch als späterer Regierungschef seinem alten Freund und Bankier einräumte. Und in seinen Memoiren nannte Henle seinen CDU-Fraktionskollegen Pferdmenges und seinen Freund Dr. Karl Jarres die wirklich »treuen Paladine der Ruhrwirtschaft«, wobei anzumerken ist, daß vom Standpunkt der Konzernherren aus, die sich im Winter 1946/47 zur Verteidigung der kapitalistischen Gesellschaftsordnung formierten, Robert Pferdmenges das mit Abstand »beste Pferd im Stall« war.

Indessen wäre die Phalanx »treuer Paladine der Ruhrwirtschaft«, des aristokratischen Großgrundbesitzes und des Großkapitals, die damals zur Abwehr von Sozialisierungs- und Bodenreformabsichten aufgeboten wurde, unvollständig und vielleicht noch zu schwach gegenüber dem linken Flügel der CDU gewesen ohne die »heilige Familie«, wie die – am Anfang dieses Kapitels bereits kurz erwähnte – Sippe der Neusser Werhahns von ihren Geschäftsfreunden mit mehr Respekt als Spott genannt wurde und noch heute wird.

Schon vor dem Ersten Weltkrieg hatte die Offene Handelsgesellschaft Wilh. Werhahn zu Neuss am Rhein ein haftendes Kapital von mindestens 20 Millionen Goldmark. Die tatsächliche Größe des Familienvermögens lag aber bereits damals weit über diesem Betrag; allein der Haus- und Grundbesitz in Köln und Berlin, den die Familie Werhahn ihr eigen nannte, hatte 1912 einen Wert von rund 18 Millionen Mark, wobei anzumerken ist, daß dem Neusser Familienunternehmen in Berlin so lukrative Betriebe wie die Meierei C. Bolle, das Beerdigungsinstitut Grieneisen, die Vereinigten Pommerschen Meiereien, ein beträchtlicher Teil der Schultheiß-Brauerei AG und vieles andere gehörte.

Die Werhahns hatten und haben noch zahlreiche weitere Beteiligungen an Brauereien, Fabriken, Einzelhandelsketten, Mühlenbetrieben, Außenhandelskontoren und Dienstleistungsunternehmen unterschiedlichster Art. Doch ihre bedeutendsten Kapitalinteressen lagen und liegen anderswo: im Maschinenbau, in der Bauwirtschaft und im Bereich der Energieerzeugung.

So kontrollierten sie schon vor Jahrzehnten die Buckau-

Gruppe, deren Konzernbetriebe Maschinen aller Art und ganze Fabrikeinrichtungen produzieren; das Herzstück des Werhahnschen Baumaterial- und -ausführungskonzerns war und ist die Basalt AG in Linz am Rhein, die ihrerseits, neben vielem anderen, den STRABAG-Konzern beherrscht, und im Energiebereich erwarben die Werhahns schon im 19. und frühen 20. Jahrhundert nicht nur große Teile des Köln-Aachener Braunkohlenreviers, sondern auch Zechen und Kokereien im Ruhrgebiet, Braunkohlenlager in Mitteldeutschland sowie Beteiligungen an Kraftwerken.

Wie gut getarnt und verschachtelt der riesige Werhahn-Besitz ist, sei an zwei Beispielen erläutert, die zugleich erkennen lassen, mit welchen Partnern die Neusser Familie am liebsten zusammenarbeitet: Die STRABAG, eines der zwölf Tochterunternehmen der Werhahnschen Basalt AG, hat ihrerseits etwa drei Dutzend sehr bedeutende in- und ausländische Tochterunternehmen, beschäftigt selbst rund achttausend Arbeiter und Angestellte, bezieht ihre Maschinen von der Buckau-Gruppe, ihr Material von der Basalt AG und baut im nichtöffentlichen Bereich vorzugsweise für Werhahn-Unternehmen oder für sich selbst, denn sie betreibt auch Parkhäuser und manches andere auf eigene Rechnung. Aber genaugenommen gehört die STRABAG nur zu einem Drittel ihrer Muttergesellschaft, der Basalt AG, ein weiteres Drittel ist in unmittelbarem Besitz der Wilh. Werhahn OHG, und das restliche Drittel gehört einem engen Werhahn-Freund und -Partner, dem Bankhaus Sal. Oppenheim jr. & Cie in Köln. Das zweite Beispiel betrifft die Braunkohleninteressen der »heiligen Familie«, die nach dem Zweiten Weltkrieg schwere Einbußen erlitten: Die mitteldeutschen Werhahn-Zechen Tröbitz, Meurostollen und Senftenberg wurden, wie die meisten Großunternehmen in der sowjetischen Besatzungszone, entschädigungslos in »Volkseigene Betriebe« umgewandelt.

Was den Werhahns im Köln-Aachener Revier verblieben war, hatte mit knapp einer Million Tonnen Jahresförderung an Braunkohle und einigen hundert Millionen Kilowatt Stromerzeugung kaum noch Bedeutung im Vergleich zu den Produktionsziffern der Riesen »Rheinbraun« und RWE. Die »Rheinische Braunkohlenwerke AG« (»Rheinbraun«) in Köln und die »Rheinisch-Westfälische Elektrizitätswerk AG« (RWE) in Essen förderten über 80 Millionen Tonnen Braunkohle und gaben über 50 Milliarden Kilowatt Strom ab.

Es schien also, als ob die Neusser Werhahns ihre einstige Vormachtstellung in diesen Bereichen eingebüßt hätten. Doch dieser Schein trog, wie schon Kurt Pritzkoleit bemerkt hat. »Die OHG Wilh. Werhahn«, so schrieb er Mitte der fünfziger Jahre, »leitet ihre Bedeutung für den westdeutschen Braunkohlenbergbau keineswegs von ihrem (bescheidenen) Anteil an der Förderung und Brikettierung der Braunkohle her, und ihr gehören nicht nur die drei Fischbachfelder, die das ›Jahrbuch des deutschen Bergbaus‹ beharrlich als Besitz der ›OHG Werhahn, Abt. Horremer Brikettfabrik‹ ausweist: sie besitzt links des Rheins insgesamt 177 Mutungsfelder. Und eben darauf, auf diesem Felderbesitz, seiner Größe, Gestalt und Lage, beruht nicht zuletzt die Stellung des Hauses Werhahn im Reich der Braunkohle und der westdeutschen Energiewirtschaft . . . Die Streulage gibt der OHG die Möglichkeit, regulierend in etwaige Expansionspläne ihrer Nachbarn einzugreifen.«

Gewiß, wie Pritzkoleit weise hinzufügte, »auch die besten Felder bringen erst Ertrag, wenn man das Geld aufbringen kann, um sie auszubeuten. Weder die Felder allein noch das Kapital allein genügen, um den Schatz zu heben . . .« Aber, so mußte er am Ende erkennen, »die Werhahn-Gruppe hat beides, und sie hat noch ein drittes: die Möglichkeit, in eigenen Produktionsstätten die großen und kostspieligen Anlagen zu bauen, die eines Tages das deckende Erdreich von der Braunkohle abräumen. Sie hält ein gutes Stück unserer energiewirtschaftlichen Zukunft in Händen.«

Wie gut dieses »Stück unserer energiewirtschaftlichen Zukunft« schon damals war, als die Braunkohlenfelder wie auch die Kraftwerke von totaler Enteignung durch sozialisierungswütige Christen wie Sozialisten bedroht waren, das zeigten nicht nur die 177 Werhahnschen Mutungsfelder im Köln-Aachener Revier, sondern auch die Lage bei RWE. Dieser Konzern hielt über seine »Rheinbraun«-Beteiligung den größten Teil des rheinischen Braunkohlenbergbaus unter seiner Kontrolle und war zudem schon damals führend in der gesamten westdeutschen Energiewirtschaft. Nun unterlag RWE bereits in der Weimarer Republik einer Kontrolle durch die öffentliche Hand; die Stimmen-, wenngleich nicht die Kapitalmehrheit, lag vornehmlich bei den Städten und Kreisen Westdeutschlands, wogegen das Kapital weit gestreut war. Es gab und gibt indessen einen einzigen Großaktionär, der etwa zehn Prozent des RWE-Kapitals sein eigen nennen konnte: die OHG Wilh. Werhahn in Neuss.

So war es nicht weiter verwunderlich, daß in den wichtigsten RWE-Kontrollgremien sowie in den Vorständen von »Rheinbraun« und anderer RWE-Töchter einige gute Freunde, Verwandte und Vertrauensleute der »heiligen Familie« saßen und daß der Werhahn-Senior selbst – abwechselnd mit Baron Friedrich Carl v. Oppenheim – im RWE-Aufsichtsrat den Vorsitz führte.

Einer der guten Werhahn-Freunde im rheinischen Braunkohlen- und Elektrizitätsbereich war bis 1933 der Kölner Oberbürgermeister Konrad Adenauer gewesen. Der aber hatte von 1946 an noch weit wichtigere Aufgaben, und da war es gut, daß nun der gerade aus der Kriegsgefangenschaft heimgekehrte Sohn des von den Engländern abgesetzten Oberbürgermeisters zur Verfügung stand: Dr. Konrad Adenauer junior, Jahrgang 1906. Er trat damals ins Braunkohlen-, Brikett- und Stromgeschäft ein und wurde binnen kurzer Zeit »Rheinbraun«-Vorstandsvorsitzer, auch Präsidiumsmitglied der »Vereinigung Deutscher Elektrizitätswerke« (wogegen sein Bruder, Dr. Max Adenauer, der schon 1938/39 als Vorstandsassistent bei Peter Klöckner und Dr. Günter Henle in Duisburg gearbeitet hatte und gleich nach dem Krieg Direktor der Klöckner-Humboldt-Deutz AG geworden war, bald darauf in die Kölner Kommunalverwaltung eintrat, erst Beigeordneter, dann Oberstadtdirektor werden konnte).

Das Verhältnis zwischen den Familien Werhahn und Adenauer war schon immer recht gut und von gegenseitigem Respekt gekennzeichnet gewesen. Daneben bestanden auch verwandtschaftliche Beziehungen: Konrad Adenauer senior war der Onkel einer Werhahn-Gesellschafterin, nämlich von Frau Gabriele geborener Werhahn, der Witwe seines Neffen Hans Adenauer. Später wurden die familiären Bande jedoch weit enger, denn im Mai 1950 heirateten des nunmehrigen Bundeskanzlers Lieblingstochter Libeth Adenauer und des Werhahn-Seniors Sohn Hermann Josef, Jahrgang 1923, der nach dem Tode seines Vaters in den Kreis der die OHG führenden Gesellschafter aufstieg. Die »heilige Familie« – so wurde die Werhahn-Sippe übrigens allein ihrer unwandelbaren Kirchentreue und Frömmigkeit wegen genannt – zählte fortan, neben dem Kölner Kardinal-Erzbischof Dr. Frings sowie mehreren Jesuitenpatres und Ordensschwestern, einen weiteren Geistlichen zu den Ihren, nämlich den Prälaten Paul Adenauer, den Bruder von Libeth Werhahn, geborener Adenauer. Hinzu kam außerdem noch ein weiterer Politiker, der Kanzlerneffe Ludwig Adenauer, damals Staatssekretär im nordrhein-westfälischen Innenministerium.

Vertrauensmann der Werhahns im politischen Bereich war indessen ein anderer, als es darum ging, den sogenannten »sozialen Flügel« der Christlich-Demokratischen Union von den Forderungen des Ahlener Programms mindestens insoweit abzubringen, als er alle praktischen Folgerungen daraus – Abkehr vom Kapitalismus und Überführung aller Großunternehmen in Gemeineigentum – fallenlassen und vergessen sollte. Dieser Werhahn-Vertraute hieß Dr. Franz-Josef Wuermeling und war der Sohn des früheren Oberpräsidenten von Westfalen, Dr. Bernhard Wuermeling, eines prominenten Mitglieds der katholischen Zentrumspartei. Auch der 1900 geborene Sohn Franz Josef hatte dem Zentrum angehört, war 1928 Regierungsrat im preußischen Innenministerium geworden, hatte aber – im Gegensatz zu seinem Kollegen Dr. Globke – aus politischen Gründen von den Nazis seine Entlassung erhalten.

Doch die katholische Kirche ließ in der Zeit des »Dritten Reiches« ihre treuen Söhne und Töchter nicht verkommen, wenn sie wegen ihrer Mitgliedschaft im Zentrum und engen Beziehungen zum Klerus von den Nazis vom Dienst suspendiert wurden. Dr. Wuermeling wurde 1938 bei der Basalt AG in Linz am Rhein untergebracht, der Holdingfirma des Werhahn-Konzerns auf dem Bausektor. Es versteht sich fast von selbst, daß sich die Familie Werhahn in den zwölf Jahren der Naziherrschaft von jedem kompromittierenden politischen Engagement zurückgehalten hatte; nur ein einziges Mitglied der erlesenen, über hundertköpfigen Schar der »OHG Wilh. Werhahn«-Gesellschafter war aktiver Nazi geworden. Die Senioren hatten ihn daraufhin ausbezahlt und aus ihrer Sippe verbannt. Dr. Franz-Josef Wuermeling, der Werhahn-Schützling in der Zeit des »Dritten Reichs«, durfte 1945 in den Vorstand der Basalt AG aufrücken. Nachdem er im Winter 1946/47 sehr zahlreiche ernste Gespräche mit früheren Zentrumsfreunden und mit Kollegen in den Sozialausschüssen der neuen Christlich-Demokratischen Union geführt hatte, die alle der Abwehr des Angriffs auf die kapitalistischen Bastionen dienten, wurde Dr. Wuermeling Staatssekretär im Innenministerium von Rheinland-Pfalz. Später trat er als Bundesminister für Familien- und Jugendfragen in das Kabinett des Bundeskanzlers Dr. Konrad Adenauer ein, dem er bis 1962 angehörte.

Es gab also, wie auch dieses letzte Beispiel deutlich zeigt, im Winter 1946/47 noch eine ganze Reihe von Interessenvertretern des Großkapitals, die sich als erprobte Nazigegner und Opfer des Hitlerregimes an die Abwehrfront begeben und den Bestrebungen der immer noch vorhandenen sozialisierungswilligen Mehrheit, sowohl in der CDU wie in der Gesamtbevölkerung, Widerstand leisten konnten. Und doch ist es fraglich, ob ihren Bemühungen ein voller Erfolg beschieden gewesen wäre, hätten nicht gleichzeitig auch andere Faktoren die Verhältnisse in den drei westlichen Besatzungszonen Deutschlands nachhaltig beeinflußt.

7. Am Abend der Demontage oder Wir sind noch einmal davongekommen

»So also sieht Deutschland aus, mehr als zwei Jahre nach der bedingungslosen Kapitulation: Eine in ihrer biologischen Substanz unheilbar verstümmelte Nation mit unvermeidlichem, langfristigem, steilem Bevölkerungsniedergang, mit ungeheurem Vorherrschen der Frauen und Greise, verhängnisvollem Fehlen der jungen, gesunden Männer, von denen die Erneuerung des Volkes, seine geistige Kraft, seine Produktivität, seine moralische Tüchtigkeit abhängt . . .«

So beschrieb im Frühsommer 1947 Gustav Stolper, vor 1933 Herausgeber des *Deutschen Volkswirts*, der dann in die USA emigriert war, seine ersten Eindrücke vom westlichen Deutschland der ersten Nachkriegszeit. Diese Reise hatte er im Auftrag des früheren amerikanischen Präsidenten Herbert Hoover unternommen, der seinerseits vom Weißen Haus mit einer Untersuchung der Ernährungslage in Europa betraut worden war.

Stolper beklagte in seinem Bericht den Untergang der städtischen und industriellen Zivilisation in Deutschland, »dessen Städte fast alle in Trümmern, dessen Fabriken zerschmettert liegen; eine Nation ohne Nahrung und Rohstoffe, ohne funktionierendes Verkehrssystem oder gültige Währung, deren soziales Gefüge durch Massenflucht, Massenwanderung und massenhafte Zwangsansiedlung von Fremdlingen zerrissen ist; eine Nation, deren riesige Staatsschuld annulliert ist, deren Bankguthaben entweder beschlagnahmt oder durch den Währungsverfall entwertet sind, wo Massenenteignung von industriellem und gewerblichem Eigentum als ein Akt politischer Rache angeordnet oder durch ›Abstimmung‹ beschlossen wurde«; wobei er hinsichtlich des letzten Punkts auf Hessen anspielte, dessen Verfassung – wie auch die Bremens – zwingend die Sozialisierung vorschrieb, nachdem die Bevölkerung dies durch Abstimmung entschieden hatte; in den übrigen Ländern der Westzonen wurden Sozialisierungsmaßnahmen nur für zulässig erklärt. Allerdings war die hessische Regierung von der amerikanischen Besatzungsmacht angewiesen worden, alle Enteignungs- und Sozialisierungsmaßnahmen »bis auf weiteres« zu verschieben.

Stolper glaubte offenbar nicht an die Endgültigkeit des Aufschubs, und er sah – wie es in seinem Bericht abschließend heißt – in Deutschland nur noch »ein Land, wo in Hunger und Angst die Hoffnung erstarb und mit ihr der Glaube an all die Ideale, für die wenigstens die Westmächte kämpften und ihre Söhne in Scharen opferten«.

Doch der offenbar über die Lage seines Vaterlands völlig verzweifelte Patriot Gustav Stolper, vor 1933 Reichstagsabgeordneter der Deutschen Demokratischen Partei und wegen seiner jüdischen Abstammung von den Nazis heftig angegriffen, irrte sich in einer ganzen Reihe von Einzelheiten, und mit ihm machten sich viele Fachleute gänzlich falsche Vorstellungen. Diese Irrtümer, die sich als Legenden bis heute erhalten haben, betrafen vor allem den Grad der Zerstörung der westdeutschen Wirtschaft, besonders der Industrie, durch Kriegseinwirkung, vor allem Bombenangriffe der alliierten Luftwaffen, sowie durch die Anfang 1947 noch sehr nachdrücklich betriebenen Demontagen. Aber Stolper bedachte auch nicht die ungeheure Zähigkeit der deutschen Konzernherren, Bankiers und Großgrundbesitzer, die übrigens alle Experten weit unterschätzten, während sie das Ausmaß der Kriegs- und Nachkriegsschäden viel zu hoch veranschlagten, ganz zu schweigen von der geradezu grotesken Verkennung der Tatsache, daß zwar die breite Masse der Lohn- und Gehaltsempfänger durch die völlige Geldentwertung verarmt war, dies aber keineswegs auf die Kapitalisten zutraf.

Zwar hatten sich die Siegermächte bereits in Potsdam darauf geeinigt, in Deutschland eine sozialrevolutionäre Umgestaltung vorzunehmen und die sogenannten »vier Ds« – Demilitarisierung, Denazifizierung, Dezentralisierung und Desindustrialisierung – rigoros durchzuführen. Aber in der Praxis verfuhren sie höchst unterschiedlich: Die Sowjets setzten in ihrer Besatzungszone tatsächlich eine soziale Revolution durch; in den westlichen Zonen blieb es im wesentlichen bei Absichtserklärungen und zaghaften Ansätzen, was die grundlegende Veränderung der gesellschaftlichen Verhältnisse, die Zerschlagung der Konzernmacht, die Beseitigung der kapitalistischen Ordnung und die Aufteilung des Großgrundbesitzes betraf.

In Potsdam hatten die Siegermächte im Sommer 1945 auch beschlossen, die deutsche Wirtschaftskraft zu vermindern und alles zu demontieren, was die Deutschen für eine stark reduzierte »Friedensindustrie« nicht benötigen würden. Am 26. März 1946 war gemäß den Potsdamer Vereinbarungen ein »Industrieplan« verkündet worden. Dessen Ziel sollte es sein, »das deutsche Kriegspotential zu vernichten, Reparationen an die durch die deutsche Aggression geschädigten Länder weiterzuleiten, in Deutschland die Landwirtschaft und die Friedensindustrie zu entwickeln und einen Lebensstandard aufrechtzuerhalten, der den durchschnittlichen Lebensstandard der europäischen Länder – ausgenommen Großbritannien und die Sowjetunion – nicht übersteigt«.

Nach diesem Industrieplan beseitigt werden sollten: der gesamte Produktionsapparat für synthetisches Benzin, synthetische Öle, synthetisches Gummi und Ammoniak, für Kugel-, Rollen- und Kegellager, überschwere Werkzeug- und Zugmaschinen, für Rohaluminium, Magnesium, Beryllium, Vanadium aus Thomasschlacke, ferner für alle radioaktiven Stoffe, spezifische Kriegsgase und -chemikalien, über 50prozentiges Wasserstoffsuperoxyd sowie für Funk- und Radar-Ausrüstung.

Der deutschen Chemie-Industrie sollten 40 Prozent der Produktionskapazität des Jahres 1936 belassen werden, der Werkzeugmaschinenindustrie 11 Prozent, der Herstellung schwerer Maschinen 31 Prozent, dem sonstigen Maschinenbau 50 Prozent, ebenso dem Elektromaschinenbau.

Die deutsche Rohstahlerzeugung sollte auf jährlich 5,8 Millionen Tonnen gedrosselt werden; die Stahlwerke, die die Siegermächte den Deutschen zu belassen gedachten, sollten nach Möglichkeit »veralteten Typs« sein. Keiner Beschränkung unterlag hingegen die Herstellung von Baumaterial, Fensterglas, Möbeln, Haushaltswaren und Fahrrädern. Dem »Industrieplan« zufolge sollte das Gesamtresultat eine Verminderung der deutschen industriellen Kapazität auf höchstens 55 Prozent des Vorkriegsstands sein.

»Der Industrieplan bedeutete in jeder Zone etwas anderes«, hat der Historiker Michael Freund dazu bemerkt. »Die Militärbefehlshaber wandten ihn verschieden an, je nach der Weltansicht der politischen Ordnung, der sie dienten. Er wurde nicht auf ein wirtschaftlich geeintes Deutschland ausgerichtet« – wie es die Potsdamer Beschlüsse ursprünglich vorgesehen hatten –, »und auch nie in einem gesamten Deutschland durchgeführt. Er war nicht anwendbar, und die Produktionsbeschränkungen fielen denn auch nach und nach. Aber die Demontage, das Abmontieren und Zerstören, lief merkwürdig lang weiter. Bis ins Jahr 1949 waren Arbeitskommandos am Werk, die abbauten, Mauern einrissen, Betonwände sprengten, Werkhallen auseinandernahmen, unermüdlich und zuverlässig mit Terminkalender und Arbeitsplan.«

Tatsächlich war zur Erfüllung dieses »Industrieplans« ursprünglich die Demontage von insgesamt 1636 Betrieben und Teilbetrieben im Bereich der Stahl- und Chemie-Industrie sowie des Maschinenbaus vorgesehen. Im Herbst 1947 wurden die Demontagelisten für die britisch-amerikanische »Bizone« jedoch drastisch reduziert, nämlich auf 496 »Rüstungs-« oder »überflüssige« Betriebe in der britischen und 186 in der amerikanischen Besatzungszone, mit weiteren 236 Demontage-Projekten in der französischen Zone also insgesamt nur noch 918 Vorhaben. Mit dieser Revision der Demontagepläne wurde eine Industriekapazität der drei Westzonen angestrebt, die etwa der der Jahre 1935/36 entsprach. Das war eine wesentliche Verbesserung der industriellen Zukunftsaussichten Westdeutschlands, und zugleich verstärkte sich auch der amerikanische Druck auf die britischen und französischen Besatzungsbehörden, die Demontagen möglichst rasch zu beenden.

Den Forderungen der USA nach baldiger Einstellung des Abbaus deutscher Industrieanlagen widersetzten sich am zähesten die britischen Demontage-Fachleute. Von diesen standen einige in sehr engen Beziehungen zu englischen Fabrikanten und wollten noch die einmalige Gelegenheit wahrnehmen, deren deutsche Konkurrenz auf den Weltmärkten durch Wegnahme der Produktionsanlagen lahmzulegen. Aber auch das waren im Grunde nur noch Nachhutgefechte. Ende 1949 hörten die Demontagen im Westen Deutschlands praktisch auf, auch wenn sie offiziell erst im Mai 1952 für beendet erklärt wurden.

Alles in allem kam die Industrie der drei Westzonen, wie wir sehen werden, noch recht glimpflich davon, ganz im Gegensatz zu der in Berlin und in der sowjetisch besetzten Zone. Dort wurden schon im Sommer 1945 nicht nur Rüstungsbetriebe, sondern auch alle sonstigen Industrieanlagen zur Demontage vorgesehen, und ihr Abtransport begann unverzüglich.

Die Amerikaner – und auf deren Druck hin auch die Briten und Franzosen – hatten der Sowjetunion, deren Industrie während des Kriegs von den Deutschen am meisten zerstört und am gründlichsten ausgeplündert worden war, vollständige Wiedergutmachung zugesagt; sie sollten ihrem Besatzungsgebiet – so hieß es in der Vereinbarung wörtlich – »alles entnehmen, was für den Wiederaufbau der Sowjetunion nützlich sein« konnte. Außerdem stand der sowjetischen Besatzungsmacht auch ein Teil der in den Westzonen zu demontierenden Industrieanlagen vertragsgemäß zu.

So hatte die Sowjetunion tatsächlich einen Anspruch auf den Löwenanteil, wenn dieser praktisch realisierbar gewesen wäre, aber das war er nicht. Gewiß, in ihrer Zone machte die sowjetische Besatzungsmacht weitestgehenden Gebrauch von der ausdrücklichen Erlaubnis, »alles zu entnehmen, was . . . nützlich sein« konnte, und auch eine stattliche Reihe von Betriebsanlagen, die man im Westen demontiert hatte, wurden in die Sowjetunion abtransportiert. Außerdem kam es in der sowjetischen Zone sogar zu Mehrfach-Demontagen einiger von den Belegschaften mit großen Anstrengungen wiederhergestellter Betriebsanlagen.

Aber es gab eine ganze Reihe von Faktoren, die die gesamte Demontagepolitik der Siegermächte zu einer Milchmädchenrechnung machten. Zunächst war ihr eigener, direkter Nutzen äußerst gering; nur ein sehr bescheidener Prozentsatz der demontierten Maschinen konnte im Empfängerland eine vernünftige Verwendung finden. Abbruch- und Transportschäden, fehlende Ersatzteile und unsachgemäße Bedienung durch ungeübtes Personal sorgten für enorme Ausfälle. Sodann konnte auch das zweite Hauptziel, eine starke und nachhaltige Verminderung der deutschen Industriekapazitäten, nicht erreicht werden. Nur in der – ohnehin weit geringer als der Westen industrialisierten – sowjetischen Besatzungszone führten die Demontagen zu erheblichen Kapazitätsverlusten, und zwar in stärkerem Maße als ursprünglich beabsichtigt, wodurch die Startbedingungen der mitteldeutschen Industrie enorm verschlechtert wurden. Am schwersten unter den Demontagen zu leiden aber hatte die bereits durch Kriegszerstörungen stark mitgenommene Industrie der ehemaligen Reichshauptstadt; vor allem die Berliner Westsektoren, die vor ihrer Räumung durch die Rote Armee eine Demontage-Aktion größten Ausmaßes über sich ergehen lassen mußten, waren 1949 wirtschaftlich ruiniert.

Dagegen wirkten sich die Demontagen in den drei Westzonen nur in verblüffend geringem Maße aus. Das laute Jammern der Unternehmer und die energischen Proteste der vom Verlust ihrer Arbeitsplätze bedrohten Belegschaften hatten den Eindruck erweckt, als ginge es bei den Demontagen um Sein oder Nichtsein der westdeutschen Industrie, von der die Kriegszerstörungen ohnehin nur noch kümmerliche Reste übriggelassen zu haben schienen. Doch als man im Westen 1951 Bilanz zog – und zwar mit der Absicht, die katastrophalen Folgen der Demontagen aufzuzeigen –, da ergab sich ein überraschendes, von niemandem erwartetes Bild: Die sowjetische Besatzungszone hatte 45 Prozent ihrer industriellen Kapazität des Jahres 1936 verloren, und zwar fast ausschließlich durch Demontagen, Ostberlin sogar

48 Prozent, davon fast die Hälfte durch Kriegszerstörungen. In Westberlin machten die Demontageverluste 53 Prozent, die Kriegsschäden 24 Prozent, zusammen also 77 Prozent aus. Aber in den drei westlichen Besatzungszonen, die 1951 bereits die Bundesrepublik Deutschland bildeten, waren von der Industriekapazität des Jahres 1936 durch Kriegseinwirkungen nur 8,1 Prozent, durch Demontagen 7,3 Prozent verlorengegangen, zusammen also lediglich 15,4 Prozent!

Diese Zahlen hatte der Industrielle Gustav Wilhelm Harmssen, seit 1945 als Mitglied der FDP Senator für Wirtschaftsforschung und Außenhandel in Bremen und Vorsitzender des Wirtschaftsausschusses im Bundesrat, im Auftrag des Bundes und der Bundesländer ermittelt und unter dem Titel *Am Abend der Demontage. Sechs Jahre Reparationspolitik* 1951 veröffentlicht.

»Wenn man die Zahlen des Harmssen-Berichts überfliegt«, bemerkte dazu der Wirtschaftschronist Kurt Pritzkoleit, »ist man überrascht, die Kriegsschäden der westdeutschen Industrie so gering zu finden, und um so betroffener, als der Autor die Zerstörungen so hoch wie möglich eingeschätzt haben wird. Könnte man abziehen, was an subjektivem Dafürhalten des Schätzers und seiner Berater, insbesondere der betroffenen Unternehmer, in den Zahlen enthalten ist, so würden diese sicherlich noch geringer ausfallen als die veröffentlichten Zahlen.«

Pritzkoleit stellte dann einige Überlegungen an, inwieweit die Zugrundelegung der Kapazität des »relativ ruhigen Friedensjahres« 1936 vielleicht zu einer Fehleinschätzung geführt haben könnte, doch er kam zu dem Ergebnis, daß Senator Harmssen wohlberaten war, 1936 als Basisjahr seiner Vergleiche zu wählen, ja daß sich die Kriegs- und Demontageverluste der westdeutschen Industrie sogar noch um einiges verringern würden, hätte Harmssen die gestiegene Produktivität mitberücksichtigt. »Dergleichen Unwägbarkeiten lassen sich freilich in eine Kapazitätsstatistik, die nur Maschinenzahlen miteinander vergleicht, nicht einrechnen«, lautet sein Fazit. »Dem Bild, das sie entwirft, fehlen die scharfen Konturen der Realität. Aber es läßt erkennen, daß die industrielle Kapazität Westdeutschlands im Kern über den

Krieg hinweggerettet werden konnte« – was gewiß niemand erwartet hatte.

Nachdenklich fügte Pritzkoleit hinzu: »Behaupten konnte sich ferner die wirtschaftliche Struktur Westdeutschlands ... Die Nationalsozialisten hatten die großen Konzerne unangetastet gelassen; sie hatten sie sogar an das Regime zu attachieren gesucht. Kurzum, die Konzerne waren geblieben, nicht nur jene der Schwerindustrie, der chemischen und Elektroindustrie, der Textil- und der Genußmittelindustrie, für deren Daseinsberechtigung (nach Erich Welter) der Umstand sprach, ›daß in den einzelnen Konzernwerken ohne Bedenken eine sehr weite Spezialisierung vorgenommen werden konnte, die der Wirtschaftlichkeit des Gesamtunternehmens und der Volkswirtschaft zugute kam‹, sondern auch die Kaufhauskonzerne, die Konzerne der Verkehrswirtschaft, des Bank- und Versicherungswesens, zu deren Gunsten keine solchen Argumente vorgebracht werden konnten ...« So stellte sich, Pritzkoleit zufolge, im »Dritten Reich« eine Übereinstimmung »zwischen Wirtschaft und Staat, Konzernen und Parteiführung her, die in der Liste der Wehrwirtschaftsführer beredten Ausdruck fand: ein Verhältnis auf Zeit, in das die Konzernherren keinerlei Herzlichkeit oder Demut, keinerlei Willen zur Unterwerfung oder zur Hinnahme einer unerbetenen Teilhaberschaft einbrachten, das vielmehr vom reinsten Zweckmäßigkeitsdenken bestimmt und locker genug war, ihr egozentrisch-individualistisches Macht- und Gewinnstreben zuzulassen, soweit es die Zeitumstände erlaubten. So überlebten die wirtschaftlichen Machtgruppen [Westdeutschlands] die Wochen, in denen das ›Dritte Reich‹ zerbrach und seine Idole die magische Kraft verloren, die die Millionenzahl ihrer Anhänger und Anbeter zu großen Siegen und in unerhörte Niederlagen mitgerissen hatte. Sie blieben unbezwungen, obwohl sie schwere Verluste im Osten gehabt und mancherlei Grund hatten, die Zukunft zu fürchten.«

Was die Konzernherren, Bankiers, Großaktionäre und Großgrundbesitzer Westdeutschlands am meisten beunruhigte, war die soziale Revolution, die in der sowjetisch besetzten Zone

Deutschlands und in der wiedererrichteten, an Bayern grenzenden Tschechoslowakei schon voll im Gange war und in den Westzonen lauthals gefordert wurde, und dies nicht nur von den Kommunisten und den – ansonsten entschieden antikommunistischen – Sozialdemokraten, sondern auch von der Mehrheit der Anhänger des Zentrums und der CDU. Hinzu kam die erzwungene Passivität der schwer kompromittierten Unternehmerseite, die nur durch einige wenige Vertrauensmänner wie Robert Pferdmenges, Dr. Günter Henle und deren einflußreiche Freunde der drohenden Sozialisierung entgegenwirken konnte. Dagegen wurden viele Belegschaften größerer und kleinerer Industriebetriebe, trotz Hunger und Kälte, nun allmählich wieder aktiv. Unter heute unvorstellbaren Entbehrungen setzten sie, selbständig handelnd, die Betriebe wieder in Gang, begannen mit der Umstellung der Produktion auf Friedensbedarf und setzten sich energisch gegen die Demontagen zur Wehr. Dabei entwickelten sie ein neues Selbstbewußtsein, das von der Unternehmerseite mit Sorge beobachtet wurde. Auch die neue Einheitsgewerkschaft der Arbeitnehmer, in der die in der Weimarer Republik sich gegenseitig befehdenden Sozialdemokraten, Kommunisten und christlichen Gewerkschafter nun zusammenarbeiteten und sich nicht mehr, wie früher, gegeneinander ausspielen ließen, beunruhigte die Unternehmer; sie mußten befürchten, daß sich mit solcher Rückenstärkung die Linken in der CDU/CSU durchsetzen und die konservativen Kräfte in der Union verdrängen könnten.

Doch die Ängste der westdeutschen Kapitalisten waren zu deren Glück auch die Sorgen ihrer Kollegen in den Ländern des Westens, zumal in den USA. Dort war das widernatürliche Bündnis zwischen den USA und Großbritannien auf der einen und der kommunistischen Sowjetunion auf der anderen Seite von Anfang an mit Skepsis betrachtet worden; es konnte nur eine Allianz auf Zeit sein, erzwungen von der Notwendigkeit, der Nazi-Barbarei den Garaus zu machen. Von dem Tag an, da der Sieg in Europa sicher war, mußten die Gegensätze zwischen kapitalistischem und sozialistischem Lager wieder aufbrechen.

So jedenfalls sahen es die Herren der großen Konzerne in der westlichen Welt wie auch ihre Vertrauensleute in den Ministerien und in der Führung der Streitkräfte. Noch während sich amerikanische und sowjetische Fronttruppen bei Torgau an der Elbe jubelnd vereinten, trafen ihre Oberkommandos bereits allerlei Maßnahmen, die durchaus nicht zur bisherigen Waffenbrüderschaft paßten. So übernahmen beispielsweise im eroberten Flensburg amerikanische Geheimdienst-Offiziere die – von ihren sowjetischen Kollegen eifrig gesuchten und um ein Haar gefundenen – Stahlkoffer mit einem Teil der wichtigsten Aufzeichnungen der deutschen Generalstabsabteilung »Fremde Heere Ost«, der Leitstelle der Wehrmachtspionage gegen die Sowjetunion. Wenig später konnten die amerikanischen Geheimagenten auch das gesamte übrige Material von »Fremde Heere Ost« aufspüren, dazu den Chef dieser Spionageabteilung, Generalmajor Reinhard Gehlen, und dessen engste Mitarbeiter.

Gehlen und einige seiner Offiziere hatten sich im April 1945 auf der sehr einsam gelegenen Elendsalm, nahe dem Forstweg zwischen Spitzingsee und Valepp in den oberbayerischen Bergen, in Wartestellung begeben und ließen sich dort einen Monat später von den Amerikanern gefangennehmen. Es dauerte dann noch einige Wochen, bis der US-Geheimdienst seine anfänglichen Skrupel überwunden hatte. Aber schon im Sommer 1945 ließ er die Abteilung »Fremde Heere Ost« von einem Schloß im Taunus aus ihre Arbeit in aller Heimlichkeit wiederaufnehmen, zunächst ohne Wissen des Oberbefehlshabers General Eisenhower und des Weißen Hauses.

Zehn Jahre lang, bis zu ihrer Übernahme durch die Bundesrepublik Deutschland, leistete die antisowjetische Spionage-»Organisation Gehlen« unter ihrem alten Chef den Amerikanern wertvolle Dienste. 1956 wurde sie unter der neuen Bezeichnung »Bundesnachrichtendienst« (BND) dem damaligen Bundeskanzler Adenauer direkt unterstellt; BND-Präsident blieb bis zu seiner Pensionierung im März 1968 der Generalmajor a.D. Reinhard Gehlen.

Doch von solchem heimlichen Zusammenspiel einer Siegermacht mit der Spionage-Organisation der Besiegten gegen die eigenen Verbündeten bis zur offenen Feindseligkeit war noch ein weiter Weg. Immerhin: Bereits am 12. März 1947, nur zwanzig Monate nach dem gemeinsamen Sieg über Nazi-Deutschland, verkündete der amerikanische Präsident Harry S. Truman, Roosevelts Vizepräsident im letzten Kriegsjahr und seit dessen Tod am 12. April 1945 sein Nachfolger, vor beiden Häusern des Kongresses eine neue Außenpolitik der Vereinigten Staaten. Sie wendete sich gegen den zunehmenden Druck der Sowjetunion und das Vordringen des Kommunismus in Ost- und Südosteuropa sowie in Asien. Künftig, so besagte die neue, auf heftiges Drängen der amerikanischen Konzerne hin vom Präsidenten verkündete Doktrin, werde er jede weitere Machtausdehnung des Kommunismus als direkte Bedrohung Amerikas ansehen.

Die »Truman-Doktrin«, wie sie dann genannt wurde, sollte ursprünglich nur den antikommunistischen und antisowjetischen Widerstand in Griechenland und der Türkei stärken und eine 400-Millionen-Dollar-Hilfe an diese Länder begründen. Doch ihre Verkündung stellte eine Wende in der offiziellen Politik der USA und den Auftakt zum Kalten Krieg dar.

Der Peitschenknall der »Truman-Doktrin« wurde begleitet von kräftigen Lockungen mit dem Zuckerbrot des sogenannten »Marshall-Plans«. George C. Marshall, Trumans neuer Außenminister, forderte am 5. Juni 1947 die sofortige Durchführung eines wirtschaftlichen Hilfsprogramms, das den vom Krieg verwüsteten europäischen Ländern den Wiederaufbau ihrer Produktionskapazitäten erleichtern und sie beschleunigt in die Lage versetzen sollte, sich selbst zu helfen. Darüber hinaus bezweckte die »Marshall-Hilfe« eine wesentliche Stärkung des amerikanischen Einflusses in den Empfängerländern, die Aufrechterhaltung bürgerlicher Demokratien mit kapitalistischem Wirtschaftssystem und die Abkehr von allen Sozialisierungs- und Bodenreform-Plänen.

In Westdeutschland kamen die Verkündung der »Truman-Doktrin« und des »Marshall-Plans« gerade noch zur rechten

Zeit, die unter dem Eindruck des Elendswinters 1946/47 von einer breiten Mehrheit der Bevölkerung erhobenen Forderungen nach grundlegenden gesellschaftlichen Reformen zu dämpfen und die beginnende soziale Umwälzung zu stoppen. In Nordrhein-Westfalen, Bayern und Schleswig-Holstein hatten die Landtage bereits Gesetze über die Aufteilung aller Güter über 100 Hektar Nutzfläche angenommen; in Hessen war der Volksentscheid vom Dezember 1946 über die Sozialisierung der Schlüsselindustrien und die staatliche Kontrolle der Großbanken und Versicherungskonzerne mit über 70 Prozent Zustimmung zu einem sensationellen Erfolg der Linken geworden. In allen Industriezentren, vor allem im Ruhrgebiet, war es im Frühjahr 1947 zu ausgedehnten Streiks und Massendemonstrationen gekommen, die sich einesteils gegen die Hungerrationen und die Demontagepolitik richteten, andernteils die »Enteignung der Grubenbesitzer«, die »Verstaatlichung der Grundstoffindustrie« und die »Durchführung einer demokratischen Bodenreform« forderten. Und im Düsseldorfer Landtag brachte die SPD im Februar 1947 einen Antrag auf Verstaatlichung des nordrhein-westfälischen Kohlenbergbaus ein, der nach langen Debatten mit den Stimmen der SPD, KPD und des Zentrums, bei Stimmenthaltung der CDU, nur gegen die Stimmen der FDP angenommen wurde. Die Durchführung dieses Gesetzes wurde jedoch, wie zuvor in Hessen durch die Amerikaner, auch in Nordrhein-Westfalen durch die Besatzungsmacht verhindert. Der britische Generalmajor W. H. A. Bishop teilte dem Düsseldorfer Landtagspräsidium mit, die Besatzungsmacht erkenne »durchaus an, daß starke Strömungen in Nordrhein-Westfalen zugunsten der Sozialisierung der Kohlenindustrie vorhanden sind und daß es notwendig ist, die Regelung der Eigentumsfrage so schnell wie irgend möglich herbeizuführen«. Indessen sei es, so hieß es weiter in dem Schreiben des Generals, »der Militärregierung nicht möglich, die Vollmacht zur Verkündung der Verordnung zu erteilen«; die Kohlenzechen des Ruhrgebiets hätten weit über Nordrhein-Westfalen und die britische Zone hinaus eine so große Bedeutung, daß erst eine zukünftige deutsche Regierung die Eigentumsverhältnisse im nationalen Gesamtinteresse regeln könne.

Das war eine sanfte Umschreibung der eingeschränkten Handlungsfreiheit der regionalen britischen Militärbehörden wie auch ihrer Labour-Regierung in London, die sich den USA gegenüber verpflichtet hatte, keine wesentlichen Veränderungen in den gesellschaftlichen Verhältnissen des westdeutschen Besatzungsgebiets mehr zuzulassen.

Ein hörbares Aufatmen ging durch die Reihen der deutschen Unternehmer, und die bereits erkennbare Absicht der Westmächte, aus ihrem Herrschaftsbereich in Deutschland ein einheitliches, von der sowjetischen Zone streng getrenntes Wirtschaftsgebiet zu schaffen, wo sozialistische Experimente nicht geduldet werden würden, verstärkte noch die Erleichterung der Konzernherren, Großaktionäre und Latifundienbesitzer. Zum erstenmal seit der Kapitulation des »Dritten Reichs« kam bei den Repräsentanten der alten Führungsschicht wieder Optimismus auf, und dieser wuchs mit den gleichfalls zunehmenden Spannungen zwischen den Westmächten und der Sowjetunion. So war beispielsweise die Wahl des Sozialdemokraten Ernst Reuter durch die Stadtverordnetenversammlung zum Oberbürgermeister von Berlin im Juli 1947 von der sowjetischen Kommandantur nicht genehmigt worden; die westlichen Besatzungsmächte hatten ihrerseits zahlreiche, von ihnen selbst eingesetzte kommunistische Bürgermeister, Beigeordnete, Dezernenten und selbst Staatssekretäre und Minister aus politischen Gründen entlassen.

In den westlichen Besatzungszonen wurden die – ursprünglich besonders von den Briten so eifrig betriebenen – Pläne zur Zerschlagung der deutschen Konzerne, zur Entflechtung der Montanindustrie, zur Dezentralisierung der Großbanken und zur Aufteilung des Großgrundbesitzes nur noch halbherzig und bald gar nicht mehr verfolgt. Die sich verstärkenden Forderungen der Sowjets, die Siegermächte sollten sich endlich zu einer gemeinsamen Politik für das ganze besetzte Deutschland bequemen, wurden von den westlichen Regierungen kaum noch zur Kenntnis genommen; die USA waren entschlossen, einen westdeutschen Bundesstaat zu schaffen, der ein bürgerlich-demokratisches und kapitalistisches Bollwerk gegen den Kommunismus bilden sollte. Die Franzosen waren ohnehin stets dagegen gewesen, einen neuen deutschen Staat entstehen zu lassen, der größer als die drei Westzonen wäre, und die Briten, die eine Wiedervereinigung Deutschlands ursprünglich befürwortet hatten, waren von den Amerikanern zu einer besseren Einsicht bekehrt worden. Entschieden gegen einen westdeutschen Teilstaat waren die Sozialdemokraten unter Führung Kurt Schumachers, zunächst auch der linke Flügel der CDU und besonders die Union in der Ostzone unter Führung Jakob Kaisers, sowie die Kommunisten; ebenso entschlossen dafür waren die westdeutschen Konservativen, der katholische Klerus, die Unternehmer, Bankiers und Großgrundbesitzer, an ihrer Spitze Konrad Adenauer.

Im Spätherbst 1947 begann eine von der Sowjetunion kräftig geförderte Offensive der Sozialistischen Einheitspartei (SED) gegen die Absichten der Westmächte, einen westdeutschen Bundesstaat zu schaffen. Unter Beteiligung von prominenten Sozialdemokraten und CDU-Führern sollte eine Volksbewegung die sofortige Aufhebung der Zonengrenzen, die Wiederherstellung der wirtschaftlichen Einheit Deutschlands, die Schaffung deutscher Zentralverwaltungen, eine wirksame Bekämpfung des Hungers und der Arbeitslosigkeit sowie einen baldigen gerechten Friedensvertrag durchsetzen.

Ein »Deutscher Volkskongreß« wurde nach Ost-Berlin einberufen, doch eine breite, nach Westdeutschland übergreifende Bewegung kam nicht zustande, weil sowohl die SPD-Führung in Hannover wie die maßgebenden Männer der CDU in der sowjetischen Zone sich den Führungsansprüchen der SED widersetzten. Jakob Kaiser, Ernst Lemmer und Walther Schreiber wurden daraufhin von den Sowjets aus ihren CDU-Parteiämtern entlassen und setzten sich nach Westberlin ab; einzelne Sozialdemokraten, die sich der »Volkskongreß«-Bewegung angeschlossen hatten, wurden von der SPD-Parteizentrale in Hannover eilig zurückgepfiffen.

Zur gleichen Zeit fielen in London, wo die Außenminister der drei Westmächte mit dem der Sowjetunion ohne Resultat über die Lösung der Deutschlandfrage beraten hatten, endgültig die Würfel. Die Westmächte entschieden sich für die Schaffung eines selbständigen deutschen Staats auf dem Gebiet ihrer Besatzungszonen. Die deutschen Länderregierungen sollten – so besagte ihr Londoner Schlußkommuniqué – »die Vollmacht erhalten, eine vom Volk gewählte verfassunggebende Versammlung einzuberufen.« Damit zeichnete sich auch schon ab, daß es ein föderalistisch organisierter Staat werden würde.

Auch die künftige Gesellschaftsform der aus den Ländern der amerikanischen, britischen und französischen Besatzungszone zu gründenden Bundesrepublik war bereits weitgehend festgelegt. Nach den Vorstellungen der westlichen Siegermächte sollte eine bürgerliche Demokratie entstehen, die die Rechte und Freiheiten des Individuums garantierte, und da der neue Staat zwischen Nordsee und Alpen, Eifel und Harz wirtschaftlich eng mit Frankreich, den Benelux-Ländern und Großbritannien sowie, nicht zuletzt durch den Marshall-Plan, auch mit den USA verbunden sein würde, mußten auch die unternehmerische Freiheit und das Privateigentum an Produktionsmitteln, Bodenschätzen und Immobilien gegen alle gemeinwirtschaftlichen oder gar sozialistischen Eingriffe gesichert sein.

Kurz, die westdeutsche Bundesrepublik sollte ein kapitalistischer Staat, etwa nach dem Vorbild Belgiens, werden. »Aber wenn auch der neue deutsche Staat auf Befehl der Siegermächte ins Leben trat«, hat der bürgerlich-konservative Historiker Michael Freund dazu bemerkt, »wenn auch die Grundzüge dieses deutschen Staates befohlen waren, die Staatsform widersprach den deutschen Interessen nicht. Die Deutschen hätten sie sich wahrscheinlich auch in voller Freiheit gewählt« – eine sehr kühne Behauptung, wenn man bedenkt, daß die gesamte westdeutsche Linke samt dem Zentrum die Sozialisierung zumindest der Schlüsselindustrien, die Aufteilung des übergroßen Grundbesitzes sowie die Abkehr von Kapitalismus und freiem Unternehmertum für unabdingbar hielt; daß sich die »Sozialisierungsparteien« mit diesen Forderungen überall dort, wo darüber abgestimmt worden war, klar durchgesetzt und große Mehrheiten erzielt hatten und daß auch das Ahlener Programm der rheinisch-westfälischen CDU erst ein paar Monate alt und bei den meisten Anhängern der Christdemokraten noch keineswegs bereits in Vergessenheit geraten war.

Konrad Adenauer und seine engsten Berater sowie die übrigen Vertrauensleute der westdeutschen Konzerne, Banken und Großgrundbesitzer waren sich über die Anfang 1948 in den drei westlichen Besatzungszonen herrschenden Mehrheitsverhältnisse durchaus im klaren. Aber sie waren dennoch zuversichtlich, daß sie der Bevölkerung den ungeschmälerten Fortbestand des Kapitalismus würden – im ursprünglichen Sinn des Wortes – *schmackhaft* machen können. Obwohl sie sich sonst nicht auf Bertolt Brecht zu berufen pflegten, erinnerten sie ihre amerikanischen Gesprächspartner zumindest sinngemäß an dessen Weisheit: »Erst kommt das Fressen, dann kommt die Moral!«

8. Geistiger »Leerraum«, Schwarzmarkt und Währungsreform

Um die Jahreswende 1947/48 waren die Menschen in den Städten Westdeutschlands noch immer unterernährt und abgerissen, hatten graue Gesichter, und aus ihren Augen war die Hoffnung gewichen.

In der ersten Nummer der *Frankfurter Hefte* hatte der Schweizer Wilhelm Röpke noch im Frühjahr 1946 verkündet: »Dies ist die weltgeschichtliche Stunde, da die deutsche Frage wirklich und endlich – zur Befriedung Deutschlands und Europas – gelöst werden kann, wenn man die Einsicht und die Energie aufbringt, die kurze Spanne, da alles in Fluß ist, auszunutzen. Was in den kommenden Monaten versäumt werden sollte, wird in Generationen, so fürchten wir, nicht wieder einzubringen sein.«

Genau zwei Jahre später, im Frühjahr 1948, stellte Eugen Kogon in derselben Zeitschrift fest, daß zwar die seinerzeit von Röpke geforderte Energie und Einsicht nicht aufgebracht worden seien, daß man aber das kaum faßbare Glück gehabt habe, noch einmal und wider alles Erwarten etwas mehr Zeit zur Rettung Deutschlands für die Welt zu gewinnen – »zwar nicht eine ganze Stunde, wahrscheinlich hingegen eine ganze Folge von weltgeschichtlichen Minuten«. Doch Kogons Optimismus fehlte die Überzeugungskraft. Er schien wider besseres Wissen auf eine solche Fristverlängerung zu hoffen, denn die geistige Erneuerung, von der so viel die Rede gewesen war, hatte nicht einmal im Ansatz stattgefunden.

»Vergeblich warteten die Überlebenden auf das Wort ihrer Dichter«, schrieb der damalige Chefredakteur des *Kölner Stadt-*

anzeigers, Günter Sawatzki, später im Rückblick auf die Jahre 1945–1949. Mit spürbarer Erbitterung stellte er fest: »Nichts kam aus den vielberufenen ›Schubladen‹ unserer Dichter, die in Deutschland geblieben waren. In der Doppelkatastrophe von Diktatur und Krieg schien ihnen das Wort in der Kehle steckengeblieben zu sein.«

Nur einem, dem aufrechten Nazigegner Wolfgang Borchert, der schwer verwundet und todkrank aus dem Krieg heimgekehrt war, den die Gestapo wiederholt verhaftet hatte, der zum Tode verurteilt und zur »Frontbewährung« begnadigt worden war, gelang es noch kurz vor seinem Tod etwas zu schaffen, worin sich die Zeitgenossen wiedererkannten: den Heimkehrer Beckmann in seinem Drama *Draußen vor der Tür*. Dieses 1946 in acht Tagen geschriebene, alle Regeln der Dramaturgie außer acht lassende Antikriegsstück fand damals außerordentlich starken Widerhall, zumal bei der Jugend.

Borcherts kurze Prosastücke wurden ebenfalls in vielen Zeitschriften gedruckt und lebhaft diskutiert, und auch darin tauchte immer wieder die Frage auf, ob der Schrei oder das Verstummen jetzt dem Dichter das Angemessenere sei: »Hingehen sollen die heroisch verstimmten Dichter und lernen, wie man einen Schuh macht, einen Fisch fängt und ein Dach dichtet, denn ihr ganzes Getu ist Geschwätz . . . Denn wer unter uns, wer denn, ach, wer weiß den Reim auf das Röcheln einer zerschossenen Lunge, einen Reim auf einen Hinrichtungsschrei, wer kennt das Versmaß, das rhythmische, für eine Vergewaltigung, wer weiß ein Versmaß für das Gebell der Maschinengewehre . . .? Für das grandiose Gebrüll der Welt und für ihre höllische Stille fehlen uns die armseligsten Vokabeln. Alles, was wir tun können, ist: addieren, die Summe versammeln, aufzählen, notieren . . . Aber diesen tollkühnen, sinnlosen Mut zu einem Buch müssen wir (dennoch) haben! Wir wollen unsere Not notieren, wir wollen sie in Stein, Tinte und Noten vor uns hinstellen, in unerhörten Farben, in einmaliger Perspektive . . .«

»Aus dem Ausland klangen ähnliche Stimmen düsterer Entschlossenheit. *Der Monat* eröffnete seinen ersten Jahrgang mit

Thomas Wolfe und ließ Eliot und Orwells *Farm der Tiere* folgen. Aufsätze über und Werkstücke von Exupéry, Faulkner, Valéry, Hemingway, Huxley, Sartre und Camus machten die Runde«, heißt es in Sawatzkis Rückblick. »Wer sie nach- oder nebeneinander las, konnte das imaginäre Gespräch nicht überhören, das hier geführt wurde.«

Indessen war das meistdiskutierte Buch der ersten Nachkriegsjahre Hermann Hesses *Glasperlenspiel.* Es erschien – so *Die Sammlung* vom Oktober 1948 – »dieser etwas hilflosen Generation«, die sich in einem geistigen »Leerraum« befand, »weiterhin als eines ihrer heiligen Bücher«. Diese Utopie aus dem 22. Jahrhundert, Hesses in der Schweiz geschriebenen, letzten Roman, ergriffen auch viele Ältere »dankbar als Stütze und Stab in der Weglosigkeit dieser Zeit«.

Der größte Theatererfolg der Nachkriegszeit aber war Carl Zuckmayers 1942 im Exil geschriebenes, 1946 in Zürich uraufgeführtes Drama *Des Teufels General*, dessen etwas fragwürdige politische Aussage – eine indirekte Rechtfertigung der Haltung eines Teils der Generalität angesichts der Naziverbrechen – im Bürgertum viel Beifall fand. Hingegen standen die Westdeutschen dem 1948 aus der Emigration heimgekehrten, nun das Ost-»Berliner Ensemble« als Regisseur zu Welterfolgen führenden Bertolt Brecht noch großenteils skeptisch, mitunter sogar schroff ablehnend gegenüber, da er sich offen zum Kommunismus bekannte; erst Ende der fünfziger Jahre konnten Brechts Stücke auch in Westdeutschland überall aufgeführt werden.

Überhaupt verhinderte der Ost-West-Konflikt, daß in Westdeutschland auch jene Autoren wieder die ihnen gebührende Anerkennung fanden, die sich aus dem Exil in den sowjetisch besetzten Teil Deutschlands begeben und dort ihre Heimat wiedergefunden hatten, beispielsweise Arnold Zweig, Anna Seghers, Friedrich Wolf, Stephan Hermlin, Ludwig Renn oder auch Lion Feuchtwanger, der zwar in den USA geblieben war, aber in Ostdeutschland publizierte. Das galt auch für Heinrich Mann, der kurz vor der geplanten Übersiedlung nach Ostdeutschland verstorben war. Vergeblich versuchte Alfred Kantorowicz mit seiner von 1947 bis 1949 erscheinenden Zeitschrift *Ost und West* – »Die Betonung liegt auf dem *und*«, erklärte er schon in der Einführung zur ersten Ausgabe – die Spaltung des deutschen Geisteslebens zu verhindern. Die Namen der wichtigsten Mitarbeiter seiner Zeitschrift – Ernst Bloch, Bertolt Brecht, Kasimir Edschmid, Axel Eggebrecht, Lion Feuchtwanger, Leonhard Frank, Stephan Hermlin, Ricarda Huch, Peter Huchel, Herbert Ihering, Erich Kästner, Alfred Kerr, Heinar Kipphardt, Egon Erwin Kisch, Walter Kolbenhoff, Karl Krolow, Günter Kunert, Elisabeth Langgässer, Rudolf Leonhard, Friedrich Luft, Heinrich Mann, Thomas Mann, Hans Mayer, Peter de Mendelssohn, Theodor Plievier, Heinz Pol, Arthur Rosenberg, René Schickele, Anna Seghers, Erich Weinert, Günther Weisenborn, Wolfgang Weyrauch, Friedrich Wolf und Arnold Zweig – lassen bereits erkennen, wie sehr Kantorowicz bemüht war, Emigration und Widerstand, Ältere und Jüngere, Christen und Marxisten, vor allem aber Ost und West auf einer gemeinsamen Plattform, dem »realen Humanismus«, wie er ihn nannte, zu vereinen. Nach seinen Vorstellungen sollte Deutschland, »anstatt der Zankapfel zwischen den Mächten zu werden, die friedliche Brücke zwischen ihnen« sein. »Es klingt anmaßend: Deutschland – die Brücke zwischen Weltmächten«, so erläuterte Kantorowicz seine Absicht. »Als ob gerade wir, deren Selbstreinigung nach zwölf Jahren des Absinkens in die Barbarei noch kaum begonnen hat, zu einer weltbedeutenden Mission berufen wären. Doch dürften die, die ihren Beitrag gerade zu dieser Aufgabe darbringen möchten, erklärend und entschuldigend sagen, daß nicht nur, weil wir nun einmal einer der Schnittpunkte der Spannungen geworden sind, sondern aus unserer Existenznot heraus . . . gerade wir Deutschen an diese Aufgabe denken sollten: über Zonengrenzen und Einflußsphären hinweg zu vermitteln.«

Existenznot – das traf um die Jahreswende 1947/48 auf die Lage der allermeisten Deutschen zu. Der durchschnittliche Wochenlohn, knapp 35 RM, entsprach dem Gegenwert von 6–7 amerikanischen Zigaretten, die auf dem schwarzen Markt angeboten wurden. Diese Summe reichte gerade für die Miete, den Bezug der minimalen Mengen von Nahrungsmitteln, die es auf Karten gab, sowie für die Straßenbahn-Wochenkarte. Aber über diese Verwendungsmöglichkeiten hinaus war das Geld beinahe wertlos, und es lohnte sich eigentlich gar nicht, dafür zu arbeiten.

Ein nicht unerheblicher Prozentsatz der Bevölkerung zog daraus die Konsequenz, keiner regulären Arbeit mehr nachzugehen. Die Arbeitslosenstatistik gibt indessen keinen Aufschluß darüber, wie viele Männer und Frauen so dachten und handelten, denn die meisten – schätzungsweise eine Million – ließ sich gar nicht erst als arbeitslos registrieren und verzichtete auf die paar Mark Unterstützung. Damals wurden im späteren Bundesgebiet nur etwa 400000 bis 500000 Arbeitslose gezählt, dagegen 600000 bis 700000 offene Stellen. Man hätte aber höchstens die Hälfte der angebotenen Arbeitsplätze mit Erwerbslosen besetzen können, da die beim Arbeitsamt gemeldeten Stellungsuchenden zum größten Teil aus Kranken bestanden, die zu schwach waren, um als Klein- und Kleinsthändler auf dem Schwarzmarkt täglich mehr zu verdienen als ein Fabrikarbeiter in zwei Wochen.

Denn der Schleichhandel blühte wie nie zuvor. Jeder, der über den staatlich garantierten Mindestbedarf an Nahrung hinaus etwas zu essen, zu trinken oder zu rauchen haben wollte, war auf den grauen oder schwarzen Markt angewiesen. Der graue Markt bedeutete Tausch – in Unternehmerkreisen »Kompensation« genannt –, doch die Masse der Normalverbraucher besaß fast drei Jahre nach Kriegsende längst nichts mehr, das sich gegen Lebensmittel und andere Mangelware hätte eintauschen lassen. Nur Handwerker und Facharbeiter konnten sich durch Schwarzarbeit bei Bauern, Metzgern oder Bäckern gelegentlich ein paar zusätzliche Lebensmittel beschaffen, die sie anstatt Geldlohn forderten und erhielten.

Auf dem schwarzen Markt hatten im Winter 1947/48 die Preise Höhen erreicht, die für die allermeisten Deutschen unerschwinglich waren. Doch wer über sehr viel Bargeld verfügte – und allein in den letzten Kriegswochen waren von den Nazis für etliche Milliarden Reichsmark Banknoten gedruckt worden, von der sowjetischen Besatzungsmacht weitere Milliarden nach Kriegsende! –, der konnte sich jeden Luxus leisten. Das Wohlleben der Kriegsgewinnler und Schieber ließ den allgemeinen Unmut nur noch wachsen.

Am 4. Januar 1948 gab Dr. Johannes Semler, der Direktor des Zweizonen-Wirtschaftsamts, auf einer Tagung seiner Partei, der bayerischen CSU, im fränkischen Erlangen dem allgemeinen Mißbehagen an den herrschenden Zuständen in einer vielbeachteten Rede Ausdruck. Zunächst beschrieb er die Sorgen der Unternehmer Westdeutschlands: In der gesamten Eisen- und Stahlindustrie habe kein einziger Deutscher noch etwas zu sagen, erklärte Dr. Semler voller Empörung. Die Engländer betrieben im Ruhrgebiet die Entflechtung des »organisch gewachsenen«, einzigartigen Verbunds zwischen Kohle und Eisen. Man müsse es den Briten endlich abgewöhnen, drei Jahre nach Kriegsende noch immer die deutsche Wirtschaft auszuplündern und die besiegten Deutschen für die mißlungenen Experimente der Londoner Labour-Regierung büßen zu lassen.

Sodann ging der Direktor für Wirtschaft der »Bizone« mit den Franzosen hart ins Gericht. Sie entnähmen nicht nur Produkte aus ihrer eigenen Besatzungszone, sondern auch über die ungenügend bewachte Zonengrenze hinweg aus dem britisch-amerikanischen Gebiet, ohne dafür Gegenleistungen zu erbringen.

Die deutsche Wirtschaft, so führte Semler weiter aus, sei praktisch noch immer vom Ausland völlig abgeschlossen. Millionen Dollar aus den Exporterlösen des Jahres 1947 seien auf dem Konto der alliierten Außenhandelsorganisation »eingefroren« und unverfügbar, obwohl man diese Devisen dringend brauche.

Dann kam Dr. Semler auf Dinge zu sprechen, die die Masse der Bevölkerung angingen und auch von ihr verstanden wurden: Ohne eine ausreichende Ernährung der Menschen sei ein wirtschaftlicher Aufbau nicht möglich, doch aus der eigenen Erzeugung könne sich das Zweizonen-Wirtschaftsgebiet nicht hinreichend versorgen. Das habe den Alliierten von Anfang an klar sein müssen, doch die USA versuchten sich heute aus der Verantwortung für die Zerreißung Deutschlands herauszuwinden.

Das waren harte Vorwürfe, wie man sie seit 1945 in der deutschen Öffentlichkeit nicht mehr gehört hatte. Aber Dr. Semler ging noch einen Schritt weiter: Die Einfuhren, die jetzt aus Amerika ins Zweizonen-Wirtschaftsgebiet kämen, dürften sich die Deutschen leider nicht selbst bestellen. So habe man ihnen aus USA im wesentlichen Mais und Hühnerfutter geschickt, und die Deutschen müßten dafür auch noch teuer bezahlen, denn geschenkt werde ihnen nichts. Es sei an der Zeit, daß deutsche Politiker darauf verzichteten, sich für diese Art von Ernährung auch noch zu bedanken.

Damit hatte Dr. Semler seinen westdeutschen Landsleuten aus der Seele gesprochen und ein Ärgernis beim Namen genannt, das von der Bevölkerung der »Bizone« deshalb als besonders schmerzlich, ja geradezu als Verhöhnung empfunden wurde, weil ihre Erwartungen bitter enttäuscht worden waren.

Es ging dabei ums tägliche Brot, genauer: um ein erstmals goldgelbes, aus einiger Entfernung verlockend appetitlich wirkendes, jedoch bei näherer Betrachtung wenig angenehm riechendes, zudem feuchtes und so die ohnehin sehr kargen Rationen praktisch noch verkleinerndes, auch durch Rösten kaum zu verbesserndes Brot, das aus amerikanischen Maismehllieferungen stammte.

Die ersten großen Bestellungen der amerikanischen Besatzungsmacht, die bei den Erzeugern und Händlern in den USA viel Verwunderung und helle Freude ausgelöst hatten, beruhten übrigens auf einem Übersetzungsfehler. Auf die Frage der für die Hilfslieferungen zuständigen Besatzungsoffiziere an die deutschen Verwaltungsbeamten, was am dringendsten für die Ernährung der »Bizonen«-Bevölkerung benötigt werde, hatten die Experten prompt und unisono geantwortet: Korn! Uns fehlt Brotgetreide am meisten! Der Dolmetscher hatte »Korn« mit *»corn«* übersetzt, was im Englischen umgangssprachlich tatsächlich »Korn« = »Getreide«, in den meisten Gegenden Englands auch »Weizen« und im schottischen und irischen Regionalgebrauch eher »Hafer« bedeutet, doch auf diese Feinheiten kam es gar nicht an. Die mit dem Hilfsprogramm befaßten Offiziere waren weder Engländer noch Iren oder Schotten, sondern Yankees, und *»corn«* war nun einmal im Amerikanischen ausschließlich »Mais«; richtig und unmißverständlich hätte es *»wheat«*, Weizen, und *»rye«*, Roggen, heißen müssen. Mit seiner Kritik an den Maislieferungen hatte Dr. Semler die Amerikaner an einem sehr empfindlichen Punkt getroffen, zumal sie seine Redewendung »Hühnerfutter« (*chicken feed*) als Bagatellisierung ihrer gesamten Hilfe verstanden. Vorwürfe an die Adresse der Franzosen und Engländer hätten sie hingenommen. (Der US-Militärgouverneur für Deutschland, General Lucius D. Clay, war bekannt dafür, daß er mit den beiden anderen westlichen Besatzungsmächten nicht eben zimperlich umging. Hatten die Amerikaner nicht den durch den Krieg verarmten und hoch verschuldeten Briten die Besatzungskosten für ihre Zone nur unter der Bedingung abgenommen, daß London auf alle Sozialisierungs- und sonstigen antikapitalistischen Pläne für die westdeutsche Wirtschaft vorerst verzichtete? Clays engster Wirtschaftsberater, Robert Moses, hatte gerade erst erklärt: »Die Engländer müssen aufhören, Sozialismus auf unsere Kosten zu spielen!«) Doch so bereit die amerikanische Militärregierung war, Kritik an der britischen und französischen Besatzungspolitik zuzulassen, so wenig duldete sie öffentliche Vorwürfe an die eigene Adresse, zumal nicht auf dem sehr heiklen Gebiet der Ernährung. »Politik in Deutschland ist weitgehend eine Sache des Magens«, hatte Allen Dulles, im Zweiten Weltkrieg Chef des amerikanischen Geheimdienstes in Europa und später an der Spitze der CIA, den für die Besatzungspolitik Verantwortlichen schon im Spätherbst 1946 eingeschärft, und durch die bereits sehr gespannten Beziehungen zwischen den USA und der Sowjetunion, die ihren Einfluß auf ganz Deutschland auszudehnen versuchte, war es für die Amerikaner noch wichtiger geworden, die Westdeutschen für sich zu gewinnen und gegen die zunehmend antiamerikanische Propaganda der ostdeutschen Kommunisten immun zu machen. Semlers »Hühnerfutterrede«, so fand General Clay, war Wasser auf die Mühlen der Sowjets und durfte nicht hingenommen werden.

So wurde Dr. Johannes Semler »mit Wirkung vom 26. Januar 1946, 14.30 Uhr« durch eine gemeinsame Verfügung General Clays und seines britischen Kollegen, General Sir Brian Robertson, seines Amtes enthoben. »Die Erklärungen«, hieß es in der Begründung, »die Sie in dieser Rede im Hinblick auf Bezahlung von Lebensmitteln und Kohle gemacht haben, stimmen mit den Tatsachen nicht überein. In Ihrer offiziellen Stellung als Direktor der Verwaltung für Wirtschaft hätten Ihnen die Tatsachen bekannt sein müssen . . . Der allgemeine Ton Ihrer Kritik ist nicht objektiv, sondern zeigt eine Haltung von böswilliger Opposition gegen die Besatzungsmächte.«

Auch die deutschen Sozialdemokraten erklärten, daß sie mit Dr. Semlers Amtsführung und öffentlichen Äußerungen nicht einverstanden wären. Dr. Schumacher meinte gegenüber der Tageszeitung *Die Welt*, Semler habe als Wirtschaftsdirektor nur im Interesse der Besitzbürgerkreise, die er vertrete, gewirkt. Diese hätten die gegenwärtige Situation verschuldet und zögen daraus auch noch Nutzen. Semlers Entgleisungen seien kein Zeichen von Mut, sondern Äußerungen eines Mannes, der eine zweigleisige Politik betreibe, womit der SPD-Vorsitzende auf Gerüchte anspielte, die besagten, Dr. Josef Müller, der »Ochsensepp«, habe seinen Parteifreund Dr. Semler zu der »Hühnerfutterrede« angestiftet, nachdem der CSU-Chef zuvor mit dem sowjetischen Oberst Tulpanow konferiert und diesem versprochen habe, er werde »eine Enthüllung des Schwindels der amerikanischen Hilfeleistungen und der englischen Katastrophenpolitik« durch eine prominente Persönlichkeit der »Bizone« veranlassen; Tulpanow sollte dafür zugesagt haben, der CDU in der sowjetischen Zone einige Zugeständnisse zu machen – so nachzulesen im Nachrichtenmagazin *Der Spiegel* auf Seite 5 der Ausgabe vom 17. Januar 1948. (Übrigens, nur am Rande sei's vermerkt: 23 Jahre später machte sich die nächste Semler-Generation durch den Sohn Christian des Zweizonen-Wirtschaftsdirektors wiederum sehr unbeliebt, denn dieser begann mit dem Aufbau einer marxistisch-leninistischen Kaderpartei, der KPD/ML, mit der er in schroffen Gegensatz zu allen anderen linken

Gruppen, von SPD bis SED, geriet, ohne sich allerdings dem Verdacht auszusetzen, ein »Handlanger Moskaus« zu sein.)

Ganz anders als die SPD und deren Vorsitzender reagierte Konrad Adenauer, der auf den Inhalt der »Hühnerfutterrede« vorsichtigerweise gar nicht einging, sondern nur feststellte: »Von entscheidender Bedeutung ist, daß der Direktor des Amts für Wirtschaft vom Wirtschaftsrat gewählt worden ist und daß er von den Militärregierungen entlassen wird, ohne daß der Wirtschaftsrat überhaupt gehört wurde. Es ist mit den Zusagen, daß den Deutschen wirtschaftliche Angelegenheiten in eigene Verantwortung übertragen würden, nicht vereinbar, daß Militärregierungen den Direktor ohne weiteres absetzen.«

Der Vorsitzende der CDU in den Westzonen und Anwärter auf die Führung jenes von ihm seit langem herbeigesehnten »Weststaats«, zu dem sich das »Vereinigte Wirtschaftsgebiet« nach den Plänen der Amerikaner noch im Laufe des Jahres auswachsen sollte, hatte an Dr. Semler und dessen Ansichten längst jedes Interesse verloren; ihm ging es nur noch um das Prinzip, und er dachte dabei vermutlich an seine eigene spätere Position gegenüber den Militärgouverneuren, die es im voraus abzusichern galt. Doch zunächst blieb Konrad Adenauer weiter hinter den Kulissen, als die bizonale Verwaltung Anfang Februar 1948 von den Besatzungsmächten neu geordnet wurde.

Das Parlament des Vereinigten Wirtschaftsgebiets wurde nun auf die doppelte Mitgliederzahl verstärkt; zu den 52 Abgeordneten des bisherigen Plenums kamen weitere 52 von den Landtagen der »Bizone« zu bestimmende Mitglieder. Dem so auf doppelte Stärke gebrachten Wirtschaftsrat oblag es, die fünf Direktorenstellen neu zu besetzen und einen Oberdirektor zu wählen, der der höchste deutsche Administrator im britisch-amerikanischen Besatzungsgebiet sein sollte.

Am 2. März wählte der Wirtschaftsrat in Frankfurt am Main – in Anwesenheit von 97 Abgeordneten – mit den nur 40 Stimmen der CDU/CSU, also mit weniger als der absoluten Mehrheit der Anwesenden, Dr. Hermann Pünder (CDU) zum neuen Oberdirektor. Er war bisher – als Nachfolger Konrad Adenauers

– Oberbürgermeister von Köln gewesen, ehedem von 1926 bis 1932 unter den Reichskanzlern Wilhelm Marx, Hermann Müller und Heinrich Brüning Staatssekretär der Reichskanzlei, hatte 1933 als »politisch unzuverlässiger« Zentrumsmann aus dem Staatsdienst ausscheiden müssen und war 1944 verhaftet und in ein Konzentrationslager gebracht worden, woraus ihn erst die Amerikaner befreit hatten. Dr. Pünder gehörte zu den Gründungsmitgliedern der westfälischen CDU und galt als guter, etwas farbloser Verwaltungsfachmann ohne starken Anhang und ohne großen politischen Ehrgeiz.

Die acht Abgeordneten der FDP hatten für einen eigenen Kandidaten gestimmt, die der SPD, der KPD, des Zentrums und der Wirtschaftlichen Aufbau-Vereinigung (WAV) hatten zusammen 48 weiße Stimmzettel abgegeben. Ein sozialdemokratischer Antrag, diese leeren Zettel als Nein-Stimmen zu zählen, wurde mit den 52 Stimmen der CDU/CSU, der FDP und des Zentrums zurückgewiesen. So kam es nicht einmal zu einem zweiten Wahlgang, der eigentlich erforderlich gewesen wäre.

Die Sozialdemokraten hatten schon vorher erklärt, daß sie sich an der Frankfurter Zweizonen-Verwaltung nicht zu beteiligen gedächten und daher auch keine Kandidaten für die Direktorenstellen benennen würden, weil sie keine Möglichkeit sähen, ihre Sozialisierungs- und Bodenreform-Pläne gegen eine bürgerliche Mehrheit durchzusetzen. Außerdem wollte die SPD nicht die Verantwortung dafür übernehmen, daß es durch die Schaffung einer Art Separatregierung für die Westzonen zu einer noch tieferen und womöglich endgültigen Spaltung Deutschlands käme.

Bei der CDU/CSU hatte es einigen Streit innerhalb der Fraktion wegen der Besetzung der Posten des Oberdirektors und des Direktors für Wirtschaft gegeben. Dabei hatte sich Dr. Josef Müller, der Führer der bayerischen CSU, gegen die von Dr. Friedrich Holzapfel geführten rheinisch-westfälischen Christdemokraten durchsetzen können. Adenauer, dessen Frau Gussie im Sterben lag, war nicht nach Frankfurt gekommen, zumal er dieser Vorstufe zur Regierungsbildung für eine erst noch zu gründende westdeutsche Bundesrepublik auch keine große Bedeutung beimaß.

Bei den Wahlen der nunmehr sechs Direktoren stimmte die FDP mit der CDU/CSU; alle übrigen Abgeordneten gaben jeweils zusammen 49 weiße – gegen 49 gültige – Stimmzettel ab. Wiedergewählt wurden Dr. Hans Schlange-Schöningen (CDU) als Direktor für Ernährung, Landwirtschaft und Forsten sowie Hans Schuberth als Direktor für Post und Fernmeldewesen; Verkehrsdirektor wurde Edmund Frohne (CDU), Finanzdirektor Alfred Hartmann (CDU), das neue Rechtsamt übernahm als Direktor der hessische Staatssekretär Dr. Walter Strauß, ebenfalls CDU. Neuer Direktor des Amts für Wirtschaft wurde der parteilose, jedoch den Freien Demokraten damals noch nahestehende Honorarprofessor Dr. Ludwig Erhard. Er galt als sehr unternehmerfreundlicher Theoretiker, Vertrauensmann bayerischer Industriekreise und Verfechter einer freien Marktwirtschaft. Von den Amerikanern war er wiederholt als Sachverständiger herangezogen worden und leitete seit einigen Monaten die »Sonderstelle Geld und Kredit«, die – so damals *Der Spiegel* – »als Ableger der bizonalen Finanzverwaltung unter Ausschluß der Öffentlichkeit die Währungsreform vorbereiten« half. Als bayerischer Wirtschaftsminister hatte er im Dezember 1946 zurücktreten müssen und war von einem »parlamentarischen Ausschuß zur Klärung der Mißstände im Wirtschaftsministerium«, den der bayerische Landtag seinetwegen einsetzte, heftig getadelt worden. Nach zehnmonatiger Arbeit resümierte der Ausschußvorsitzende Dr. Alois Schlögl (CSU), Erhard habe in der bayerischen Wirtschaftsverwaltung ein Chaos hinterlassen, in dem Milliardenwerte von Rüstungs- und Wehrmachtgütern untergegangen seien. Seine organisatorischen Fähigkeiten und sein Verwaltungsgeschick, kurz, seine Eignung zum Minister, seien gleich Null.

Ludwig Erhard, der neue Wirtschaftsdirektor der Frankfurter »Schattenregierung« – wie sie *Der Spiegel* spöttisch nannte –, galt schon wenige Monate später und gilt vielen noch heute als der »Vater der Deutschen Mark« und des nach der Währungsreform allmählich einsetzenden »Wirtschaftswunders«, das aus dem unterernährten, abgerissenen und frierenden westdeutschen Normalverbraucher einen satten und zufriedenen Wohlstandsbürger machte (oder doch gemacht haben soll). Doch das alles ist nur sehr bedingt richtig; zumindest an der ersten Voraussetzung dieser gründlichen Veränderung, der Währungsreform vom Juni 1948, hatte der Wirtschaftsdirektor Dr. Ludwig Erhard – laut *Spiegel*-Bericht vor seiner Wahl »ein rundlich-fülliger ... Freund gepflegter Gastronomie und schwerer Zigarren«, an dem die Notzeiten offenbar spurlos vorübergegangen waren – nur einen sehr geringen Anteil, obgleich er – wovon noch ausführlich die Rede sein wird – viel früher an eine radikale Beseitigung des Geldüberhangs gedacht und auch die sonstige wirtschafts- und finanzpolitische Umstellung Deutschlands von Kriegs- auf Friedensverhältnisse weit eher geplant hatte als alle anderen. Dabei war er – soviel sei hier schon angedeutet – ein sehr seltsames Bündnis eingegangen, das er später als seinen Beitrag zum Widerstand gegen die Nazis deklarierte. Doch von alledem ahnten damals weder die Deutschen noch – mit wenigen Ausnahmen – die Amerikaner etwas.

Jedenfalls wurde Dr. Erhard zu der theoretischen wie praktischen Vorbereitung der Einführung neuen Geldes im Juni 1948 nicht hinzugezogen.

Diese Währungsreform war im wesentlichen das Werk der Amerikaner und ein zum Teil geradezu abenteuerliches Unternehmen.

Schon im Herbst 1946 hatten sich die vier Siegermächte darauf geeinigt, in ganz Deutschland eine gemeinsame neue Währung einzuführen. Aber dann kam es zum Streit zwischen den Alliierten wegen des Druckorts und der damit verbundenen Frage der Kontrolle über die tatsächlichen Mengen gedruckten Geldes. Die Rangelei, hauptsächlich zwischen Amerikanern und Sowjets, zog sich hin bis zum Herbst 1947, als der amerikanische Geheimdienst dem Militärgouverneur General Clay meldete, die sowjetische Seite sei bereits dabei, Banknoten für eine neue deutsche Währung zu drucken; sie plante nur für ihre Besatzungszone eine eigene, vom Westen unabhängige Reform der inflationären Reichsmark.

Daraufhin ließ General Clay schnellstens und unter strengster Geheimhaltung soviel Geldscheine in Amerika drucken und nach Deutschland transportieren, wie ihm und seinen Beratern nötig schien, um gegebenenfalls auch in den drei Westzonen eine separate Währungsreform durchzuführen – insgesamt 915 Tonnen Banknoten, die in Frankfurt am Main in den Kellern der »Bank deutscher Länder«, der Vorläuferin der späteren Bundesbank, eingelagert und militärisch bewacht wurden.

Unterdessen gingen die Verhandlungen im Alliierten Kontrollrat über eine gemeinsame Währungsreform in allen vier Besatzungszonen weiter, doch es kam zu keiner Einigung. Am 20. März 1948 brach die sowjetische Seite die Gespräche als »zwecklos« ab. Die Russen verließen demonstrativ den Alliierten Kontrollrat und lieferten damit den Amerikanern den erwünschten Vorwand, nun eine separate Währungsreform in den drei Westzonen ganz nach ihren eigenen Plänen und Absichten durchzuführen.

Während in den USA eilig weitere Riesenmengen an neuen deutschen Banknoten gedruckt und nach Bremen verschifft wurden, begann in einer Kaserne bei Kassel ein Konklave deutscher Währungsfachleute. Sie waren von der Zweizonenverwaltung in Frankfurt ausgesucht, von den Amerikanern sorgfältig überprüft und dann unter strengster Geheimhaltung und Bewachung zusammengeholt worden, um die für die bevorstehende Währungsreform erforderlichen Gesetze, Verordnungen, Durchführungsbestimmungen, Einzelanweisungen und Merkblätter zu entwerfen.

Die Arbeitsbedingungen dieser Expertengruppe hat Professor Hans Möller, damals noch Privatdozent in Frankfurt am Main und einer der Teilnehmer an den geheimen Beratungen, später so beschrieben: »Der Stacheldrahtverhau mit schwerbewaffneten Wachtposten an der schmalen Pforte, die öden und karg ausgestatteten Kasernenstuben, Gemeinschaftswaschräume und leere Flure sowie der auf wenige Quadratmeter begrenzte Auslauf waren in der Tat eher geeignet, Depressionen zu erwecken, als die Arbeitslust zu fördern.« Doch da die Amerikaner den Deutschen genug zu essen, zu trinken und zu rauchen gaben, kam trotzdem bald – so Professor Möller – »eine äußerst angenehme Atmosphäre« auf, nicht zuletzt durch die Erkenntnis, an einer entscheidend wichtigen, das Leben aller Mitbürger zum Besseren hin verändernden Maßnahme mitzuwirken.

Der eigentliche »Vater der Deutschen Mark«, auch der Erfinder des Namens der neuen Währung und Leiter des streng geheimen Konklaves in der Kasseler Kaserne, war ein erst 26 Jahre alter Amerikaner, Edward A. Tenenbaum, Sonderbeauftragter aus dem Stab des Generals Clay. »Er war« – so beschrieb es Professor Möller – »auf der alliierten Seite derjenige, der alle Probleme der Währungsreform am besten durchdacht hatte. Er wußte auf alles eine Antwort.«

Nach 49 Beratungstagen – in der Zwischenzeit war das neue Geld über das ganze Gebiet der drei westlichen Besatzungszonen verteilt worden, ohne daß ein Unbefugter davon erfahren hatte – stand der Tag X fest: Am 20. Juni 1948, einem Sonntag, sollte jeder Deutsche in den drei Westzonen 40 Reichsmark in 40 Deutsche Mark umtauschen dürfen; zwei Monate später sollte es noch einmal 20 neue für 20 alte Mark geben. Außerdem wurde allen Arbeitgebern ein Geschäftsbetrag von 60 DM je Beschäftigtem zugestanden, gleichfalls umtauschbar im Verhältnis 1:1, wogegen alle Bank- und Sparkassenguthaben im Verhältnis 100:10 (tatsächlich dann aber nur im Verhältnis 100:6,50) abgewertet wurden, ebenso alle Schulden.

Und so geschah es. Am Abend des 20. Juni 1948 schien es, als seien mit einem Schlage alle Westdeutschen gleich arm oder gleich reich geworden, denn jeder hatte nur 40 DM gültiges Bargeld. Später wurde daraus die Legende, durch die Währungsreform habe jeder die gleiche Chance zu einem wirtschaftlichen Neubeginn erhalten. »Wir haben alle mal mit 40 DM angefangen«, heißt es mitunter noch heute. Doch an alledem ist kein wahres Wort. Wie es tatsächlich um die Chancengleichheit stand, zeigen die folgenden Beispiele aus dem Sommer 1948:

Da gab es zunächst eine Bevölkerungsgruppe, an die offenbar niemand gedacht hatte, nicht einmal Mr. Tenenbaum, nämlich diejenigen gar nicht Wenigen, die so arm waren, daß sie keine 40 Reichsmark zur Verfügung hatten, die sie in gutes, neues Geld hätten umtauschen können. Ein Aufruf der Inneren Mission, für diese Vergessenen zu spenden, erbrachte nur einen kleinen Bruchteil der benötigten Summen. Dagegen boten schon am Vortag der seit Freitag, dem 18. Juni, bekanntgegebenen Währungsreform vielerorts die Schwarzmarkt-Könige und deren Beauftragte Prämien für jedes bettelarme alte Mütterchen, jeden hohlwangigen Knappschaftsrentner oder arbeitslosen Kriegsinvaliden, den man ihnen brachte, erst recht für jede völlig mittellose, aber kinderreiche Familie. Sie streckten dann den zum Geldumtausch bis dahin Unfähigen die zur Erlangung der »Kopfquote« benötigten Beträge vor – 40 Reichsmark für jeden Inhaber einer für die am 20. Juni 1948 endende Woche gültigen Lebensmittelkarte, gleich ob Säugling oder Greis, die gegen Einzug der Karte im Verhältnis 1:1 in neues Geld umgetauscht wurden. Aber sie nahmen dann den mit fehlenden Reichsmark ausgestatteten Armen deren »Kopfquoten« zur Hälfte oder gar zu drei Vierteln wieder ab.

Im weiteren Verlauf der Währungsreform schien es zunächst so, als seien die Allerärmsten nun erheblich besser gestellt als zuvor, erhielten sie doch vom 1. Juli 1948 an ihre Kleinstrenten oder Beihilfen in alter Höhe, jedoch fortan in DMark. Aber davon hatten die Rentner und Unterstützungsempfänger kaum Vorteile; die Höhe ihrer Mieten, die Kosten für Strom und Heizung und auch die Preise der auf Marken erhältlichen Lebensmittel blieben ja zunächst gleich. Und als dann plötzlich alles teurer wurde, und zwar aus Gründen, von denen noch die Rede sein wird, da waren die Allerärmsten noch schlechter daran als zuvor.

Was die breite Schicht der Arbeiter, kleinen Angestellten und Beamten betraf, so verlor diese Mehrheit der Bevölkerung alle Ersparnisse bis auf winzige Reste. Wer in den Vorkriegs- und Kriegsjahren hart gearbeitet und allmonatlich etwas auf die hohe

Kante gelegt hatte, wer als Flüchtling oder Vertriebener mit Bargeld als einzigem Vermögen in den Westen gekommen war, bekam nun für je tausend Reichsmark Spargeld ganze 65 DM gutgeschrieben. Das war, besonders für die Älteren, äußerst hart. Mit 40 DM »Kopfgeld«, sehr knappem Einkommen und dem traurigen Wissen, daß alles Ersparte bis auf einen Notgroschen vernichtet worden war, profitierte die breite Unterschicht und der untere Mittelstand sehr wenig von den geradezu sensationellen Veränderungen, die in der Nacht vom 20. zum 21. Juni 1948 vor sich gingen.

Schon in den Abendstunden des vorausgegangenen Freitags, sofort nach der Bekanntmachung der bevorstehenden Währungsreform, hatten die Fabrikanten und Großhändler damit begonnen, ihre ausgelagerten und eingemauerten Warenlager freizulegen. Dann wurde gepackt, adressiert und fakturiert, und in der Nacht zum Montag, dem 21. Juni, rollten die Lastwagen mit den ersten Warensendungen vor die Lieferanteneingänge der Warenhäuser und Ladengeschäfte. Auch die Einzelhändler waren nicht müßig gewesen; jeder hatte seine geheimen Vorräte aus den Verstecken geholt, die Regale gefüllt und die Schaufenster vollgepackt. Und von den landwirtschaftlichen Erzeugern, die seit Jahren ihre besten Produkte nur gegen Sachwerte abgegeben hatten, kamen in dieser Nacht erstmals beträchtliche Mengen Obst und Gemüse, Geflügel und Eier sowie »überschüssige«, das hieß: über das Ablieferungssoll hinaus erzeugte Milchprodukte auf die städtischen Märkte.

»Der Spaziergänger rieb sich am Montag die Augen«, berichtete der Wirtschaftschronist Kurt Pritzkoleit. »Die Lederwarengeschäfte hatten die schönsten Artikel ausgestellt, Koffer, Mappen, Handtaschen, Brieftaschen und Geldbörsen, Dinge, die man zehn Jahre lang nicht gesehen hatte, und alle aus leibhaftigem Leder. In den Schuhgeschäften standen wieder richtige Schuhe, keine Holzsandaletten mehr, sondern Lederschuhe . . .; beim Elektrohändler waren Radiogeräte zu haben, Röhren, die vordem so selten gewesen waren wie der Trunk frischen Wassers in der Wüste, Lampen aller Art und sogar Birnen. Es gab wieder

Obst und Gemüse, Fische und Rollmöpse ... Und dann die Speisekarten der Restaurants! Da gab es, ›ohne‹ [Marken] natürlich und zu gesalzenen Preisen, einen Querschnitt durch den Geflügelhof – Gänse und Enten, obwohl sie nicht zur Jahreszeit paßten, und Hühner in jeglicher Abwandlung –, da kamen wieder Fische auf den Tisch, und da erschienen auch die ersten Eierspeisen. Im Café konnte man Kaffee oder Tee trinken ..., der Konditormeister drückte ein Auge zu, wenn man für Buttercremetorte keine Fettmarken abgab, und der Kellner verkaufte Zigaretten, die ›Ami‹ für 60 oder 70 Pfennige [das Stück!], den deutschen Glimmstengel billiger. Der Schwarzhandel, der sich nicht getraut hatte, sein Geld über die ›Hauptumtauschstelle‹ und im ›Reichsmark-Abwicklungskonto‹ (gegen Vorlage einer Unbedenklichkeitsbescheinigung des zuständigen Finanzamts) gegen gute D-Mark einzutauschen, stieß seine Lagerbestände ab – mit beachtlichem Gewinn, wie sich versteht ...«

Das Nachrichtenmagazin *Der Spiegel* vom Sonnabend, dem 26. Juni 1948 – Preis nun 1 DM –, veröffentlichte die neuen, von Großstadt zu Großstadt sehr unterschiedlichen Schwarzmarktkurse. Ein Pfund Bohnenkaffee, vor der Währungsreform zu Preisen um 1000 Reichsmark angeboten und in der ersten Panik zu 3,50 DM verschleudert, »kletterte langsam über 6 auf 9 DM. Vor der Verkündung der Steuerreform, die eine starke Erhöhung der Kaffeesteuer bringt, stand er bei 14 Mark. Am Mittwoch wurde Kaffee nicht mehr gehandelt. Der Markt hatte von oben Auftrag, erst einmal die Steuerentwicklung abzuwarten.«

Ein Paar Damenstrümpfe, vor der Reform mit durchschnittlich 850 Reichsmark je Paar gehandelt, kostete laut *Spiegel* nun in Hamburg 10 bis 20 DM, in Hannover 6 bis 15 DM, in Frankfurt 10, in Düsseldorf 17, in München 40 und in Stuttgart gar 45 DM. Butter, in der Woche vor dem 20. Juni je 250 Gramm mit durchschnittlich 400 RM bewertet, kostete nun zwischen 2,50 in Hamburg, Hannover und Koblenz und maximal 9 DM in Essen und 10 DM in Stuttgart.

In Frankfurt am Main blieb der Handel mit altem Papiergeld noch bis zum Montagabend im Gange. Eine DMark wurde stellenweise mit 60 RM, die Ein-Dollar-Note mit 5000 RM gehandelt, Butter, das Pfund für 1000 RM, und umgekehrt wurden alte deutsche 20-Mark-Goldstücke mit 10000 RM aufgekauft.

»Am frappantesten war für Frankfurt die unfreundliche Tendenz an der Liebesbörse«, wußte *Der Spiegel* auch noch zu melden. »Mit dem ungeahnten Preissturz der amerikanischen Zigaretten und der Lebensmittel wurden über Nacht mehrere tausend Mädchen, die sich illegal von Frankfurts einzigartigem Liebes-Schwarzmarkt nähren, mittellos«, und sie warfen erstmals seit dem Frühjahr 1945, als die alliierte Besatzung begann, interessierte Blicke auch auf deutsche Passanten.

Diese ersten Berichte vom westdeutschen Wirtschafts-, Schwarzmarkt- und Nachtleben kurz nach der Währungsreform lassen bereits deutlich erkennen, daß die breite Masse der Bevölkerung erheblich benachteiligt, alle Besitzer gehorteter Sachwerte immens im Vorteil waren. Davon profitierten – auf Kosten der Lohn- und Gehaltsempfänger, Rentner und Sparer – die Händler und Landwirte, erst recht der Großhandel und die Fabrikanten. »Natürlich war die Behandlung der kleinen Leute ... so ungerecht wie nur möglich«, schrieb Kurt Pritzkoleit darüber einige Jahre später. »Danach fragten die Militärgouverneure nicht. Sie hatten eine harte Währungsreform gemacht, um die alte Ordnung der Dinge, die freie Marktwirtschaft, die den Vorstellungen der westlichen Welt entsprechende kapitalistische Wirtschaft wiederherzustellen. Deshalb waren die Sachwertbesitzer, die Produzenten industrieller und landwirtschaftlicher Güter, im Übermaß begünstigt worden: sie waren ungeschmälert im Besitz ihres Sachkapitals geblieben – der Lastenausgleich sollte Sache der Deutschen bleiben –, der ganzen Fülle der produktiven Besitztümer, die durch Kriegs- und Kriegsfolgeschäden viel weniger gelitten hatte, als man damals noch ahnte. Sie würden es bald erleben, daß der Wert ihrer Fabriken und Horte« – und natürlich auch der ihres Grundbesitzes – »wesentlich anstieg; sie waren von 90 Prozent ihrer Verbindlichkeiten befreit worden – und das alles, weil sie als die Garanten der Zukunft galten. Erst später würde man übersehen können, mit welchen Gewinnen die Herren und Hüter der Sachwertwelt aus der Währungsreform hervorgegangen waren ...«

Noch um vieles besser als die Großhändler, Fabrikanten und mittleren Gutsbesitzer kamen – auch das zeigte sich zunächst nur in Umrissen und wurde erst ein paar Jahre später ganz deutlich – die Großaktionäre der westdeutschen Industrie- und Bankkonzerne, Warenhäuser, Versicherungen und anderer Großunternehmen sowie der Großgrundbesitz, zumal der großstadtnahe, über die Runden.

Was beispielsweise die Großaktionäre der westdeutschen Stahlindustrie betraf, so erhielten sie beim Konzern der Vereinigten Stahlwerke für jede alte Aktie im Nennwert von 1000 Reichsmark neue Effekten im Nennwert von 3070 DM. Bei Mannesmann gab es für nominal 1000 RM »nur« 2000 DM, bei der Gutehoffnungshütte 2850, bei Hoesch 2866, bei Klöckner sogar 3333 DM in neuen Aktien.

Beim IG-Farben-Konzern lichtete sich das Dunkel, in das bis dahin das Schicksal dieses größten, in die Verbrechen der Nazis verstrickten Chemie-Trusts gehüllt gewesen war, erst dreieinhalb Jahre nach der Währungsreform. Die meisten der Kleinaktionäre hatten bis dahin ihre IG-Farben-Aktien längst heimlich – der Handel damit war von den Alliierten verboten worden – und nur zu einem Bruchteil des Nennwerts zu Geld gemacht. Sie fürchteten die Zerstückelung des um seine großen Betriebe in der sowjetischen Zone ohnehin schon ärmer gewordenen und mit strengen Produktionsauflagen belasteten Konzerns und hatten in der Zeit des knappen Geldes ihre Aktien abgestoßen, ohne zu ahnen, welchen Verlust sie damit auf sich nahmen. Die klügeren Großaktionäre hatten dagegen ihre IG-Farben-Pakete behalten, und sie erhielten Ende 1951 für je 1000 RM Nennwert ihrer alten Aktien neue Papiere, und zwar Aktien der Farbenfabriken Bayer-Leverkusen, der BASF und der Farbwerke Hoechst sowie der Casella Farbwerke im Nennwert von zusammen 770 DM, dazu Liquidationsanteilscheine im Wert von 145 DM, was insgesamt einer Umstellung im Verhältnis 100 RM = 91,50 DM entsprach. Bereits nach einigen Monaten verbesserte sich diese

Quote aber noch ganz wesentlich, denn schon wenig später wurden die Aktien der IG-Farben-Nachfolgegesellschaften an den Börsen weit über ihrem Nennwert notiert, und sie stiegen immer höher im Kurs.

Nicht schlechter als die Großaktionäre, die ihr Vermögen durch die Währungsreform keineswegs verloren, sondern es zunächst behielten und dann häufig verdoppeln und verdreifachen, ja nicht selten sogar verzehnfachen konnten, fuhren die Haus- und Grundbesitzer. Ihr Immobilienvermögen blieb von dem harten Währungsschnitt zunächst unberührt, ihre Miet- und Pachteinnahmen veränderten sich nicht, außer daß sie nun in harten DMark, anstatt in nahezu wertlosen Reichsmark gezahlt wurden. Alle Hypotheken- und sonstigen Schulden waren dagegen auf ein Zehntel zusammengestrichen worden. Diese offensichtliche Begünstigung der Haus- und Grundbesitzer gegenüber den Sparern, Mietern und Pächtern sollte durch den Lastenausgleich und in dessen Rahmen durch eine Vermögensabgabe von 50 Prozent sowie durch Abgabe der Hypotheken- und Kreditgewinne behoben werden. Doch schon das Prinzip dieses Lastenausgleichs, nämlich die Verteilung der zu leistenden Abgaben auf dreißig Jahre, war eine weitere Ungerechtigkeit gegenüber allen denen, die sofort und radikal um 93,5 Prozent ihrer Ersparnisse gebracht worden waren. Die Lastenausgleichsabgaben brauchten nicht aus dem Vermögen bezahlt zu werden; die Raten ließen sich, wie es auch der Absicht des Gesetzgebers entsprach, bequem aus dem laufenden Einkommen entrichten.

Auch hier waltete der Grundsatz: Je mehr einer hatte, desto mehr Rücksicht wurde auf ihn genommen. Das stand zwar nicht ausdrücklich im Gesetz, es ergab sich aber so aus der Praxis. Der einzelne kleine Haus- und Grundeigentümer, zumal wenn ihm nur ein bescheidenes Eigenheim oder ein aus eigenen Ersparnissen erbautes Mietshaus gehörte, hatte wenig Chancen, seine Abgaben im Rahmen des Lastenausgleichs drastisch zu vermindern; er konnte nur die etwa entstandenen Kriegsschäden und die Kosten ihrer Beseitigung in Abzug bringen, ansonsten allenfalls eine besondere Notlage geltend machen. Dagegen hatten Groß-

Oben: Russische und amerikanische Soldaten auf dem Schwarzen Markt vor dem Reichstagsgebäude in Berlin. *Unten:* Razzia der Militärpolizei auf Schwarzhändler in Berlin

Oben: Wo immer es zwischen 1945 und 1948 etwas zu kaufen gab, bildeten sich lange Schlangen aus oft mehr als hundert Menschen. *Unten:* Obwohl die wenigsten Blumengießkannen benötigten, wurden sie aus alten Gasmaskenbüchsen hergestellt – und gekauft, weil es sonst ohnehin kaum etwas zu kaufen gab.

Warten auf das neue Geld; Währungsreform am 20. Juni 1948: Menschenschlange vor einer Umtauschstelle in München.

Oben links und unten: Fassungslos staunen die Menschen über das nach der Währungsreform plötzlich vorhandene Warenangebot. *Oben rechts:* Die Zwangsbewirtschaftung wurde erst nach der Währungsreform aufgehoben.

grundbesitzer mit riesigen Vermögen in Zigmillionen- oder auch Milliardenhöhe so vielfältige und großzügig gestaltete Verrechnungsmöglichkeiten, daß sie so gut wie gar nichts zu bezahlen brauchten und sogar, infolge der rasch einsetzenden enormen Wertsteigerungen für Haus- und stadtnahen Grundbesitz, noch um vieles reicher wurden.

Die Währungsreform vom Juni 1948 war kein deutsches, sondern ein alliiertes Unternehmen, wobei unter den Besatzern die Amerikaner so tonangebend waren, daß man das Werk getrost als eine amerikanische Maßnahme bezeichnen kann. Die weiteren Gesetze, die die Befreiung von der Bewirtschaftung und vom Preisstopp brachten, als erstes das »Gesetz über die Leitsätze für die Bewirtschaftung und Preispolitik nach der Geldreform« vom 24. Juni 1948, waren hingegen deutscher Herkunft, und Professor Ludwig Erhard galt als ihr Urheber. »Aber«, so hat dazu bereits einige Jahre später Kurt Pritzkoleit bemerkt, »sie verdankten ihr Entstehen ebensowohl der Währungsreform als auch in einem bedeutenden, doch niemals bekanntgewordenen Ausmaß der Initiative der Amerikaner . . . Anregungen und Hilfestellung dazu, die Fesseln der Zwangswirtschaft zu sprengen, kamen von amerikanischer Seite. Erhard ergriff die Hand, die ihm geboten wurde, so daß man vereinfachend sagen kann: die Bundesrepublik samt ihrem Wirtschaftssystem entstand aus der Geldordnung, die die Amerikaner den westdeutschen Besatzungszonen gesetzt hatten. Sie ist – in Umkehrung der staatlichen Geldtheorie – ein Geschöpf der D-Mark.«

Tatsächlich hatte die Bundesrepublik Deutschland bereits eine Währung, ehe es sie als Staat überhaupt gab, desgleichen eine Wirtschaftsordnung, die auf die Erhaltung der alten Besitz- und Machtverhältnisse ausgerichtet war. Mit diesen Vorgaben durften die Westdeutschen nun eilig darangehen, sich einen eigenen Staat zu bauen. Die Masse der Bevölkerung, um ihre Ersparnisse geprellt und mit einem durchschnittlichen Brutto-Wochenverdienst von 47,70 DM kaum in der Lage, von dem plötzlich so reichhaltigen Angebot an bislang zurückgehaltenen Waren aller

Art Gebrauch zu machen, nahm an dieser Staatsgründung wenig Anteil. Sie hatte andere Sorgen: Die Preise kletterten, die Arbeitslosigkeit nahm sprunghaft zu. Der erste Rausch, bei dem das »Kopfgeld« im Handumdrehen ausgegeben war – man hatte den seit einem Jahrzehnt nicht mehr gesehenen, den Kindern unbekannten Verlockungen von Büchsenananas, echtem Honig oder Ölsardinen einfach nicht widerstehen können –, war längst verflogen. »Man mußte schon wieder froh sein, dem Schlachthofarbeiter 13 DMark auf den Tisch zu zahlen, wenn man nur den Talg nach Hause nehmen konnte . . . oder man streifte durch die Umgebung, um beim Besitzer eines Behelfsheims für eine DMark einen Korb feuchtes Holz zu erstehen«, so erinnerte sich zehn Jahre später ein Düsseldorfer Wirtschaftsjournalist an den Herbst 1948.

Dazu muß man wissen, daß im September 1948, ein Vierteljahr nach der Währungsreform, der durchschnittliche Brutto-Stundenverdienst eines Industriearbeiters der Westzonen 108,3 Pfennige betrug; bis zum Jahresende 1948 erhöhte sich der Industriearbeiter-Bruttolohn auf durchschnittlich 113,2 Pfennige für die Stunde, also um 4,5 Prozent. Dagegen lagen die Lebenshaltungskosten in der zweiten Jahreshälfte 1948 bereits um 18,3 Prozent über dem Stand des ersten Halbjahrs, und sie stiegen weiter an, während sich die Löhne in weit geringerem Maße und nur sehr zögernd erhöhten.

»Den Gewerkschaften gebührt die größte Anerkennung für die bisher bewiesene, geradezu heroische Disziplin in der Lohnpolitik«, schrieb Dr. Erwin Hielscher, Stadtkämmerer von München und einer der Vorkämpfer der Währungsreform, ebenfalls im September 1948, und tatsächlich waren es wieder, wie beim ersten Wiederaufbau der Betriebe, beim Ingangsetzen der Produktion und des Transportwesens und bei der Abwehr der Demontagen, in erster Linie die Industriearbeiterschaft und ihre Gewerkschaften, die unter großen Opfern für eine Wiederbelebung und allmähliche Erholung der deutschen Wirtschaft sorgten. Ohne sie, ohne die von der Währungsreform und den Folgegesetzen am meisten Benachteiligten, hätte es nie ein

»Wirtschaftswunder« geben können. Die Arbeiterschaft und ihre Gewerkschaften übten indessen nicht nur größte Zurückhaltung, was ihre Lohnforderungen betraf.

Bei der Ausarbeitung einer Verfassung für den neuen Weststaat, der nun bald entstehen sollte, erst recht bei dem beginnenden Kampf um die Führung, die wichtigsten Kommandostellen und Schlüsselpositionen sowie damit auch um den künftigen gesellschaftspolitischen Kurs, verzichteten die Gewerkschaften – wie auch die SPD-Führung – jedoch erstaunlicherweise darauf, ihre antikapitalistischen Forderungen mit der nötigen Entschiedenheit durchzusetzen.

Der Hauptgrund für diese Enthaltsamkeit, die in der Praxis dazu führte, daß die eindeutigen Wünsche der westdeutschen Bevölkerungsmehrheit, die Forderungen der Einheitsgewerkschaft und die erklärten Ziele der stärksten Partei weitgehend unberücksichtigt blieben, war eine plötzliche, den Ausbruch eines neuen Krieges nicht ausschließende Verschlechterung des weltpolitischen Klimas.

Der Herd dieser Krise war die von den vier Siegermächten besetzte ehemalige Reichshauptstadt Berlin. Der Konflikt zwischen der sowjetischen Besatzungsmacht und den westlichen Alliierten, der schon seit geraumer Zeit schwelte, hatte sich seit der Währungsreform bedrohlich zugespitzt. Wenn auch die Anteilnahme der Westdeutschen am Schicksal Berlins und seiner Bewohner nicht gerade überwältigend genannt werden konnte, so war die in und um Berlin entstandene Lage doch bedrohlich genug, die Führungen der SPD und der Gewerkschaften zu sehr maßvollem Verhalten zu bewegen. Unter den gegebenen Umständen mochten sie den im Frankfurter Wirtschaftsrat tonangebenden Konservativen und Liberalen, erst recht den sie protegierenden Amerikanern nicht in den Rücken fallen, schon gar nicht mit radikalen Forderungen, wie sie auch von den Kommunisten gestellt wurden. Denn diese waren ja mit der sowjetischen Besatzungsmacht im Bunde, der der westlichen Propaganda wie auch der westdeutschen Volksmeinung nach Alleinschuldigen an der äußerst gefährlichen Zuspitzung der Lage.

9. Berlin-Blockade und Weststaat-Gründung

Nachdem Ende 1947 die Viermächteverhandlungen ergebnislos abgebrochen worden waren und im Frühjahr 1948 die Außenminister der USA, Großbritanniens, Frankreichs und der Beneluxstaaten beschlossen hatten, im Westen Deutschlands eine besondere Währung einzuführen, die französische Zone mit der britisch-amerikanischen zu vereinen und für das ganze westliche Besatzungsgebiet eine deutsche Regierung einzusetzen, den neuen Weststaat in den Marshall-Plan einzubeziehen und das Ruhrgebiet mit deutscher Beteiligung unter internationale, aber die Sowjetunion ausschließende Kontrolle zu stellen, da war mit einer erheblichen Verschärfung des Ost-West-Konflikts zu rechnen.

Die Währungsreform vom 20. Juni 1948, durch die das bisher einheitliche Geldsystem der vier Besatzungszonen zerstört und eine separate Währung für den Westen Deutschlands eingeführt wurde, bedeutete den Bruch mit den Grundsätzen des Potsdamer Abkommens, worin es ausdrücklich hieß: »Während der Besatzungszeit ist Deutschland als wirtschaftliche Einheit zu betrachten.«

Auf die Währungsreform im Westen folgte eine entsprechende Maßnahme in der sowjetischen Zone. Dort gab es allerdings zunächst – offenbar war General Clay seinerzeit falsch unterrichtet worden – keine neuen Banknoten; das alte Geld mußte überklebt und gestempelt werden (weshalb die neue Ostzonen-Währung anfangs als »Tapetenmark« bezeichnet wurde). Alle Behörden und volkseigenen Betriebe konnten ihre Bargeldbestände ohne Einbußen umtauschen, dagegen wurden Beträge über 5000 RM, über deren Herkunft kein befriedigender Nachweis geführt werden konnte, bei Privatleuten beschlagnahmt. Das positive Resultat dieses radikalen Verfahrens war, daß die »aus Kriegsgeschäften oder dem Schwarzmarkt stammenden unlauteren Gewinne abgeschöpft« wurden, wie es in der offiziellen Verlautbarung dazu hieß. Auch erhielten die kleinen Sparer wesentlich günstigere Umtauschbedingungen als in den Westzonen. Die negative Folge war, daß die gehorteten Waren nicht, wie im Westen Deutschlands, nun sofort zum Kauf angeboten wurden. So blieb im sowjetisch besetzten Teil Deutschlands der »Ankurbelungseffekt« aus, den die Währungsreform für die westdeutsche Wirtschaft hatte (wobei anzumerken ist, daß die antikapitalistischen Maßnahmen in der sowjetischen Zone – Enteignung der Großgrundbesitzer, industriellen Kapitaleigner und Bankiers sowie aller als Kriegsverbrecher angesehenen Personen – ohnehin bereits zu einer Kapitalflucht großen Ausmaßes und zu heimlichen Verlagerungen der Warenbestände nach Westen geführt hatten).

Die Währungsreformen in West und Ost waren im Grunde nur noch die letzten Weichenstellungen für die Entwicklung unterschiedlicher Wirtschaftssysteme: in den drei Westzonen zu einer hochkapitalistischen Gesellschaft mit freier Marktwirtschaft, in der sowjetischen Zone zu einer sozialistischen Planwirtschaft hin. In Berlin, wo die beiden Systeme und nun auch die unterschiedlichen Währungen miteinander konkurrierten, mußte es dabei zu einer Machtprobe kommen, wobei drei Ergebnisse denkbar waren: Siegte die neue Ost-Währung, die die sowjetische Kommandantur zum alleinigen gesetzlichen Zahlungsmittel in ganz Berlin erklärt hatte, so waren die Westsektoren für Amerikaner, Briten und Franzosen kaum noch zu halten, zumal nun auch ihren Truppen die Anwesenheit in Berlin von der sowjetischen Seite unter Hinweis auf das Potsdamer Abkommen bestritten wurde. Setzte sich, was wahrscheinlicher war, die kaufkräftige West-Währung in Ostberlin durch, dann würde über kurz oder lang das ganze Wirtschaftssystem der sowjetisch besetzten Zone ins Wanken geraten. Die dritte Möglichkeit war ein Nebeneinander beider Währungen, jeweils beschränkt auf den Ostsektor oder die Westsektoren; das aber bedeutete die endgültige Spaltung der Stadt in zwei selbständige politische und wirtschaftliche Einheiten.

Die Sowjets waren sich sowohl der großen Gefahr bewußt, die ein Sieg der West-Währung bedeuten würde, als auch der einmaligen Chance, ganz Berlin ihrem Besatzungsgebiet einzuverleiben. Bereits in den Wochen vor der Währungsreform hatten sie damit begonnen, die Verbindungen West-Berlins zum britisch-amerikanisch-französischen Besatzungsgebiet durch allerlei »technische Störungen« zu behindern und einzuschränken. Nun erklärten sie, die Westalliierten hätten das Viermächteabkommen gebrochen, aus dem sich allein ihr Recht abgeleitet hätte, in West-Berlin Truppen zu stationieren und die Verkehrswege durch das sowjetische Besatzungsgebiet zu benutzen. Damit sei nun Schluß. Die Stadt gehöre ohnehin nach ihrer Lage, Natur und Geschichte zum sowjetisch besetzten Teil Deutschlands.

Um ihren Forderungen Nachdruck zu verleihen, stellten die sowjetischen Behörden zunächst den gesamten Personen- und Postverkehr von und nach West-Berlin ein. In der letzten Juniwoche verstärkten sie die Blockademaßnahmen; vom 24. Juni 1948 an waren alle Straßen, Schienen- und Wasserwege zwischen West-Berlin und Westdeutschland für den gesamten Verkehr gesperrt; die Stromversorgung, die größtenteils von Kraftwerken im sowjetischen Besatzungsgebiet abhängig war, wurde ebenfalls unterbrochen, und seit dem 1. August wurden auch alle Lebensmittel- und Kohlelieferungen eingestellt.

Auf westlicher Seite, wo man die sowjetische Absicht erkannte, durch diese heftige Reaktion auf die westliche Währungsreform zumindest die geplante Gründung eines westdeutschen Separatstaats und dessen schrittweise Integration in das amerikanische Wirtschafts- und Bündnissystem zu verhindern, war man sich zunächst keineswegs darüber einig, wie man auf die Berlin-Blockade antworten sollte.

General Clay, der amerikanische Oberbefehlshaber in Deutschland, wollte anfangs mit Panzern und nachfolgenden, militärisch stark gesicherten Transportzügen von Helmstedt her durchbrechen und so im Handstreich die Landverbindung nach West-Berlin wiederherstellen. Englands Kriegspremier und nunmehriger Führer der konservativen Opposition, Winston Churchill, riet sogar dringend zum sofortigen Einsatz der amerikanischen Kernwaffen. Noch sei, so argumentierte er, die westliche Allianz den Sowjets dank der Atombombe militärisch überlegen. Die Berlin-Blockade liefere einen vorzüglichen Anlaß, einen Präventivschlag zu führen, die sowjetische Vormachtstellung in Ost- und Südosteuropa zu beseitigen und dem Kommunismus den Garaus zu machen.

Obwohl Churchills Ansichten auch von einigen einflußreichen Politikern Amerikas geteilt wurden, siegten am Ende die Argumente derer, die einen neuen Krieg in Europa scheuten. Sie hielten es zumindest für verfrüht, den Amerikanern und den anderen Völkern des westlichen Bündnisses ein solches Abenteuer zuzumuten, zumal es doch scheinbar nur darum ging, einige vom letzten Krieg her weitgehend zerstörte Stadtviertel der einstigen Metropole des gemeinsam mit den Sowjets besiegten Nazi-Deutschlands vor der vollständigen Beherrschung durch diejenigen zu bewahren, die Berlin drei Jahre zuvor in wochenlangen, erbitterten Kämpfen erobert hatten.

Doch anderseits blieben die USA entschlossen, West-Berlin zu halten. General Clay wurde nicht müde, immer wieder darauf hinzuweisen, welche Folgen die Preisgabe der West-Sektoren hätte: »Wenn Berlin fällt, folgt Westdeutschland als nächstes. Die Tschechoslowakei haben wir bereits verloren. Norwegen schwebt in Gefahr. Wenn wir beabsichtigen, Europa gegen den Kommunismus zu halten, dürfen wir uns in West-Berlin nicht von der Stelle rühren!«

Also begannen die Westmächte, ihre Berliner Sektoren auf dem letzten noch offenen Wege, nämlich durch die Luft, über die vertraglich festgelegten Einflugschneisen, mit Lebensmitteln, Kohle, Medikamenten und allen anderen dringend benötigten Gütern zu versorgen. Tag und Nacht, in kürzesten Abständen, donnerten nun die großen Bomben- und Transportflugzeuge der alliierten Luftwaffen über die Stadt, löschten auf den Flughäfen von Tempelhof, Tegel und Gatow ihre Ladung und flogen so rasch wie möglich zurück zu den Versorgungsstützpunkten in Westdeutschland. Die Hauptlast dieser »Luftbrücke« trugen die amerikanischen Streitkräfte; die britische Royal Air Force war in einem etwas geringeren Maße beteiligt, und die Franzosen beschränkten sich auf die Versorgung ihrer kleinen Garnison und stellten den in ihrem Sektor gelegenen Flugplatz Tegel zur Verfügung. Vom 26. Juni 1948 bis zum 12. Mai 1949 wurden mit 230 amerikanischen und 150 britischen Maschinen insgesamt fast 200000 Flüge nach West-Berlin und zurück zur Basis durchgeführt; alle zwei bis drei Minuten, bei günstigem Wetter in noch kürzeren Abständen, landete eine Maschine, wobei britische Marineflugzeuge auch auf den Havelseen wasserten. Insgesamt wurden so fast 1,5 Millionen Tonnen Fracht eingeflogen, anfangs 4500 Tonnen täglich; später stieg der Tagessatz auf etwa 10000 Tonnen. Bei Unglücksfällen, die sich vor allem bei schlechter Sicht und Ausfall der Warnleuchten an Kirchtürmen, Schornsteinen und Sendemasten infolge der Stromsperre ereigneten, kamen 88 alliierte Flieger ums Leben.

Die Luftbrücke half West-Berlin über den Sommer, den Herbst und sogar über den Winter 1948/49. Doch auf die Dauer ließ sich die Versorgung der damals noch 2,5 Millionen Einwohner in den drei West-Sektoren nicht aufrechterhalten. Die Bevölkerung mußte sich immer stärker einschränken, die Stromsperren wurden immer länger; zuletzt gab es nur noch täglich zwei Stunden lang Haushaltsstrom. Allerdings war auch der Durchhaltewille der Einwohner West-Berlins außergewöhnlich und gewann erstmals nach dem Zweiten Weltkrieg der Stadt und ihrer Bevölkerung wachsende Sympathien in der westlichen Welt.

Die Amerikaner organisierten schließlich eine Gegenblockade der sowjetisch besetzten Zone, die dort sehr rasch zu Engpässen und zu einem fühlbaren Mangel an lebenswichtigen Rohstoffen führte. Außerdem begann die amerikanische Luftwaffe mit der Verlegung ihrer strategischen Bomber vom Typ B 29 auf britische Stützpunkte. »Die B 29 waren in der ganzen Welt als die Atombomber bekannt«, heißt es dazu in den Erinnerungen des amerikanischen Kriegsministers James Forrestal, »und eine starke Schlachtflotte von ihnen auf britische Flugplätze verlegen, hieß, sie in Angriffsweite von Moskau zu bringen.«

Luftbrücke, Gegenblockade und vor allem die Verlegung der »Atombomber« nach Großbritannien bewirkten, daß sich die sowjetische Seite zu Verhandlungen und schließlich zur Aufgabe der Blockade bereit erklärte. Ihr Einlenken wurde der Sowjetunion dadurch erleichtert, daß sich die westlichen Alliierten in der Währungsfrage von Anfang an zu Konzessionen bereit zeigten. Die Amerikaner machten sogar noch im Frühjahr 1949 den Vorschlag, die neue Ost-Währung in ganz Berlin gelten zu lassen, allerdings mit dem Vorbehalt, daß die währungspolitische Kontrolle in den Westsektoren ihnen überlassen werden müsse. Aber daran lag der sowjetischen Seite nun nichts mehr, zumal sich inzwischen die administrative Trennung der einstigen Reichshauptstadt in einer Weise vollzogen hatte, die eine Wiederherstellung der Verwaltungs- und Wirtschaftseinheit in absehbarer Zeit kaum noch möglich erscheinen ließ.

Am 6. September 1948 hatte es um das – im Ostsektor gelegene – Berliner Rathaus, dem Tagungsort des Stadtparlaments, besonders heftige, wie schon zuvor von der SED organisierte Krawalle gegeben; das Gebäude, dann auch der Sitzungssaal waren von der Menge gestürmt, einige Abgeordnete, Journalisten und Ordner tätlich angegriffen worden. Daraufhin hatte der Stadtverordnetenvorsteher Dr. Otto Suhr (SPD) die Verlegung der Sitzung, auf der – den Kommunisten unerwünschte – Neuwahlen beschlossen werden sollten, nach West-Berlin angeordnet.

Die Fraktion der SED und einige ihr nahestehende bürgerliche Abgeordnete nahmen an diesem Auszug des Stadtparlaments aus dem Ostsektor nicht teil, der den endgültigen Bruch bedeutete. Schon am Abend des 6. September beschloß die ins Studentenhaus der Technischen Hochschule und damit in den britischen Sektor verlegte Stadtverordnetenversammlung Neuwahlen für ganz Berlin. Sie fanden – von der sowjetischen Kommandantur für illegal erklärt und im Ostsektor der Stadt verboten – am 5. Dezember 1948 nur in den drei Westsektoren statt. Bei 86,7 Prozent Wahlbeteiligung erhielten die Sozialdemokraten, trotz heftiger Gegenpropaganda der SED 64,5 Prozent der abgegebenen Stimmen; die CDU kam auf 19,4 Prozent, die – der westdeutschen FDP entsprechende – LPD auf 16,1 Prozent.

Neuer Oberbürgermeister wurde Ernst Reuter (SPD). Er war bereits im Vorjahr zum Stadtoberhaupt gewählt worden, aber ein sowjetisches Veto hatte seinen Amtsantritt, wie bereits erwähnt, bislang verhindert. Diesmal wurde er mit demonstrativer Einstimmigkeit wiedergewählt und von den drei westlichen Stadtkommandanten unter Mißachtung des sowjetischen Einspruchs als Oberbürgermeister anerkannt.

Ernst Reuter, gebürtiger Nordschleswiger des Jahrgangs 1889, hatte sich als junger Lehrer schon 1912 der SPD angeschlossen. Im Ersten Weltkrieg war er 1916 an der Ostfront schwer verwundet in russische Kriegsgefangenschaft geraten und nach der Oktoberrevolution von Lenin zum Volkskommissar der Wolgadeutschen Republik ernannt worden. Nach dem Ausbruch der Revolution in Deutschland hatte Ernst Reuter – unter dem Parteinamen Friesland – führend am Aufbau der Berliner KPD mitgewirkt, war 1921 Generalsekretär der Kommunistischen Partei Deutschlands geworden, aber schon ein Jahr später kam es wegen heftiger politischer Differenzen mit der Moskauer Zentrale zu Reuters Ausschluß aus der KPD. Er hatte sich dann wieder der SPD angeschlossen, war zunächst Redakteur des *Vorwärts*, von 1926 bis 1931 Verkehrsdezernent des Berliner Magistrats, dann Oberbürgermeister von Magdeburg und SPD-Reichstagsabgeordneter. Von den Nazis amtsenthoben und wiederholt in ein Konzentrationslager eingesperrt, gelang ihm 1935 die Flucht aus Deutschland. Bis 1946 hatte Ernst Reuter dann in der Türkei gelebt, zunächst als Berater des Wirtschaftsministers, dann als Professor für Kommunalwissenschaft in Ankara. Von dort war er ein Jahr nach Kriegsende nach Berlin zurückgekehrt.

Ernst Reuter, im Herbst 1948 und während des folgenden harten Blockade-Winters die Seele des antisowjetischen und antikommunistischen Widerstands in West-Berlin, wurde zur weltweit bekannten Symbolfigur dessen, was man im Westen den »Freiheitskampf der geknebelten Halb-Stadt«, im Osten »hetzerische Spalterpolitik« nannte und als Versuch bezeichnete, »von Westberlin aus die antifaschistisch-demokratischen Errungenschaften rückgängig zu machen und nicht nur in Ostdeutschland, sondern in ganz Osteuropa die alten kapitalistischen Verhältnisse zu restaurieren«.

Schon am 9. September 1948 hatte Ernst Reuter einer halben Million West-Berliner, die auf dem Platz der Republik zwischen Reichstag und Krolloper zusammengeströmt waren, um gegen die Krawalle im Rathaus und die drohende Spaltung der Stadt zu protestieren, die Rolle erläutert, die die »Frontstadt« West-Berlin nunmehr, zugleich stellvertretend für andere deutsche Städte, vor der Weltöffentlichkeit zu spielen habe.

»Wenn es könnte«, rief er der Menge zu, »stände auch das Volk von Leipzig, Dresden, Chemnitz und den anderen Städten der Ostzone auf seinen Plätzen und würde seine Stimme erheben. Wir werden den Tag der Freiheit erleben. Dann werden die deutschen Züge auch wieder nach Breslau und nach Stettin fahren, und wir werden auf unseren zertrümmerten und verkümmerten Bahnhöfen wieder das zweite Gleis aufmontieren. Völker der Welt, schaut auf diese Stadt, schaut auf Berlin!«

Nach der Massendemonstration kam es zu schweren Tumulten, bei denen Volkspolizisten und sowjetische Soldaten angegriffen und durch einen Steinhagel in die Flucht getrieben wurden. Von der Quadriga auf dem Brandenburger Tor rissen Halbwüchsige die sowjetische Fahne ab und warfen sie in die jubelnde Menge, die das Tuch sogleich zerfetzte und in den Staub trat. Die britische Militärpolizei schaute dabei zu, ohne einzuschreiten. Zwar gab es noch die alliierte Anordnung vom Sommer 1945, die jede abfällige Äußerung über die sowjetische Besatzungsmacht auch in den Westzonen und -sektoren unter Strafe stellte, so wie es umgekehrt im sowjetischen Bereich verboten war, die Westalliierten öffentlich zu kritisieren oder gar zu schmähen. Aber beiderseits dessen, was Winston Churchill bereits 1945 den »Eisernen Vorhang« genannt hatte, scherte sich niemand mehr darum.

Der Kalte Krieg war voll entbrannt, und in West-Berlin wurde er mit besonderer Heftigkeit geführt, nachdem die Blockade sich voll auszuwirken begann, der Flugzeugmotorenlärm, den die »Luftbrücke« verursachte, Tag und Nacht dröhnte und die Spaltung der Stadt vollzogen war. Kurz vor den West-Berliner Wahlen hatte auch der Ostsektor einen eigenen Magistrat gebildet. Friedrich Ebert junior, der Sohn des sozialdemokratischen Reichspräsidenten der Weimarer Republik, war dort der neue Oberbürgermeister und wurde von den Sowjets als alleiniges Stadtoberhaupt anerkannt. Ein Angebot dieses Ost-Magistrats, die Lebensmittelversorgung West-Berlins zu übernehmen, wiesen dessen Presse und Rundfunk entrüstet zurück, denn die geforderte Eintragung der Bezieher in die Ost-Berliner Listen wäre ja einer »Unterwerfung« gleichgekommen.

Die Standhaftigkeit der West-Berliner schien unbegrenzt zu sein, und soweit es den Widerstandswillen der kleinen Leute, der Masse der Arbeiter, Angestellten und Rentner, betraf, so war er wirklich sehr stark, obwohl sich im Winter 1948/49 zum Entsetzen der West-Berliner Politiker die offiziell verachtete Ost-Währung in den Westsektoren durchzusetzen begann; es ließ sich damit der ärgste Hunger durch heimliche Einkäufe im Ostsektor erheblich billiger stillen als auf dem West-Berliner Schwarzmarkt.

Doch weit weniger standhaft als das Gros der Bevölkerung waren die Herren der Wirtschaft. Das zeigte sich mit schmerzlicher Deutlichkeit, als im Mai 1949 die fast elfmonatige Blockade endete. Zwar war der Auftakt zur wiedergewonnenen Freiheit im wahrsten Sinne des Wortes glänzend, denn – so hat es Gert v. Eynern beschrieben – »das neue Leben begann für die Berliner mit einer Fülle von Licht. Am Donnerstag, dem 12. Mai ... ließ Ernst Reuter die Stromsperre aufheben. Das war ein kühner Entschluß, denn es stand an diesem Tag noch keineswegs fest, ob die Kohlenvorräte der Bewag-Kraftwerke rechtzeitig aufgefüllt werden könnten. Das Experiment gelang: Westberlin erstrahlte in hellem Glanze! Nun war die Zeit der Blockade zu Ende, die Zeit des Hungers und der Kälte, der Arbeitslosigkeit und der Ängste; nun war die Ostmark, die noch während des Winters ... den täglichen Zahlungsverkehr beherrscht hatte, endgültig vertrieben; es galt allein die Westmark, das Symbol für die Zugehörigkeit zum wirtschaftlichen und politischen System des Westens.«

Aber zahlreiche Berliner Großunternehmen waren inzwischen nach Westdeutschland abgewandert. Der Exodus hatte schon vor Kriegsende begonnen, als für jeden nüchternen Betrachter erkennbar geworden war, daß der Untergang des »Großdeutschen Reiches« in Bälde kommen mußte. Nach der Kapitulation waren weitere Großbetriebe aus Berlin verschwunden, darunter die Margarine-Union, die Sunlicht AG, die Mix & Genest AG und die Starkstromanlagen AG.

Im Jahre 1946 hatten die Nitag-Treibstoff AG, die Mannesmann-Stahlblechbau AG und ein halbes Dutzend pharmazeutische Werke den Weg in den Westen angetreten; 1947 waren die Siemens-Reiniger-Werke, die Standard-Elektrik, die Singer Nähmaschinen AG, die Konzernzentrale der Karstadt-Warenhäuser, die Kodak AG, die Knorr-Bremse AG, die Deutsche Erdöl AG sowie die Bubiag und die Accumulatorenfabrik, Kernstücke des Quandt-Konzerns, aus der gefährdeten Stadt abgewandert. Aber erst im Jahr der Blockade und der Spaltung Berlins wurde aus der Absetzbewegung eine Massenflucht: Mehr als fünfzig Großbetriebe, darunter Sarotti, Wintershall, die Julius Berger Tiefbau AG, die Lorenz AG und eine Reihe von Versicherungskonzernen, verschwanden nun eilig aus Berlin. Siemens & Halske und Siemens-Schuckert, weitere Versicherungsunternehmen, die restlichen Quandt-Betriebe sowie die wichtigsten Filmgesellschaften verlegten entweder ihren Sitz nach Westdeutschland oder beließen den ihren Namen tragenden Unternehmensresten in der einstigen Reichshauptstadt nur noch symbolisch den Rang eines zweiten Hauptsitzes. Solange nur die Verwaltung in den Westen verlegt wurde, bedeutete dies für Berlin zunächst noch keine große Einbuße an Produktionsstätten und Arbeitsplätzen, abgesehen von den Angestellten, die entweder mit nach Westdeutschland zogen oder arbeitslos wurden. Viel schwerer fiel der Prestigeverlust ins Gewicht. Wenn die Konzerne Berlin den Rücken kehrten, schrieb damals Kurt Pritzkoleit, so las »der unbefangene Beobachter daraus eine Einschätzung des Berlin-Risikos ab, die niederschmetternd auf die Gewerbetreibenden der Stadt und die Außenwelt wirken mußte. Der Verlust der Reichsbehörden, der Exodus der großen Firmen und der zentralen Wirtschaftsverbände, die – als sei es das Selbstverständlichste – auf die Rückkehr nach Berlin verzichteten, bedeutete die schwerste Einbuße an Ansehen und Würde, die die Stadt erleiden konnte. Sie war jetzt endgültig entthront, ein gefährliches Pflaster ... eine Provinzstadt inmitten sowjetisch besetzten Gebiets, die mit dem Westen nur noch durch wenige, äußerst verletzliche Fäden verbunden war ... Im Westen nahm man die Tragödie Berlins kaum zur Kenntnis. Es reichte aus, die Flugzeuge der Luftbrücke zu zählen, die Leistung der alliierten Flieger zu bejubeln ... die Deutschfreundlichkeit der Amerikaner und Engländer zu feiern, um ungestraft Berlin und seine wahren Probleme zu übersehen. Berlin – was war schon Berlin? Man hatte eigene Wünsche, Hoffnungen, Erfolge und Sorgen ...«

»Ich glaube, daß die deutsche Hauptstadt eher im Südwesten liegen soll als im weit östlich gelegenen Berlin«, hatte Konrad Adenauer bereits am 30. November 1946 erklärt und hinzugefügt: »Sobald aber Berlin wieder Hauptstadt wird, wird das Mißtrauen im Ausland unauslöschbar werden.« Wenn ein französischer Staatsmann es gewagt hätte, in ähnlicher Weise von einem »weit nördlich gelegenen«, zur Hauptstadt nun nicht mehr taugenden Paris zu sprechen, beispielsweise zur Zeit der deutschen Besatzung von Vichy aus, er wäre von den Franzosen als Verräter angesehen und für alle Zeiten geächtet worden. In Deutschlands Westzonen hingegen überlegten diejenigen, die Adenauers Äußerungen in den Zeitungen lasen, lediglich, welche zur künftigen Metropole besser geeignete Stadt im Südwesten der CDU-Vorsitzende wohl meinte – vielleicht Karlsruhe oder Stuttgart? Oder konnte es sein, daß ihm Frankfurt am Main südwestlich genug gelegen schien?

In den folgenden achtzehn Monaten bis zur Währungsreform vom Juni 1948 wurde es immer wahrscheinlicher, daß Frankfurt die neue Hauptstadt des geplanten Weststaats werden würde. In der Mainmetropole, deren Mittlerrolle zwischen dem Norden und dem Süden Deutschlands durch ihre natürliche Lage vorgezeichnet war, hatten sich auch bereits die ersten überregionalen westdeutschen Behörden der Nachkriegszeit sowie das Zweizonen-Parlament niedergelassen. An den rund viertausend Büroräumen des Wirtschafts- und Länderrats in der Börsenstraße und des Verwaltungsrats im Casellahaus sowie der fünf Verwaltungen, die als Vorläufer künftiger Ministerien im Großraum Frankfurt untergebracht waren, mußte man nur die Türschilder auswechseln; rund viertausend eingearbeitete Verwaltungsbeamte und -angestellte standen ebenfalls zur Verfügung.

Frankfurt am Main hatte zudem von allen in Frage kommenden westdeutschen Großstädten die mit Abstand günstigsten Verkehrs- und Nachrichtenverbindungen aufzuweisen. Nicht zuletzt deshalb war General Lucius D. Clay mit der amerikanischen Militärregierung an den Main gezogen und hatte sich in den 850 Räumen des IG-Farben-Hochhauses sein Hauptquartier geschaffen. Die Frankfurter Paulskirche bot überdies die Möglichkeit, an alte demokratische Traditionen anzuknüpfen; dort hatte sich ja im Jahre 1848 das erste frei gewählte deutsche Parlament versammelt, um in der damals noch Freien Reichsstadt, die im späten Mittelalter durch die Goldene Bulle von 1356 zum Wahlort der deutschen Könige und seit den Tagen Maximilians II. bis zum Ende des alten Reichs auch die Krönungsstätte der deutschen Kaiser gewesen war, als verfassunggebende Nationalversammlung zu tagen.

An der allgemeinen Überzeugung, daß nur Frankfurt am Main die Hauptstadt des neuen Weststaats sein könnte, änderte sich kaum etwas, als am 1. September 1948 der Parlamentarische Rat anderwärts zu tagen begann, nämlich in der Pädagogischen Akademie zu Bonn. Aufgrund der Londoner Empfehlungen der Westalliierten, die im Juni 1948, vierzehn Tage vor der Währungsreform, bekanntgegeben worden waren, hatten die Militärgouverneure der drei Westzonen die Ministerpräsidenten der westdeutschen Länder beauftragt, eine Nationalversammlung einzuberufen, die eine Verfassung für den in Kürze zu schaffenden Weststaat ausarbeiten sollte. Die elf Länderchefs einigten sich nach heftigem Streit, statt der gewünschten Nationalversammlung einen Parlamentarischen Rat einzuberufen und diesen keine Verfassung, sondern ein »Grundgesetz« beschließen zu lassen. Damit wurde den Wünschen derer Rechnung getragen, die – wie vor allem die Sozialdemokraten – energisch darauf bestanden, die Zerreißung Deutschlands nicht endgültig anzuerkennen und den Weststaat nur als Übergangs- und Notlösung, als deutlich sichtbares Provisorium, zu akzeptieren.

Vom 10. bis zum 23. August 1948 arbeitete eine Sachverständigenkommission der Länder auf Schloß Herrenchiemsee einen Entwurf des Grundgesetzes nebst Alternativvorschlägen aus. Eine Woche später trat dann in Bonn der Parlamentarische Rat zusammen; seine 65 Mitglieder – ein Abgeordneter je 750000 Einwohner – waren von den Landtagen bestimmt worden. Die SPD stellte 27, die CDU 19, die CSU 8, die FDP 5 Abgeordnete, Deutsche Partei, Zentrum und Kommunisten je zwei. Zum Präsidenten hätte nach parlamentarischem Brauch ein Vertreter der stärksten Fraktion, der SPD, gewählt werden müssen, doch die Sozialdemokraten mußten sich mit dem Vorsitz im Hauptausschuß, dem wichtigsten der 13 Fachausschüsse, begnügen, den Professor Carlo Schmid übernahm. Präsident des Parlamentarischen Rats wurde der CDU-Vorsitzende Konrad Adenauer. Dafür, so schrieb er selbst in seinen Erinnerungen, »war maßgebend gewesen, daß ich in den Jahren von 1920 bis 1933 Präsident des Preußischen Staatsrats, eines kleinen Parlaments, gewesen war und daher Erfahrungen in der Leitung einer solchen Körperschaft besaß«. Adenauer machte auch kein Hehl daraus, daß »das deutsche Volk nach meinen Erfahrungen nach einer starken Führung verlangt«.

»Daß die Deutschen mit einer allzu starken Führung gerade sehr schlechte Erfahrungen gemacht hatten, störte Adenauer nicht«, hat dazu Gösta v. Uexküll in seiner Adenauer-Monographie bemerkt und hinzugefügt: »Er hielt sich überhaupt nicht gerne bei der jüngsten Vergangenheit auf. Er wollte so bald wie möglich wieder da anknüpfen, wo er ein Vierteljahrhundert früher mit seinen Plänen. . .« für einen eng mit Westeuropa verbundenen westdeutschen Staat ». . . Schiffbruch erlitten hatte.«

Während in Bonn der Parlamentarische Rat tagte, erließen die britischen und amerikanischen Militärgouverneure am 10. November 1948 gleichlautende Gesetze über die Neuordnung der Organisation und der Eigentumsverhältnisse in der Montan- und Energiewirtschaft ihrer Zonen. In der Präambel hieß es jedoch ausdrücklich, daß »die endgültige Entscheidung über die Eigentumsverhältnisse im Kohlenbergbau, die Frage der Sozialisierung oder des privaten Besitzrechts, dem Entscheid einer vom politischen Willen der Bevölkerung getragenen, frei gewählten deutschen Regierung vorbehalten« bleibe.

Das war ein schwerer Schlag für die Franzosen, die von Anfang an gefordert hatten, die Ruhrindustrie dem deutschen Einfluß zu entziehen und unter internationale Kontrolle zu stellen. Die Regierung in Paris erklärte sofort, daß sie sich an die Entscheidung der britisch-amerikanischen Besatzungsbehörden »nicht gebunden fühlen« könne. Vincent Auriol, Präsident der Französischen Republik, wurde sogar noch deutlicher. Am 11. November 1948 sagte er in einer Gedenkrede im Wald von Compiègne: »Es ist notwendig, daß Deutschland zur europäischen Wohlfahrt beiträgt und zugleich würdig sein Leben fristen kann. Diesmal aber wäre es unverzeihlich, würde man gestatten, das Arsenal der Ruhr in den Händen der Mitschuldigen Hitlers wieder aufrichten zu lassen . . .«

Seine Worte paßten indessen nicht mehr in die Zeit, denn spätestens seit dem Beginn der Blockade Berlins und der alliierten »Luftbrücke« fühlte der Westen sich nicht mehr von Deutschland, sondern nur noch von der Sowjetunion bedroht. Das Ruhrstatut vom 28. Dezember 1948, dem die spätere Bundesrepublik Deutschland im November 1949 beitrat, sah deshalb auch nur eine Kontrolle über die Aufteilung der Kohle-, Eisen- und Stahlproduktion des Ruhrgebiets auf Inlandsverbrauch und Export vor, und auch diese Zwangsregelung war nur von kurzer Dauer.

Unterdessen hatte der Parlamentarische Rat mit der Ausarbeitung des Grundgesetzes begonnen, wobei er die Instruktionen der drei westlichen Militärgouverneure zu beachten hatte, ein Umstand, der zu langen und schweren Auseinandersetzungen zwischen den Sozialdemokraten unter Führung Kurt Schumachers und der CDU/CSU und deren Verbündeten mit Konrad Adenauer an der Spitze Anlaß gab.

Dabei war Adenauer in erheblich stärkerem Maße zu allerlei Konzessionen an die Westalliierten bereit als der SPD-Führer, dem die gesamtdeutschen Interessen entschieden wichtiger waren als eine rasche Integration des zu schaffenden Teilstaats in das westeuropäisch-amerikanische Bündnis.

Anfang Mai 1949 schienen endlich Lösungen gefunden zu sein, die SPD und CDU/CSU gleichermaßen zufriedenstellten. Da traf am 5. Mai eine Meldung aus Berlin ein, die die monatelange Arbeit des Parlamentarischen Rats überflüssig zu machen drohte: Der britische Militärgouverneur General Robertson hatte erklärt, falls Aussicht bestehe, bei den Verhandlungen über die Aufhebung der Blockade Berlins mit der sowjetischen Seite zu Vereinbarungen über eine gesamtdeutsche Regierung zu kommen, seien die Westalliierten bereit, die Schaffung eines westdeutschen Teilstaats hinauszuschieben.

Diese Nachricht trieb Adenauer und seine Freunde zu höchster Eile an. »Bonn reagierte mit Torschlußpanik«, meldete *Der Spiegel* und berichtete über das unziemliche Tempo, mit dem der Präsident das Hohe Haus die letzten wichtigen Beratungen und Abstimmungen vornehmen ließ: »Adenauer amputierte Helene Wessel. Er schnitt ihr die Antragsbegründungen und Protesterklärungen zum Elternrecht weg, über das ebenso klanglos abgestimmt wurde, wie über eine xbeliebige Bagatellsache. Am Morgen danach blieb nur noch das Polizeiwesen abzustimmen. Der

Antrag Zinn war so kompliziert, daß ihn niemand recht verstand, weder die Abstimmer noch die Zuhörer. Er wurde angenommen. Dann räumte der Hauptausschuß den Saal, und das Nachmittagsplenum zog ein. Vorher wurde der Fahrplan interfraktionell umgeschmissen. Neue Reihenfolge: Überleitungsausschuß, Grundgesetz, Wahlrecht, Bundessitz.

Ausschußvorsitzender Professor v. Mangoldt durfte 40 Maschinenseiten Manuskript über Grundrechte nicht mehr verlesen. Aus Zeit- und Lustmangel. DP-Seebohm« – der damalige stellvertretende Vorsitzende der konservativen Deutschen Partei, Dr. Hans-Christoph Seebohm, Adenauers späterer Bundesverkehrsminister – »meinte: ›Wer soll das Zeug denn jetzt noch anhören?‹ ... Die Erklärungen zur Abstimmung waren so zahlreich und so lang, daß Adenauer nur mit Mühe die Schlußabstimmung vor 24 Uhr hinbiegen konnte, damit das Grundgesetz das Datum des Kapitulationstages, 8. Mai, trage.«

Die neue Verfassung mit dem Namen »Grundgesetz für die Bundesrepublik Deutschland« wurde mit 53 gegen 12 Stimmen in dritter und letzter Lesung angenommen. Dafür stimmten 26 Sozialdemokraten, 19 CDU- und 2 CSU-Vertreter aus Franken, 5 Freie Demokraten sowie der wegen öffentlicher Kritik am »totalitären« Verhalten des Parteivorsitzenden Kurt Schumacher aus der SPD-Fraktion ausgeschlossene Dr. Fritz Löwenthal.

Gegen das Grundgesetz stimmten aus sehr unterschiedlichen Gründen: die sechs altbayerischen und schwäbischen Abgeordneten der CSU Dr. Ferdinand Kleindienst, Kaspar Seibold, Josef Schwalber, Dr. Gerhard Kroll, Dr. Wilhelm Laforet und Dr. Anton Pfeiffer, die beiden Kommunisten Max Reimann und Heinz Renner, die übereinstimmend erklärten, sie unterschrieben nicht die Spaltung Deutschlands, die beiden Zentrumsvertreter Helene Wessel und Johannes Brockmann sowie die zwei Abgeordneten der Deutschen Partei, Wilhelm Heile und Dr. Hans-Christoph Seebohm.

Der Abgeordnete Heile, der bis dahin im Parlamentarischen Rat noch kein einziges Mal als Redner aufgetreten war, versuchte seine Ablehnung der neuen Verfassung kurz nach Mitternacht ausführlich zu begründen. Der niedersächsische Föderalist rief der sich bereits auflösenden Versammlung zu, »nicht länger auf dem verderblichen Weg des Zentralismus voranzuschreiten«. Ratspräsident Adenauer unterbrach den Abgeordneten Heile mit der Frage: »Warum erzählen Sie uns das eigentlich jetzt noch, fünf Minuten nach der Abstimmung?«

Wilhelm Heile antwortete indigniert: »Ich habe acht Monate lang geschwiegen . . . zu dem Unglück in Bonn!« Dazu ist anzumerken, daß sich der Parlamentarische Rat in der Frage der künftigen »provisorischen« Bundeshauptstadt kurz zuvor für Bonn entschieden hatte. Darüber besonders erbittert war Frankfurts Oberbürgermeister Walter Kolb (SPD), dessen Stadtverwaltung bereits 50 Millionen DMark in die bauliche Ausgestaltung der Mainmetropole zur neuen Hauptstadt der Bundesrepublik investiert hatte. Kolb erklärte am nächsten Morgen, die Entscheidung für Bonn krönte »den bisherigen Rechtskurs der westdeutschen Nachkriegspolitik unter Führung Adenauers« nun durch »ein rheinisches Potsdam mit der Schwerindustrie im Rücken«.

Indessen war das allerletzte Wort in der Hauptstadtfrage noch nicht gesprochen. Erst das am 14. August 1949 neu zu wählende Parlament, der Bundestag, sollte darüber endgültig entscheiden. Es blieb dann bei Bonn, wobei – wie sich später herausstellte – die erforderliche Stimmenmehrheit nur dadurch zustande kam, daß einige Abgeordnete der Bayernpartei entgegen einem Beschluß ihrer Fraktion für Bonn votierten, wobei Geldbeträge zwischen 1000 und 20000 DM, die ihnen von seiten der CSU zugeflossen waren, eine Rolle gespielt haben sollen. Der parlamentarische Untersuchungsausschuß, der sich mit diesem vom Nachrichtenmagazin *Der Spiegel* zuerst gemeldeten Fall eines Korruptionsverdachts zu beschäftigen hatte, ermittelte als Geldgeber den inzwischen zum Bundesfinanzminister ernannten damaligen CSU-Landesgruppenchef Dr. Fritz Schäffer und dessen Nachfolger im Landesgruppenvorsitz, den Abgeordneten Franz Josef Strauß; ein kausaler Zusammenhang zwischen den Zahlungen und dem Votum der Empfänger konnte jedoch nicht festgestellt werden.

Ehe der erste Bundestag gewählt werden und den Regierungschef sowie das Staatsoberhaupt des neuen westdeutschen Staats bestimmen konnte, meldeten sich zunächst die Besatzungsmächte zu Wort. Am 12. Mai 1949, vier Tage nach der Annahme des Grundgesetzes durch den Parlamentarischen Rat, teilten die drei westlichen Militärgouverneure dem Ratspräsidenten Konrad Adenauer in einem gemeinsamen Schreiben mit, daß sie »mit beachtlichem Interesse« von der Verabschiedung der neuen Verfassung Kenntnis genommen hätten und die Ratsmitglieder zu der »offenkundigen Sorgfalt und Gründlichkeit« sowie zu ihrer »Hingabe an demokratische Ideale« beglückwünschten. Nichtsdestoweniger machten sie ihre Vorbehalte gegenüber dem Grundgesetz geltend, die sie in ihrem Schreiben und dem beigefügten Entwurf eines Besatzungsstatuts für die Bundesrepublik Deutschland spezifizierten.

Im einzelnen betrafen die alliierten Vorbehalte – bei erklärter Bereitschaft, in der Zeit, in der eine Besatzung notwendig sei, dem deutschen Volk das höchstmögliche Maß an Selbstverwaltung einzuräumen – die alleinigen Machtbefugnisse der Besatzungsmächte auf folgenden Gebieten: Abrüstung, Entmilitarisierung, Kontrolle der Ruhrindustrie, der Restitutionen, der Reparationen, der Entflechtung, der auswärtigen Angelegenheiten, des Schutzes heimatloser Ausländer, der Aufnahme von Flüchtlingen, des Ansehens und der Sicherheit der alliierten Besatzungsstreitkräfte, der Achtung des Grundgesetzes und der Länderverfassungen, der Kontrolle über Außenhandel und Devisenverkehr sowie über bestimmte innere Angelegenheiten, schließlich die Behandlung der von den alliierten Gerichtshöfen unter Anklage gestellten oder bereits abgeurteilten Personen.

Sie kündigten ferner an, die Ausübung der vollen Gewalt wieder selbst zu übernehmen, wenn sie der Auffassung seien, daß eine solche Maßnahme für die Sicherheit oder die Erhaltung der demokratischen Regierung in Deutschland oder in Wahrnehmung der internationalen Verpflichtungen ihrer Regierungen notwendig sei. Gleichzeitig räumten sie den Regierungen von

Bund und Ländern das Recht ein, nach Verständigung mit den Besatzungsbehörden Gesetze auch auf den Gebieten zu erlassen, die diesen vorbehalten waren.

Ein weiterer wichtiger Vorbehalt der westlichen Alliierten betraf Berlin. Sie erklärten, »daß Berlin keine abstimmungsberechtigte Mitgliedschaft im Bundestag oder Bundesrat erhalten und auch nicht durch den Bund regiert werden wird, daß es jedoch eine beschränkte Anzahl Vertreter zur Teilnahme an den Sitzungen dieser gesetzgebenden Körperschaften benennen darf«.

Mit diesem Besatzungsstatut und dem – im Anhang im vollen Wortlaut wiedergegebenen – Begleitschreiben war klargestellt, daß die künftige Bundesregierung nur beschränkte Befugnisse auf jederzeitigen Widerruf hatte; von westdeutscher Souveränität konnte noch keine Rede sein.

Diese Tatsachen bildeten das wichtigste Thema des hochsommerlichen Wahlkampfs um die Mandate für den ersten Bundestag. Vor allem die Sozialdemokraten unter Führung von Kurt Schumacher warfen Adenauer und seinen politischen Freunden vor, sich unter Opferung der deutschen Einheit zu bloßen Erfüllungsgehilfen der westlichen und besonders der amerikanischen Politik herabwürdigen zu lassen. Die große gesellschaftspolitische Kontroverse – Wiederherstellung der hochkapitalistischen Machtpositionen ohne Änderung der Eigentumsverhältnisse in Industriekonzernen, Banken und Großgrundbesitz *oder* Sozialisierung der Schlüsselindustrien, Bodenreform und eine gerechtere Umverteilung der Lasten und Erträge – blieb aus. Und über allem lag der Schatten der großen Auseinandersetzung zwischen dem Westen und der Sowjetunion.

Die »Knechtschaft durch den Bolschewismus«, wie Adenauer die Möglichkeit nannte, daß die Sowjetunion ihren Machtbereich in Europa noch weiter nach Westen hin ausdehnen könnte, war für die Bevölkerung Westdeutschlands und besonders für die vielen aus dem Osten Geflüchteten oder Vertriebenen etwas, das sie als reale Gefahr ansahen, und der CDU-Vorsitzende bestärkte sie darin nach Kräften und aus gutem Grund. Denn wer die größte Gefahr aus dem Osten kommen sah, konnte ihm, dem um ein Bündnis mit dem Westen bemühten Politiker, daraus keinen Vorwurf machen, daß er einer solchen Politik zuliebe enorme Zugeständnisse an die westlichen Besatzungsmächte und sogar die Spaltung Deutschlands in Kauf nahm.

»Glaubte Adenauer wirklich an einen sowjetischen ›Drang nach Westen‹ im Sinne einer militärischen Offensive oder beschwor er dieses Schreckgespenst nur, um sein eigentliches Ziel, die Einigung und Stärkung Westeuropas, voranzutreiben?« heißt es dazu in Gösta v. Uexkülls Adenauer-Monographie. »So oft und so gern er auch dieses Thema behandelte – fast immer mit den gleichen Worten und Wendungen: eine eindeutige Antwort auf diese Frage hat er nie gegeben und auch nie geben müssen«, denn die SPD und ihr Führer, Kurt Schumacher, schienen über die Sowjetunion und den Kommunismus nicht viel anders zu denken als er; es gab, wie Adenauer wiederholt und mit großer Befriedigung feststellen konnte, keine sozialdemokratische Alternative zu seiner antisowjetischen Politik.

Adenauer und seine Freunde verstanden diese und andere Vorteile, die ihnen der fanatische Antikommunismus des gerade erst beginnenden Kalten Krieges bot, voll auszunutzen, und es half den Sozialdemokraten wenig, darauf hinzuweisen, daß sie mindestens ebenso energisch gegen den Kommunismus Front gemacht, alle Umarmungsversuche der KPD zurückgewiesen, ja nur durch ihre feste Haltung verhindert hätten, daß sich das sowjetzonale Beispiel einer Sozialistischen Einheitspartei auf ganz Berlin und dann womöglich auch auf Westdeutschland ausdehnen konnte.

»Alle Wege des Marxismus führen nach Moskau«, lautete der Slogan der Christdemokraten bei den ersten Bundestagswahlen im August 1949, und wer nicht verstand, daß damit den Sozialdemokraten unterstellt wurde, sie bereiteten Westdeutschlands »Knechtschaft durch den Bolschewismus« vor, dem erläuterten es die Wahlredner der CDU, nicht selten auch die Pfarrer in ihren Predigten und natürlich auch Konrad Adenauer selbst, meist mit dem Zusatz: »Ich nehme nicht an, daß die Sozialdemokratie das will . . .«, was soviel besagte wie: ›Sie besorgen die Geschäfte

Moskaus, ohne es zu wissen und zu wollen‹, und das war insofern ein noch schlimmerer Vorwurf, als er den angeblichen Beweis für die Unmöglichkeit einer Widerlegung gleich mitlieferte.

Das Ergebnis der Bundestagswahl vom 14. August 1949 war für die SPD niederschmetternd: Bei einer Wahlbeteiligung von 78,5 Prozent hatte sie nur 29,2 Prozent der abgegebenen Stimmen erringen können und 131 Mandate erhalten, die CDU/CSU hingegen 31 Prozent und – aufgrund des die stärkste Partei begünstigenden Verteilungsschlüssels – 140 Sitze. Die Kommunisten hatten noch schwerere Verluste gegenüber den früheren Landtagswahlen: Sie waren auf 5,7 Prozent zurückgefallen und konnten 15 Abgeordnete in den Bundestag entsenden. Die Freien Demokraten hatten kräftig hinzugewonnen; mit 11,9 Prozent der Stimmen und 52 Abgeordneten waren sie nun die drittstärkste Partei. Die Deutsche Partei und die Bayernpartei hatten mit jeweils etwa 4 Prozent der Stimmen – es gab noch keine Fünfprozentklausel – je 17 Mandate erhalten, die rechtsextremistische Deutsche Reichspartei mit 1,8 Prozent 5 Mandate. Alle übrigen Parteien, einschließlich des zur Bedeutungslosigkeit geschrumpften Zentrums, erlangten insgesamt 12,2 Prozent der Stimmen und 26 Bundestagsmandate.

Konrad Adenauer konnte zufrieden sein. Zusammen mit seinem Sohn Paul, dem Prälaten, und mit seinem künftigen Schwiegersohn Hermann Josef Werhahn, dem Konzernerben, war er um zehn Uhr nach dem Kirchgang im Wahllokal erschienen; als abends gegen 23.40 Uhr das Ergebnis feststand und die Rundfunkstationen ein telefonisches Interview mit dem Führer der nunmehr stärksten Fraktion erbaten, lag er bereits im tiefsten Schlaf.

Am nächsten Tag fällte er eine Entscheidung, die er später für die wichtigste der Nachkriegszeit hielt. »Ich hatte die Hauptvertreter der CDU/CSU nach der Bundestagswahl zu mir gebeten, und wir haben dann die Frage überlegt, wie die zukünftige Regierung aussehen soll, ob wir mit den Sozialdemokraten zusammengehen sollten oder nicht. Wir haben uns entschlossen – im

Gegensatz zur damaligen Stellung der Sozialdemokraten –, uns fest an den Westen anzuschließen. Ich glaube, das war die wichtigste Entscheidung, die in den zehn Jahren getroffen worden ist«, erklärte Adenauer 1959 in einem Rückblick.

Es war seine eigene Entscheidung, die sich allerdings auch auf den Rat seiner engsten Freunde und Mitarbeiter sowie auf deutlich geäußerte Wünsche der Amerikaner stützte, nicht mit der SPD, sondern gegen sie zu regieren. Er hatte dabei heftige Widerstände in der eigenen Fraktion zu überwinden, deren linker, in den Gewerkschaften mit den Sozialdemokraten eng zusammenarbeitender Flügel damals noch stark war. Adenauer setzte sich durch, nicht zuletzt durch sein großes taktisches Geschick, und damit war auch das Ahlener Programm, mit dem die CDU angetreten war, so gut wie erledigt, jedenfalls – um mit Adenauer zu reden – »vom Tisch«.

»Die Würfel über die Sozialisierung sind gefallen«, kommentierte Jens Daniel – ein vom Herausgeber Rudolf Augstein benutztes Pseudonym – im *Spiegel* das Wahlergebnis und seine Folgen. »246 mit Gewißheit sozialisierungsfeindliche Kandidaten sitzen im Deutschen Bundestag 146 Sozialisten gegenüber, wenn man zehn Zentrumsstimmen als möglichen Zuzug für beide Gruppen beiseite läßt. Die erste verlorene Sozialisierungsschlacht auf westdeutscher Ebene wird auch die letzte sein. Denn umwälzende Strukturänderungen dieser Art sind erfahrungsgemäß ohne Revolution oder ohne ausländische Intervention nur zu bewerkstelligen, wenn die Zeiten turbulent und chaotisch sind, wie etwa dicht nach einem total verlorenen Krieg. Unter sich normalisierenden Lebensbedingungen bedeutet es einen vernichtenden Rückschlag, wenn die der Sozialisierung zustimmenden Wähler von 45 Prozent auf 36 Prozent, also um ein Fünftel, zurückgehen. Die SPD, die es sich wie die anderen Parteien damit genug sein ließ, den ›Kampf um ein starkes Deutschland‹ zu führen, kann sich mühelos selbst ausrechnen, warum sie den Kampf um die Sozialisierung so hart verloren hat. Keiner ihrer Kandidaten konnte den Wählern verraten, wie denn die Sozialisierung präzis aussehen solle. Für die Sozialisierung wurde ebenso ein Blankoscheck verlangt wie für die geplante Planwirtschaft.«

Der Kommentar schloß mit der bemerkenswerten Feststellung: »Der Ratlosigkeit der Parteien entsprach die Ratlosigkeit der Wähler. Aber wenn auch die These richtig ist, daß die ›Führung‹ zum Volk kommen muß und nicht umgekehrt, so darf man doch wohl kaum in den Fehler verfallen, die Parteien allein verantwortlich zu machen für einen Mangel an politischer und sonstiger Potenz, der vorläufig noch ein ganzes Volk, das Mittelvolk Europas, zu lähmen scheint. Vier Jahre Alters-Regierung in Bonn oder Frankfurt werden vielleicht nicht schaden . . .« Daß es bei vier Jahren einer Kanzlerschaft Konrad Adenauers nicht bleiben würde, konnte sich auch *Der Spiegel* damals nicht vorstellen, wobei es im August 1949, selbst nach der für die CDU/CSU siegreichen Wahl, noch keineswegs sicher war, daß der 73jährige Unionsführer bei der Abstimmung im Bundestag die erforderliche Mehrheit finden würde.

Zwar wurde Adenauer vom zuvor von der Bundesversammlung zum ersten Bundespräsidenten gewählten Freidemokraten Theodor Heuss, der von der CDU/CSU verabredungsgemäß unterstützt worden war, dem Parlament als Bundeskanzler vorgeschlagen. Doch als dann abgestimmt wurde, war das Resultat wenig schmeichelhaft für ihn: Mit der kleinstmöglichen Mehrheit von einer Stimme war er zum Bundeskanzler gewählt.

Die Legende schrieb die eine ausschlaggebende Stimme Adenauer selbst zu, und er half wacker mit, dieser Version Glaubwürdigkeit zu verleihen: »Später fragte man mich, ob ich mich selbst gewählt hätte. Ich antwortete: ›Selbstverständlich, etwas anderes wäre mir doch als Heuchelei vorgekommen!‹« Indessen bezichtigte sich später ein Abgeordneter der Bayernpartei, entgegen dem Fraktionsbeschluß für Konrad Adenauer votiert zu haben, wobei es ungeklärt blieb, was ihn dazu veranlaßt hatte und wie viele seiner Fraktionskollegen seinem Beispiel gefolgt waren.

Doch das alles spielte schon keine Rolle mehr. Adenauer, der seinen Wagen bereits vor der Abstimmung auf dem für den künftigen Bundeskanzler reservierten Parkplatz hatte abstellen lassen, ergriff nun energisch die Zügel. Nach Artikel 65 des Grundgesetzes bestimmte er allein die Richtlinien der Politik. Einen Vorgeschmack dessen, was das Volk und die Volksvertreter davon zu erwarten hatten, erhielten beide bereits wenige Wochen später, am 24. November 1949.

Es war der Tag der Bekanntgabe des sogenannten »Petersberger Abkommens«, das der Kanzler in drei Unterredungen am 15., 17. und 22. November mit den Militärgouverneuren im Hotel auf dem Bonn gegenüberliegenden Petersberg getroffen hatte. Es handelte sich dabei, so argumentierte der Kanzler gegenüber dem Bundestag, um einen Vorgang, über dessen Rechtmäßigkeit zu entscheiden dem Parlament die Kompetenz fehle.

Ob das nun zutraf oder nicht: Der Vertrag wog schwer genug, um von der Volksvertretung diskutiert zu werden, enthielt er doch die Absichtserklärung der Bundesregierung zum Beitritt zur internationalen Ruhrbehörde, wogegen sich die Militärgouverneure verpflichteten, eine Reihe von Großunternehmen der Chemie- und Stahlindustrie – darunter Bayer-Leverkusen, die Chemischen Werke Hüls, Ruhröl und Ruhrchemie, die August-Thyssen-Hütte, die Deutschen Edelstahlwerke, die Niederrheinische Hütte, die Klöckner-Werke, Ruhrstahl und Bochumer Verein – ganz oder teilweise von der Demontageliste zu streichen. Der Verdacht lag nahe, daß es sich hier um ein Geschäft zwischen der westdeutschen und der französischen Schwerindustrie handelte, das zu Lasten der Gesamtwirtschaft, der Arbeitnehmer und der nationalen Interessen Deutschlands ging.

Damals nannte Kurt Schumacher im Bundestag – wenngleich nur im lauten Gespräch und nicht in Form eines Zwischenrufs – seinen Kontrahenten Adenauer einen »Kanzler der Alliierten«, wofür er zur Ordnung gerufen und strafweise für 20 Tage von den Sitzungen des Plenums ausgeschlossen wurde. Doch weder dieses Intermezzo noch die anschließende offizielle Aussöhnung zwischen dem Vorsitzenden der SPD und dem Kanzler änderte etwas an der Tatsache, daß Adenauer seinen Willen durchgesetzt hatte, ohne dem Bundestag auch nur die Chance einzuräumen, seine Abmachungen mit den Besatzungsmächten genau zu prüfen und sie dann entweder gutzuheißen oder abzulehnen.

Es war dies der Beginn dessen, was man später mit nachsichtigem Lächeln die »Kanzlerdemokratie« genannt hat. Adenauers autokratischer Führungsstil gefiel der Mehrheit des bundesdeutschen Wahlvolks, die sich nach Ruhe und Ordnung sehnte und die von den Siegermächten verordnete Demokratie mit Freuden diesem strengen, energischen alten Herrn anvertraute. Er verstand es, mit der Macht umzugehen; er verschaffte, zwar nicht dem ganzen Vaterland, aber doch dem neuen Teilstaat, erstaunlich rasch wieder Ansehen in der westlichen Welt, auf die es ankam. Zwar trug dieser Kanzler keine Uniform wie Bismarck, der Kaiser, Hindenburg und Hitler; er war ein bürgerlicher Autokrat, der sich in allen Äußerlichkeiten einigermaßen an die Spielregeln der Demokratie nach westlichem Vorbild hielt. Aber dennoch gab er den Westdeutschen das für die meisten angenehme Gefühl, sie behutsam wieder dahin zurückzuführen, wohin sie sich heimlich sehnten: in die »gute alte Zeit« vor dem Ersten Weltkrieg.

Tatsächlich begann hinter der demokratischen Fassade des Bonner »Provisoriums« eine in ihrem vollen Ausmaß erst sehr viel später erkennbare Restauration alles dessen, was die Siegermächte ursprünglich restlos zu beseitigen entschlossen gewesen waren und was sich die überlebenden Nazigegner unter den Deutschen geschworen hatten, nie wieder aufkommen zu lassen. Es fing scheinbar ganz harmlos an. »Kabinette und Kabinettchen entstehen, Regierung und Regierende werden geboren«, schrieb damals Hans Werner Richter, »Staatsmaschinen werden gleichsam in Modellform in Betrieb gesetzt. Fast scheint es so, als erlebe das liberale Bürgertum, das 1848 so kläglich versagte, eine verspätete Renaissance ... Das ist das Wunder unserer Zeit.«

10. Das Kabinett des Doktor Adenauer

Erstes Staatsoberhaupt der neugegründeten, noch nicht souveränen »Bundesrepublik Deutschland« wurde Professor Dr. Theodor Heuss, ein 65jähriger Württemberger aus Brackenheim, ein bürgerlicher Liberaler und ein allem Militärischen, erst recht jedem Militarismus abholder Demokrat. Im Ersten Weltkrieg hatte der promovierte Volkswirt und Schüler Luju Brentanos, der daneben auch Kunstgeschichte studiert hatte, die Heilbronner *Neckar-Zeitung* geleitet, war dann bis 1933 Dozent an der Hochschule für Politik in Berlin gewesen, Mitarbeiter der angesehenen *Vossischen Zeitung* und der *Frankfurter Zeitung*.

Da Professor Heuss, der sich schon 1905 dem Kreis um Friedrich Naumann angeschlossen hatte und 1910 der Fortschrittspartei beigetreten war, in den Jahren der Weimarer Republik als Journalist, Hochschullehrer und Reichstagsabgeordneter der Deutschen Demokratischen Partei zu den Gegnern der Nazis gehört hatte, war er nach deren Machtübernahme aus seinem Lehramt entlassen und bald auch mit einem Publikationsverbot belegt worden; unter dem Pseudonym »Brackenheim« hatte er jedoch weiter für die *Frankfurter Zeitung* arbeiten können und daneben größere biographische Werke verfaßt. Nach dem Krieg war er Herausgeber der liberalen *Rhein-Neckar-Zeitung* in Heidelberg, Professor für neuere Geschichte und politische Wissenschaften an der Technischen Hochschule Stuttgart sowie ein Jahr lang württemberg-badischer Kultusminister, auch Mitbegründer und Vorsitzender der Freien Demokratischen Partei in der amerikanischen Besatzungszone, dann für ganz Westdeutschland und West-Berlin.

Seine Wahl zum Bundespräsidenten am 12. September 1949 war eine höchst angenehme Überraschung nicht nur für die westliche Welt, sondern auch für die Deutschen. Noch nie hatten sie einen Intellektuellen, einen Professor gar, zum Staatsoberhaupt gehabt! Dieser kultivierte Bilderbuch-Liberale mit literarischen Neigungen, der an der Ausarbeitung des Grundgesetzes wesentlichen Anteil hatte, als langjähriger Journalist ein Freund der Presse und bei den Bonner Korrespondenten sehr beliebt war, verlieh seinem neuen Amt durch seine bürgerlich-souveräne Haltung von Anfang an Ansehen und mehr Gewicht, als angesichts der wenigen ihm vom Grundgesetz zugebilligten Kompetenzen zu vermuten gewesen war.

Kaum jemand nahm daran Anstoß, daß der Reichstagsabgeordnete Dr. Heuss am 23. März 1933 dem amtlich »Gesetz zur Behebung der Not von Volk und Reich« genannten »Ermächtigungsgesetz« zugestimmt hatte, das – zunächst auf vier Jahre befristet – Hitler Generalvollmacht erteilte und die von den Nazis errichtete Gewaltherrschaft legalisierte, richtiger: eine Schein-Legalität verlieh. Unter dem auf sie ausgeübten massiven Druck hatten sich damals alle bürgerlichen Abgeordneten, von den Demokraten über das katholische Zentrum und die Bayerische Volkspartei bis zu den Nationalliberalen und Deutschnationalen, zu einhelliger Zustimmung bewegen lassen; nur die Reste der SPD-Fraktion waren – »wehrlos, aber nicht ehrlos«, wie es ihr Vorsitzender Otto Wels mutig ausgesprochen hatte – standhaft bei ihrem Nein geblieben.

Aus diesem 16 Jahre zurückliegenden, einmaligen und zudem durchaus bürgerlich-liberaler »Kniefall-vor-der-Macht«-Tradition entsprechenden Versagen mochten weder die Westdeutschen noch das bürgerliche Lager des Auslands Theodor Heuss einen Vorwurf machen. Die meisten Bundesbürger waren im Gegenteil ganz glücklich über dieses winzige Fleckchen auf der ansonsten makellos weißen Weste ihres neuen Staatsoberhaupts, konnten sie doch daraus Vergessen und Verzeihen auch für ihre eigenen politischen Sünden ableiten. Und das wiederum lag im Herbst 1949, fast viereinhalb Jahre nach der bedingungslosen

Kapitulation, ganz in der Absicht sowohl der amerikanischen Besatzungsmacht als auch in der des neuen Bundeskanzlers Konrad Adenauer.

Der erste Kanzler hätte zwar gute Gründe gehabt, auf die zwölf Jahre der Nazi-Diktatur mit Abscheu und Zorn zurückzublicken, doch er blickte nicht zurück in Zorn, sondern mit kühler Gelassenheit voraus. Wichtiger als eine Auseinandersetzung mit der mörderischen Vergangenheit schienen ihm die Wiederherstellung geordneter Verhältnisse und die Verwirklichung seiner Pläne für eine Integration Westdeutschlands in die kapitalistische westliche Welt.

Immerhin nahm der Kanzler bei seiner ersten Kabinettsbildung noch einige Rücksicht auf die Gefühle der Nazigegner, weniger der deutschen als der in den Nachbarländern der Bundesrepublik, wo man die Zeit des braunen Terrors nicht so schnell vergessen konnte, wie es Adenauer lieb gewesen wäre. Der linkskatholische Publizist Eugen Kogon, ehemaliger Häftling im KZ Buchenwald und Mitbegründer der CDU, durchschaute Adenauers Absichten, und er gab sich keinen Illusionen hin, was die politische Linie der neuen Bundesregierung betraf. In den *Frankfurter Heften* schrieb er im Dezember 1949: »Die bürgerliche Erstregierung der Deutschen Bundesrepublik, einiges hochkommissarielle Zweckwohlwollen und den wärmelosen Glanz offiziellen Christentums um sich gebreitet, ist vorerst, da sie die Wahlziffern kühn interpretiert hat, von dem Verdacht nicht frei, das Produkt eines . . . politischen und ökonomischen Restaurationsversuchs zu sein.«

Und so sah das Kabinett Konrad Adenauers aus, das er am 21. September 1949 den »Herren über ihm«, wie er sich ausdrückte, wenn er die auf dem Petersberg residierenden Hohen Kommissare meinte, feierlich präsentierte.

Zu seinem Vizekanzler wählte er sich den Bankier Franz Blücher, den 2. Vorsitzenden der Freien Demokraten, der auch Bundesminister für Angelegenheiten des Marshall-Plans wurde, einen in Finanzfragen erfahrenen Mann aus Essen, der sich in der Nazizeit nicht kompromittiert hatte. Bundesminister des Innern wurde Dr. Dr. Gustav Heinemann (CDU), Rechtsanwalt aus Essen, der in der Zeit des »Dritten Reiches« als Bergwerksdirektor bei den Rheinischen Stahlwerken tätig gewesen war und zu den entschiedenen Nazigegnern und Förderern der Bekennenden Kirche gehört hatte. Nach dem Krieg war Dr. Heinemann, einer der Mitbegründer der CDU, als Nachfolger des Kommunisten Heinz Renner Oberbürgermeister von Essen, 1947 auch Justizminister des Landes Nordrhein-Westfalen geworden. 1949 wählte ihn die Synode der Evangelischen Kirche in Deutschland zu ihrem Präses, und das war auch der eigentliche Grund, weshalb ihm Konrad Adenauer das wichtige Innenministerium anvertraute, denn Präses Dr. Heinemann sollte deutlich machen, daß die Union, anders als das Zentrum in der Weimarer Republik, auch für Protestanten Spitzenpositionen offenhielt und einen strengen konfessionellen Proporz wahrte.

Bundeswirtschaftsminister wurde ebenfalls ein Politiker evangelischen Bekenntnisses, der bisherige Direktor der Verwaltung für Wirtschaft Professor Dr. Ludwig Erhard, der gegen mancherlei Widerstände, zumal der britischen Besatzungsbehörden, gleich nach der Währungsreform das Ende der Zwangswirtschaft eingeleitet hatte und als entschiedenster Verfechter der Marktwirtschaft und des freien Unternehmertums galt. Das war nicht immer so gewesen: 1932 hatte Erhard noch erklärt: »Die Sozialdemokratie hätte, nachdem sie zusammen mit anderen Parteien an die Macht gelangt ist, hinsichtlich der Sozialisierung privater Wirtschaftsbetriebe nicht rücksichtsvoller verfahren können, und es ist noch sehr die Frage, ob man ihr diese Haltung zugute rechnen soll.« Und mit Nachdruck hatte er damals darauf hingewiesen, daß beispielsweise staatliche Bergwerke rentabler arbeiteten und besser durch die Krise kämen, weil sie das Hexentempo der Rationalisierung, dem die privaten Zechen erlagen, nicht mitgemacht hätten. Von alledem war bei ihm, dem nun härtesten Gegner jeder Sozialisierung und erst recht jeder Planwirtschaft, überhaupt nicht mehr die Rede. Er vertrat – und nicht erst seit Kriegsende, sondern wie sich später herausstellte, schon im »Dritten Reich« – in allen Wirtschaftsfragen äußerst unternehmer- und konzernfreundliche, liberale Standpunkte. Seine Ernennung zum Bundesminister für Wirtschaft war von der FDP, die den parteilosen Professor zu den Ihren zählte, zur Bedingung für eine Koalition gemacht worden. Adenauer war damit durchaus einverstanden, doch er wußte den Freidemokraten klarzumachen, daß sie sich bei der Verteilung der Ministerposten besser ständen, wenn ihr Vertrauensmann sich der CDU anschlösse.

Der Handel kam zustande und brachte der FDP, der ja bereits für ihren Vorsitzenden das Amt des Bundespräsidenten und für dessen Stellvertreter der Posten des Vizekanzlers zugesagt worden war, das Anrecht auf ein wichtiges Ministerium ein. Für Adenauers CDU hatte das Tauschgeschäft den Vorteil, daß der als Streiter gegen das Bezugschein- und Lebensmittelkarten-Unwesen sehr populäre Professor fortan als Christdemokrat auftrat und für die Union um Stimmen warb.

Bereits bei der Bundestagswahl vom August 1949 – so früh hatten sich FDP und CDU in Vorgesprächen verständigt! – war Ludwig Erhard von der württembergischen CDU im Wahlkreis Ulm aufgestellt worden. Dabei konnte unter der Regie des Fabrikanten Dr. Werner Plappert – damals Oberbürgermeister und Handelskammerpräsident in Heidenheim an der Brenz, auch Mitbegründer und Vorstandsmitglied des Bundesverbandes der deutschen Industrie (BDI), der Bundesvereinigung deutscher Arbeitgeberverbände (BDA) sowie des Deutschen Industrie- und Handelstags (DIHT) – Erhards Wahlkampf finanziert und sein Sieg dadurch garantiert werden, daß die anderen bürgerlichen Parteien – von Dr. Plappert dazu bewogen – keinen Gegenkandidaten aufstellten – eine Besonderheit, die sich einige Jahre später auf sehr seltsame Weise und auf einem gänzlich anderen Gebiet zum erheblichen Nachteil für die Bundesrepublik Deutschland auswirken sollte.

Da auch Ludwig Erhard, der neue Bundeswirtschaftsminister, damals als politisch unbelastet galt, glaubte Konrad Adenauer, dafür bei der Vergabe des Finanzministeriums »nicht so pingelig« sein zu müssen. Dieses wichtige Ressort bekam der von den

Amerikanern 1945 zunächst zum bayerischen Ministerpräsidenten ernannte, dann aus Gründen, von denen bereits ausführlich die Rede war, wieder entlassene CSU-Landesgruppenvorsitzende im neuen Bundestag, Dr. Fritz Schäffer, dessen Berufung ins Kabinett den Weg frei machte für den Aufstieg seines Stellvertreters in der Landesgruppe, des 34jährigen CSU-Generalsekretärs und Oberregierungsrats Franz Strauß, wie dieser sich damals – dem amtlichen Handbuch des Deutschen Bundestags zufolge – noch nannte.

Bundesminister der Justiz wurde der Freidemokrat Dr. Thomas Dehler aus Lichtenfels in Franken, der in der Zeit der Weimarer Republik als entschiedener Demokrat mit den Nazis wiederholt in Konflikt geraten war. Nach 1933 hatte Dr. Dehler, dessen Ehefrau Irma geborene Frank nach den Nürnberger Gesetzen und dem dazu von Dr. Hans Globke mitverfaßten Kommentar als Jüdin galt, unter erheblichen Diffamierungen und Repressalien zu leiden, war 1938 für einige Zeit verhaftet und 1942 in ein Zwangsarbeitslager eingewiesen worden. Dr. Dehler hatte in der Zeit der Nazi-Diktatur auch Verbindung zu oppositionellen Gruppen, die in Zusammenhang mit der Offiziersverschwörung vom 20. Juli 1944 von der Gestapo verfolgt wurden. Nach der Befreiung ernannten die Amerikaner Dr. Dehler zunächst zum Landrat in Bamberg, 1946 zum Generalstaatsanwalt. Ende 1946 bestellte ihn die bayerische Regierung zum Generalankläger für Großfälle im Zuge der politischen Säuberung, doch trat Dr. Dehler schon bald von diesem undankbaren Posten zurück und wurde zum Oberlandesgerichtspräsidenten in Bamberg ernannt. Als Vorsitzender der bayerischen Freidemokraten war er zunächst in den Münchner Landtag, dann in den Parlamentarischen Rat entsandt worden und hatte im August 1949 erfolgreich für den ersten Bundestag kandidiert.

Obwohl mit Fritz Schäffer, Thomas Dehler und dem – vorsorglich außerhalb Bayerns für den Bundestag aufgestellten – nunmehrigen CDU-Professor Ludwig Erhard die Bayern im neuen Kabinett schon hinreichend repräsentiert schienen, ernannte Adenauer auch noch den bisherigen Zweizonen-Staatssekretär Dr. Wilhelm Niklas (CSU) zum Bundesminister für Ernährung, Landwirtschaft und Forsten sowie den Post-Direktor der Frankfurter Zweizonen-Verwaltung, Hans Schuberth (CSU), zum Bundesminister für das Post- und Fernmeldewesen.

Damit war keine weitere Obstruktion von seiten des Freistaats mehr zu befürchten. Der Widerstand der CSU-Mehrheit gegen das den bayerischen Partikularinteressen nur unzureichend entsprechende Grundgesetz schmolz dahin. Auch Bayerns Ministerpräsident hatte die neue Verfassung schließlich unterschrieben, obwohl noch am Tag zuvor vom Münchner Landtag mit 101 Nein- gegen 63 vornehmlich sozialdemokratische und liberale Ja-Stimmen bei 9 Enthaltungen ihre Ablehnung beschlossen worden war.

Doch nicht nur den Bayern hatte Adenauer personelle Zugeständnisse machen müssen. Auch die kleinen Koalitionspartner der Union hatten sich bei den Vorverhandlungen als zäh und postengierig erwiesen, besonders die Freien Demokraten. Sie beanspruchten (und erhielten) auch noch das Ministerium für Wiederaufbau für ihren Wohnungsbau- und Siedlungsfachmann Eberhard Wildermuth, einen politisch unbelasteten Liberalen, der seit 1928 als Vorstandsmitglied der Deutschen Bau- und Bodenbank tätig gewesen war und 1930 die Deutsche Gesellschaft für öffentliche Arbeiten gegründet hatte.

Für die Deutsche Partei (DP), deren Anhängerschaft nur in Niedersachsen erheblich war, mußten zwei Ministerposten zur Verfügung gestellt werden. Der DP-Vorsitzende Heinrich Hellwege aus Neuenkirchen, Kreis Stade, der in der Nazi-Zeit einer illegalen, welfisch orientierten Gruppe angehört hatte, wurde Bundesminister für Angelegenheiten des Bundesrats und der Länder, womit ein überzeugter Föderalist zum Wächter über die Beziehungen zwischen der Zentralregierung und den Landesregierungen bestellt war.

Der 2. Vorsitzende der Deutschen Partei, Dr. Hans-Christoph Seebohm, wurde Bundesminister für Verkehr. Er verkörperte in noch weit stärkerem Maße als Hellwege das konservative Element in der DP, jedoch war er kein Föderalist, schon gar nicht welfisch gesinnt, sondern ein Deutschnationaler. Als Sohn eines Zechenbesitzers 1903 im oberschlesischen Emanuelssegen geboren, hatte er die Freiberger Bergakademie absolviert, war von 1933 bis 1938 Werksleiter der Schachtanlagen Sosnitza und der Preußengrube AG in Gleiwitz gewesen, dann Bergwerksdirektor der Hohenlohe-Werke AG und Vorsitzer des Aufsichtsrats der – wie er erklärte – »seiner Familie gehörenden« Britannia-Kohlenbergwerke, von 1941 an auch Aufsichtsratsvorsitzer der von ihm mitgegründeten Egerländer Bergbau AG, wobei anzumerken ist, daß es sich bei diesem Unternehmen vornehmlich um »arisiertes«, vormals jüdisches Industrieeigentum handelte. 1945 war Seebohm aus der Tschechoslowakei nach Braunschweig geflüchtet, weshalb er später als Sprecher der Sudetendeutschen auftreten zu können meinte, wozu Adenauer trocken bemerkte: »Der Herr Seebohm is im Sudetenland jezeucht worden.« Nach der Kapitulation wurde Seebohm zunächst Vizepräsident der Braunschweiger Industrie- und Handelskammer und Vorsitzender der Wirtschaftsverbände der Bereiche Erdölgewinnung und Maschinenbau in der britischen Besatzungszone. In der neuen Regierung vertrat Dr. Seebohm mit ähnlichem Nachdruck wie Professor Erhard die Interessen der Unternehmer, weshalb Adenauer, der sich zunächst mit dem Gedanken getragen hatte, Seebohm der Öffentlichkeit als Repräsentant der Heimatvertriebenen vorzustellen, auch noch einen Bundesminister für Vertriebene in sein Kabinett aufnahm.

Ursprünglich war für diesen Posten der aus Ostpreußen stammende Rechtsanwalt Dr. Linus Kather vorgesehen, doch in letzter Minute änderte Adenauer die Ministerliste. Kather, der bis 1933 Zentrumsmann und Stadtverordneter in Königsberg gewesen war, seit seiner Flucht nach Westen in Hamburg lebte, dort die erste Flüchtlingsorganisation, die »Notgemeinschaft der Ostdeutschen«, gegründet hatte und Vorsitzender des Vertriebenenverbands der britischen Zone sowie 3. Vorsitzender der CDU in Nordwestdeutschland war, mußte zu seinem großen Ärger zurückstehen. Statt seiner beauftragte Adenauer Dr. Hans

Lukaschek mit diesem Ressort, einen früheren Zentrumspolitiker, der bis 1933 Oberpräsident der Provinz Oberschlesien gewesen war, zum Kreisauer Kreis des in die Verschwörung vom 20. Juli 1944 verwickelten Grafen Peter v. Yorck gehört hatte und deshalb vom 21. Juli 1944 bis zum Ende des Kriegs als Häftling im Konzentrationslager Ravensbrück »zur Verfügung der Gestapo« gehalten worden war. Im Herbst 1945 war Dr. Lukaschek von den sowjetischen Behörden zum Landwirtschaftsminister in Thüringen ernannt worden, 1947 hatte er sich in den Westen geflüchtet und war Vizepräsident des Obersten Gerichts für die britisch-amerikanische Zone geworden.

Dr. Lukaschek verdankte seine Ernennung zum Bundesminister in erster Linie dem Wunsch Dr. Adenauers, in seinem ersten Kabinett möglichst viele von den Nazis verfolgte Männer des Widerstands vorweisen zu können, die aber – und das schränkte die Auswahl stark ein – keine Sympathien für die Linke, schon gar nicht für die Kommunisten haben durften.

Die einzigen Konzessionen, die der Bundeskanzler der damals noch starken Linken in seiner eigenen Partei machte, war zum einen die Betrauung des Gewerkschafters Anton Storch mit dem Bundesministerium für Arbeit, zum anderen die Ernennung Jakob Kaisers zum Bundesminister für gesamtdeutsche Fragen. Anton Storch, 1892 in Fulda als Arbeitersohn geboren, gelernter Tischler, von 1920 an Funktionär des Zentralverbands Christlicher Holzarbeiter, 1933 aus politischen Gründen entlassen, hatte sich in den zwölf Jahren der Naziherrschaft als Versicherungsvertreter mühsam durchgeschlagen, bis er 1939 zur Feuerschutzpolizei einberufen wurde. Von 1945 an arbeitete er zunächst wieder als Tischlergeselle, beteiligte sich aber auch sehr aktiv an der Gründung der Einheitsgewerkschaft und leitete von 1946 bis 1948 die Sozialpolitische Abteilung des DGB. Der biedere, politisch sehr gemäßigte und kirchentreue Gewerkschafter, zuletzt Direktor der Verwaltung für Arbeit des Vereinigten Wirtschaftsgebiets, hätte Adenauer als Vertreter des linken CDU-Flügels im Kabinett eigentlich ausgereicht, und von Storch waren keine Einmischungen in die Gesellschafts- und Wirtschafts-, schon gar nicht in die Deutschland- und Außenpolitik zu befürchten. Aber der Druck des Arbeitnehmerflügels der Union, von dessen Vertretern bei der Kanzlerwahl einige gefehlt, andere – so vermutete jedenfalls der Parteichef – sich der Stimme enthalten oder gar gegen ihn gestimmt hatten, war so stark, daß er als weiteres, sehr viel größeres Zugeständnis den Führer der Linken in der CDU, Jakob Kaiser, in sein Kabinett aufnehmen mußte.

Jakob Kaiser, 1888 im unterfränkischen Hammelburg geboren und gelernter Buchbinder, war seit 1912 in den christlichen Gewerkschaften aktiv. Von 1918 bis 1933 hatte er als ihr Landesgeschäftsführer für Westdeutschland mit Sitz in Köln eng mit den Zentrumspolitikern Adam Stegerwald und Heinrich Brüning zusammengearbeitet. Im März 1933 war Kaiser für die Zentrumspartei in den Reichstag gewählt worden, hatte mit seiner Fraktion dem Ermächtigungsgesetz zwar zugestimmt, aber bald darauf wieder Standhaftigkeit bewiesen, als unter dem Druck der Nazis die christlichen Gewerkschaften »gleichgeschaltet« und in die Deutsche Arbeitsfront eingegliedert wurden. Er verweigerte seine Unterschrift, zog sich zunächst von der Politik zurück und schied im November 1933 aus dem Reichstag aus. 1938 hatte ihn die Gestapo mehrere Monate lang in Haft gehalten, dann aber wieder freigelassen. Mit dem sozialdemokratischen Gewerkschafter Wilhelm Leuschner und dem früheren Vorsitzenden des Deutschnationalen Handlungsgehilfenverbands, Max Habermann, war Jakob Kaiser zum Kreis der Verschwörer vom 20. Juli 1944 gestoßen; gemeinsam hatten sie den »Arbeiterflügel« gebildet. Nach dem mißlungenen Attentat auf Hitler und der Aufdekkung des Komplotts durch die Gestapo war Leuschner verhaftet und bald darauf hingerichtet worden; Habermann hatte sich, um diesem Schicksal zu entgehen, selbst das Leben genommen. Jakob Kaiser aber war es gelungen, sich durch rasche Flucht der Festnahme zu entziehen und zehn Monate lang versteckt zu halten, bis die Rote Armee die letzten SS-Verbände vertrieben hatte.

Kaiser war dann einer der Gründer der CDU in der sowjetischen Besatzungszone und deren 1. Vorsitzender, bis er, zusammen mit Ernst Lemmer, 1947 von der Besatzungsmacht seiner Parteiämter enthoben wurde. Kaiser und Lemmer hatten es abgelehnt, am Deutschen Volkskongreß offiziell teilzunehmen. Dieses ohne Wahlen gebildete Vorparlament, das die gesamtdeutschen Interessen gegenüber den Siegermächten vertreten, die Spaltung Deutschlands verhindern und einen gerechten Frieden für das ganze Land fordern sollte, hätte nach Auffassung Kaisers der SED eine Vormachtstellung auch in Westdeutschland und maßgebenden Einfluß auf eine künftige deutsche Zentralregierung eingeräumt, und dem wollte Kaiser nicht noch Vorschub leisten.

Nach seiner Absetzung war Jakob Kaiser nach West-Berlin gegangen, hatte als Vertreter Berlins am Bonner Parlamentarischen Rat teilgenommen und war für die CDU in den ersten Bundestag gewählt worden. Innerhalb der Union vertrat er mit großer Entschiedenheit die Interessen der Arbeitnehmer gegen die Übermacht der Repräsentanten des Kapitals und des Großgrundbesitzes. Adenauers Politik der raschen Westintegration der Bundesrepublik unter Verzicht auf jeden Versuch, die Einheit Deutschlands wiederherzustellen, stand Jakob Kaiser mit großer Skepsis gegenüber.

Bundeskanzler Adenauer war sich der Schwierigkeiten durchaus bewußt, die ihm Kaiser in der Fraktion machen konnte. Indem er ihn ins Kabinett holte und ihm das schwierige Feld der »gesamtdeutschen Fragen« überließ, hoffte er seinen Gegner so intensiv zu beschäftigen, daß dieser ihn in anderen, wichtigeren Bereichen nicht mehr würde stören können.

Unter »gesamtdeutschen Fragen«, mit denen sich Jakob Kaiser nun als Ressortminister zu befassen hatte, war im Herbst 1949 etwas ganz anderes zu verstehen als heutzutage. Es ging nicht etwa um die Pflege der besonderen Beziehungen zwischen der Bundesrepublik und dem anderen, das Gebiet der sowjetischen Besatzungszone umfassenden deutschen Staat, der am 7. Oktober 1949 mit dem Namen »Deutsche Demokratische Republik« gegründet worden war und von einer provisorischen Volkskammer eine eigene Verfassung erhalten hatte. Es konnte solche Beziehungen gar nicht geben, denn die Bundesregierung leugnete die Existenz des anderen Staats, der DDR; sie stellte sich auf den Standpunkt, daß allein die Bundesrepublik Deutschland das Recht habe, für alle Deutschen – auch die im sowjetischen Besatzungsgebiet – zu sprechen und zu handeln.

Dieser sogenannte »Alleinvertretungsanspruch« wurde damit begründet, daß in der DDR – die bundesoffiziell weiterhin als SBZ, Sowjetische Besatzungszone, bezeichnet werden mußte – keine freien Wahlen stattgefunden hätten noch möglich seien, solange dort im Schutze der Sowjetmacht eine kommunistische Gewaltherrschaft bestehe.

Das neue, Jakob Kaiser anvertraute Bundesministerium für gesamtdeutsche Fragen hatte unter diesen Gesichtspunkten eine Aufgabe zu erfüllen, die im wesentlichen darin bestand, in die DDR mit allen Mitteln der Propaganda hineinzuwirken, den antikommunistischen Kräften dort den Rücken zu stärken und sie zu aktivem oder passivem Widerstand zu ermuntern; die DDR ausforschen zu lassen, die Ergebnisse zentral auszuwerten und für die einzelnen Arbeitsbereiche zu benutzen; sodann die Abwerbung von Spezialisten aller Art systematisch zu fördern und ihnen Hilfe bei und nach ihrer Flucht in den Westen zu bieten, wobei als Gegenleistung wiederum Informationen aus den Lebens- und Arbeitsbereichen der DDR-Flüchtlinge gefordert wurden; schließlich die Planung bis ins letzte Detail für den Tag X, an dem die DDR, auf welche Weise auch immer, in den westlichen Machtbereich gelangen und der Bundesrepublik »angegliedert« werden würde.

Über die DDR hinaus durfte sich das Bundesministerium für gesamtdeutsche Fragen aber auch zuständig fühlen für die »zur Zeit unter polnischer – oder sowjetischer – Verwaltung« stehenden Gebiete jenseits der Oder und Neiße, jedoch nur bis zur Grenze des Deutschen Reichs vom 31. Dezember 1937. Hinsichtlich dieser Provinzen – Pommern, Schlesien, Ostpreußen und Grenzmark – beschränkte sich die Aufgabe des Ministeriums im wesentlichen auf die Sammlung aller erlangbaren Informationen sowie auf die Förderung der Vertriebenenorganisationen, besonders der sogenannten Landsmannschaften, die ihrerseits die Forderung nach Rückgabe ihrer alten Heimat an das – allein von der Bundesrepublik repräsentierte – Mutterland mit Nachdruck vertraten, sowie auf die Erhaltung des öffentlichen Interesses an den früheren deutschen Ostprovinzen, sei es durch Schulunterricht, Benennung von Straßen, Plätzen und Gebäuden nach ostdeutschen Städten und Landschaften oder Aufstellung von Wegweisern mit Angabe der Entfernung nach Königsberg, Stettin oder Breslau, sei es durch Förderung aller Kunstgattungen, wenn sie den »Heimatgedanken« hinreichend vertraten.

Jakob Kaiser erhielt also ein recht umfangreiches und nicht minder heikles Aufgabengebiet, letzteres zumal im Hinblick auf das äußerst prekäre Gleichgewicht zwischen den großen Blöcken und die akute Gefahr eines dritten Weltkriegs. Es war ein Spiel mit dem Feuer, das Konrad Adenauer seinen gesamtdeutschen Minister Jakob Kaiser treiben ließ, und das Ganze entbehrt nicht einer gewissen Pikanterie, wenn man bedenkt, daß der allein die Richtlinien der Politik bestimmende Kanzler außenpolitische Ziele verfolgte, deren Verwirklichung eine vom gesamtdeutschen Ministerium mit soviel Eifer und Aufwand angestrebte und sorgsam vorbereitete Wiedervereinigung mit größter Wahrscheinlichkeit ausschlossen. Würden aber umgekehrt die Pläne, die Kaisers Ministerium mühevoll bis in die letzte Einzelheit für den Tag X ausarbeitete, jemals in die Tat umgesetzt werden können, so hätte dies das abermalige Scheitern des Adenauerschen Plans der totalen Westintegration eines deutschen Teilstaats und aller Wahrscheinlichkeit nach auch das Ende seiner Herrschaft bedeutet.

Dennoch diente die Schaffung eines gesamtdeutschen Ministeriums nicht allein der Beschäftigung und Ablenkung Jakob Kaisers, obwohl es, wie wir noch sehen werden, durchaus den taktischen Gewohnheiten Adenauers entsprach, die führenden Politiker des linken Flügels der Union mit den undankbarsten und aufreibendsten Aufgaben zu betrauen oder sie ins ferne Ausland abzuschieben. Es gab tatsächlich 1949 noch eine sehr starke »gesamtdeutsche« Strömung, besonders bei den Sozialdemokraten, den Liberalen und den Konservativen, ganz zu schweigen von den vielen Millionen Vertriebenen und Flüchtlingen, die damals noch fest an die Möglichkeit einer Rückkehr in ihre Heimat glaubten. Der starke politische Druck, der von diesen unterschiedlichen Kräften ausging, brauchte ein Ventil, und um dieses zu schaffen, ließ Adenauer das gesamtdeutsche Ministerium mit erheblichem Aufwand eine vehemente antikommunistische, antisowjetische und antipolnische Propaganda treiben, umfassende Wiedervereinigungspläne ausarbeiten und alle Bestrebungen finanziell kräftig fördern, die die deutschen Gebiete zwischen Elbe und Oder der Bundesrepublik einverleiben sowie die an Polen oder die Sowjetunion verlorenen Provinzen zurückgewinnen wollten – »in Frieden und Freiheit«, wie stets beteuert wurde.

Aber gleichzeitig betrieben die anderen Ministerien seiner Regierung mit großem Aufwand und Nachdruck die rasche und vollständige Integration der nach Westdeutschland eingeströmten Heimatvertriebenen und Flüchtlinge. Mit diesen Bemühungen hatten sie einen glänzenden, von niemandem in diesen Ausmaßen erwarteten Erfolg, wobei sich unvorhergesehene Umstände, von denen noch die Rede sein wird, sehr hilfreich auswirkten. Das Problem der Massenaufnahme von Menschen, die alles verloren hatten, löste sich rascher, als es sich selbst die größten Optimisten damals vorzustellen vermochten, und es lieferte nicht den sozialen Zündstoff, der daraus hätte entstehen können.

Überhaupt kam Westdeutschland, kaum daß die Bundesrepublik gegründet worden war, überraschend schnell zur Ruhe. Der Aufstieg aus der Welt der Trümmer, der Not und des Hungers, der nach der Währungsreform eingesetzt hatte, nahm seinen Fortgang. Unter den Trümmern waren, wie sich zur Überraschung aller gezeigt hatte, so große Bestände an Textilien, Lebensmitteln, Hausrat, Lederwaren, Baumaterialien und Rohstoffen aller Art gehortet gewesen, daß sich Westdeutschland in die weltwirtschaftliche Konjunkturbewegung hatte einfädeln können. Der Hunger der Normalverbraucher war so groß, die Freude, wieder etwas kaufen zu können, so überwältigend gewesen, daß die Verbraucher in ihrem Rausch gar nicht merkten, wie sehr man sie getäuscht und betrogen, wie grausam ungerecht man sie um ihre Ersparnisse gebracht hatte.

Im Gegenteil, die allermeisten waren mit den sehr bescheidenen Fortschritten, die sich überall bemerkbar machten, bereits so zufrieden, daß von Sozialismus und Sozialisierung kaum noch die Rede war. Bei der CDU hatte man das Ahlener Programm bereits vergessen. Als am 11. Mai 1950 in Königswinter die Vorsitzenden der Landesverbände die Christlich-Demokratische Union als deutsche Gesamtpartei aus der Taufe hoben, wurde Konrad Adenauer einstimmig zum vorläufigen Vorsitzenden gewählt; noch im Oktober desselben Jahres bestätigte ihn der erste CDU-Parteitag in Goslar in diesem Amt mit 302 von 335 Delegiertenstimmen; 22 Enthaltungen, 4 Nein-Stimmen, 4 Voten für führende Politiker der Unionslinken und ein ungültiger Zettel ließen erkennen, wie schwach die Verfechter des gemeinwirtschaftlichen, antikapitalistischen Kurses geworden waren. So kam es auch, daß Professor Ludwig Erhard, der Vertrauensmann der Industrie und Vorkämpfer für ein freies Spiel der Kräfte ohne Planwirtschaft und staatliche Eingriffe – außer solchen, die die Unternehmer begünstigten –, zum stellvertretenden CDU-Parteivorsitzenden gewählt wurde.

Deutlicher ließ sich die Abkehr vom Ahlener Programm nicht ausdrücken, und es wurde auch klar, daß sich der Rechtskurs der von Konrad Adenauer geführten Partei wie auch der von ihr getragenen Regierung noch verstärken würde, trotz der von Erhard geprägten Formel einer »sozialen Marktwirtschaft« und trotz eines Kabinetts, das in der Mehrzahl aus Nazi-Gegnern bestand.

Was die personelle Seite betraf, so begann im Winter 1949/50 der Aufbau einer Ministerialbürokratie, zugleich der der Verwaltung, Justiz und Polizei. Den ersten und wichtigsten Schritt in dieser Richtung stellte die Ernennung des Vizepräsidenten des Landesrechnungshofs von Nordrhein-Westfalen, Dr. Hans Maria Globke, zum Ministerialdirigenten im Bundeskanzleramt dar. Im Oktober 1949 wurde er – und das bot den unverfänglichen äußeren Anlaß für seine Berufung – mit der Leitung der Kommission beauftragt, die die Richtigkeit der Feststellungen des sogenannten »Hauptstadt-Ausschusses« nachzuprüfen hatte. Es ging darum, die Kosten zu berechnen, die entstehen würden, je nachdem, ob man sich für Frankfurt oder Bonn als Bundeshauptstadt entschied, und da lag es nahe, den hohen Beamten eines Rechnungshofs heranzuziehen.

So jedenfalls mußte es vielen Abgeordneten erscheinen, wenngleich die Eingeweihten wußten, daß Adenauer sich längst für Bonn, die Hauptstadt vor seiner Haustür, entschieden hatte und »seinen Globke«, wie ihn *Der Spiegel*, dessen Sympathien Frankfurt galten, respektlos nannte, mit einer Steuerung in dieser Richtung beauftragt zu haben schien. Das war sicherlich richtig, nur stellte der Auftrag vor allem die Probe dar, der Dr. Globke sich zu unterziehen hatte. Glückte es ihm, sich auf dem Bonner Parkett zurechtzufinden und das heikle Problem im Sinne des Kanzlers zu lösen, so sollte er fortan als des Kanzlers engster Berater die Personalabteilung des Bundeskanzleramts leiten.

Tatsächlich wurde Dr. Globke am 8. Juli 1950 offiziell zum Ministerialdirektor ernannt und mit der ihm in Aussicht gestellten Schlüsselposition betraut; Bundespräsident Professor Heuss unterschrieb an diesem Tage die Ernennungsurkunde, nachdem ihm zuvor von Adenauer versichert worden war, die SPD habe ihre anfänglichen Bedenken gegen Globke »zurückgestellt«, was allerdings den wirklichen Standpunkt der sozialdemokratischen Parteiführung verfälschte.

Indessen war Dr. Globke auch schon vor seiner offiziellen Ernennung und Beförderung derjenige im Bundeskanzleramt gewesen, der den Kanzler in allen wichtigen Personalentscheidungen beriet, und auf seinen Einfluß gingen nicht nur einige Veränderungen der Ministerliste zurück, sondern vor allem die Besetzung der Staatssekretärs- und Abteilungsleiterposten in den verschiedenen Ministerien.

So wurde beispielsweise Dr. Friedrich Karl Vialon Anfang

1950 Abteilungsleiter im Bundesfinanzministerium. Der erfahrene Beamte war schon 1937 aus dem badischen Justizdienst ins Reichsfinanzministerium berufen worden, hatte dann – wie er in seinem Lebenslauf für die Presse kurz vermerkte – »im Kriege Wehr- und Zivildienst, Inland und besetzte Gebiete« geleistet und war nach der Kapitulation für einige Jahre von der Bildfläche verschwunden.

Der Grund dafür lag möglicherweise darin, daß er seinen Zivildienst in den Jahren 1942 bis 1944 als Abteilungsleiter II im »Reichskommissariat Ostland« damit verbrachte, aus den dortigen Juden soviel Geld und Wertsachen herauszupressen wie nur irgend möglich. Sein Vorgänger in diesem Amt war der grausamen Aufgabe nicht gewachsen gewesen und – wie es in der Personalakte hieß – »nicht ostlandfähig«, offenbar wegen ungenügender Unterdrückung letzter Regungen von Menschlichkeit. Vialon beendete rigoros solchen Schlendrian. Seine Dienststelle »erfaßte« alle noch »verfügbaren« Juden – nach der Ermordung von etwa 250000 Menschen noch knapp 100000 Überlebende – und vermietete sie als Arbeitssklaven an Behörden und Privatfirmen. Sie kassierte bis 1944 »aus der Verwertung der Judenarbeit« rund fünfeinhalb Millionen Reichsmark.

Die baltischen Juden waren, ehe man sie versklavte, restlos ausgeplündert worden; oft hatte man ihnen auch das letzte Paar Schuhe und die einzige Jacke geraubt. Damit sie nicht erfroren, sondern weiter »verwertet« werden konnten, ordnete Vialon am 25. September 1942 an, für Arbeitsfähige »aus dem angefallenen jüdischen Vermögen Wäsche, Kleidung, Schuhwerk und sonstige für den notdürftigen Lebensunterhalt erforderliche Gegenstände zurückzuhalten und einzulagern«, um sie bei Einbruch des Winters verfügbar zu haben. Aber: »Es ist dabei darauf zu achten, daß nur minderwertige Gegenstände für diesen Zweck ausgewählt und an die Juden ausgegeben werden.«

Vialons fiskalischer Spürsinn verschonte auch nicht die Friedhöfe. Seine Dienststelle verhökerte jüdische Grabsteine und erlöste beispielsweise pro Kubikmeter schwarzen Basalts 300 Reichsmark. Insgesamt kassierte sie aus dem Verkauf beweglicher Habe ihrer Zwangsarbeiter fünfeinhalb Millionen Reichsmark. Gewissenhaft wies Vialon am 20. Oktober 1942 sämtliche Reichskommissare an, streng darauf zu achten, daß die Juden nichts beiseite schafften und versteckten, vor allem »Gold und Silber, kostbare Musikinstrumente« usw. Er empfahl »geeignete Maßnahmen, auch diese Gegenstände zu erfassen« und den Juden »schwerste Strafe« anzudrohen.

Nachdem Himmler im Sommer 1943 befohlen hatte, »alle im Gebiet Ostland noch in Gettos vorhandenen Juden in Konzentrationslagern zusammenzufassen«, wo sie der »Endlösung« zugeführt werden sollten, versiegten die stattlichen Einnahmen. Am 15. Februar 1944 beklagte sich Vialon bitter bei seinem Chef, dem Reichskommissar Ostland, Hinrich Lohse – er saß als Kriegsverbrecher 1949/50 noch in Haft, wurde aber wenige Monate später aus gesundheitlichen Gründen entlassen –, über »die beängstigenden Schulden des Reichskommissariats«. Das Schicksal der Arbeitssklaven, die zuvor seine Kassen gefüllt hatten, war ihm entgangen.

So jedenfalls behauptete Friedrich Karl Vialon später und geriet dadurch, daß es sich um eine beeidete Aussage in einem Strafprozeß gegen die Henker des Lagers Salaspils bei Riga handelte, in dringenden Verdacht, einen Meineid geleistet zu haben. Erst dieser Umstand beendete 16 Jahre nach seinem Eintritt in den Bundesdienst die Beamtenlaufbahn Vialons, der zuletzt Staatssekretär, zuvor Ministerialdirektor im Bundeskanzleramt war. Der 1966 in den Ruhestand versetzte Finanzexperte widmete sich dann als Honorarprofessor ganz einem ihm erteilten Lehrauftrag an der Universität Saarbrücken.

Die Ernennung Vialons in der Gründungsphase der Bonner Ministerialbürokratie war indessen keineswegs ein Einzelfall. So wurde, um nur noch einige wenige Beispiele anzuführen, der Verwaltungsjurist Rudolf Senteck Ende 1949 ins Vertriebenenministerium berufen, wo er bis zu seiner Pensionierung im Jahre 1967 als Ministerialdirigent, zeitweise auch als Bundesbeauftragter für die Umsiedlung, sehr erfolgreich wirkte, denn er wurde dann mit dem Großen Bundesverdienstkreuz ausgezeichnet.

Senteck hatte seine Karriere – wie Dr. Globke – im preußischen Innenministerium in der Zeit der Weimarer Republik begonnen. Die Stationen seiner weiteren Laufbahn gab Senteck später, etwas verkürzt, wie folgt an: »Landratsamt Gleiwitz, Regierung Oppeln, Siedlungsverband Ruhrkohle, Kommissar für die Preisbildung«. Es fehlte dabei seine jahrelange Tätigkeit als hauptamtlicher SS-Führer, von 1939 an, im Stab des SS-Rasse- und Siedlungs-Hauptamts unter dem SS-Oberführer Curt v. Gottberg.

Staatssekretär im Bundesministerium für gesamtdeutsche Fragen wurde 1949, ebenfalls auf Empfehlung Dr. Globkes hin, der Abwehrspezialist Franz Thedieck. 1923 hatte er seine Laufbahn in Köln begonnen, wo er im Auftrag des preußischen Innenministeriums eine Stelle zur Abwehr separatistischer Bestrebungen leitete. Bis 1940 war Thedieck dann als Regierungs- und Oberregierungsrat Sicherheits-, später Reichsverteidigungsbeauftragter im Kölner Regierungspräsidium, danach in gleicher Eigenschaft als »Generalreferent« bei der deutschen Militärverwaltung in Brüssel. Als er sich 1946 um Wiedereinstellung in den Staatsdienst bewarb, wurde er der Fragebogenfälschung überführt und zu einem Jahr Gefängnis verurteilt. Er hatte im Juni 1933 im Kölner Raum eine Reihe von Regimegegnern aus dem linken Spektrum durch die Gestapo verhaften lassen und vielleicht deshalb seine damaligen Funktionen nicht völlig korrekt beschrieben.

Ministerialrat und Referatsleiter im Vertriebenenministerium wurde Dr. Werner Essen, ein früherer Mitarbeiter Dr. Globkes im Judenreferat des Reichsinnenministeriums. Dr. Essen war 1941, wie ein Jahr später Vialon, Abteilungsleiter im Reichskommissariat Ostland geworden und hatte sich dort als »Germanisierungs«- und »Rasse«-Spezialist betätigt.

Staatssekretär im Bundesfinanzministerium wurde Alfred Hartmann, der seit 1923 in der Reichsfinanzverwaltung gearbeitet hatte und in den Jahren 1942/43 zum Rechnungshof des Deutschen Reichs in Potsdam abgeordnet worden war, wo er mit der Überprüfung der »Judenvermögensabgaben« zu tun hatte.

Staatssekretär im Bundesministerium für Verkehr wurde Dr. Günther Bergemann, der 1934 als Regierungsrat ins Reichswirtschaftsministerium berufen worden war. Er hatte dort eine rasche Karriere gemacht und wurde 1941, nun schon als Ministerialdirigent, Kriegsverwaltungschef und Chef des Stabes beim Generalbevollmächtigten für die Wirtschaft in Serbien. In dieser Eigenschaft war er maßgeblich an der Ausplünderung Serbiens beteiligt.

Staatssekretär im Bundesinnenministerium wurde Hans Ritter v. Lex, der 1933 als Oberregierungsrat ins Reichsministerium des Innern berufen worden war, also ein Kollege Dr. Globkes. Er befaßte sich indessen bis 1936 in den für Sport und Leibesübungen zuständigen Abteilungen, zunächst als Berichterstatter, dann als verantwortlicher Sachbearbeiter, mit der Beschlagnahme des Vermögens, nicht der Juden, sondern der Arbeitersportvereine.

Staatssekretär im Bundesministerium für Wohnungsbau wurde der bisherige Chef der Landeskanzlei von Nordrhein-Westfalen, Hermann Wandersleb, ein alter Bekannter Dr. Globkes, der 1933 beim Aachener Regierungspräsidium als Landrat z.D. eingesetzt gewesen war, zuvor war er Landrat des Kreises Querfurt. Am 26. Oktober 1943 hatte ihn Dr. Globke namens des Reichsministeriums des Innern dem Reichsführer SS für einen »Südeinsatz« von Beamten in der Operationszone »Adriatisches Küstenland« vorgeschlagen. Damit hatte es folgende Bewandtnis: Nachdem am 9. September 1943 Marschall Badoglio mit Hitler gebrochen und ihm einige Tage später den Krieg erklärt hatte, brauchte die Wehrmacht dringend Beamte für die neuzuschaffende Militärverwaltung des besetzten Teils von Italien. Der Kommission, die diese Beamten eilig zu beschaffen hatte, gehörte auch Ministerialrat Globke an. Erst nach Abschluß des »Südeinsatzes« konnte mit der Deportation der italienischen Juden in die Vernichtungslager begonnen werden.

Staatssekretär im Bundesministerium für Ernährung, Landwirtschaft und Forsten wurde der Korvettenkapitän a.D. Theodor Sonnemann, im »Dritten Reich« Wehrwirtschaftsoffizier. Er hatte bis Anfang 1940, zuletzt als Vertreter des Vorsitzenden des

Wirtschaftsrüstungsamts, als Verbindungsmann des OKW zur Rüstungsindustrie Erfahrungen gesammelt und war dann an der Vorbereitung des Überfalls auf das neutrale Norwegen als »Sachbearbeiter für wirtschaftliche Fragen im Rahmen der militärischen Besetzung« eingesetzt worden, danach Leiter des Wehrwirtschaftsstabs Norwegen, Außenstelle Trontheim. Zuletzt hatte Sonnemann die Leitung zweier Referate im Rüstungsamt und wurde schließlich Abteilungsleiter im Reichsministerium für Rüstung und Kriegsproduktion.

Staatssekretär im Bundeswirtschaftsministerium wurde, nachdem er zuvor als Finanzdirektor der deutschen Kohlenbergbauleitung tätig gewesen war, Anfang 1951 Dr. Ludger Westrick, ein als besonders dynamischer und erfolgreicher Wirtschaftsführer bekannter Montanindustrieller. 1933 hatte Dr. Westrick als Generaldirektor die Leitung der Vereinigten Aluminiumwerke AG (VAW) übernommen, und bis Kriegsende stand er an der Spitze dieses die Leichtmetallgewinnung und -verarbeitung in allen besetzten Ländern Europas kontrollierenden Konzerns. Da Aluminium für den Flugzeugbau unentbehrlich ist, wurden dem Konzern besonders viele Zwangsarbeiter zugewiesen, so daß sie gegen Kriegsende fast 80 Prozent der Gesamtbelegschaft aller Gruben und Werke ausmachten. Unter der obersten Leitung des zum Wehrwirtschaftsführer ernannten, in den zehnköpfigen Industrierat des Reichsmarschalls Göring berufenen Konzernchefs wurden diese Arbeitssklaven mit einer selbst im »Dritten Reich« ungewöhnlichen Rücksichtslosigkeit ausgebeutet. »Solange noch die Kriegsfanfaren dröhnen, hat die deutsche Leichtmetallindustrie nur eine Aufgabe und ein Ziel, worauf alle Maßnahmen ausgerichtet sind und sein müssen: Deutschlands Endsieg!« schrieb er im November 1941 im Fachblatt *Der deutsche Volkswirt*. Wie aus einem Schreiben des Lagerarztes des zum VAW-Konzern gehörenden Lautawerks vom 28. August 1942 hervorgeht, wurden dort auch russische Kinder im Alter von 13 Jahren und Frauen über 60 zu schwerster Männerarbeit herangezogen; sie litten – so der Arzt – »unter allgemeiner Körperschwäche« und chronischen Krankheiten. Die

Sterbe- und Selbstmordziffern waren, wie das Register des Standesamts Lauta, das erhalten geblieben ist, ausweist, außerordentlich hoch, und die Toten im Alter zwischen einem Tag und 63 Jahren stammten aus fast allen Nationen Europas.

Am Rande sei bemerkt, daß das Lautawerk nur einer unter etwa sechs Dutzend ähnlichen Betrieben des VAW-Konzerns war. Doch das alles war in der Aufbauphase der Bonner Ministerialbürokratie längst vergessen. Dr. Westrick blieb bis zu seinem Rücktritt im Jahre 1966 im Amt und war zuletzt, während der Kanzlerschaft seines langjährigen Chefs Ludwig Erhard, Staatssekretär des Bundeskanzleramts und Bundesminister für besondere Aufgaben. Er war somit der Nachfolger von Dr. Hans Maria Globke, dessen Personalpolitik nicht nur die Ära Adenauers entscheidend mitprägte, sondern fortwirkte, denn die 1950 eingestellten Ministerialräte erreichten in den sechziger Jahren nicht selten Spitzenpositionen.

Natürlich war jeder dieser neuen Ministerialbürokraten der gerade erst gegründeten Bundesrepublik, der zuvor den Nazis treu gedient hatte – und es waren ihrer weit mehr als das an Beispielen dargestellte Dutzend! –, im Besitz einiger Leumundszeugnisse, die ihm bescheinigten, daß er kein richtiger Nazi gewesen war, eher sogar ein Gegner des Terrorregimes, beinahe ein Widerstandskämpfer. Solche sogenannten »Persilscheine« stellten sich viele schwer belastete Beamte auch gegenseitig aus, ohne daß sich der Wert dieser Gefälligkeitsatteste merklich minderte. Offenbar, so mußte der unbefangene Beobachter annehmen, waren nahezu sämtliche Staatsdiener der Hitler-Diktatur in Wirklichkeit Hitler-Gegner gewesen und hatten sich nur gezwungenermaßen ein klein wenig am Terror beteiligt.

»Jetzt erzählen sie ausführlich, daß sie in all diesen Jahren stets mit einem Fuß im Konzentrationslager gewesen seien«, schrieb zu diesem Thema Hermann Hesse aus der Schweiz »an eine junge Deutsche«, Luise Rinser, »und ich muß ihnen antworten, daß ich nur jene Hitlergegner ganz ernst nehmen könne, die mit beiden Füßen in jenen Lagern waren, nicht mit dem einen im Lager, mit dem anderen in der Partei . . .«

Luise Rinser antwortete Hesse: »... Es ist alles wahr, was Sie schreiben. Keiner will es gewesen sein, jeder will entnazifiziert werden ... Genauso wenig wie man ›arisiert‹ werden kann, kann man entnazifiziert werden. Für mich ist Nazismus Charakter gewesen, unverleugbare Charaktereigenschaft. Wie kann man durch eine Verfügung der Spruchkammer von einem Makel befreit werden, der im WESEN liegt! Man kann durch eine lange harte Wandlung sich befreien, das ist etwas anderes. Besonders abscheulich finde ich, wenn diese Leute nun sagen: Ich bin doch nur ein Mitläufer gewesen. Ich würde mich zu Tode schämen, das zu sagen. Lieber noch ein böser echter Nazi, vom Teufel getrieben, als bloß ein Mitläufer. Welcher Mangel an Stolz und Einsicht!«

Die neuen Räte, Dirigenten, Direktoren und Staatssekretäre, die 1949/1950 in die Ministerien der provisorischen Bundeshauptstadt einzogen, waren da ganz anderer Ansicht. Sie betrachteten sich als Fachleute ohne politische Verantwortung, als treue Diener der jeweiligen Obrigkeit. Wenn man von ihnen verlangte, einigermaßen glaubhaft zu machen, daß sie sich nichts Böses dabei gedacht hatten, als sie »nur ihre Pflicht« taten, dann erfüllten sie eben auch diese offenbar notwendige Aufgabe; dazu brauchten sie weder Stolz noch Einsicht, auch nicht den Verzicht auf beides.

Der Kanzler hatte erklärt, daß große Aufgaben zu erfüllen seien und daß man vorwärts blicken müsse, nicht immer nur zurück.

11. Die Bundesrepublik als moralische Anstalt

Als im Herbst 1949 das Grundgesetz verabschiedet, der erste Bundestag zusammengetreten, das neue Staatsoberhaupt gewählt und mit Konrad Adenauer als Bundeskanzler die Bundesregierung gebildet worden war, die für sich in Anspruch nahm, daß sie für das ganze deutsche Volk spreche und handle, da wäre es eigentlich zu erwarten gewesen, daß diese Regierung als erste Amtshandlung an alle während der Nazi-Diktatur aus Deutschland Verjagten oder vor dem Terror Geflüchteten, die noch in der Fremde lebten, die inständige Bitte um Verzeihung und die herzliche Aufforderung zur Rückkehr in die Heimat gerichtet hätte.

Sie unterließ es, und sie tat es auch später nicht. Wer umfangreichen Besitz zurückgelassen hatte, so dachten wohl die meisten in der Regierungsmannschaft und der Ministerialbürokratie, sofern sie diesem Problem überhaupt Beachtung schenkten, der würde ohnehin zurückkommen und sich um sein Eigentum kümmern. Für diese Geschäftsleute, Fabrikanten, Bankiers, Grundbesitzer und Aktionäre würde dann schon eine zufriedenstellende Lösung gefunden werden. Für die anderen, die Intellektuellen, Literaten, Künstler und Wissenschaftler, zumal wenn sie zur politischen Linken gehörten, hatte man keinen Bedarf, und so vergaß man einfach, daß es sie irgendwo in der Welt noch gab.

Andere in Deutschland waren nicht so vergeßlich. Schon 1946 forderte der Schriftsteller Günther Weisenborn, der dem antinazistischen Widerstand angehört und dafür von 1942 an im Zuchthaus gesessen hatte, anläßlich einer Gedächtnisfeier für

Ernst Toller alle noch im Exil lebenden Vertreter der deutschen Literatur zur Heimkehr auf. ». . . Es ist die Stunde gekommen, in der wir sie zurückrufen müssen, damit sie uns mit ihrer Welterfahrung helfen, den rechten Weg zu finden. Wir entsinnen uns ihrer und ihres Schicksals stets voller Dankbarkeit, und ich glaube im Namen aller verantwortlichen Denkenden zu sprechen, wenn ich meine Stimme erhebe, um sie zu rufen. Hier im Ruinenmeer Berlins, lebend in Kälte und Elend, rufen wir feierlich die Schriftsteller unserer Nation! Wir bitten um ihre Rückkehr aus allen Ländern der Welt.«

Weisenborn nannte dann die Namen von Stefan Andres, Ernst Bloch, Bertolt Brecht, Hermann Broch, Ferdinand Bruckner, Friedrich Burschell, Albert Ehrenstein, Lion Feuchtwanger, Leonhard Frank, Maria Gleit, Oskar Maria Graf, Paris Gütersloh, Heinrich Hauser, Wieland Herzfelde, Hermann Hesse, Richard Huelsenbeck, Alfred Kerr, Kurt Kläber, Harald Landry, Joe Lederer, Rudolf Leonhard, Joachim Maass, Heinrich Mann, Thomas Mann, Ludwig Marcuse, Walter Mehring, Paul Meyer, Hermynia zur Mühlen, Alfred Neumann, Robert Neumann, Balder Olden, Heinz Pol, Hans Josef Rehfisch, Erich Maria Remarque, Albrecht Schaeffer, Maximilian Scheer, Herbert Schlüter, Anna Seghers, Wilhelm Speyer, Bodo Uhse, Fritz v. Unruh, Berthold Viertel, Ernst Waldinger, Otto Zoff, Arnold Zweig »und alle anderen, deren Namen uns noch nicht erreicht haben«.

»Es ist das andere Deutschland, das ruft«, schloß Günther Weisenborn seinen Appell. »Wir, die wir gegen Hitler gekämpft haben, schicken unsere Stimme über Grenzen und Meere und rufen sie, damit sie uns helfen in der schwersten Stunde dieses Volkes, zu dem wir im Elend uns bekennen.«

Am Neujahrstag 1947 richtete Alfred Andersch einen ähnlichen Aufruf an die noch im Exil lebenden deutschen Hochschullehrer. Nachdem eine zweite Entnazifizierungswelle die Universität München zu einem wissenschaftlichen Torso gemacht und die Lage an den anderen deutschen Hochschulen sich ähnlich gestaltet habe, sei es an der Zeit, daß die Kultusminister sich endlich der großen wissenschaftlichen Reserven erinnerten, die Deutschland noch im Ausland habe. »Wir meinen die seit 1933 aus politischen und rassischen Gründen emigrierten Wissenschaftler ... Wir empfehlen sie für den Gebrauch, besonders in deutschen Kultusministerien ... Wir empfehlen, daß die leitenden Männer ... zu klären versuchen, ob die ... ausgewanderten Gelehrten nicht für mehrsemestrige Gastvorlesungen in Deutschland zu gewinnen wären. Wir empfehlen nicht, plump und gründlich, wie man das in Deutschland zu sein pflegt, die sofortige und bedingungslose Heimkehr dieser Leute zu fordern ... Schließlich können wir uns nicht versagen, darauf hinzuweisen, daß hinter der augenblicklichen Lage der deutschen Universitäten und unserem aktuellen Lösungsvorschlag das eigentliche Problem der deutschen Hochschulreform seiner Lösung harrt. In dem Bericht der amerikanischen Erziehungskommission über das deutsche Schulwesen ... wird in vorzüglicher Weise der Klassencharakter des deutschen Bildungssystems enthüllt. Höchst merkwürdig, daß man sich dennoch nicht entschließt, diesen Klassencharakter preiszugeben! Es ist höchste Zeit, daß der Typus des bürgerlichen Studenten, der das anachronistische Bild der deutschen Universität so penetrant enthüllt, eine Konkurrenz erhält durch den Zuzug junger Menschen aus neuen gesellschaftlichen Schichten ... Es wäre denkbar, daß ein Teil der deutschen Gelehrten im Ausland seine Rückkehr geradezu von einer Reform des Bildungssystems in Deutschland abhängig macht. Schließlich hat die reaktionäre Stagnation des deutschen Bildungswesens (in der es noch immer verharrt) ihr Teil zum Aufkommen Hitlers und damit zur Vertreibung des besten Teils der deutschen Wissenschaft beigetragen.«

Tatsächlich waren von 1933 an die Mehrzahl der führenden deutschen Wissenschaftler fast aller Fachbereiche, besonders aber die Koryphäen der Medizin und der mathematisch-naturwissenschaftlichen Fächer sowie ganz speziell einige der bedeutendsten Forscher aus dem Bereich der Kernphysik und der Elektronik, aus Deutschland verjagt worden – mit katastrophalen Folgen, nicht allein für die deutschen Universitäten, für Forschung und Lehre, sondern zum entscheidenden, irreparablen Nachteil für alle Deutschen*.

Eine Reform des deutschen Hochschulwesens von Grund auf war das zwingende Gebot praktischer Vernunft, ebenso das Bemühen, die vertriebenen Wissenschaftler zur Rückkehr zu bewegen. Für beides gab es zudem, wie so oft bei vernünftigen Dingen, moralische Gründe. Aber beides unterblieb, auch nachdem die Bundesrepublik gegründet worden war, denn deren Verfassung beließ die Kulturhoheit bei den Ländern; für Hochschulangelegenheiten blieben deren Kultusminister allein zuständig, und der von Alfred Andersch in bezug auf die Universität München direkt angesprochene bayerische Staatsminister für das Kulturressort war Dr. Alois Hundhammer, ein katholisch-konservativer Föderalist, Mitbegründer der CSU und Führer des altbayerischen rechten Flügels dieser Partei.

Dr. Hundhammer hatte zwar wiederholt von der Notwendigkeit gesprochen, die Universitäten des Landes an Haupt und Gliedern zu reformieren, doch er meinte damit etwas ganz anderes als Andersch, der erklärt hatte, »es müßten die progressiven Kräfte Deutschlands, die in allen Lagern, von der CDU bis zu den Kommunisten und in dem riesigen Lager der nicht mit einem Etikett Versehenen zu finden sind, ernsthaft die Bildung demokratisch-sozialistischer Universitäten ins Auge fassen, die ab sofort allen geeigneten Kräften der deutschen Jugend offen stünden.«

Kultusminister Dr. Hundhammer hielt sich in seiner Schul- und Hochschulpolitik strikt an Leitsätze, wie sie die – 1949 gerade wieder neu aufgelegte und nicht allein an bayerischen Höheren Schulen eingeführte – katholische Sittenlehre *Licht und Leben* wie folgt ausdrückte: »Die modernen Bestrebungen, Wissenschaft und Kunst allen Volksgenossen zugänglich zu machen, verdienen an sich Beifall und Förderung. Aber ... sie werden

* Der Nachweis für die Richtigkeit dieser Behauptung findet sich in: Bernt Engelmann, *Deutschland ohne Juden. Eine Bilanz*, München, 1970, neu aufgelegt 1979 als Goldmann-Taschenbuch Nr. 11240.

gefährlich und bringen mehr Schaden als Nutzen, wenn sie das Bildungsgut unterschiedslos an jeden herantragen.«

Was Dr. Hundhammers Personalpolitik, auch und gerade im Hochschulbereich, betraf, so war sie geprägt von erzkonservativen, orthodox katholischen Vorstellungen. Für politisch links stehende Emigranten, gleich ob Christen oder Juden, für aufgeklärte Liberale oder gar für religionslose Naturwissenschaftler hatte der Minister keine Verwendung. Und Anderschs Forderung – »Wenn man erreichen will, daß die deutschen Wissenschaftler zurückkehren, dann muß man vor aller Öffentlichkeit demonstrieren, daß man ihre Rückkehr wünscht!« – betraf Minister Hundhammer gar nicht, weil er eine solche Rückkehr aller Emigranten aus dem Exil ja überhaupt nicht wünschte. Infolgedessen brauchte er seine – ohnehin nicht vorhandene – Bereitschaft, sie aufzunehmen, auch keineswegs an die große Glocke zu hängen.

Dr. Hundhammer und seine politischen Freunde, zumal beim Klerus, hatten ganz andere, weit dringendere Wünsche. Kaum war das »Grundgesetz für die Bundesrepublik Deutschland« gegen den heftigen Widerstand der altbayerischen rechten CSU verabschiedet, da verlangten sie, den Artikel 5, Absatz 1 – »Jeder hat das Recht, seine Meinung in Wort, Schrift und Bild frei zu äußern und zu verbreiten ... Eine Zensur findet nicht statt« – gemäß der im zweiten Absatz enthaltenen Bestimmung – »Diese Rechte finden ihre Schranken in den Vorschriften der allgemeinen Gesetze ...« – drastisch einzuschränken. Ein Gesetz gegen den Schmutz und Schund sollte vom Bundestag verabschiedet werden, noch ehe die Druckfarbe des Grundgesetzes trocken war.

»Hinter dem Gesetz verbirgt sich eine Tartüfftelei«, schrieb damals Erich Kästner. »Man will nicht nur dem weiblichen Akt an die Gurgel. Man will dem natürlichen Menschen zuleibe. Zur Bekämpfung des Vertriebs eindeutiger Zweideutigkeiten genügen, auch nach Meinung namhafter Juristen, nach wie vor die einschlägigen Paragraphen des Strafgesetzbuchs ... Die Antragsteller wollen ein Kuratelgesetz gegen Kunst und Literatur zuwegebringen. Sie sagen ›Schmutz‹ und meinen ›Abraxas‹« – ein Ballettstück von Werner Egk, das im Winter 1949/50 von katholischer Seite her als »pornographisch« angegriffen und an einigen Orten sogar verboten worden war – »Da zwar für sie beides ein und dasselbe ist, nicht aber fürs Strafgesetzbuch, brauchen sie ein Sondergesetz zur Entmündigung moderner Menschen . . . Wären's nur die Reaktionäre verschiedener Fehlfarben, die das Schundgesetz fordern, ginge es noch an. Denn in Bonn sitzen auch andere Leute. Aber es kommen weitere Fürsprecher hinzu: die sogenannten *Dünnbrettbohrer*. Wenn's schon nicht gelingt, die tatsächlichen Probleme zu lösen, die Arbeitslosigkeit, die Flüchtlingsfrage, den Lastenausgleich, das Wohnungsbauprogramm, den Heimkehrerkomplex, die Steuerreform, dann löst man geschwind ein Scheinproblem. Das geht wie geschmiert. Hokuspokus – endlich ein Gesetz! Endlich ist die Jugend gerettet! Endlich können sich die armen Kleinen am Kiosk keine Aktphotos mehr kaufen und bringen das Geld zur Sparkasse! Dadurch werden die Sparkassen flüssig, können Baukredite geben, Arbeiter werden eingestellt, Flüchtlinge finden menschenwürdige Unterkünfte, und die Heimkehrer werden Kassierer bei der Sparkasse. Ja? . . . Prostituieren sich junge Mädchen, die es in normalen Zeiten gewiß nicht täten, deshalb, weil man ihnen Magazine zeigt, worin andere junge Mädchen, aus ähnlichen sozialen Anlässen, die kaufkräftige Öffentlichkeit, vor allem natürlich ärmliche Kinder und Waisen, anschaulich damit überraschen, daß sie den Busen vorn und nicht auf dem Rücken haben? Sind Menschen, die dergleichen zu glauben vorgeben und deswegen ihr Schand-, nein, ihr Schundgesetz durchpeitschen wollen, ehrliche Leute? . . . Wenn das Schmutz- und Schundgesetz – man sucht übrigens krampfhaft nach einem weniger blamablen Namen – ratifiziert sein wird, werden die Antragsteller den Dünnbrettbohrern zeigen, was sie meinten, als sie für die Jugend in den Kampf zogen . . .«

Der Widerstand, nicht allein der Schriftsteller, sondern einer sehr breiten Öffentlichkeit, überraschte Regierung und Bundestag. Das Gesetz kam zunächst nicht zustande, der Entwurf verblieb in den zuständigen Ausschüssen, ja, Erich Kästner und Stefan Andres wurden – so liberal gab man sich! – als Wortführer der literarischen Opposition nach Bonn eingeladen und von der federführenden Kommission angehört.

Stefan Andres erklärte in seinem Referat vor dem Ausschuß: ». . . überall, wo wir dem Staat einen Machtzuwachs gewähren, müssen wir fürchten, daß er diesen Zuwachs zu anderen Zwekken gebraucht, als wir es wollen. Auf keinem Feld aber ist ein Vordringen der Staatsmacht gefährlicher als dort, wo der Staat beobachtet und die Würde und der Selbstand des Menschen verteidigt wird, und das ist das Feld der freien Meinungsäußerung . . .«

»Ein Schmutz- und Schundgesetz aber, wie es geplant ist«, schloß Stefan Andres seinen Appell an die Bundestagsabgeordneten, »hat alle Entwicklungsmöglichkeiten in sich, geheime und ganz geheime Ziele unter vorgeblichen zu verfolgen. Und der Ausgangspunkt für ein solches Gesetz, mit dem man eines Tages ohne Mühe die verantwortlichen Stimmen der Nation zum Schweigen bringen könnte, wäre die moralisch gefährdete Jugend gewesen, der man, da sie um ihre Ideale betrogen, um ihre Zukunft beraubt dastand, mit einem Paragraphen helfen wollte . . .«

Übrigens, die Beratungen schleppten sich noch hin bis zum Oktober 1952. Bis dahin war der anfangs so starke Widerstand der Öffentlichkeit erlahmt, und so hatten Dr. Hundhammer und seine Freunde die Genugtuung, daß das von ihnen ersehnte Gesetz – mit der abgeänderten Bezeichnung: »gegen den Vertrieb jugendgefährdender Schriften« und einigen geringfügigen Veränderungen – vom Plenum des Deutschen Bundestages verabschiedet wurde.

Noch einmal begehrten die Schriftsteller auf. Luise Rinser erklärte: »Ich halte dieses Gesetz für eines der dümmsten, die es gibt. Jugendkriminalität ist nicht die Folge unmoralischer Bücher, sondern die Folge von Kriegen und schlechten sozialen Zuständen! Wo übrigens soll die Grenze zwischen Erlaubtem und Verbotenem sein? Militaristische Bücher werden erlaubt sein;

Filme, die ›moralisch‹ sind, aber Jugendliche zu verlogenen Wunschträumen aller Art verleiten, werden erlaubt sein ...«

Wolfgang Koeppen meinte: »Die Vernebelung der Köpfe wird gefördert. Erst wird man die Dummen sich regen lassen, aber bald werden die Unterdrücker da sein ... Die Periodika des Blödsinns, der dummen Lüsternheit, der Leserbriefe von Familien-Sadisten, der Äußerung falscher Gefühle, der kloako-historischen Erinnerungen ›aus großer Zeit‹ locken selbstverständlich weiterhin von den Kiosken. Unter dem Vorwand, die Jugend zu schützen, wird ein Weg beschritten, der schon einmal gegangen wurde« und der – wie Koeppen weiter ausführte – über die Bücherverbrennungen vom 10. Mai 1933 und die *Stürmer*-Aushangkästen voll antisemitischer Pornographie zum Massenmord geführt habe.

Im Winter 1949/50 gab es aber auch, ausgelöst durch die immer mehr zutage tretenden sozialen Ungerechtigkeiten, den fehlenden Reformwillen in allen Bereichen und das Muckertum, das sich unter den Fittichen einer Union entwickelt hatte, die sich christlich, demokratisch und sozial nannte, eine sehr engagierte, öffentlich geführte Diskussion über religiöse Ansprüche, Grundhaltungen und praktische Verhaltensweisen. Exemplarisch dafür ist ein Offener Brief, den der Schriftsteller Walter Kolbenhoff im Spätherbst 1949 an Elisabeth Langgässer richtete, eine im »Dritten Reich« mit Schreibverbot belegte Kollegin und gläubige Katholikin.

Kolbenhoff, vor 1933 in Berlin Reporter linker Zeitungen, dann vor den Nazis nach Kopenhagen geflüchtet, nach dem Einmarsch der Wehrmacht in Dänemark erst in großen Schwierigkeiten, dann kurzerhand als kriegsdienstverwendungsfähig eingezogen und 1946 aus amerikanischer Gefangenschaft heimgekehrt, umriß in dem Offenen Brief zunächst seine eigene Position: Es habe, schrieb er, für ihn von früher Jugend an festgestanden, »daß die Kirche und der in ihr verkörperte Begriff ›Gott‹ eine Einrichtung seien, die der Verdummung der Massen dienten«. Er habe aber inzwischen erkannt, daß es neben dem Unterdrückungsinstrument, das die Kirche als Institution darstelle, noch anderes gebe, etwa das Neue Testament und darin insbesondere die Bergpredigt. Auch Graham Greenes Roman *The Power and the Glory* (der 1940 in England erschienen und in Deutschland bis 1948, als das Buch dort in der Übersetzung und unter dem Titel *Die Kraft und die Herrlichkeit* herauskam, unbekannt geblieben war wie fast die gesamte Weltliteratur nach 1933) habe ihn tief erschüttert.

»Ich habe schon sehr lange das Bedürfnis gehabt, in diesen Fragen Klarheit zu suchen und vielleicht auch zu finden«, lautete ein besonders bemerkenswerter Absatz des Offenen Briefs an Elisabeth Langgässer. »Ihr Jesus Christus, sagen wir: Ihr ›Gott‹, würde mich sofort als einen sehr aufrichtigen Anhänger gewinnen können, wenn er in unserer Zeit auf der Seite des unterdrückten, ausgeplünderten Volkes stehen würde. Er steht dort aber nicht . . . Er steht sehr deutlich bei dem Kultusminister Alois Hundhammer, dem Bankier v. Schröder und dem Parteivorsitzenden Konrad Adenauer . . .«

Kolbenhoff, der schon 1947 mit seinem Roman *Heimkehr in die Fremde* durch schonungslose Kritik aufgefallen war und die »Gruppe 47«, einen Kreis zeitkritischer, linksdemokratischer Schriftsteller, die sich alljährlich bei Hans Werner Richter versammelten, mitgegründet hatte, sah also kurz nach der Gründung der Bundesrepublik den christlichen Gott »sehr deutlich« bei dem klerikalkonservativen bayerischen Kultusminister, dem gerade zum Bundeskanzler gewählten CDU-Vorsitzenden und dem Bankier v. Schröder stehen. Was hatte es mit dieser dritten Symbolfigur auf sich?

Die Antwort fand sich zum Teil in einer kurzen Notiz, die *Der Spiegel* damals gerade veröffentlicht hatte: »Kurt v. Schröder, Finanzbaron und ehemaliger SS-Brigadeführer, wurde von dem . . . Bielefelder Spruchgericht zu 60000 DM Geldstrafe verurteilt. 30000 DM gelten durch die sechsmonatige Internierungshaft im Lager Eselsheide als beglichen . . .«

Dazu muß man allerdings wissen, daß der Kölner Bankier Kurt Freiherr v. Schröder, Mitinhaber des angesehenen, 1790 gegründeten Bankhauses J. H. Stein, über ausgezeichnete Beziehungen zu führenden Persönlichkeiten sehr unterschiedlicher politischer Richtung verfügte. Der 1889 in Hamburg geborene Sproß einer hanseatischen Bankiers- und Kaufmannsfamilie war kurz vor dem Ersten Weltkrieg, den er als Regimentsadjutant, dann als Hauptmann im Großen Generalstab verbracht hatte, durch Einheirat Mitinhaber der Kölner Stein-Bank geworden; die Familie seiner Ehefrau, Edith v. Schnitzler, deren Mutter eine geborene Mumm v. Schwarzenstein war, gehörte zur Spitzengruppe des rheinischen Geldadels und hatte verwandtschaftliche Beziehungen zu fast allen Bankier- und Industriellenfamilien Westdeutschlands. Ganz am Rande sei vermerkt, daß auch der Chefpropagandist der DDR, Karl-Eduard v. Schnitzler, ein Vetter der Freifrau v. Schröder war.

In den ersten Monaten nach dem Zusammenbruch des wilhelminischen Kaiserreichs trug sich Kurt v. Schröder mit ganz ähnlichen Gedanken wie der Kölner Oberbürgermeister Konrad Adenauer: Er wollte einen allenfalls lose mit der Weimarer Republik verbundenen Weststaat mit eigener Währung und engen wirtschaftlichen Bindungen an Frankreich und Belgien. Nur verhielt sich der junge Bankier v. Schröder weit weniger zurückhaltend und behutsam als die anderen Förderer der separatistischen Bestrebungen. Er unterzeichnete beispielsweise – im Gegensatz zu Adenauer und dessen Freund Louis Hagen, dem Chef der Oppenheim- und der Levy-Bank – den Aufruf zur sofortigen Gründung einer Rheinischen Republik, den der Separatistenführer Dr. Adam Dorten verfaßt hatte.

Nach dem endgültigen Scheitern der separatistischen Bestrebungen im Herbst 1923 wandten sich Kurt und vor allem Edith v. Schröder bald einer gänzlich anderen politischen Gruppe zu, die ihrerseits die Separatisten als »die Todfeinde von Volk und Reich« bekämpft hatte: Hitlers NSDAP. Dadurch kühlten sich die sehr engen freundschaftlichen Beziehungen des Ehepaars v. Schröder zu zwei anderen Ehepaaren merklich ab, nämlich die zu Konrad Adenauer und dessen erster Frau sowie zu Robert und Dorothea Pferdmenges.

Kurt v. Schröder bedauerte diese Trübung des bis dahin so

herzlichen Einvernehmens und beinahe allabendlichen Beisammenseins, und auch die Schröder-Kinder vermißten die Freunde, besonders ihren (Nenn-) »Onkel Robert« Pferdmenges. Doch während dieser von 1930 an bei Reichskanzler Dr. Heinrich Brüning großen Einfluß gewann, tröstete sich die Familie v. Schröder mit dem direkten Draht, den ihr Familienoberhaupt zu Adolf Hitler hatte. Kurt v. Schröder beriet den »Führer« in wirtschafts- und finanzpolitischen Fragen, vor allem aber half er ihm, allmählich das Vertrauen der rheinisch-westfälischen Schwerindustrie zu gewinnen. 1932 war der Kölner Bankier maßgeblich beteiligt an einer Sammlung von Unterschriften für eine Eingabe an den Reichspräsidenten Paul v. Hindenburg, die dessen Abneigung gegen Hitler überwinden helfen und des Naziführers Ernennung zum Reichskanzler beschleunigen sollte, trotz der Wahlschlappe, die die Nazis am 6. November 1932 erlitten hatten, als ihnen 4,3 Prozent der Wählerstimmen wieder verlorengingen.

Die Eingabe wurde von einer stattlichen Reihe von Wirtschaftsführern, Konzernchefs, Großkaufleuten, Bankiers und Repräsentanten des ostelbischen Großgrundbesitzes unterzeichnet und muß – entgegen späteren Schutzbehauptungen, wonach sie erst am 30. Januar 1933 *nach* Hitlers Ernennung zum Reichskanzler überreicht worden sei – spätestens am 19. November 1932 der Präsidialkanzlei vorgelegen haben, denn an diesem Tage bestätigte Staatssekretär Otto Meißner den Eingang. Die Initiative fiel also zeitlich zusammen mit dem Sturz des Reichskanzlers Franz v. Papen, hatte aber ursächlich wenig oder nichts damit zu tun, und ihr Ziel, Hitler sofort an die Regierung zu bringen, erreichte sie auch nicht.

»Obwohl zwischen Papen und den Nationalsozialisten inzwischen Verbindungen angeknüpft worden waren«, hat Reinhard Vogelsang in einer 1972 veröffentlichten Studie hierzu festgestellt, »und obwohl Papen, dem Gedanken, wenn notwendig, auch in ein Kabinett Hitler einzutreten, nicht mehr fernstand, führte die Eingabe zu keinem Erfolg. In zwei Besprechungen mit Hitler – am 19. und am 21. November – lehnte Hindenburg dessen Forderung nach Führung des Kabinetts ab.«

Mit der Ernennung des Generals Kurt v. Schleicher zum neuen Reichskanzler am 2. Dezember 1932 schienen die Bemühungen des Kölner Bankiers Kurt v. Schröder endgültig gescheitert zu sein. Dabei hatte er in letzter Minute auch noch die Unterstützung der wichtigsten Stahl-Bosse – Dr. Paul Reusch von der Gutehoffnungshütte, Friedrich Springorum vom Hoesch-Konzern und Albert Vögler von den Vereinigten Stahlwerken – erhalten, die zwar nicht bereit waren, die Eingabe zu unterschreiben, sich aber inhaltlich »voll damit einverstanden« erklärten.

Doch ein zweites Unternehmen des emsigen politischen Drahtziehers war dann doch noch – zum Unglück Deutschlands und Europas – von Erfolg gekrönt. Es verschaffte nebenbei dem bis dahin der Presse und Öffentlichkeit außerhalb Kölns unbekannten Bankier v. Schröder erhebliche, ihm zunächst gar nicht erwünschte Publizität. Er arrangierte nämlich am 4. Januar 1933 in seinem Haus im Kölner Villenvorort Marienburg ein heimliches, von der Presse jedoch aufgedecktes Treffen zwischen Papen und Hitler, das zu einem Bündnis der beiden führte und so die Voraussetzung schuf für das »Kabinett der nationalen Konzentration«, das wenig später, am 30. Januar 1933, gebildet wurde und die Machtübernahme durch die Nazis einleitete.

»Hitler und Papen hatten sich verfeindet«, hat Reinhard Vogelsang zur Vorgeschichte dieses für das Schicksal Deutschlands entscheidenden Treffens im Hause des Bankiers v. Schröder festgestellt, »als auf Grund eines von der Regierung Papen erlassenen Gesetzes vier SA-Männer wegen Mordes an dem Kommunisten Konrad Pietrzuch im oberschlesischen Dorf Potempa (Kreis Gleiwitz) zum Tode verurteilt worden waren. Aber nicht allein hierin lag die Ursache ihrer Feindschaft; vielmehr glaubte Hitler, v. Papen hintertreibe bei Hindenburg seine Kanzlerschaft. Der Sturz des Reichskanzlers führte insofern eine Wende herbei, als Papen nun, um wieder an die Macht zu gelangen, auf Hitlers Hilfe angewiesen schien. Hitler seinerseits war genötigt, sich nach Bundesgenossen umzusehen, nachdem die Reichstagswahlen nicht nur nicht das gewünschte Ergebnis, sondern einen gefährlichen Rückschlag erbracht hatten.« Hinzu kam, daß der

Nachfolger v. Papens im Reichskanzleramt, General Kurt v. Schleicher, auf eine Spaltung der Nazipartei hinarbeitete; er wollte den »regierungsfähigen« Teil der Nazi-Führung mit dem »Reichsorganisationsleiter« Gregor Strasser an der Spitze sowie einige rechte Sozialdemokraten aus dem Gewerkschaftsvorstand in sein Kabinett aufnehmen, dann Hitlers Restpartei wie auch die KPD verbieten, notfalls die Reichswehr gegen sie einsetzen und damit Hitlers politische Karriere ebenso beenden wie die – ohnehin weit geringere – Gefahr einer kommunistischen Revolution.

Unter diesen dramatischen Umständen schien eine rasche Verständigung zwischen Papen und Hitler für beide die letzte Chance, ihre endgültige Verdrängung von der politischen Bühne zu verhindern, indem sie gemeinsam v. Schleicher stürzten und selbst ein Regierungsbündnis schlossen. Es traf sich günstig, daß der Bankier Kurt v. Schröder Hitlers Vertrauensmann und zugleich Präsident der Kölner Gruppe des rechtskonservativen »Herrenclubs« war, zu dessen führenden Mitgliedern auch Franz v. Papen zählte. Nach einer Vorbesprechung am 11. Dezember 1932, an der auch Dr. Hjalmar Schacht und Heinrich Himmler teilnahmen und bei der die Möglichkeiten einer gemeinsamen Regierung von Konservativen und Nazis erörtert wurden, schlug ein Begleiter Himmlers, Wilhelm Keppler, wie vorher mit Kurt v. Schröder verabredet, dessen Kölner Villa als Treffpunkt für die geheime Unterredung zwischen Hitler und Papen vor, und damit waren alle einverstanden.

Bevor Kurt v. Schröder sein Haus für die Zusammenkunft zur Verfügung stellte, hatte er sich – wie Reinhard Vogelsangs Forschungen ergeben haben – »bei einer Anzahl von Industriellen erkundigt, wie man sich zu einer Zusammenarbeit v. Papens mit Hitler stelle. Die Antwort, die ihm zuteil wurde, fiel positiv aus. Aus Angst vor dem angeblich drohenden Bolschewismus und in der Hoffnung auf beständige politische und wirtschaftliche Verhältnisse begrüßten die Befragten die künftige Zusammenarbeit.« Die Unternehmer versprachen sich von der Papen-Hitler-Koalition eine Organisation der Wirtschaft nach dem »Führerprinzip«, die Ausschaltung der Gewerkschaften und die

Beseitigung des Streikrechts sowie umfangreiche staatliche Aufträge, vor allem durch eine baldige Wiederaufrüstung.

Das Treffen v. Papens mit Hitler fand, wie geplant, am 4. Januar 1933 in der v. Schröderschen Villa statt. Hitler wurde von Himmler, Rudolf Heß und Wilhelm Keppler begleitet, aber an seiner Unterredung mit v. Papen durfte nur Kurt v. Schröder teilnehmen. Er erinnerte sich später, daß Hitler sehr ausführlich schilderte, »es werde viele Änderungen der bestehenden Zustände geben, darunter die Entfernung aller Sozialdemokraten, Kommunisten und Juden aus leitenden Stellungen; die öffentliche Ordnung werde wiederhergestellt werden«. Papen – so später Kurt v. Schröder – »stimmte den Ausführungen Hitlers zu, so daß eine prinzipielle Einigung zustande kam«.

Nur 26 Tage später wurde Hitler Reichskanzler, Franz v. Papen Vizekanzler. Damit begann das »Dritte Reich«, das auch dem hilfreichen Bankier Kurt Freiherrn v. Schröder allerlei Posten brachte: Er wurde Präsident der Industrie- und Handelskammer Köln, Beirat der Reichsbank, der Reichspost und der Reichswirtschaftskammer, Mitglied der Akademie für Deutsches Recht und des exklusiven »Freundeskreises des Reichsführers SS Heinrich Himmler«, bei dessen Vorstellung wir ihm ja schon kurz begegnet sind.

Außerdem stieg Kurt v. Schröder in der SS-Hierarchie bis zum Brigadeführer im Stab Himmlers auf, aber das war – wie er in seinem Verfahren vor dem Spruchgericht erklärte – »nur ein Ehrenrang«. Die milde Strafe für seine politischen Intrigen, die die Machtübernahme durch die Nazis vorbereitet hatten, und für seine Mitgliedschaft in der SS konnte der Kölner Bankier mühelos aus seinem im »Dritten Reich« beträchtlich vermehrten Privatvermögen bezahlen, und er zog sich dann auf seine Besitzungen in Schleswig-Holstein zurück, wo er fortan auf Schloß Hohenstein bei Eckernförde privatisierte.

Der Segen, der so sichtlich auf allem ruhte, was der Bankier Kurt Freiherr v. Schröder im Laufe seines Lebens unternahm, ließ Moralisten wie Walter Kolbenhoff an Gott zweifeln und bewog ihn im Spätherbst 1949 zu den bitteren Äußerungen in seinem Offenen Brief an seine – bald darauf verstorbene – Schriftstellerkollegin Elisabeth Langgässer. Dieser Brief endete übrigens mit der Feststellung: »Sie haben recht: viele Schriftsteller genieren sich heute, von dem, was Sie ›die tiefsten und verborgensten Dinge‹ nennen, zu sprechen. Der Grund dafür dürfte zu erklären sein: Auch sie, die ›tiefsten und verborgensten Dinge‹, sind zur Schablone geworden, an die man nicht mehr glaubt . . .«

12. Wohlstand schickt sich nicht für alle

»Sollte in etwa zweihundert Jahren ein Kulturhistoriker auf die Idee kommen, die soziale Situation des Jahres 1950 in Deutschland nach den Reklame-Veröffentlichungen der deutschen Firmen zu beurteilen, so würde er zu überraschenden Schlüssen kommen«, schrieb Alfred Andersch damals. »Das deutsche Volk unserer Zeit würde ihm dann als eine vornehmlich in Fracks und Abendkleidern auftretende Spezies erscheinen, als eine Nation eleganter, reichlich dekolletierter Damen mit dreifach geschlungenen Perlenketten um die entzückenden Hälschen, breit, aber gut gebauter älterer Herren mit silbernen Schläfen und hochgewachsener jugendlicher Roués in Seidenrevers und Smokinghemden mit mattschimmernden Manschettenknöpfen . . .«

Im krassen Gegensatz zu diesem Trugbild der sozialen Lage in der Bundesrepublik des Jahres 1950, wie es – von Andersch nur geringfügig übertrieben – die Zeitungsinserate und die Plakatwerbung der Markenartikelindustrie den Verbrauchern vorgaukelten, standen die nüchternen Zahlen. Die amtliche Statistik ermittelte für das Jahr 1950 »in 4-Personen-Arbeitnehmerhaushalten einer mittleren Verbrauchergruppe im Bundesgebiet (ohne Saarland und West-Berlin)« ein Gesamteinkommen von durchschnittlich 342,82 DM. Nach Abzug der Steuern und der Beiträge zu den gesetzlichen Versicherungen blieb dem Vierpersonenhaushalt ein Betrag von 305,08 DM im Monat.

Von diesen »ausgabefähigen Einnahmen« verbrauchte die vierköpfige Familie tatsächlich 294,04 DM monatlich, und zwar zu fast genau der Hälfte für Lebensmittel, Getränke und sogenannte »Genußwaren«, zu etwas weniger als der Hälfte für

»sonstige Lebensbedürfnisse«, worunter Wohnungsmiete, Heizung, Beleuchtung und Hausratanschaffungen verstanden wurden. Für Kleidung hatte die vierköpfige »mittlere Verbrauchergruppe« im Monat genau 38,81 DM zur Verfügung, davon pro Kopf im statistischen Durchschnitt nur etwa 4 DM und ein paar Pfennige für Oberbekleidung und rund 2,60 DM für Schuhe.

Es kosteten aber im Jahre 1950, der amtlichen Statistik zufolge, jeweils im Bundesdurchschnitt:

»1 Paar Herren-Straßenschuhe, Rindbox, einfache Qualität als Schnürhalbschuh mit Ledersohle, Größe 42«, bereits 24,20 DM, »ein Paar Damen-Straßenschuhe, Boxcalf, 1. Qualität mit Ledersohle, Größe 38«, sogar 29,60 DM. Ein zweiteiliger Straßenanzug für Herren erforderte durchschnittlich eine Ausgabe von 138 DM, mehr als die ganze vierköpfige Familie in einem Vierteljahr für Kleidung, Wäsche und Schuhwerk ausgeben konnte; ein einfaches Damenkleid aus Wollstoff kostete dagegen nur 58,00 DM, aber damit immer noch um über 20 DM mehr, als für den monatlichen Kleidungsbedarf der Familie zur Verfügung stand. Um das Bild abzurunden: ein Herrenoberhemd mit festem Kragen aus Popeline mittlerer Qualität kostete im Bundesdurchschnitt von 1950 genau 13,76 DM, eine »Damengarnitur aus Kunstfaser, mittlerer Qualität und Ausführung, zweiteilig«, knapp 8 DM, ein Paar wollene Herrensocken 3,40 DM, ein Damenschlüpfer (»Wolle, mittlere Qualität, doppelter Schritt, 1/2 Bein, Größe 44«) 8,09 DM und ein Paar »Herren-Lederhandschuhe, Nappa, gefüttert« 19,22 DM.

Angesichts dieser Preise und der »ausgabefähigen Einnahmen« der großen Mehrheit waren nur sehr wenige Bundesdeutsche in der Lage, im Frack oder im Abendkleid und gar »mit dreifach geschlungenen Perlenketten« ihrem Vergnügen nachzugehen. Bei diesen wenigen Superreichen handelte es sich, zumindest, was die Inhaber der ganz großen Vermögen betraf, im Jahre 1950 um dieselben Familien, die auch schon ein halbes Jahrhundert zuvor zu den Reichsten im Deutschen Kaiserreich gehört hatten. Sofern 1945 ihr Hauptbesitz in den drei westlichen Besatzungszonen konzentriert gewesen war, hatten sie alle Versuche, sie die Folgen der größten Katastrophe der deutschen Geschichte entsprechend der Größe ihres Vermögens mittragen zu lassen, erfolgreich abgewehrt, die Entnazifizierung ebenso überstanden wie die Sozialisierungs-, Entflechtungs- und Dekartellisierungsmaßnahmen, den Lastenausgleich und die Währungsreform, von den zaghaften Bodenreform-Versuchen ganz zu schweigen.

Wie sie das schafften, sei an einem Beispiel erläutert, und zwar an dem der schon lange vor dem Ersten Weltkrieg zur Geld- und Macht-Elite des damaligen Reiches zählenden Familie v. Finck, deren Senior damals Wilhelm v. Finck war.

Wilhelm v. Finck war 1870 als Zweiundzwanzigjähriger aus Hessen nach München gekommen, wo er als Prokurist in die gerade gegründete Privatbank Merck, Christian & Co eingetreten war. Neun Jahre später hatte das Bankhaus bereits Merck, Finck & Co geheißen, und bald darauf war sie im Alleinbesitz der Familie Finck.

Wilhelm v. Finck besaß – wie sein Hofbiograph Bernhard Hoffmann es formuliert hat – »die seltene Gabe, nur gute Geschäfte zu machen«. Er gründete Brauereien, darunter die Löwenbräu AG, auch Deutschlands erste Wasserkraft-Überlandzentrale, die Isarwerke, beteiligte sich an der Gründung der Motorenwerke Augsburg-Nürnberg (M.A.N.) und war – dem »Millionärshandbuch« von 1913 zufolge – mit einem steuerpflichtigen Privatvermögen von etwa 16 Millionen Goldmark »der bedeutendste Privatbanquier Bayerns«.

Dem verschwenderischen König Ludwig II. verweigerte Wilhelm v. Finck die erbetenen Kredite. Dagegen kaufte er zielstrebig Land auf, vorzugsweise bei Zwangsversteigerungen. Bei seinem Tode im Jahre 1924 dehnte sich, so berichtet Bernhard Hoffmann, »sein Hauptbesitz im Osten von München . . . fast geschlossen auf die zwanzig Kilometer lange Strecke von Perlach bis Zorneding aus«. Dazu kamen Besitzungen im Westen und vor allem im Südwesten der Landeshauptstadt, am Kochel- und Barmsee, ja, bis hin zur Vereinsalpe bei Mittenwald, insgesamt mehr als 2700 Hektar Felder, Wiesen und Wälder.

Gemeinsam mit einigen Freunden gründete Wilhelm v. Finck 1880 die Münchner Rückversicherungs AG, das erste Unternehmen seiner Art in Deutschland. Unter Fincks Vorsitz im Aufsichtsrat – er hielt diesen Posten 44 Jahre lang bis zu seinem Tode – bildete die »Münchner Rück« gewaltige Reserven und erwirtschaftete in fast jedem Jahr 25 Prozent Dividende. 1890 bekam die »Münchner Rück« eine Tochter, die »Allianz Versicherungs AG«, in deren Aufsichtsrat Wilhelm v. Finck ebenfalls lebenslang das Präsidium übernahm. Der neue Konzern entwickelte sich zum größten Direktversicherer des europäischen Kontinents, hortete im Ersten Weltkrieg systematisch Devisen und konnte so in den Jahren der großen Inflation die Auslandsverpflichtungen kleinerer Gesellschaften (und diese Konkurrenten gleich dazu) hilfreich übernehmen.

Da Wilhelm v. Fincks zum Konzernerben ausersehener ältester Sohn, Wilhelm junior, 1916 als Leutnant in Rumänien gefallen war, übernahm 1924 der jüngste Sohn, August v. Finck, das gesamte, viele hundert Millionen Reichsmark Industriebeteiligungen und Grundbesitz umfassende Vermögen seines verstorbenen Vaters, zum Teil treuhänderisch für seine älteren, bereits verheirateten Schwestern.

August v. Finck, geboren 1898 und beim Tode seines Vaters erst 26 Jahre alt, durfte auch sogleich dessen Nachfolge in mehr als zwei Dutzend Aufsichtsräten antreten. Als neuer Chef des Bankhauses Merck, Finck & Co erhielt er auch den Vorsitz im Aufsichtsrat der »Allianz« und der »Münchner Rück«, die beide immer mehr Konkurrenzunternehmen ihrem Imperium angliederten. Auch der v. Fincksche Grundbesitz vergrößerte sich später noch beträchtlich, zumal während der Zeit der Weltwirtschaftskrise und Massenarbeitslosigkeit, als viele Zwangsversteigerungen Gelegenheit boten, weitere Güter und Forsten billig aufzukaufen. Dies alles geschah im wesentlichen ohne Zutun des noch jungen Erben, für den die alten Direktoren die Geschäfte führten. August v. Finck hielt sich dagegen mehr in den Münchner Salons und Clubs auf als im Bankhaus am Lenbachplatz, und in einem dieser Salons, dem der Frau Hanfstaengl, lernte er früh den Mann kennen und schätzen, der 1933 in Deutschland die Macht übernahm: Adolf Hitler.

Offen zum Nationalsozialismus bekannte sich August v. Finck allerdings erst nach Hitlers Einzug in die Reichskanzlei. Er trat der Partei bei, setzte sich sehr aktiv für die Nazis ein und wurde Senator der Deutschen Akademie, Mitglied des Generalrats der Deutschen Wirtschaft und des Präsidiums der Akademie für Deutsches Recht. Er bekleidete indessen nicht nur Ehrenposten, sondern übernahm auch eine Sonderaufgabe. Nachdem der nunmehrige »Führer und Reichskanzler« ihm erklärt hatte: »Sie sind mein Mann! Sie müssen mir ein Haus der Deutschen Kunst bauen!«, sammelte August v. Finck unter Berufung auf Hitler bei den großen und kleinen Münchner Unternehmern insgesamt 11,9 Millionen RM und deckte damit die Baukosten des – heimlich als »Weißwurst-Tempel« verspotteten – Gebäudes zu mehr als 99 Prozent. Zum Dank hierfür wie auch für eine von ihm organisierte »Hermann Göring-Geburtstagsspende« durfte August v. Finck jüdische Bankhäuser »arisieren«, 1938 zunächst die angesehene Berliner Privatbank J. Dreyfus & Co, dann als Krönung das mächtige Wiener Haus der Rothschilds. Dessen Chef, Baron Louis Rothschild, war von der Gestapo verhaftet und nach langwierigen Lösegeldverhandlungen unter Zurücklassung seines gesamten riesigen Besitzes in die Schweiz entlassen worden. Zu welchen Bedingungen August v. Finck das Wiener Bankhaus Rothschild übernehmen konnte, ist bis heute sein Geheimnis geblieben. Die Gebäude des bis 1945 unter dem Namen »Eduard v. Nicolai & Co« firmierenden Instituts waren bei Kriegsende völlig zerstört, sämtliche Unterlagen abhanden gekommen. Baron Rothschild verzichtete auf alle Ansprüche zugunsten des österreichischen Staats und zog sich in die USA zurück; Merck, Finck & Co wurde mit keiner Restitutionsforderung behelligt. Die Klage der früheren Besitzer der Berliner Dreyfus-Bank gegen ihren »Arisierer« wies ein bayerisches Gericht ab. So konnte *Der Spiegel* die Finck-Bilanz der ersten Nachkriegszeit in der Feststellung zusammenfassen: »Das Münchner und das Berliner Bankgebäude zerstört, das Wiener eingebüßt, das Führer-Foto mit eigenhändiger Widmung vom Klavier abgeräumt – sonst alles gerettet!«

Allerdings mußte August v. Finck, nach 1945 vorübergehend als prominenter Nazi interniert, zunächst ein Berufsverbot hinnehmen und sein Bankhaus nebst allen Beteiligungen einem Treuhänder überlassen, bis das gegen ihn eingeleitete Spruchkammerverfahren rechtskräftig abgeschlossen war. Gegen Ende 1948 kam es zur Verhandlung. Allgemein erwartete man die Einstufung des Bankiers in die Gruppe der Belasteten, doch es geschah ein Wunder: Alle Belastungszeugen rückten der Reihe nach von ihren früheren Aussagen ab; der Ankläger selbst zog seinen ursprünglichen Bestrafungsantrag zurück und nahm es hin, daß der Bankier zum bloßen »Mitläufer« erklärt wurde.

Wie dieses Wunder zustande kam, darüber konnte man in der bundesdeutschen Presse seinerzeit recht Konkretes lesen, das August v. Finck dann nicht dementierte; es sei hier nicht wiederholt, sondern der Vorstellungskraft des Lesers überlassen, es sich auszumalen*.

Jedenfalls kam der Milliardär, Rothschild-»Arisierer« und Intimus fast aller Nazigrößen mit einer Geldbuße von 1000 (in Worten: eintausend) DM davon, die er aber keineswegs bezahlte, sondern sich, unter Berufung auf eine Knieverletzung, vom bayerischen Staat auf dem Gnadenwege erlassen ließ. Die unmittelbare Folge des milden Spruchkammer-Urteils war, daß August v. Finck sein Bankhaus samt allen Beteiligungen und auch sein sonstiges riesiges Privatvermögen nun wieder selbst verwalten durfte. Da der Treuhänder glänzend gewirtschaftet hatte, war der entnazifizierte Bankier nun reicher denn zuvor, hatten doch sogar die Aktiendepots der Berliner Filiale, der ehemaligen Dreyfus-Bank, noch nach der Besetzung Berlins durch die Rote Armee nach München geschmuggelt werden können.

* Wessen Phantasie dazu nicht ausreicht, findet mehr darüber und über Werdegang, Geschäfte und Gesamtbesitz des Bankiers August v. Finck in: Bernt Engelmann, *Das Reich zerfiel, die Reichen blieben*, Hamburg 1972, neu aufgelegt als dtv-Taschenbuch Nr. 1061. Die Darstellung darin ist hier verkürzt wiedergegeben.

Die Vorgänge, die das Spruchkammer-Verfahren begleitet hatten, sorgten immerhin dafür, daß sich die führenden Männer der westdeutschen Wirtschaft zunächst ein wenig von August v. Finck distanzierten; er mußte auf den Vorsitz im Aufsichtsrat erst bei der Bayerischen Vereinsbank, dann auch bei der »Allianz« und der »Münchner Rück« verzichten. Zwar kaufte der darüber empörte Bankier noch jahrelang gewaltige Pakete von Aktien dieser Konzerne auf, um damit die angestammten Präsidentensessel zurückzuerobern. Aber seine Gegner, die ihm sein, wie sie fanden, sie alle kompromittierendes Verhalten nicht verziehen hatten, blieben unerbittlich. Es kam schließlich zu einem Vergleich, bei dem August v. Finck seine Zukäufe gegen Stahlwerks-Aktien eintauschte und sich mit dem Vorsitz im Aufsichtsrat von Allianz-Tochtergesellschaften begnügte.

Gegenüber der bayerischen Staatsregierung konnte sich der entnazifizierte Bankherr jedoch weit besser durchsetzen. Nach dem Gesetz und den Durchführungsbestimmungen, die Bodenreform betreffend, war August v. Finck zunächst zur Abgabe von 575 Hektar Land herangezogen worden. Sein Treuhänder hatte dagegen Einspruch erhoben und eine Ermäßigung der Landabgabe auf 271 Hektar – ziemlich genau ein Zehntel dessen, was der Bankier von seinem Vater geerbt hatte – nach zähem Kampf erwirkt. Der entnazifizierte Großgrundbesitzer ließ die Bemühungen des – von ihm übrigens in Ungnaden und ohne Dank entlassenen – Treuhänders durch seine Anwälte fortsetzen, erklärte sich dann aber zum Verzicht auf besagte 271 Hektar und auf weitere Rechtsmittel bereit, und damit schien der Fall erledigt zu sein. Er war es aber keineswegs.

Erst Jahre später stellten die Behörden mit Erstaunen fest, daß bei einem beträchtlichen Teil der v. Finckschen Landabgabe keine Übertragung im Grundbuch stattgefunden hatte. Anstatt auf sofortige Berichtigung des Versäumnisses zu dringen, gab der Freistaat Bayern dem Bankier erst noch weitere 41,4 Hektar zurück, »zum Zwecke des endgültigen Abschlusses« des Vergleichsverfahrens. In den folgenden Jahren – bis 1965 – rückte der Freistaat nach und nach weitere rund 70 Hektar wieder heraus, darunter einstige Äcker, aus denen inzwischen Bau- und Bauerwartungsland geworden war, so daß sie – zumeist im Großraum München gelegen – enorme Wertsteigerungen erfahren hatten.

Diese bemerkenswerten Rückerstattungen wurden zum Teil damit begründet, daß der Bankier bei den Verhandlungen über seine Entschädigung vergleichsbereit gestimmt werden sollte. Denn der Freistaat fühlte sich verpflichtet, dem durch die angebliche Bodenreform um ein paar Parzellen gebrachten Großgrundbesitz angemessenen Schadenersatz zu leisten. Etwa vierhundert insgesamt in Bayern Betroffene wurden mit zusammen rund 72 Millionen DM entschädigt und waren damit zufrieden; der einzige, der sich mit seinem Anteil nicht begnügte, war August v. Finck. Er forderte für sich allein, obwohl er sein ursprüngliches Abgabesoll zu 90 Prozent nicht erfüllt hatte, erst 52, dann 34 Millionen DM.

Was er dann tatsächlich erhielt und wieviel er im ganzen bei dieser Bodenreform-Farce auch noch verdient hat, läßt sich nur grob schätzen. Experten bezifferten August v. Fincks Gewinn im Rahmen der »Bodenreform« mit »weit über 100 Millionen DM«. Alles in allem konnte der Großgrundbesitzer durchaus zufrieden mit dem sein, was ihm Krieg und Nachkriegszeit gelassen hatten. Es gehörten ihm am Ende noch immer rund 1500 Hektar – 205 Millionen Quadratmeter – größtenteils, nämlich zu vier Fünfteln, potentielles Bauland in der Nähe der Landeshauptstadt, die ihm für zwei Drittel davon – aber natürlich vergeblich – einen Kaufpreis von 800 Millionen DM anbot. Was den Rest betraf, so gehörte dem Bankier unter anderem ein idyllischer, 53 Hektar großer Voralpensee nebst fast allen Uferterrains, eines der schönsten bayerischen Jagdreviere im Karwendelgebirge sowie eine Vielzahl Immobilien in der Münchner Innenstadt.

Das alles war (und ist) aber nur August v. Fincks privater Latifundienbesitz, dessen Wert man getrost auf ungefähr zwei Milliarden DM veranschlagen kann. Indirekt, nämlich durch seine vielfältigen Beteiligungen an immobilienreichen Versicherungs-, Brauerei-, Elektrizitäts- und Verkehrsunternehmen – zu den beiden letzten Gruppen gehören unter anderen die Isar-Werke, die Isar-Amper-Werke und die Tegernsee-Bahn AG –, besitzt er noch weit mehr, und nicht allein in Bayern.

Denn just zu der Zeit, da August v. Finck in seinem Entnazifizierungsverfahren mit einer – auf dem Gnadenwege erlassenen – Buße von 1000 DM davonkam, erhielt er ja im Tausch gegen zusätzlich erworbene »Allianz«-Aktien einige Pakete, aus denen sich für ihn am Ende eine etwa 33prozentige Beteiligung an der Edelstahlwerk Witten AG und eine 37prozentige Beteiligung an der Stahlwerke Südwestfalen AG ergaben. Ein paar Jahre später stockte August v. Finck seinen Anteil an dem zweiten Unternehmen um 52,5 Prozent auf, so daß ihm danach die Stahlwerke Südwestfalen AG zu fast 90 Prozent gehörten; der Kaufpreis für das hinzuerworbene Paket wurde damals mit 115 Millionen DM angegeben.

Nicht minder gut den Krieg überstanden als der Münchner Bankier hatte auch derjenige Industrielle, der dann August v. Finck mehr als die Hälfte der »Südwestfalen«-Aktien verkaufte: Friedrich Flick.

Wie schon zuvor erwähnt, war Flick in einem besonderen Kriegsverbrecherprozeß, dem »Fall 5«, am 22. Dezember 1947 zu sieben Jahren Gefängnis verurteilt worden; die bis dahin erlittene Untersuchungshaft wurde ihm auf diese Strafe voll angerechnet, ihr Beginn auf den 13. Juni 1945 festgesetzt.

An diesem Tag war der Wehrwirtschaftsführer Friedrich Flick, Parteigenosse der NSDAP und Mitglied des »Freundeskreises des Reichsführers SS Heinrich Himmler«, von amerikanischer Militärpolizei auf seinem Hofgut Sauersberg bei Bad Tölz in Oberbayern aufgespürt und verhaftet worden, wobei der Offizier, der ihn mit triumphierendem Blick unter Arrest stellte, nicht ahnen konnte, daß er genau das tat, womit Flick seit langem gerechnet hatte und worauf er bis ins letzte Detail vorbereitet war. Schon Mitte Mai 1943, etwas mehr als ein Vierteljahr nach der katastrophalen Niederlage der deutschen 6. Armee bei Stalingrad und kurz nach der Washingtoner Konferenz, auf der Roosevelt und Churchill die Invasion Frankreichs im Juni 1944 beschlossen und den Einsatz von Atomwaffen ins Auge faßten, hatte Friedrich Flick in Berlin damit begonnen, sich auf die zu erwartende Niederlage Deutschlands und die dann beabsichtigte Aufteilung des Reichs unter den Siegern vorzubereiten.

Sein Konzern-Geheimdienst, der oft besser informiert war als die offiziellen deutschen Nachrichtendienste, hatte ihm eine Kopie der Landkarte beschafft, auf der die geplante Einteilung des Reichs in vier Besatzungszonen eingezeichnet war. Aufgrund dieser und ergänzender Informationen traf Friedrich Flick nun seine Vorkehrungen. 90 Prozent des Nominalkapitals seiner Konzerngesellschaften wurden zu gleichen Teilen auf seine beiden Söhne, Otto-Ernst und Friedrich-Karl, übertragen; ihm selbst blieben also nur zehn Prozent, doch behielt er sich weiterhin die alleinige Geschäftsführung vor. Im Laufe des Jahres 1944 wurde der ganze Konzern in einer verwickelten Transaktion umorganisiert und der Hauptsitz von Berlin nach Düsseldorf verlegt.

Es folgten »Verlagerungen« von wertvollen Maschinen und raren Legierungsmetallen, die Besorgung von Ausweichquartieren für die wichtigsten Führungskräfte des Konzerns und deren Familien, vorzugsweise in der künftigen amerikanischen Besatzungszone, sowie die erste Aufnahme von Kontakten mit Vertretern der jüdischen Vorbesitzer jener Unternehmen, die von Flick »arisiert« worden waren.

Einem Vermerk in der Personalakte Otto Steinbrincks, eines Flick-Vertrauten und Generaldirektors der Vereinigten Stahlwerke, ist zu entnehmen, daß dieser im Oktober 1944 nach Stockholm reiste und als Flicks Sonderbevollmächtigter »mit früheren Hauptaktionären, die nach der Machtergreifung Deutschland hatten verlassen müssen, in Verbindung treten« sollte (wobei angemerkt sei, daß Otto Steinbrinck als SS-Brigadeführer und Mitglied des »Freundeskreises« Heinrich Himmlers am ehesten solche heiklen Aufträge im neutralen Ausland durchführen konnte).

Zur gleichen Zeit wurde der Leiter der Auslandsabteilung der Deutsche Bank AG, Hermann Josef Abs, ebenfalls beauftragt, für Flick mit der Familie Petschek Verbindung aufzunehmen, die sich in die USA geflüchtet hatte. Die Petscheks, tschechische Juden, waren die vormaligen Eigentümer zahlreicher, von Flick »arisierter« Braunkohlenzechen in Mittel- und Ostdeutschland.

Als eine weitere Vorsorgemaßnahme ordneten vom Herbst 1944 an einige Vertrauensleute Friedrich Flicks die Spenden-Buchführung aus der Zeit der Weimarer Republik. Besonders die Belege aus den Jahren 1931/32, als Flick den bürgerlichen Parteien insgesamt etwa 1,5 Millionen RM, zum Teil für die Unterstützung Hindenburgs gegen Hitler, gespendet hatte, wurden als künftiges Entlastungsmaterial bereitgelegt. Zahlreiche belastende Dokumente verschwanden gleichzeitig aus den Akten, und zur Krönung des Ganzen ließ Friedrich Flick auf sehr vorsichtige Weise einem der nach dem 20. Juli 1944 der Gestapo gerade noch entkommenen und untergetauchten Verschwörer großzügige Hilfe zukommen.

Anfang 1945, nach dem Scheitern der deutschen Ardennenoffensive und kurz bevor im Osten die Rote Armee bis zur Oder vorstieß, setzte Friedrich Flick für jede der vier künftigen Besatzungszonen einen Konzernbevollmächtigten ein, der aufgrund seiner besonderen Sprachkenntnisse und Erfahrungen im Umgang mit der jeweiligen Siegermacht die besten Voraussetzungen dafür bot, daß es nach der militärischen Niederlage keine allzu großen Schwierigkeiten für den Flick-Konzern geben würde. In Berlin, wo nach Flicks Erwartungen eine deutsche Volksfrontregierung unter alliierter Aufsicht die Verwaltung der Konkursmasse des »Dritten Reichs« zu übernehmen haben würde, ließ er seinen Vetter und engsten Vertrauten in der Konzernleitung, Konrad Kaletsch, zurück. Ihm zur Seite stellte er einen sprachkundigen und robusten jungen Mann, Willy Schlieker, der im Februar 1945 zum ordentlichen Vorstandsmitglied des Flick-Konzerns ernannt wurde. Dann zog sich Friedrich Flick auf sein Gut bei Bad Tölz zurück, um in Ruhe abzuwarten, welche Maßnahmen die Amerikaner gegen ihn ergreifen würden.

Seine sorgfältigen Vorkehrungen nützten jedoch zunächst wenig, denn schon wenige Wochen nach der deutschen Kapitulation waren alle seine Konzernbevollmächtigten, ebenso wie er selbst, in alliiertem Gewahrsam, ausgenommen Willy Schlieker, der bei der Festnahme Kaletschs in der Berliner Bellevuestraße durch den Keller entfliehen und sich verbergen konnte; später betätigte er sich auf eigene Rechnung als Stahlhändler, nahm unter den mißtrauischen Blicken der Westalliierten schon sehr früh Verbindung zu den Sowjets auf und wurde durch interzonale Kompensationsgeschäfte vielfacher Millionär.

Flicks Vorstellungen von seiner Behandlung durch die amerikanischen Besatzer erwiesen sich – zumindest anfangs – als entschieden zu optimistisch. Denn während Engländer und Franzosen auf einen Kriegsverbrecherprozeß gegen den Konzernherrn verzichteten und sogar die Sowjets sich heraushielten, bestanden die Amerikaner auf seiner Aburteilung.

Der »Fall 5« genannte Prozeß gegen Flick und seine engsten Mitarbeiter dauerte acht Monate. Gleich nach seiner Verurteilung im Dezember 1947 wurde Friedrich Flick in das Kriegsverbrechergefängnis in Landsberg am Lech eingeliefert, wo er bald als Registrator der Gefängnisbücherei ein sehr geruhsames Leben bei guter Ernährung hätte führen können. Doch Flick war keineswegs geneigt, auf seine gewohnte Tätigkeit zu verzichten, bloß weil er im Gefängnis saß. Von früh bis spät befaßte er sich, unter Vernachlässigung seiner Bibliothekarspflichten, mit Plänen für den Wiederaufbau seiner Konzernmacht.

Zu seinem Glück hatten die Amerikaner ihm gestattet, sich die Treuhänder für seine ihm vorläufig entzogenen Eigentumsrechte an den in den Westzonen liegenden, noch sehr stattlichen Resten des Konzerns selbst auszusuchen. Für seine wichtigsten Beteiligungen im Ruhrgebiet bestimmte Friedrich Flick damals die Bankiers Hermann Josef Abs und Robert Pferdmenges zu seinen Treuhändern, und er hatte damit, wie sich zeigen sollte, eine für seine Interessen hervorragend gute Wahl getroffen. Da er jedoch keineswegs bereit war, den alliierten Auflagen entsprechend darauf zu verzichten, selbst Direktiven zu erteilen, vielmehr wie zuvor seinen Konzern allein zu regieren gedachte, hätte seine Isolierung von der Außenwelt ein erhebliches Hindernis dargestellt, wenn nicht sein Vetter Konrad Kaletsch durch das Urteil im »Fall 5« sofort auf freien Fuß gesetzt worden wäre.

So konnte Kaletsch seinen Vetter Flick allwöchentlich zweimal im Gefängnis besuchen, und jedesmal brachte er einen anderen Direktor eines Flick-Unternehmens mit, getarnt als Rechtsanwalt oder als Aktenträger. Die Besucher erstatteten dem Konzernchef nicht nur Bericht über Betriebsangelegenheiten, sondern versorgten ihn auch mit Informationen über die wirtschaftliche und sonstige Entwicklung im In- und Ausland, besonders in den USA. Die Haftanstalt Landsberg wurde zur Konzernzentrale, die bald weit besser über alles unterrichtet war, was den Flick-Konzern in der Gegenwart und Zukunft interessieren konnte, als die eigentlich dafür zuständigen alliierten Kontrollbehörden.

Während sich die Sieger noch Gedanken über die weitere Zerschlagung der Reste des Flick-Konzerns machten, studierte der Häftling Friedrich Flick eifrig Bilanzen und Geschäftsberichte, machte umfangreiche Aufzeichnungen, in denen er Direktiven für die Gegenwart und Zukunft gab, und entwarf ein kühnes Wiederaufbauprogramm.

Es war ihm ja einiges verblieben: Da war erstens die Maximilianshütte im bayerischen Sulzbach-Rosenberg, die ihm hundertprozentig gehörte; da war zweitens sein 82prozentiger Anteil an den Hochofenwerken Lübeck in Herrenwyck, die als zur chemischen Industrie gehörig galten und von den alliierten Entflechtungsbestimmungen nicht betroffen wurden; da gab es drittens noch seine über 60prozentige Beteiligung an der Harpener Bergbau AG, und viertens hatte er noch knapp 60 Prozent der Aktien einer anderen Zechengesellschaft des Ruhrgebiets, der Essener Steinkohlenbergwerks-AG.

Die Entflechtungsbestimmungen besagten, daß er sich entweder von der Kohle oder von Eisen und Stahl zu trennen hätte. Aber während sich andere Montanindustrielle noch mit Händen und Füßen gegen jede Einschränkung des »organisch gewachsenen« Verbunds wehrten, hatte sich Flick längst entschlossen, die Kohle aufzugeben. Er zögerte auch nicht – wie etwa Alfried

Krupp v. Bohlen und Halbach es tat –, seinen Entschluß in die Tat umzusetzen. Noch von Landsberg aus nahm er Verbindung zu einer französischen Gruppe auf und verkaufte ihr nach der Währungsreform nach einigem Hin und Her sein Harpen-Paket für 180 Millionen DM, was etwa das 2,7fache des Kurswerts war. Von der Essener Steinkohlenbergwerks-AG trennte sich Flick ebenfalls sehr rasch. Für etwa 50 Millionen DM gab er sein Aktienpaket an die Mannesmann-Gruppe ab. Zusammen mit dem Erlös von Harpen und einigen kleineren Verkäufen standen ihm also, kurz nach seiner vorzeitigen Haftentlassung im Sommer 1950, genügend flüssige Mittel zur Verfügung, mit denen er sich in den folgenden Monaten nach einem im Gefängnis ausgearbeiteten Plan in diejenigen Industriezweige einzukaufen begann, die nach seinem Studium der amerikanischen Märkte die größten Zukunftsaussichten boten: die Automobil- und die Kunststoff-Industrie sowie die Papier- und Zellstoff-Herstellung, in zweiter Linie und erst etwas später diejenigen Industriezweige, die von einer möglichen Wiederaufrüstung am meisten profitieren würden.

Friedrich Flick war, als er im Sommer 1950 als vorzeitig strafentlassener Endsechziger vor dem Gefängnistor von Landsberg stand, wieder einer der reichsten Männer Deutschlands, Herr über ein Konzernreich mit Zig- und bald Hunderttausenden von Arbeitern und Angestellten. Ja, er hatte eigentlich diesen Rang auch während seiner Haftzeit keinen Augenblick lang eingebüßt, wenn man davon absieht, daß seine Konzernbetriebe formal unter Treuhandschaft standen. Neben ihm gab es nur ganz wenige, an den Fingern einer Hand zählbare Industrie- und Bankmagnaten – unter ihnen August v. Finck –, die ihm an Finanzkraft und Industriemacht ebenbürtig waren.

Im Nürnberger Kriegsverbrecherprozeß hatte er den Eindruck zu erwecken versucht, daß er nie politisch interessiert gewesen sei und vom »Dritten Reich« nicht den geringsten Profit gehabt hätte. »Sollte von 1933 bis 1945 ein Vermögenszuwachs eingetreten sein«, erklärte er den verdutzten Amerikanern, die über ihn im »Fall 5« zu Gericht saßen, »so wäre er selbst dann eingetreten, wenn ich während dieser Jahre nur spazierengegangen wäre!«

Das war nicht nur eine – selbst für damalige Verhältnisse übertriebene – Bescheidenheit, sondern ging auch an den Tatsachen weit vorbei, denn Friedrich Flick war ja in den zwölf Jahren der Nazi-Diktatur kein bloßer Spaziergänger gewesen. Auch der von ihm behauptete Mangel an politischem Interesse stimmte nicht mit der Wirklichkeit überein. Zwar hatte er für sich selbst keinerlei politischen Ehrgeiz, strebte kein öffentliches Amt an und legte auf die Insignien der Macht entschieden weniger Wert als auf die Macht selbst. Aber es war ihm keineswegs gleichgültig, was in der Politik vor sich ging, und er hatte stets Wert darauf gelegt, sich mit den jeweiligen politischen Machthabern so zu arrangieren, daß sie seine Kreise nicht störten, sondern seine Geschäfte auf bestmögliche Weise förderten.

Schon v. Papens Nachfolger, General Kurt v. Schleicher, der nur wenige Wochen als Reichskanzler amtierte und am 30. Januar durch das Kabinett Hitler-Papen abgelöst worden war, wurde von Flick finanziell kräftig unterstützt. In Flicks beschlagnahmten – vorher seinen Instruktionen gemäß sortierten und von belastendem Material befreiten – Akten fand sich eine Notiz, die ein Bankier um die Jahreswende 1932/33 an Flick adressiert hatten: »Schl[eicher] mahnt dringend an; ich werde von Dortmund aus 150[000 RM] anweisen. Sie müßten davon möglichst heute 100[000 RM] übernehmen.«

Dem »Freundeskreis des Reichsführers SS« zahlte Flick alljährlich – bis Weihnachten 1944 – 100000 RM als persönliche Spende; sein Vertrauensmann Otto Steinbrinck steuerte als Generaldirektor der Vereinigten Stahlwerke ebenfalls 100000 RM jährlich bei.

Für die Zeit nach 1945 sind Spenden Flicks an politische Parteien nicht bekanntgeworden, doch wird auf andere Weise klar, wem nunmehr seine Sympathien galten. Flicks langjähriger Privatsekretär Dr. Robert Tillmanns, geboren 1896 in Wuppertal und von 1930 bis 1933 Regierungsrat im preußischen Kultusministerium, übernahm kurz nach dem Zusammenbruch, im Sommer 1945, die Leitung des Zentralbüros Ost des Hilfswerks der Evangelischen Kirche Deutschlands (EKD) und gehörte dem Gründungsausschuß der Christlich-Demokratischen Union Berlins an.

1948 wurde Dr. Tillmanns 1. stellvertretender Vorsitzender des CDU-Landesverbands Berlin, auch Mitglied der Synode der EKD, und 1949 wurde er als Vertreter Berlins in den ersten Deutschen Bundestag nach Bonn entsandt. Als wichtiger Mittelsmann Konrad Adenauers, nicht zuletzt zu Flick, konnte Dr. Tillmanns bald noch mehr Einfluß gewinnen; 1953 trat er – es sei hier schon vorweggenommen – als Bundesminister für besondere Aufgaben ins Kabinett ein; gemäß dem von Adenauer praktizierten konfessionellen Proporz wurde gleichzeitig auch ein Katholik zum Bundesminister für besondere Aufgaben ernannt, nämlich der bayerische CSU-Generalsekretär Franz Josef Strauß.

Aber Dr. Tillmanns, der schon 1955 verstarb, war nicht Flicks einziger Bonner Verbindungsmann. Da gab es in der neuen Bundeshauptstadt zunächst Robert Pferdmenges, den engen Freund des Kanzlers, der seit dem November 1949 auch CDU-Bundestagsabgeordneter (und daneben einer der Treuhänder des Flick-Konzerns) war. Da war der Rechtsanwalt Dr. Wolfgang Pohle, der von 1929 bis 1939 mit der Geschäftsführung des Vereins für bergbauliche Interessen in Essen betraut gewesen, dann Syndikus und Vorstandsmitglied der Mannesmann AG war. Im »Fall 5«-Prozeß gegen Friedrich Flick und seine Mitarbeiter hatte Dr. Pohle als Verteidiger mitgewirkt und dann den Konzernchef häufig in Begleitung von Konrad Kaletsch in Landsberg besucht. Außerdem war er 1949 Vorsitzender des wirtschaftspolitischen Ausschusses der rheinischen CDU geworden und hatte erheblich dazu beigetragen, daß das Ahlener Programm dort in Vergessenheit geriet.

Im Jahre 1953 wurde Dr. Wolfgang Pohle CDU-Bundestagsabgeordneter, später Friedrich Flicks Generalbevollmächtigter und geschäftsführender Gesellschafter. Er trat dann von der CDU zur bayerischen CSU über, deren Vorsitzender inzwischen Franz Josef Strauß geworden war, und wurde dort mit dem wichtigen Amt des Schatzmeisters betraut. Und von den Gründerjahren der Bundesrepublik an waren, neben Dr. Tillmanns und Dr. Pohle, noch etliche weitere Vertrauensleute Friedrich Flicks als Abgeordnete der CDU/CSU im Bonner Bundestag.

Fast alle anderen großen Konzerne Westdeutschlands folgten dem Beispiel Flicks und entsandten geeignete Führungskräfte nach Bonn. Die Mehrzahl rückte über sichere Listenplätze als Abgeordnete in den Bundestag ein, meist als Vertreter der CDU/CSU, seltener der FDP oder der DP. Die wenigen Großunternehmen, die keinen Vertrauensmann unter den Abgeordneten dieser Fraktionen hatten, errichteten Bonner »Verbindungsstellen«, die engen Kontakt zur Ministerialbürokratie und zu den Parlamentsausschüssen hielten, wodurch sie unmittelbar auf jeden sie betreffenden Gesetzentwurf einwirken konnten.

Vergebens protestierten Gewerkschafter wie Otto Brenner, damals noch Bezirksleiter der Industriegewerkschaft Metall in Hannover, gegen den allzu großen Einfluß der Konzerne auf die Bonner Politik. Brenner forderte damals von der Regierung, daß sie »sich nicht in erster Linie von den Interessen mächtiger Wirtschaftskreise bestimmen« lassen solle, »mit allen übrigen Gruppen der Gesellschaft schlechte Kompromisse« zu schließen.

Tatsächlich waren im Frühjahr 1950 nicht nur alle Erinnerungen an die hochfliegenden Pläne, die Schlüsselindustrien in Gemeineigentum zu überführen und die Konzerne aufzulösen, bereits verblaßt, sondern die Rückkehr zum Hochkapitalismus war auch schon eine nahezu vollendete Tatsache, die von der Masse der Bevölkerung mit nur leisem Grollen als offenbar unvermeidlich hingenommen wurde.

Den meisten schien es das wichtigste zu sein, daß anstatt Chaos nun geordnete Verhältnisse herrschten; daß das schwer verdiente Geld wieder etwas wert war und daß man ohne Angst vor Gestapo-Spitzeln zu allem frei seine Meinung sagen konnte. Der erste Konsumrausch, der in den Wochen nach der Währungsreform die Verbraucher ergriffen hatte, war jedoch längst verflogen. Der paradiesische Zustand – der mit Butterkremtorte und Bohnenkaffee, Ananas und Schlagsahne, Importzigarren und altem Weinbrand begonnen und den man zunächst als Dauereinrichtung angesehen hatte – war wieder dem grauen Alltag gewichen. Die Preise hatten scharf angezogen, gute Ware war wieder knapp und teuer geworden, und die Löhne hatten dem Preisanstieg nicht folgen können, denn es herrschte nun ein sehr beträchtliches Überangebot an Arbeitskräften.

Noch im Juni 1948, dem Monat der Währungsreform, waren auf je 1000 offene Stellen nur 666 Arbeitsuchende entfallen. Im Dezember 1948 standen zur Besetzung von 1000 offenen Stellen bereits 3364 Arbeitslose zur Verfügung, und ein Jahr später, im Dezember 1949, hatten sich schon 14895 erwerbslose Bundesbürger um die Besetzung von jeweils 1000 offenen Stellen gedrängt.

Im Frühjahr 1950 entspannte sich die Lage keineswegs, wie es die Politiker prophezeit hatten, vielmehr ging die Anzahl offener Stellen bis zum Juni immer weiter zurück, während die Arbeitslosigkeit noch erheblich zunahm. Die Gesamtzahl der Erwerbslosen erhöhte sich – bei einer Einwohnerzahl der Bundesrepublik von damals erst 53 Millionen! – von 1,1 Millionen im Dezember 1949 auf mehr als 1,5 Millionen im Juni 1950, lag also absolut – erst recht prozentual – ganz erheblich über dem höchsten Stand des Winters 1977/78, als die Politiker der nunmehr oppositionellen CDU/CSU von der »schwersten Krise in der Geschichte der Bundesrepublik« sprachen, wohl im Vertrauen auf die Uninformiertheit der Jüngeren und das schlechte Gedächtnis der Älteren, denn die durch Massenarbeitslosigkeit verursachte Krise im zweiten Jahr der Regierung des Bundeskanzlers Adenauer und des Wirtschaftsministers Erhard war ja um vieles schwerer gewesen.

Professor Ludwig Erhard blieb indessen, trotz der sich katastrophal auswirkenden, stetig steigenden Arbeitslosenzahlen, gelassen und unbeirrbar optimistisch. Er hielt sich sogar viel darauf zugute, daß die Löhne niedrig blieben, denn das erhöhte die Gewinnchancen der Unternehmer, ermöglichte ihnen die dringend erforderlichen und daher vom Staat direkt und vor allem indirekt geförderten Investitionen und würde bald einen kräftigen Konjunkturaufschwung bewirken.

Kurt Pritzkoleit, der als Wirtschaftsjournalist die Lage vor Ort beobachtete, erkannte zwar, daß die hohe Arbeitslosenzahl »die blaue Blume der Marktwirtschaft sich kräftig entfalten ließ«, aber er sah auch, auf wessen Kosten. »Die Arbeiterschaft hat alle wünschenswerte Freiheit«, schrieb er damals. »Die Beschäftigten haben die Freiheit, bescheiden in ihren Lohnwünschen zu bleiben, erhalten sie doch ein Geld von echter Kaufkraft, das von Berechtigungsscheinen, Marken etc. schnell und wirkungsvoll befreit wurde; es ist ihnen anheimgestellt, ihre Arbeitszeit zu verlängern, das Arbeitstempo zu steigern, die Produktivität ihrer Leistung kräftig zu erhöhen, damit sie am freien Markt mithalten können. Auch den Arbeitslosen wird die Chance zugestanden, im freien Wettbewerb um die wenigen offenen Stellen zu konkurrieren. Neue Arbeitsplätze sind allerdings knapp, aber es gibt sie doch immer wieder, und sie fallen den Tüchtigen zu, die sich mit hinreichender Ellbogenkraft heiß und begierig darum bewerben.«

Die Unternehmer konnten sich die Hände reiben und sich gegenseitig zu diesem Wirtschaftsminister gratulieren. Es gab wieder eine industrielle Reservearmee; die Erzeugerpreise im Industriebereich hatten scharf angezogen, und es wurde glänzend verdient. Allerdings, so erklärten die Herren der Konzerne der Öffentlichkeit mit Nachdruck, werde die junge DMark »auf die Dauer der Gefährdung durch die Lohn-Preis-Spirale nicht standhalten«.

Damit wollten sie davor warnen, die – wie sie fanden – erfreuliche Entwicklung durch »unmäßige« Lohn- und Gehaltsforderungen zu stören und eine neue Inflation heraufzubeschwören. Ein weiterer Lohnanstieg sei, so behaupteten sie, volkswirtschaftlich nicht zu »verkraften«. Tatsächlich hatte sich der Bruttostundenlohn der männlichen Industriearbeiter von 1949 bis 1950 von 1,30 DM auf 1,39 DM erhöht, der der weiblichen Arbeitskräfte von 82,7 Pfennigen auf 89,2 Pfennige, und im selben

Zeitraum war auch die durchschnittliche wöchentliche Arbeitszeit von 46,5 auf 48,2 Stunden gestiegen.

Was jedoch weit wichtiger war, aber nicht gesagt oder gar erklärt wurde: Das Produktionsergebnis je Arbeiterstunde war merklich größer geworden. In der gesamten westdeutschen Industrie hatte sich die Arbeitsproduktivität von durchschnittlich 78,9 Prozent* im ersten Halbjahr 1949 auf 87,8 Prozent im ersten Halbjahr 1950 verbessert, und sie stieg weiter an. Das aber war damals noch zum geringsten Teil auf Rationalisierungs- und andere unternehmerische Maßnahmen zurückzuführen, die erhebliche Investitionen erfordert hätten, sondern im wesentlichen das Ergebnis gesteigerter Leistung der Arbeitskräfte und besserer Ausnutzung der vorhandenen Maschinen durch längere Arbeitszeiten.

Die Masse des Volkes arbeitete also bei nur wenig gestiegenen Löhnen, aber kräftig erhöhten und weiter steigenden Preisen wesentlich länger und härter als zuvor, ließ sich zum »Maßhalten«, zumal was Lohnforderungen anging, ermahnen, schnürte den Riemen enger und tröstete sich mit zunächst noch winzigen Verbesserungen des Lebensstandards.

Es war genau so, wie es sich Professor Ludwig Erhard ausgedacht und seinen Freunden und Gönnern prophezeit hatte. Was noch fehlte, war eine bessere Konjunktur, am besten ein richtiger Boom.

* 1936 = 100

13. Das Wirtschaftswunder – geplant seit Stalingrad

Im Frühjahr 1945 schien Deutschland am Ende zu sein; es war militärisch besiegt und von den Siegern vollständig besetzt. Ein Großteil der Bevölkerung war heimatlos geworden und auf der Flucht ins Ungewisse; die meisten jüngeren Männer und viele ältere befanden sich auf unabsehbare Zeit in Kriegsgefangenschaft. Das Land, dessen Städte verwüstet, dessen Industrie und Verkehr zum völligen Stillstand gekommen waren, hatte sich bedingungslos ergeben und harrte seiner restlosen Ausplünderung. Es herrschten Hunger, Wohnungsnot, Flüchtlingselend und Mangel an allem Lebensnotwendigen. Aber schon drei Jahre später, im Jahr der Währungsreform 1948, hatte sich das Leben im westlichen Teil Deutschlands, der bald darauf gegründeten Bundesrepublik, weitgehend normalisiert. Der Hunger war vertrieben, die Menschen hatten ein Obdach, waren zwar ärmlich, aber nicht mehr zerlumpt gekleidet, und sie hatten, selbst wenn sie, wie es vielfach der Fall war, noch keine Arbeit finden konnten, wieder Hoffnung geschöpft.

Unterdessen war auch die Industrie wieder in Gang gekommen. Der Index der industriellen Produktion erreichte im Durchschnitt des Jahres 1947 im Zweizonen-Wirtschaftsgebiet 39 Prozent des Vorkriegsstands (1936 = 100) und sank dann sogar noch, als die französische Besatzungszone hinzugerechnet wurde. Aber schon im Jahr darauf stieg der Index auf 54 Prozent in der ersten, auf fast 72 Prozent in der zweiten Jahreshälfte. Oder, um dieses durch die Währungsreform bewirkte Wunder noch mehr zu verdeutlichen: im Januar 1948 waren es 49,4 Prozent, im November 81 Prozent. Offenbar, so merkte man plötzlich, lagen die allen Kriegszerstörungen und Demontagen zum Trotz erhalten gebliebenen Kapazitäten hart unter der Grenze der im Jahr 1936 vorhanden gewesenen Leistungsfähigkeit, und sie hatten nur darauf gewartet, daß der Geldüberhang und die strengen Bewirtschaftungsvorschriften beseitigt, ein freier Markt und eine harte Währung eingeführt würden.

1949 erreichte die industrielle Produktion beinahe schon den Vorkriegsstand; man war, unter enormen Opfern der kleinen Leute, aus dem Gröbsten heraus. Das nächste Jahr, 1950, brachte die Entscheidung darüber, ob sich das so rasch und rigoros wiedereingeführte hochkapitalistische System mit freier Marktwirtschaft und nur indirekter staatlicher Lenkung fest etablieren oder in einer Krise, die plötzlich durch äußere Einflüsse ausgelöst worden war, versinken würde.

Das Ergebnis ist bekannt: Die westdeutsche Wirtschaft wurde zwar in die weltweite Krise des Sommers 1950 hineingezogen und kräftig geschüttelt; es kam zu sehr zahlreichen Konkursen und enormen Preisanstiegen bei den meisten Rohstoffen. Aber schon wenige Monate später zeigte es sich, daß man, alles in allem, den Sturm gut überstanden hatte, ja nun mit ihm ganz ausgezeichnet segelte, am besten die Stahlindustrie.

Insgesamt war der Produktionsindex des Jahres 1950 bereits auf 113,7 Prozent und damit über den Vorkriegsstand gestiegen. Es war der Anbruch jener Zeit, die man später mit kaum verhaltenem Stolz als das »Wirtschaftswunder« bezeichnet hat, wobei es über die eigentlichen Ursachen dieses kaum faßbaren Wandels, mit dem das kapitalistische System auf viele Jahrzehnte hinaus gesichert war, nur sehr vage Vermutungen gab.

Es war schließlich erst ein halbes Jahrzehnt seit der bedingungslosen Kapitulation vom 8. Mai 1945, ein Dreivierteljahrzehnt seit jenem Tage vergangen, an dem im Berliner Sportpalast Dr. Joseph Goebbels mit schrillem Pathos den »totalen Krieg« verkündet hatte, der – viele ahnten es damals bereits – zu einer totalen Niederlage geworden war.

Von denen, die schon nach der Sportpalast-Rede des Nazi-Propagandaministers mit der Katastrophe rechneten, ihre eigenen Vorbereitungen für den Tag des Zusammenbruchs trafen, aber auch bereits die Weichenstellungen zu planen begannen, die nötig sein würden, die Herrschaft der Konzerne in der Nachkriegszeit wiederherzustellen, hatten nicht wenige entscheidenden Anteil an der Festlegung des gesellschafts- und wirtschaftspolitischen Kurses des neuen Weststaats mit der »provisorischen« Hauptstadt Bonn. Man kann sogar sagen, daß die Gesellschafts- und Wirtschaftspolitik der Bundesrepublik nicht in Bonn oder zuvor in Frankfurt, sondern in Berlin, nicht erst in der Nachkriegszeit, sondern in ihren Grundzügen bereits im Zweiten Weltkrieg entworfen worden ist.

Diejenigen, die an dieser weit vorausschauenden Planung maßgeblichen Anteil hatten, konnten dann auch fast ausnahmslos Kommandoposten und Schlüsselstellungen in Politik und Wirtschaft der 1949 gegründeten Bundesrepublik einnehmen. Diese bis hinein in die sechziger Jahre einflußreichen Männer bildeten indessen nicht, wie man vermuten könnte, zur Zeit der Naziherrschaft einen heimlichen Zirkel von Verschwörern, die im Untergrund lebten, ständig in Sorge vor Entdeckung durch die Gestapo oder den SD der SS. Ihre zwar vor der Öffentlichkeit geheimgehaltenen, dieser bis heute weitgehend unbekannt gebliebenen, aber durchaus offiziellen Planungen für eine deutsche Nachkriegs-Wirtschaftsordnung nach dem Willen der Konzerne fanden keineswegs im verborgenen statt, sondern meist in Berliner Luxushotels wie dem »Adlon« oder dem »Esplanade«, unter dem Protektorat der »Reichsgruppe Industrie« (RI) und mit Wissen, ja oft sogar im Beisein hoher SS- und SD-Führer.

Den Vorsitz im RI-Präsidium führte Wilhelm Zangen, damals Generaldirektor des Mannesmann-Konzerns (später dessen Aufsichtsratsvorsitzer und in den fünfziger Jahren mit dem Großen Bundesverdienstkreuz mit Stern ausgezeichnet). Zangens Stellvertreter im RI-Präsidium war Rudolf Stahl, damals Chef des Salzdetfurth-Konzerns und der Mansfeld-Kupfer AG, auch Mitglied des Aufsichtsrats der Deutschen Bank. Stahl leitete den »Kleinen Arbeitskreis«, der sich mit Grundfragen der Nachkriegsplanung befaßte und dessen Gründung vor allem auf die

Initiative des langjährigen RI-Hauptgeschäftsführers Dr. Karl Guth zurückging.

Hauptgeschäftsführer Dr. Guth, der das volle Vertrauen der in der RI organisierten Unternehmer, vor allem der leitenden Männer der großen Konzerne, aber auch das der Naziführung hatte, war der Schwager, Freund und Förderer eines 1897 in Fürth geborenen Wissenschaftlers, der in Rudolf Stahls »Kleinem Arbeitskreis« eine entscheidende Rolle spielte, weil er die theoretischen Grundlagen für die dort zu entwickelnde Nachkriegsplanung der Konzerne bereits weitgehend erarbeitet hatte. Dieser Wissenschaftler, der an der Nürnberger Handelshochschule Betriebs- und Volkswirtschaft, an der Universität Frankfurt am Main außerdem Soziologie studiert und 1924 als Volkswirt bei Franz Oppenheimer promoviert hatte, war nach vierjährigem Praktikum 1928 als wissenschaftlicher Mitarbeiter in das »Institut für Wirtschaftsbeobachtung der deutschen Fertigware« in Nürnberg eingetreten, das der bekannte Konsumforscher Wilhelm Vershofen leitete. Dort machte er Karriere, leitete zuletzt das Institut, das übrigens eng mit dem IG-Farben-Konzern und anderen Großunternehmen wie Siemens und Reemtsma zusammenarbeitete, und machte sich 1942, weil er keine Bindungen an Nazi-Organisationen eingehen wollte, als Forscher selbständig. Sein Ein-Mann-»Institut für Industrieforschung«, das sich mit der »wirtschaftlichen Situation nach dem Kriege« befaßte, erhielt die erforderlichen finanziellen Mittel von der RI und von einigen großen Konzernen, vor allem von Siemens. Etwa vom Frühjahr 1944 an, als sich der Untergang des »Großdeutschen Reiches« bereits ankündigte, hatte sich der Leiter des Ein-Mann-Instituts mit seinen Vorstellungen davon, »wie denn das Leben nach einem verlorenen Kriege wirtschaftlich weitergehen solle«, bei seinen Förderern, vor allem bei der RI, weitgehend durchgesetzt. Er nahm nun an den Beratungen des »Kleinen Arbeitskreises« teil. Dessen Mitglieder – neben Zangen, Stahl und Guth, noch fünf Spezialisten: Anton Reithinger, Leiter der volkswirtschaftlichen Abteilung des IG-Farben-Konzerns; Günter Keiser, Leiter des Statistischen Büros der

Wirtschaftsgruppe Privates Bankgewerbe; Paul Binder, RI-Abteilungsleiter für Steuerfragen; dessen Kollege von der RI-Abteilung Außenwirtschaft, Karl Albrecht, sowie Ferdinand Grünig, Leiter der Abteilung Zentrale Wirtschaftsbeobachtung der Reichswirtschaftskammer – waren vor allem von einer Denkschrift sehr beeindruckt, die der neue Mann vom »Institut für Industrieforschung« verfaßt hatte und die sich mit der Konsolidierung der Reichsschulden und der Beseitigung des Geldüberhangs als möglicherweise wichtigsten Nachkriegsproblemen auseinandersetzte. Diese Denkschrift kursierte auch bei den wenigen Auserwählten aus Großindustrie und Bankwelt, die vom »Kleinen Arbeitskreis« ins Vertrauen gezogen und regelmäßig informiert wurden. Dies waren Friedrich Flick, Philipp F. Reemtsma, Heinrich Dinkelbach von den Vereinigten Stahlwerken, Geheimrat Hermann Schmitz von IG Farben, Fritz Jessen vom Siemens-Konzern, Karl Goetz von der Dresdner Bank und Oswald Rösler von der Deutschen Bank. Auch sie waren sehr angetan von dieser Denkschrift und von den für die Konzerne und das Großkapital sehr vorteilhaften Lösungsvorschlägen des Verfassers. Dessen Name war übrigens Dr. Ludwig Erhard.

RI-Vizepräsident Rudolf Stahl, Erhards besonderer Förderer, hatte dessen Denkschrift am 1. August 1944 den sieben Wirtschaftsführern zugesandt und in seinem Begleitbrief zwar erklärt, die »streng vertraulichen Vorarbeiten zu einzelnen Problemen des späteren Friedenswiederaufbaus« wären »im Einvernehmen mit dem RWM« (Reichswirtschaftsministerium) durchgeführt worden. Aber im selben Atemzug drückte er auch seine erheblichen Zweifel daran aus, ob es »im gegenwärtigen Zeitpunkt opportun« wäre, konkrete Vorschläge »an interessierte behördliche Stellen« weiterzugeben (wobei daran erinnert sei, daß zehn Tage nach dem mißglückten Attentat auf Hitler noch die Großfahndung nach möglichen Mitverschwörern und anderen »Staatsfeinden« voll im Gange war und es wahrlich sehr riskant erscheinen mußte, in diesem Augenblick Pläne für die Zeit nach dem – verlorenen! – Krieg der Nazi-Ministerialbürokratie zu unterbreiten).

»Kontakte zum RWM, in denen das Programm der Nachkriegsplanungen der RI vorsichtig angedeutet wurde, scheinen denn auch erst durch eine Besprechung, die Karl Albrecht am 19. August 1944 ... führte, geknüpft worden zu sein«, meinte dazu auch Ludolf Herbst in den *Vierteljahresheften für Zeitgeschichte* (3/1977), wobei er sich auf das im Bundesarchiv befindliche Dokument R 7/2121 bezieht.

Dem Funktionär im Reichswirtschaftsministerium wurden die Denkschrift Ludwig Erhards und die sonstigen Pläne und Materialien des »Kleinen Arbeitskreises« jedenfalls erst Anfang November 1944 zugänglich gemacht, und zwar durch Rudolf Stahl selbst, der ihm am 14. November 1944 folgendes schrieb:

»Da, wie ich höre, am Freitag im Verfolg unserer letzten Zusammenkunft die von Ihnen dabei angeregte Aussprache mit Herrn Dr. Erhard stattfinden soll, gestatte ich mir, Ihnen in der Anlage eine mir heute zugegangene weitere Ausarbeitung des Herrn Dr. Erhard zu übersenden. Hierin ist auf meine Anregung hin der Versuch gemacht worden, die Problemstellung für den späteren Friedenswiederaufbau sowohl nach der Geld- wie nach der Güte(r)seite hin zu umreißen. Ich glaube, daß sich dieses Exposé als Unterlage für Ihre Unterhaltung mit Herrn Dr. Erhard gut eignet, wenn es auch noch nicht in unserem kleinen Arbeitskreise kritisch durchgearbeitet und ergänzt worden ist (z. B. nach der Richtung des Wohnungsbaues).

Den Auszug aus der Erhard'schen Denkschrift über die Schuldenkonsolidierung nebst dem Korreferat des Herrn Dr. Keiser hierzu überreichte ich Ihnen bereits am Freitagabend. Ich habe Herrn Dr. Erhard gebeten, Ihnen seine ausführliche Denkschrift am Freitag persönlich zu übergeben. Demnächst lasse ich noch die Überlegungen von Dr. Albrecht zur Nachkriegswirtschaft unter besonderer Berücksichtigung der Außenwirtschaft nebst einem Korreferat des Herrn Dr. Erhard hierzu folgen sowie eine Reihe von Erhebungen bei den wichtigsten Wirtschaftsgruppen nach dem Ihnen am Freitag abend gezeigten Schema.

Wenn erst das Programm feststeht und von Ihnen gebilligt ist, wird es dann darauf ankommen, die einzelnen noch offenstehenden Probleme unter Heranziehung einiger fachlich und wissenschaftlich geschulter Kräfte (die uns u. a. über das Erhard'sche Institut zur Verfügung stehen) – natürlich in diskreter Form – systematisch weiter durchzupflügen und auf diese Weise die unbedingt erforderliche Vorarbeit zu leisten, auf die sich die späteren Entschlüsse der staatlichen Wirtschaftsführung aufbauen können.

Für eine gelegentliche Mitteilung, ob Sie mit diesem Vorgehen einverstanden, wäre ich Ihnen dankbar. Zu einem mündlichen Gedankenaustausch über den ganzen Fragenkomplex stehe ich Ihnen selbstverständlich laufend zur Verfügung.

Heil Hitler!
Ihr sehr ergebener
gez. Stahl.«

In einem weiteren Brief Rudolf Stahls vom 13. Dezember 1944 an diesen hohen Beamten im Reichswirtschaftsministerium, mit dem er diesem ein ausführliches »Programm für die Bearbeitung wirtschaftlicher Nachkriegsprobleme vom Standpunkt der Industrie« sowie einen »Arbeitsplan« seines »Kleinen Arbeitskreises« übersandte, heißt es: ». . . Die beifolgende Programm-Skizze ist natürlich nur als ein erster Versuch zu betrachten, zumal sie bewußt nur eine stichwortartige Aufgliederung bringt. Von großem Wert für unseren Arbeitskreis wäre es daher, zu wissen, ob Sie mit der Disposition im Großen, insbesondere auch mit der Unterscheidung von Übergangsstadium und Friedenswirtschaft, einverstanden sind und uns ermächtigen wollen, auf dieser Grundlage in enger Fühlungnahme mit Ihnen weiterzuarbeiten, oder ob Sie eine andere Methodik vorziehen. Im Falle Ihres Einverständnisses würden wir Ihnen Ergebnisse der im Fluß befindlichen Untersuchungen . . . jeweilig übermitteln, wie dies bezüglich der Denkschrift von Herrn Dr. Erhard bereits geschehen ist . . .«

Der Empfänger dieser beiden Briefe war SS-Gruppenführer Otto Ohlendorf, seit November 1943 in Personalunion Ministerialdirektor im Reichswirtschaftsministerium und Leiter des

Amts III (SD-Inland) im Reichssicherheitshauptamt, der Terrorzentrale des »Dritten Reiches«.

Ohlendorf, Jahrgang 1907, hatte Jura und Volkswirtschaft studiert, war schon 1925 der Nazi-Partei beigetreten und hatte von 1936 an in der SD-Zentrale unter Dr. Reinhard Höhn am Aufbau des geheimen Nachrichtendienstes und Spitzelapparats teilgenommen. 1941 führte er die »Einsatzgruppe D«, die in der südlichen Ukraine, auf der Krim und im Nordkaukasus mindestens 90000 Menschen, darunter Frauen, Kinder, Greise und auch Geisteskranke, zusammentrieb und ermordete. Nach dem Krieg wurde er deshalb von einem amerikanischen Militärgericht zum Tode verurteilt und hingerichtet, während sein einstiger Vorgesetzter, Professor Reinhard Höhn, 1956 die »Akademie für Führungskräfte der Wirtschaft« in Bad Harzburg gründete, die er seitdem (und heute noch) leitet.

Auch Reinhard Höhn, damals als Nachfolger Heydrichs Vorsitzender des Polizeiausschusses der »Akademie für Deutsches Recht« und Leiter eines Instituts für Staatsforschung, das von Himmler für die Dauer des Krieges »beordert« worden war, hatte im Herbst 1944 Zukunftsplanung betrieben. Am 1. Oktober 1944 schrieb er in der Wochenzeitung *Das Reich*: ». . . Der Eid auf den Führer verpflichtet nicht nur zu Lebzeiten des Führers, sondern über dessen Tod hinaus zu Treue und Gehorsam gegenüber der nationalsozialistischen Idee . . .« Einige Wochen später, am 9. November 1944, wurde Professor Höhn zum SS-Brigadeführer im Reichssicherheitshauptamt befördert.

Als Stahl, ebenfalls im November 1944, Höhns erfolgreichen Schüler, den gerade zum SS-Gruppenführer beförderten, nunmehrigen Unterstaatssekretär Ohlendorf, in das Programm seines »Kleinen Arbeitskreises« einweihte, stellte er Ludwig Erhards Anteil an den Planungsarbeiten bewußt in den Vordergrund. »Daß Stahl zudem ein Zusammentreffen Erhards mit Ohlendorf verabredet hatte«, heißt es dazu in dem Beitrag von Ludolf Herbst, »und Ohlendorf in Aussicht stellte, Erhard werde ihm bei dieser Gelegenheit ›seine ausführliche Denkschrift . . . persönlich übergeben‹, verstärkte den Eindruck, daß die RI bestrebt war, das Erhardsche Institut aufzuwerten und ganz maßgeblich in die Planungs- und Koordinierungsarbeiten des RWM einzuschalten, ... vielleicht, um die Pläne des RWM auf ein der RI gemäßes Gleis zu schieben. Ob nun Stahl, Erhard oder Ohlendorf die Initiative ergriffen hatte, im November/Dezember 1944 schloß die Kooperation zwischen der RI und dem RWM in Sachen Nachkriegsplanung jedenfalls die Person und die Arbeitskraft Ludwig Erhards ein. Der Kontakt zwischen den beiden führenden Inspiratoren der jeweiligen Planungskonzepte, Erhard und Ohlendorf, ist offenbar entsprechend der Verabredung zustande gekommen«, was übrigens auch aus dem Arbeitsbericht des Ohlendorf unterstehenden Referats II/1 im Reichswirtschaftsministerium vom 9. Januar 1945 klar hervorgeht.

Zu alledem ist anzumerken, daß Ludwig Erhard zwölf Jahre später als Wirtschaftsminister Adenauers großen Wert darauf gelegt hat – zwar nicht der breiten Öffentlichkeit gegenüber, die ohnehin nichts davon wußte, aber doch gegenüber seinen Freunden und Fachkollegen –, seine damalige Nachkriegsplanung als einen Akt des Widerstands gegen das Nazi-Regime erscheinen zu lassen. Dabei konnte er darauf hinweisen, daß auch Carl Goerdeler, der seit Ende August 1944 verhaftete und später hingerichtete Anführer der Verschwörer vom 20. Juli, ein Exemplar der Erhardschen Denkschrift erhalten hatte.

Indessen konnte bei Ludwig Erhard in Wahrheit weder von Widerstand noch von aktiver Unterstützung der Nazis die Rede sein. Er hatte nichts anderes im Sinn als – wie es in seiner Denkschrift hieß – »die Reichsgruppe Industrie ... als geschlossene Phalanx zweckvollen kollektiven Handelns« in die Lage zu versetzen, die Katastrophe zu bewältigen, die er im Gefolge der sich abzeichnenden militärischen Niederlage des Reiches für die deutsche Wirtschaft kommen sah. Es ging ihm allein um ökonomische und gesellschaftspolitische Fragen, um die Beseitigung der Staatsschulden und des Geldüberhangs, um die Wiederherstellung der Kaufkraft der Mark, die Beendigung der Bewirtschaftung aller Lebensmittel und Gebrauchsgüter, um die Umstellung der Industrie auf Friedensproduktion, um die Verhinderung künftiger Sozialisierungsmaßnahmen und die Erhaltung des privatkapitalistischen Systems samt der Macht der großen Konzerne.

Alles dies konnte Erhard mit führenden Nazis wie dem SS-Gruppenführer Otto Ohlendorf ebenso freimütig erörtern wie später mit den amerikanischen Experten. Für beide war es gleichermaßen interessant zu erfahren, was nach Dr. Erhards Meinung nach Beendigung des Krieges zu geschehen habe, beispielsweise, ob in der – wie sich dann zeigte: drei Jahre dauernden – Übergangsphase zur Friedenswirtschaft der Lohn- und Preisstopp sowie der Geldüberhang und die Bewirtschaftung beibehalten werden sollten, wie es dann tatsächlich bis zur Währungsreform der Fall war.

Natürlich gehörte zu der im Dezember 1944 schon sehr weit gediehenen Nachkriegsplanung nicht nur die Binnen-, sondern auch die Außenwirtschaft, weshalb der »Kleine Arbeitskreis« der RI seine Untersuchungen mit denen eines »Arbeitskreises für außenwirtschaftliche Fragen« (AAF) koordinierte. Dieser AAF, der sich ebenfalls mit Nachkriegsplanung sowie mit den Möglichkeiten frühzeitiger Kontaktaufnahme mit den Konzernen und Banken der westlichen Alliierten, also der künftigen Besatzungsmächte, in kleinem Kreis befaßte, war am 23. März 1943 auf Anregung von Karl Albrecht, dem Außenwirtschaftsexperten der RI, gegründet worden. Ohlendorf war darüber ebenfalls – wenn auch wohl nicht über die zu den Kriegsgegnern gesponnenen Fäden – umfassend informiert worden.

Im Herbst 1944 stand der Arbeitskreis für außenwirtschaftliche Fragen unter der Leitung von Karl Blessing, dem wir bereits als deutschem Vertreter der Interessen des Unilever-Konzerns sowie als Mitglied des »Freundeskreises des Reichsführers SS« begegnet sind. An den Arbeiten des AAF nahmen teil oder wurden darüber ausführlich informiert: Hermann Josef Abs (Deutsche Bank), Dr. Karl Rasche (Dresdner Bank), Kurt Freiherr v. Schröder (Bankhaus J. H. Stein), Anton Reithinger und Max Ilgner (beide IG Farben), Karl Lindemann (Norddeutscher

Lloyd), Dr. Ludger Westrick (Vereinigte Aluminiumwerke), Hugo Stinnes (Stinnes-Konzern), Philipp F. Reemtsma (Reemtsma-Zigarettenfabriken) und Dr. Ernst Hellmut Vits (Vereinigte Glanzstoff-Fabriken), um nur die wichtigsten Wirtschaftsvertreter zu nennen, außerdem Karl Albrecht von der RI und Andreas Predöhl, Direktor des Kieler Instituts für Weltwirtschaft.

AAF und »Kleiner Arbeitskreis« waren also von 1943 an damit beschäftigt, über die Endphase des Zweiten Weltkriegs, den Zusammenbruch des »Dritten Reichs« und das erste Nachkriegs-Chaos hinaus die Erhaltung der gesellschaftlichen Verhältnisse und die Rettung dessen zu planen, was sie »freies Unternehmertum« nannten und bald auf amerikanisch *»free enterprise«* nennen würden. Chefplaner war dabei Dr. Ludwig Erhard, der 1949 erster Bundesminister der Wirtschaft der neugegründeten Bundesrepublik Deutschland wurde, deren Industrie 1950, nur fünf Jahre nach der größten Katastrophe der deutschen Geschichte, mit ihrer Produktion wieder den Vorkriegsstand erreicht hatte, deren Währung – auf Kosten der breiten Masse kleiner Sparer – nun völlig stabil war und deren von Erhard proklamierte »soziale Marktwirtschaft« zwar den Sozialismus hatte besiegen können, aber nun, im Sommer 1950, durch eine weltweite Krise ins Wanken geraten war.

Doch ehe wir uns näher mit dieser Krise und ihren überraschenden Auswirkungen befassen, sei noch kurz berichtet, was aus den Planern des »Kleinen Arbeitskreises« und des AAF der Jahre 1943/45 inzwischen geworden war:

Ihr Chefplaner (seit 1947 Honorarprofessor für Wirtschaftspolitik der Universität München) Dr. Ludwig Erhard war Bundeswirtschaftsminister und stellvertretender Vorsitzender der CDU, auch designierter Nachfolger Konrad Adenauers, wenngleich dieser erhebliche Zweifel an seiner Eignung hegte.

AAF-Leiter Karl Blessing war 1948 in den Vorstand der Margarine-Union, einer deutschen Tochter des Unilever-Konzerns, zurückgekehrt und wurde später Präsident der Deutschen Bundesbank. AAF-Gründer Karl Albrecht wurde 1949 Hauptabteilungsleiter im Marshallplan-Ministerium des Vizekanzlers Blücher und übernahm 1953 die Hauptgeschäftsführung der Industrie- und Handelskammer Düsseldorf.

Ludger Westrick wurde, wie schon an anderer Stelle erwähnt, Ludwig Erhards Staatssekretär im Bundeswirtschaftsministerium. Günter Keiser, im »Ständigen Arbeitskreis« der Vertreter der Wirtschaftsgruppe Privates Bankgewerbe, deren Volkswirtschaftliche Abteilung er damals geleitet hatte, übernahm 1950 die Abteilung Grundsatzfragen im Bundeswirtschaftsministerium als Ministerialdirigent und wechselte später zum Flick-Konzern über, wo er die Volkswirtschaftliche Abteilung der Feldmühle AG leitete.

Die Konzernmanager, Großaktionäre und Bankiers, die an der Nachkriegsplanung der RI im »Ständigen Arbeitskreis« oder im AAF mitgewirkt hatten, waren im Sommer 1950 fast ausnahmslos wieder auf ihren Kommandoposten; Friedrich Flick, der ja schon vom Kriegsverbrechergefängnis aus seinen Konzern wiederaufzubauen begonnen hatte, kam, wie bereits erwähnt, im August 1950 auf freien Fuß.

Einer der wichtigsten Nachkriegsplaner in Karl Blessings AAF, Hermann Josef Abs, galt schon 1950, als die Deutsche Bank AG noch auf alliierten Befehl hin »dezentralisiert« und in zehn Regionalinstitute aufgesplittert war, als deren heimlicher Chef und künftiger Generaldirektor, auch als »Bonns ungekrönter Finanzminister«, denn er gehörte, zusammen mit Robert Pferdmenges – der konfessionelle Proporz blieb auch hier gewahrt! – zu des Kanzlers engsten Beratern. Die westdeutsche Delegation bei der Londoner Schuldenkonferenz von 1951/52 wurde dann auch nicht von Bundesfinanzminister Fritz Schäffer, sondern von Abs geführt. Wiederholt bot ihm Adenauer einen Platz im Bundeskabinett an; später sollte Abs das Auswärtige Amt übernehmen. Aber der Bankier lehnte stets ab, denn er hatte, neben der Leitung der Deutschen Bank AG, bereits über 40 Aufsichtsrats- und sonstige Vorsitze in Großunternehmen. Er war der Führer der Wirtschaft im Wirtschaftswunderland – das genügte ihm, und längst vergessen war, was OMGUS, das *Office of Military Government of the United States of America,* in seinem Bericht vom November 1946 über Hermann Josef Abs und sein Institut geschrieben hatte: »Abs war der Spiritus rector der niederträchtigen Deutschen Bank, die eine ungewöhnliche Konzentration wirtschaftlicher Macht mit aktiver Teilhaberschaft an der verbrecherischen Politik des Naziregimes verband ...«

Die Amerikaner hatten längst andere Sorgen, als sich noch um die Verfolgung der Helfershelfer jener zu kümmern, gegen die sich die USA mit der Sowjetunion verbündet hatten. Am 25. Juni 1950 war völlig überraschend die Armee des kommunistisch regierten Nordkorea in das ein Jahr zuvor von amerikanischen Streitkräften geräumte, aber zur Interessensphäre der USA gerechnete Südkorea eingefallen. Zwei Tage später gab Präsident Truman den amerikanischen See- und Luftstreitkräften in Ostasien, die unter dem Befehl des Generals Douglas MacArthur standen, den Befehl, die bedrängten südkoreanischen Streitkräfte zu unterstützen. Am selben Tag forderte der Sicherheitsrat der Vereinten Nationen, auf amerikanische Initiative hin und in Abwesenheit des sowjetischen Vertreters, alle UN-Mitgliedsstaaten auf, den Südkoreanern ebenfalls militärischen Beistand zu leisten. Nachdem bereits am 29. Juni 1950, nur vier Tage nach Beginn des Korea-Krieges, die südkoreanische Hauptstadt Seoul gefallen war, ordnete Präsident Truman am 30. Juni den Einsatz amerikanischer Bodentruppen an. Doch auch sie konnten den Vormarsch der Nordkoreaner nicht aufhalten; nach sechs Wochen waren die Verteidiger Südkoreas auf den Brückenkopf von Fusan zurückgedrängt. Am 15. September gingen sie dann zur Gegenoffensive über; Landungen starker amerikanischer Verbände im Rücken des Gegners waren erfolgreich, und Ende September brach die nordkoreanische Front zusammen. Am 1. Oktober stießen südkoreanische Verbände über den 38. Breitengrad, der die Demarkationslinie bildete, in den Norden vor. Trotz chinesischer Warnungen folgten ihnen die Amerikaner, und Ende Oktober erreichten die Spitzen der Heeresverbände MacArthurs den chinesisch-koreanischen Grenzfluß Yalu.

Nun griffen 300000 chinesische »Freiwillige« auf seiten des Nordens ein und warfen Südkoreaner, Amerikaner und UN-Verbände zurück an die Demarkationslinie. Von da an stabilisierte sich die Front wenig nördlich des 38. Breitengrads und veränderte sich während der bald darauf beginnenden zweijährigen Waffenstillstandsverhandlungen nur wenig. Erst am 27. Juli 1953 wurde der Koreakrieg durch das Abkommen von Panmunjon beendet; es brachte dem geteilten Land weder den gewünschten Friedensvertrag noch die Wiedervereinigung. Der opferreiche Krieg, in dem die Sowjetunion als Waffenlieferant der Chinesen und Nordkoreaner aufgetreten war, bewirkte lediglich, daß sich in den USA der »McCarthyismus«, eine Art von moderner Hexenjagd auf Linksintellektuelle und mit dem Sozialismus liebäugelnde Künstler, und in Westeuropa der Antikommunismus bis zur Hysterie steigerten. Für die Bundesrepublik Deutschland war der Koreakrieg von besonderer Bedeutung, hatte doch das geteilte Land im Fernen Osten mit seinem ärmeren, dünner besiedelten und kommunistisch regierten Norden und dem reichen, dichtbevölkerten Süden, der von Konservativen und Reaktionären beherrscht wurde und unter amerikanischem Einfluß stand, zuviel Ähnlichkeit mit dem geteilten Deutschland, als daß man die Gefahr einer parallelen Entwicklung hätte übersehen können.

Hinzu kam, daß sich die USA durch ihr militärisches Eingreifen in Korea gezwungen gesehen hatten, ihre Wirtschaft wieder unter kriegsmäßige Regierungskontrolle zu stellen, bald auch alle rüstungswichtigen Rohstoffe zu rationieren und, gemeinsam mit den anderen Westmächten, die Weltmärkte leerzukaufen. Die Rohstoffpreise stiegen enorm, und was für die einen – die amerikanischen Verbraucher und Steuerzahler – die »Koreakrise« hieß, bedeutete für die anderen – die australischen Schafzüchter und Wollhändler, die indischen Jutefarmer, die neuseeländischen Fleisch- und Butterlieferanten, die malaysischen Kautschukerzeuger und vor allem für die Metallschmelzer und Stahlhersteller in aller Welt – den »Koreaboom«.

Westdeutschlands Stahlindustrie, das Rückgrat der Wirtschaft der Bundesrepublik, »stieß sich gesund«, wie man im Düsseldorfer Industrieclub damals freudestrahlend sagte. Die Konjunktur lief an, gefördert durch staatliche Investitionsfinanzierungen in Milliardenhöhe, und die Arbeitsmarktsituation, das Nebeneinander eines riesigen Arbeitslosenheeres und eines noch sehr geringen Angebots an offenen Stellen, war für die Konsolidierung dieser Konjunktur so günstig wie möglich.

Noch gab es zwar die harten Produktionsverbote und -beschränkungen, die die Alliierten der westdeutschen Industrie auferlegt hatten, aber die Statistik beweist, daß sich in der Praxis niemand mehr ernsthaft darum kümmerte. 1949 war beispielsweise der Bundesrepublik eine jährliche Stahlerzeugung von 11,1 Millionen Tonnen zugestanden worden; die tatsächliche Stahlerzeugung des Jahres 1949 lag dann bei 9,15 Millionen Tonnen, etwa gleich hoch wie die Frankreichs. 1950 stieg jedoch die westdeutsche Stahlproduktion auf 12,12 Millionen Tonnen, also weit über die erlaubte Menge, während Frankreich nur 8,65 Millionen Tonnen erzeugte, und 1951 erreichte die bundesdeutsche Stahlindustrie sogar eine Jahresproduktion von 13,50 Millionen Tonnen. Die Alliierten übersahen diese Verletzung ihrer Anordnungen, denn die USA brauchten dringend Stahl für ihre Rüstung.

Anders verhielt es sich mit der Kohle. »Die Internationale Ruhrbehörde«, schrieb dazu Kurt Pritzkoleit, »beharrte bis zum Sommer 1952 eisern auf ihrem Recht, dem deutschen Steinkohlenbergbau Exportquoten von unzumutbarer Höhe aufzuzwingen. So wurden im Jahre 1950 15,988 Millionen Tonnen Stein- und Preßkohle im Wert von 799,2 Millionen DM exportiert und 4,067 Millionen Tonnen im Wert von 145,1 Millionen DM importiert. Im Jahre 1951 betrug die Ausfuhrmenge 13,665 Millionen Tonnen, der Ausfuhrwert 842,5 Millionen DMark, die Einfuhr dagegen war« – wegen des enorm gestiegenen Bedarfs der Stahlerzeuger – »auf 9,651 Millionen Tonnen bzw. 702,7 Millionen DMark gestiegen. In beiden Jahren hatte das Saargebiet« – das noch unter französischer Verwaltung stand – »etwas mehr als 3 Millionen Tonnen geliefert; das hatte 1950 etwa drei Viertel des (bundes-)deutschen Zuschußbedarfs ausgemacht, 1951 aber nur noch ein knappes Drittel der westdeutschen Nachfrage zu decken vermocht. Die (bundes-)deutsche Hüttenproduktion drohte zu stocken; wer Walzwerkserzeugnisse im Großen zu kaufen versuchte, mußte die Kohle mitbringen, und da Willy Schlieker« – im letzten Kriegsjahr Friedrich Flicks in Berlin gerade noch der Verhaftung entgangener Konzernbeauftragter – »just damals bedeutende Lieferverträge über vielerlei Stahlerzeugnisse in den USA abgeschlossen hatte, kam er auf die gloriose Idee, die Kohle in den USA zu kaufen, gewissermaßen deutschen Stahl gegen amerikanische Kohle zu tauschen. Das kühne Projekt – auf einer Fahrt zu einem deutschen Hüttenwerk ersonnen – ließ sich alsbald realisieren: Im Jahre 1951 lieferten die Vereinigten Staaten der Bundesrepublik 5,805 Millionen Tonnen Kohle – drei Fünftel ihres Einfuhrbedarfs – im Wert von 546,9 Millionen DMark. Die deutsche Stahlkonjunktur war gerettet . . .«

Eine glänzende Konjunktur hatte indessen nicht allein die Stahlindustrie. Der Koreakrieg, der in den USA den »McCarthyismus« entfacht hatte, ließ in der Bundesrepublik Deutschland alle diejenigen wieder aus ihren Verstecken auftauchen, die sich unter den Nazis als Spezialisten in der Bekämpfung des Bolschewismus »bewährt« hatten.

Fast alle politischen Kommissariate der westdeutschen Polizeipräsidien wurden um 1950/51 mit solchen »Fachleuten« besetzt. Die nachfolgende Aufzählung bringt dafür nur ein paar Beispiele, die sich beliebig ergänzen ließen.

So wurde SS-Sturmbannführer Friedrich Beck, ehedem Kommandeur einer »Bandenkampfschule«, Polizeirat in Darmstadt; SS-Hauptsturmführer beim SD Arno Besekow, ehedem bei der Gestapo-Leitstelle Magdeburg, Kriminalkommissar in Kiel; SS-Obersturmführer Berthold Boldt, ehedem beim Polizeibataillon 104 im Einsatz in Lublin, Polizeihauptkommissar in Hamburg; SS-Sturmbannführer Dr. Rudolf Braschwitz, ehedem bei der Gestapo-Leitstelle Berlin, Kriminalrat in Dortmund; SS-Hauptsturmführer Oskar Christ, ehedem Kommandeur des SS-Polizeibataillons 314, Polizeioberrat in Wiesbaden; SS-

Hauptscharführer Kurt Erdmann, ehedem Leiter der Politischen Abteilung des KZ Sachsenhausen, Kriminalpolizeiobermeister in Stade; SS-Sturmbannführer Herbert Furck, zuletzt Kommandeur des I./SS-Polizeiregiment 3, zuvor in Riga, Polizeirat in Kiel; SS-Sturmbannführer Kurt Geißler, ehedem Leiter der Gestapo-Leitstelle Berlin, Kriminalkommissar in Köln; SS-Hauptsturmführer Herbert Poethke, ehedem bei einem Einsatzkommando im Osten, Polizeioberkommissar in Mönchengladbach; SS-Hauptsturmführer Fritz Riedel, ehedem Feldgendarmerieführer in Lettland, Kriminalkommissar in München und Sturmbannführer Franz Settels, ehedem im SD-Hauptamt, Leiter der Kriminalpolizei Leverkusen. Die Aufzählung ließe sich über viele Seiten hinweg fortsetzen, doch ein letztes Beispiel, das nicht den Polizeibereich betrifft, möge genügen:

Im Jahre 1933, als Hitlers Propagandachef und Gauleiter von Groß-Berlin daranging, ein Reichsministerium »für Volksaufklärung und Propaganda« aufzubauen, wurde dort ein erst Sechsundzwanzigjähriger zum Referatsleiter ernannt, zunächst für »Allgemeine Innenpolitik, gegnerische Weltanschauung, kirchliche Angelegenheiten und Bolschewismus im In- und Ausland«. Sein Name war Dr. Eberhard Taubert. Er hatte Jura studiert und schon in der »Kampfzeit« vor 1933 zu den engsten Mitarbeitern von Goebbels gehört und von Anfang 1932 an die Rechtsabteilung der Nazi-Gauleitung von Groß-Berlin geleitet.

In den folgenden Jahren hatte Dr. Taubert im Propagandaministerium rasch Karriere gemacht. Er zeichnete verantwortlich für die sogenannte »Aktivpropaganda gegen die Juden«, womit die staatlich organisierte Hetze zur Vorbereitung ihrer schließlichen Vernichtung gemeint war, ferner für die »Antikomintern«, die antikommunistische Propagandazentrale. In seiner Eigenschaft als oberster Hetzer gegen Kommunisten, Juden und mißliebige Intellektuelle aller politischen Schattierungen sowie gegen die – speziell katholische – Geistlichkeit brachte Dr. Taubert diese so unterschiedlichen Angriffsziele ohne große Mühe unter einen Hut. So gab er 1937 Richtlinien für Presse, Film, Rundfunk und Propagandastellen heraus, worin es hieß: »Ebenso wie die

[Moskauer] Drahtzieher dieses Vernichtungsfeldzuges den Frieden bewußt und planmäßig bekämpfen, tut es heute die große Meute der kleinen Juden und Bolschewisten in aller Welt, der zersetzten und halb-zersetzten, der bolschewisierten und halbbolschewisierten Intellektuellen, die als getarnter Vortrupp Moskaus arbeiten ...« Es war, sozusagen, ein Vorgriff auf den amerikanischen McCarthyismus der fünfziger Jahre, den Dr. Taubert sich damals gestattete.

Im Jahre 1936 noch Regierungsrat, wurde Dr. Taubert in den folgenden Jahren mehrmals außer der Reihe befördert und 1938 »unter Abweichung von den Reichsgrundsätzen« vorzeitig zum Oberregierungsrat, wenig später zum Ministerialrat ernannt. Daneben bekleidete er von 1938 an auch noch das Amt eines »ehrenamtlichen« Richters beim 1. Senat des berüchtigten »Volksgerichtshofs« und war als solcher beteiligt an einer Reihe von Todesurteilen gegen in- und ausländische Widerstandskämpfer. Dazu äußerte sich Dr. Taubert später folgendermaßen:

»Ich bin von der Gründung des Propagandaministeriums an für die propagandistische Bekämpfung des Kommunismus zuständig gewesen ... Es bestand die Gefahr, daß man mit diesem im dunkeln kämpfenden Gegner die Tuchfühlung verlor, seine Mentalität verkannte und mit psychologisch falschen Argumenten arbeitete. Das Propagandaministerium beorderte mich deshalb zum Beisitzer in Hoch- und Landesverratsprozessen gegen Kommunisten, damit ich dem Gegner Auge in Auge gegenüberstand und mit seiner Mentalität vertraut blieb.«

Von 1942 an hatte Ministerialrat Dr. Taubert im Goebbels-Ministerium die Leitung des neuen Generalreferats »Ostraum«; ihm unterstanden etwa 450 Beamte des gehobenen und höheren Dienstes. Seine Aufgabe war die propagandistische Bemäntelung des millionenfachen Massenmords im In- und Ausland, wobei – nur am Rande sei's bemerkt – Dr. Tauberts Verbindungsmann und offizieller Gesprächspartner beim Auswärtigen Amt der dort dienstverpflichtete Rechtsanwalt Kurt Georg Kiesinger war, der spätere CDU-Parteivorsitzende und Bundeskanzler, seit 1949 Mitglied des Bundestags.

Nach dem Untergang des »Dritten Reichs« konnte Dr. Taubert – der in den Protokollen des Nürnberger Hauptkriegsverbrecherprozesses, Band XVII, mehrfach als »Dr. Tauber« auftaucht, ins neutrale Ausland flüchten. Er lebte dann – so schrieb er später an einen alten Freund – »zunächst viele Jahre außerhalb Europas, in Südafrika und Persien«, wobei er dort als Berater auf dem Gebiet der »Aktivpropaganda« tätig war. 1950 hatte er aber, so heißt es in dem Brief an seinen Freund, wieder »Verbindung zu nationalen Kreisen« in der Bundesrepublik gefunden. Mit Mitteln des Bundesministeriums für gesamtdeutsche Fragen zog er einen »Volksbund für Frieden und Freiheit« auf, der ausschließlich der antikommunistischen »Aktivpropaganda« zu dienen schien.

Indessen befaßte sich der »Volksbund«-Vizepräsident Dr. Eberhard Taubert auch bereits mit einer anderen, ihm gleichfalls aus Nazizeiten vertrauten Aufgabe, die mit dem erklärten ersten Ziel des »Volksbunds«, für den Frieden zu wirken, nur schwer in Einklang zu bringen war: mit »psychologischer Kriegführung«. Damit hatte er in Bonn, der »provisorischen« Hauptstadt der entmilitarisierten, noch unter Besatzungsstatut stehenden Bundesrepublik Deutschland, im Frühsommer 1950 glänzende Erfolgsaussichten, bald auch einen Beraterstatus bei dem bayerischen CSU-Bundestagsabgeordneten Franz Josef Strauß, der sich gerade für Sicherheits- und militärische Fragen zu interessieren begann und, so war aus der Parlaments-Lobby und von den »Verbindungsstellen« der Konzerne zu hören, als »ministrabel« galt, zumal im Fall, daß die Bundesrepublik angesichts der drohenden Gefahr eines bewaffneten Konflikts zwischen West und Ost einen »Verteidigungsbeitrag« zu leisten, weniger schönfärberisch ausgedrückt: wiederaufzurüsten hätte. Denn diese durch den Koreakrieg in den Bereich der Möglichkeit gerückte Alternative zur bis dahin proklamierten strikten Absage an jegliche Art der Wiederbewaffnung wurde im Frühsommer 1950 von den Bonner Politikern nicht mehr völlig ausgeschlossen.

14. Autoritäre Willensbildung und einsame Entschlüsse

»Manche Skeptiker behaupten, die Völker lernten nichts aus der Geschichte. Die Tatsachen geben den Skeptikern nicht recht. Auch im Fall Deutschland nicht. Man muß schon über die monumentale Ahnungslosigkeit der Leute staunen, die glauben, fünf Jahre nach der Erstürmung der Reichskanzlei die Deutschen unter den alten Naziparolen gen Osten treiben zu können . . .«

So schrieb der aus dem Exil zunächst nach Westdeutschland zurückgekehrte, dann in die DDR übergesiedelte Lyriker und Erzähler Stephan Hermlin gegen Ende des Jahres 1950. Und tatsächlich war die Bereitschaft der allermeisten Deutschen, noch einmal in einen Krieg gegen die Völker des Ostens zu ziehen, äußerst gering.

Die große Mehrzahl der Bewohner der Bundesrepublik, darunter auch die meisten der dort lebenden Flüchtlinge und Vertriebenen, wollte von Krieg und allem, was damit zusammenhing, nichts mehr wissen, und wer Soldat gewesen war, hatte davon »die Schnauze voll«. Auch darf man nicht vergessen, daß Anfang 1950 noch immer eine große, wegen der zahlreichen Vermißten nicht genau bekannte Anzahl Kriegsgefangener in der Sowjetunion und in anderen östlichen Ländern auf ihre Heimkehr warteten; deren Angehörige mußten befürchten, daß eine Wiederaufrüstung der Bundesrepublik die Lage der Gefangenen noch verschlechtern, ihre Entlassung hinauszögern würde.

»Ohne uns!« – so lautete bald die populäre Parole, mit der die westdeutschen Gewerkschaften und die Parteien der Linken gegen eine Aufstellung bundesdeutscher Streitkräfte demonstrierten. Aber da waren, ohne daß die Öffentlichkeit davon erfuhr, die Würfel schon gefallen. Konrad Adenauer hatte sich bereits für eine Wiederbewaffnung entschieden und war entschlossen, seine Absicht gegen alle Widerstände, auch in seiner eigenen Partei, rücksichtslos durchzusetzen. Es war für ihn nur noch die Frage, wann und wieviel bundesdeutsche Soldaten es in welchem supranationalen Kontext geben würde und wie die Aufstellung dieser neuen Streitkräfte den Bundesbürgern einigermaßen schmackhaft gemacht werden könnte.

Noch im Januar 1950 hatten bei einer demoskopischen Untersuchung des Emnid-Instituts auf die Frage, »Würden Sie es für richtig halten, wieder Soldat zu werden oder daß Ihr Sohn oder Ihr Mann wieder Soldat werden würde?«, 74,6 Prozent der angesprochenen Bundesbürger mit Nein geantwortet, weitere 14 Prozent waren unentschieden gewesen, und nur 10 Prozent hatten sich dafür ausgesprochen.

Im Mai 1950 erklärten rund 90 Prozent der befragten Studenten der Universitäten München und Erlangen, in der großen Mehrzahl ehemalige Wehrmachtsangehörige, auf die Frage: »Angenommen, Deutschland hätte wieder eine Wehrmacht – würden Sie dann Soldat sein wollen?«, daß sie dies keineswegs wollten.

Selbst solche Umfragen, bei denen nicht nach der persönlichen Bereitschaft geforscht, sondern die generelle Einstellung zur Wiederbewaffnung erkundet wurde, stießen auf mehrheitliche Ablehnung der entschieden antimilitaristisch eingestellten Bundesbürger, selbst wenn die Frage gekoppelt war an bestimmte, allgemein als begrüßenswert angesehene Voraussetzungen, etwa das Ende der Besatzung, die volle Souveränität der Bundesrepublik und ihre Mitgliedschaft in einem westeuropäischen oder atlantischen Bündnissystem.

Im westlichen Ausland, vor allem in Frankreich, aber auch in allen anderen europäischen Ländern, die im Zweiten Weltkrieg von der deutschen Wehrmacht erobert worden waren, stieß der Gedanke, daß es wieder deutsche Soldaten geben sollte, auf noch heftigeren Widerstand. Nur die wenigsten Westeuropäer waren bereit zu vergessen, wofür die Alliierten den Krieg geführt hatten und welche Verpflichtungen sie hinsichtlich der endgültigen Beseitigung des deutschen Militarismus 1945 eingegangen waren.

Erst wenig mehr als ein Jahr zuvor, Ende Dezember 1948, hatte der britische Militärgouverneur für Deutschland, Sir Brian Robertson, zur Beruhigung der Gemüter, nicht nur seiner Landsleute, sondern auch aller anderen, besonders der Franzosen, auf einer Pressekonferenz erklärt: »Kürzlich wurden eine Reihe von öffentlichen Erklärungen über das Wiederaufleben einer deutschen Militärmacht abgegeben mit der Unterstellung, daß die Westmächte eine geheime Wiederaufrüstung unterstützten ...«, womit der General auf Äußerungen amerikanischer Politiker anspielte, ehe er fortfuhr: »Ich versichere, daß die Gerüchte über die Wiederaufrüstung in Westdeutschland dumm und unbegründet sind ...« Und er schloß mit der Feststellung: »Als wir 1945 hierher kamen, war es unsere erste Aufgabe, die deutschen Streitkräfte aufzulösen. Es ist nicht unsere Absicht, sie wiederherzustellen.«

Anlaß zu diesen Gerüchten, auf die Sir Brian Robertson Bezug nahm, waren die sowohl bei der britischen als auch bei der amerikanischen Besatzungsarmee damals bereits vorhandenen »Arbeits-« und »Wachbataillone«. Sie bestanden teils aus ehemaligen deutschen Wehrmachtsangehörigen, meist Berufssoldaten, deren Heimat nun zum sowjetischen Machtbereich gehörte, teils aus polnischen, baltischen und ukrainischen *»displaced persons«*, abgekürzt DPs, die ein Leben in westdeutschen Barackenlagern der Rückkehr in ihre Heimat vorzogen, meist weil sie dort als ehemalige Freiwillige der Waffen-SS oder als sonstige Kollaborateure harte Bestrafung zu erwarten hatten. Aber auch Polen aus der Armee des Generals Anders, die auf britischer Seite gekämpft hatten, waren darunter.

Insgesamt standen schon Anfang 1949 etwa 16000 Deutsche und rund 60000 DPs in mehr als 100 Bataillonen der britischen oder amerikanischen Besatzungsarmee als Hilfskräfte zur Verfügung, eine Art von Fremdenlegion mit eigenen Unterführern, in der skeptische Beobachter den Kern einer neuen deutschen Armee vermuteten, zumal immer mehr Deutsche hinzukamen.

Außerdem hatte die Bundesregierung, kaum daß sie im Herbst 1949 gebildet worden war, mit der Aufstellung kasernierter Polizeieinheiten begonnen, angeblich nur zum Schutz der obersten Bundesbehörden und des Parlaments. Da nach dem Grundgesetz die Polizei eine Ländersache war, wurden die Polizeibataillone der Bonner Regierung schon bald in »Bundesgrenzschutz« umbenannt, was aber den Verdacht, daß es sich um den Kern einer neuen westdeutschen Armee handeln könnte, eher noch verstärkte.

Im übrigen erhielten die Gerüchte über eine beabsichtigte baldige Wiederbewaffnung noch dadurch neue Nahrung, daß 1949/50 Dienststellen des Bundes damit begannen, militärische Spezialisten der ehemaligen Wehrmacht – Piloten, Radar-Fachleute, Offiziere der Panzertruppe, Schnellboot-Kommandanten usw. – genau zu registrieren.

Auch hatte Bundeskanzler Konrad Adenauer bereits am 4. Dezember 1949, also noch vor Ablauf der ersten hundert Tage seiner Amtszeit, einer amerikanischen Zeitung, *The Plain Dealer*, die in Cleveland, Ohio, erschien, ein Interview gegeben, worin er die Bildung einer westeuropäischen Armee unter Einschluß deutscher Kontingente vorgeschlagen hatte. Unter dieser Voraussetzung »würde es nicht nur richtig, sondern auch notwendig sein, die amerikanische Militärhilfe auch auf Deutschland auszudehnen«, fuhr Dr. Adenauer fort. Nach seiner Ansicht müsse sich der Westen, wenn er die Sowjets aufhalten wolle, stark genug machen, um der UdSSR die Möglichkeit zu nehmen, jemals weiter vorzudringen. »Wenn die Sowjets erst einmal den Rhein erreicht hätten, würden sie ganz Europa unter ihre Kontrolle bringen«, meldete die Nachrichtenagentur »Associated Press« (AP) am selben Tag über das in Clevcland veröffentlichte Adenauer-Interview.

Angemerkt sei, daß der Plan nicht gerade neu war, mit den westlichen Alliierten ein militärisches Bündnis gegen die Sowjetunion einzugehen. Davon hatten konservative Nazigegner, beispielsweise einige der Verschwörer vom 20. Juli 1944, bereits geträumt, ebenso Heinrich Himmler und zahlreiche hohe

SS-Führer in den Wochen vor und erst recht nach der bedingungslosen Kapitulation vom 8. Mai 1945.

Was Konrad Adenauer mit diesem Interview bezweckt hatte, wird deutlich aus Äußerungen, die er im Oktober/November 1948 gegenüber Rudolf Augstein machte. Der unternahm damals eine Rundreise, um militärische Fachleute zu befragen, wie die drei Westzonen im Konfliktfall verteidigt werden könnten. »Am Schluß besuchte ich den damaligen Präsidenten des Parlamentarischen Rats, Konrad Adenauer, den ich über Herbert Blankenhorn kennengelernt hatte«, berichtete Augstein darüber 1963. »Durch ein Mißgeschick kam ich unangemeldet in das Haus am Zennigsweg. Tochter Lotte öffnete mir etwas unwillig. Adenauer schien aber nicht eine Spur ungehalten. Ich sagte ihm, die militärischen Fachleute, die ich befragt hätte, seien übereinstimmend der Meinung, zur Verteidigung der Bundesrepublik seien 30 deutsche Divisionen nötig. ›Das ist auch meine Schätzung‹, bestätigte Adenauer. Wir unterhielten uns des längeren über die Leute, die als deutsche Oberbefehlshaber in Frage kämen. Dann sagte Adenauer: ›Sie als Journalist können vieles sagen, was ich als Politiker nicht sagen darf. Nehmen Sie diese Frage deutscher Divisionen. Wir müssen sie erst einmal ins Gespräch bringen und dann das Weitere abwarten ...‹«!

Etwa zur gleichen Zeit berichtete das amerikanische Nachrichtenmagazin *Newsweek* aus Bonn: »Der Adenauer-Regierung wäre es willkommen, wenn die Initiative zur deutschen Aufrüstung von alliierter Seite ausginge. Bonn würde sich dem Vorschlag gegenüber anfänglich kühl verhalten, obwohl es sich ganz für den Plan einsetzt.«

Zwei Jahre zuvor, am 30. Dezember 1946, hatte Adenauer in der *Rheinischen Post* erklärt: »Wir sind einverstanden damit, daß wir völlig abgerüstet werden; daß unsere reine Kriegsindustrie zerstört wird und daß wir nach beiden Richtungen hin einer langen Kontrolle unterzogen werden. Ja, wir wollen noch weitergehen: Ich glaube, daß die Mehrheit des deutschen Volkes damit einverstanden sein würde, wenn wir wie die Schweiz völkerrechtlich neutralisiert würden.«

Ja, noch am 4. Dezember 1949 erläuterte der nunmehrige Bundeskanzler der Deutschen Presseagentur seinen Standpunkt mit den Worten: »In der Öffentlichkeit muß ein für allemal klargestellt werden, daß ich prinzipiell gegen eine Wiederaufrüstung der Bundesrepublik Deutschland bin und damit auch gegen die Errichtung einer neuen deutschen Wehrmacht.«

Einige Wochen später erklärte Konrad Adenauer vor dem Bundestag: »Die Alliierten haben uns entwaffnet, und auf ihnen liegt folglich die gesetzliche und moralische Pflicht, uns zu verteidigen. Ich bin immer der Ansicht gewesen, daß die Sicherheit Westdeutschlands Sache der Besatzungsmächte ist . . .« Aber er fügte diesen Ausführungen einen Satz hinzu, der erhebliches Aufsehen erregte: »Sollten die Alliierten jedoch verlangen, daß wir uns an der Verteidigung Europas beteiligen, so würde ich nicht eine unabhängige, selbständige Wehrmacht befürworten, sondern ein deutsches Kontingent innerhalb einer europäischen Streitmacht«, wozu das amerikanische Magazin *US News* vom 30. Dezember 1949 bemerkte: »Kanzler Adenauer hat mit seinen Reden von der Wiedererrichtung deutscher Divisionen hohe alliierte Beamte in Deutschland in größte Verlegenheit gebracht. Die Sache sollte nach Übereinkunft mit größter Diskretion behandelt werden.«

Aber dasselbe Magazin hatte bereits anderthalb Jahre zuvor, am 30. Juli 1948, seinen Lesern mitgeteilt: »Unsere Befehlshaber in Deutschland beraten über einen Wiederaufbau der deutschen Wehrmacht als ein Gegengewicht gegen die russische Macht. Die Verhandlungen haben eine scharfe Ablehnung in Frankreich und in anderen europäischen Ländern gefunden.« Und das war nur allzu verständlich gewesen, denn kurz zuvor hatte John O'Donell im *Washington Times Herald* mitgeteilt, das Pentagon beschäftige sich mit einem Plan, der »die Wiederaufstellung jener kampferprobten (deutschen) Panzer- und SS-Divisionen vorsehe, die, mit erstklassiger Ausrüstung versehen und von amerikanischen Offizieren befehligt, im Fall eines russischen Angriffs den Rückzug der amerikanischen Truppen abschirmen sollen«. Aber für solche und ähnliche Pläne – die es tatsächlich gegeben hat – waren, wie Konrad Adenauer sehr gut wußte, die Bürger Westdeutschlands nicht zu gewinnen. Sie lehnten es mehrheitlich mit großer Entschiedenheit ab, remilitarisiert zu werden, und schon gar nicht wollten sie deutsche Soldaten unter fremdem Kommando für die Deckung eines »geordneten Abzugs« der alliierten Truppen aus Deutschland opfern und womöglich anschließend ihr Land durch Atomwaffen verwüsten lassen.

Angesichts der Ablehnung jeder Form von Wiederbewaffnung durch die Mehrheit der Westdeutschen und erst recht von seiten Frankreichs und der anderen westeuropäischen Nachbarn wurde das Thema in den folgenden Monaten von Konrad Adenauer noch behutsamer behandelt. Im ersten Bundestagswahlkampf vom August 1949 wurde davon, soweit es die Kandidaten der CDU/CSU betraf, nach Möglichkeit überhaupt nicht gesprochen. Um so mehr allerdings nahmen sich die Sozialdemokraten, erst recht die Kommunisten, dieser Frage an, wobei sie als entschiedene Gegner einer Remilitarisierung auftraten und den CDU-Vorsitzenden als einen offenbar unbelehrbaren Machtpolitiker hinstellten, der selber nie in den Krieg hatte ziehen müssen.

Doch nicht nur Adenauers Gegner machten sich im Wahlkampf die antimilitaristische Stimmung zunutze. Auch einige jüngere Unionskandidaten mit Gespür für das, was bei der Menge Beifall fand, ließen es an kräftigen Äußerungen gegen jeden Gedanken an eine deutsche Wiederbewaffnung nicht fehlen. So erklärte beispielsweise der im bayerischen Wahlkreis 12 (Weilheim) für den ersten Bundestag kandidierende frühere Landrat von Schongau und nunmehrige Generalsekretär der CSU, Oberregierungsrat Franz Strauß, wie er sich damals noch nannte, im Wahlsommer 1949: »Wer noch einmal ein Gewehr in die Hand nehmen will, dem soll die Hand abfaulen!« Und da er zudem »als Vertreter der Frontgeneration« sprach, fand er mit diesen starken Worten um so mehr Zustimmung.

Indessen war die Frage der Wiederaufstellung deutscher Streitkräfte zwar kein Wahlkampfthema, aber Konrad Adenauer und seine amerikanischen Gesprächspartner, an der Spitze der

Dr. Kurt Schumacher. Der Vorsitzende der Sozialdemokraten kämpfte ebenso erbittert wie vergeblich für eine Politik, die die Wiedervereinigung nicht von vornherein unmöglich machte.

Vier bayerische Politiker der ersten Stunde: *Oben links:* Dr. Fritz Schäffer. *Oben rechts:* Franz (später: Josef) Strauß. *Unten links:* Dr. Alois Hundhammer. *Unten rechts:* Dr. Josef Baumgartner.

Oben: Konrad Adenauer, erfolgreicher Verfechter eines in das westliche Bündnis integrierten deutschen Teilstaates, unterschiedlich herzlich: *Links:* mit einem führenden CDU-Linken, Jakob Kaiser, *rechts:* mit dem Bankier und Intimfreund Dr. h.c. Robert Pferdmenges. *Unten:* mit seinem engsten Mitarbeiter, dem späteren Staatssekretär Dr. Hans Globke.

Oben: Dr. Dr. Gustav Heinemann und Konrad Adenauer, kurz bevor Gustav Heinemann seinen Rücktritt erklärte.
Unten: Das erste Kabinett Konrad Adenauers. *Von links* 1. Reihe: Arbeitsminister Anton Storch, Wirtschaftsminister Ludwig Erhard, Kanzler Adenauer, Vizekanzler Franz Blücher, Wiedervereinigungsminister Jakob Kaiser, Flüchtlingsminister Hans Lukaschek; 2. Reihe: Ernährungsminister Wilhelm Niklas, Wiederaufbauminister Eberhard Wildermuth, Justizminister Thomas Dehler; 3. Reihe: Koordinierungsminister Heinrich Hellwege, Postminister Hans Schuberth, Innenminister Gustav Heinemann, Finanzminister Fritz Schäffer, Verkehrsminister Hans Seebohm.

Hohe Kommissar der USA, John McCloy, der nahe Verwandte seiner verstorbenen Frau Gussie, betrieben die Vorbereitungen für die Remilitarisierung nach der Wahl mit um so größerem Nachdruck. Dabei sahen sie es als vordringlich an, den nunmehrigen Bundesbürgern die enormen Vorteile vor Augen zu führen, die es für den jungen Staat haben müßte, wenn er aufgrund seines *Verteidigungsbeitrags* nicht nur ein *gleichberechtigter Partner* der mächtigen USA und der anderen Westalliierten, sondern auch der Empfänger verstärkter *Wirtschaftshilfe* werden würde. Angesichts der immer noch steigenden Arbeitslosigkeit in der Bundesrepublik – sie erreichte 1950 im Jahresmittel 10,2 Prozent! – könnte sich eine *Belebung der Industrie*, wie sie die Ausrüstung eines deutschen Kontingents bei gleichzeitiger Vermehrung des Handels mit den USA mit sich bringen würde, geradezu als die Rettung der bundesdeutschen Wirtschaft und als Segen für alle Westdeutschen erweisen.

Das mit Abstand wichtigste Argument, das Adenauer für die Wiederbewaffnung anzuführen wußte, war indessen, daß ohne einen eigenen militärischen Beitrag die *Sicherheit* der Bundesrepublik und ihrer Bewohner auf dem Spiele stehe. Die offizielle Propaganda der Bundesregierung stand von Anfang an ganz im Zeichen des zwar noch »freien Teils Deutschlands«, der aber ständig von Osten her bedroht war und einem jederzeit möglichen sowjetischen Angriff nichts entgegenzusetzen hatte. Die den »bolschewistischen Horden« wehrlos ausgelieferte Bundesrepublik war das Schreckgespenst, mit dem den Westdeutschen ihr »Ohne mich!«-Defätismus ausgetrieben wurde.

»Von Hause aus war Adenauer nicht mehr – eher etwas weniger – antikommunistisch gesinnt als der durchschnittliche deutsche bürgerliche Liberale«, hat dazu Gösta v. Uexküll bemerkt. »Aber das politische Kalkül sprach für eine schroffe Wendung gegen den Kommunismus, nach außen und nach innen. Er nahm damit den Westmächten die Furcht vor einem neuen »Rapallo« und profitierte von allem, was sich in der deutschen Bevölkerung während der Hitler-Zeit und in der ersten Nachkriegszeit an antikommunistischen Haß- und Angstkomplexen angesammelt hatte. Und kaum hatte Adenauer das »kommunistische Rußland« und seine ostdeutsche Besatzungszone »zum neuen Erbfeind erkoren, kannten seine Übertreibungen und seine Schwarz-Weiß-Malerei keine Grenzen mehr: ›Jeder von uns und namentlich jeder von uns katholischen Christen ist verpflichtet, mitzutun und mitzuhandeln, denn glauben Sie: es geht darum, ob Europa christlich bleibt oder ob Europa heidnisch wird ... Wir Christen müssen ein weiteres tun. Wir müssen den Damm mit errichten helfen gegen den russischen Nationalismus. Dieser sowjetrussische Nationalismus ist besonders gefährlich deshalb, weil er auch getragen wird vom Kommunismus, der die Herrschaft der Welt erstrebt ...‹ Glaubte Adenauer wirklich an einen sowjetischen ›Drang nach Westen‹ im Sinne einer militärischen Offensive, oder beschwor er dieses Schreckgespenst nur, um sein eigentliches Ziel ... voranzutreiben? ... Eine eindeutige Antwort auf diese Frage hat er nie gegeben und auch nie geben müssen, denn die sozialdemokratische Opposition dachte über die Sowjetunion und den Kommunismus nicht viel anders als er. Er konnte sie daher jederzeit mit Fragen nach einer ›Alternative‹ zu seiner Ostpolitik in Verlegenheit bringen.«

Tatsächlich gebärdete sich damals die westdeutsche und nicht minder die Westberliner Sozialdemokratie, als müsse sie Adenauers Antikommunismus noch übertrumpfen, weil sie vom CDU-Vorsitzenden und nunmehrigen Kanzler ständig mit den Kommunisten in einen Topf geworfen wurde. Zwar erklärte Adenauer immer wieder mit gespieltem Bedauern, er wollte nicht so verstanden sein, als unterstelle er der SPD-Führung, daß sie *bewußt* das Spiel Moskaus treibe. Aber genau das suggerierte er ständig seinen Zuhörern, und die Sozialdemokraten wußten darauf keine bessere Antwort, als durch fanatischen Antikommunismus ihre Zuverlässigkeit unter Beweis zu stellen und damit Adenauers Pläne für die baldige Wiederbewaffnung Deutschlands – die die SPD sonst entschieden ablehnte – kräftig zu fördern. Die führenden Sozialdemokraten, die während der Nazizeit entweder – wie Kurt Schumacher – im Konzentrationslager oder – wie Erich Ollenhauer, Ernst Reuter oder der zunächst als norwegischer Pressevertreter heimgekehrte, nunmehrige Berliner Bundestagsabgeordnete Willy Brandt – in der Emigration gewesen waren, mußten sich jetzt von den Politikern der Regierungskoalition häufig auch noch vorhalten lassen, sie seien dadurch »nicht objektiv« gegenüber ehemaligen Nazis, die – wie etwa Dr. Eberhard Taubert – als »zuverlässige, nationalgesinnte Antikommunisten« dringend gebraucht würden. Die SPD-Führer sahen sich deshalb veranlaßt, ihre eigene, indirekt in Frage gestellte »Zuverlässigkeit« durch noch schrillere nationalistische, antikommunistische Töne und heftige Ausfälle gegen die DDR zu dokumentieren, wobei angemerkt sei, daß es vor allem Sozialdemokraten waren, die in dieser spätstalinistischen Epoche von den ostdeutschen Sicherheitsorganen am härtesten verfolgt wurden.

Jedenfalls wirkte in der Bundesrepublik die sozialdemokratische Opposition mit allen ihren Äußerungen zur »gesamtdeutschen« und Ostpolitik der Regierung gleichsam als Verstärker der offiziellen Propaganda, die schon ganz im Zeichen jener »Politik der Stärke« stand, auf die sich Konrad Adenauer – in Anlehnung an den amerikanischen Außenminister Dean Acheson und dessen Roll-back-Strategie – bereits festgelegt hatte. Diese »Politik der Stärke« war in ihrer Zielsetzung recht schillernd und schwer durchschaubar. »Tatsächlich angestrebt und auch erreicht wurde das defensive Ziel: die Ausdehnung des Kommunismus nach Westeuropa zu verhindern und die BRD zu einem souveränen, endgültigen, zur freien Welt gehörenden Staat aufzubauen«, hat dazu Walther Stützle bemerkt. »Um sich aber die innenpolitische Unterstützung für diese nicht mit der Charakterisierung der Bundesrepublik als Provisorium übereinstimmende Politik zu sichern, stellte Adenauer sie als offensiv dar: sie biete den kürzesten Weg zur Wiedervereinigung, ›da Einigkeit und Geschlossenheit [des Westens] und eine fanatische Liebe zur Freiheit schließlich Sowjetrußland dazu bringen würden, von seinen expansiven Plänen Abstand zu nehmen und andere Leute [d.h. das sowjetisch besetzte Osteuropa] so in Frieden zu lassen, wie die anderen Leute Sowjetrußland in Frieden ließen‹ (Adenauer).

Dann aber würden Verhandlungen mit der Sowjetunion über die Neuordnung Europas möglich sein.«

Obwohl Adenauer die Gewalt als Mittel zur Erreichung der Ziele seiner »Politik der Stärke« ausschloß und immer wieder betonte, daß die Wiedervereinigung, die Rückgewinnung der Grenzen von 1937 und die Verdrängung der Sowjetmacht aus ganz Osteuropa nur »in Frieden und Freiheit« vor sich gehen würden, erzeugte die offensive Darstellung der Ziele dieser Politik im Sommer 1950 in der Bundesrepublik Ängste und Hoffnungen, die sich nur schwerlich mit der beteuerten Friedensliebe in Einklang bringen ließen.

Der Ausbruch des Koreakriegs verstärkte noch die Befürchtungen der meisten Bundesbürger, daß ein weltweiter amerikanisch-sowjetischer Krieg bevorstehe, und die gesteigerte antikommunistische Propaganda von Regierung *und* Opposition ließ in den Köpfen der Westdeutschen ein Feindbild entstehen, das auch die »Brüder und Schwestern im anderen Teil Deutschlands« mit einschloß. Damals schrieb der vor den Nazis aus Deutschland geflohene, von Amerika nach Europa zurückgekehrte, nach seinen Erfahrungen im Nachkriegsdeutschland nun im selbstgewählten schweizerischen Exil lebende Schriftsteller Thomas Mann:

». . . Wanja und Sam oder Jim wollen einander nicht an die Kehle, weil ihre Landesverfassungen divergieren. Die Grundprinzipien der Demokratie divergieren: Freiheit und Gleichheit. Sie widersprechen einander und können nie zu idealer Vereinigung gelangen, denn Gleichheit trägt in sich die Tyrannei und Freiheit die anarchische Auflösung. Die Aufgabe der Menschheit ist heute, ein neues Gleichgewicht zwischen ihnen zu finden, sie eine neue Verbindung eingehen zu lassen, in der sich freilich nicht die Tatsache wird verleugnen können, daß Gerechtigkeit die herrschende Idee der Epoche, ihre Verwirklichung, soweit sie in Menschenkräften steht, eine Angelegenheit des Weltgewissens geworden ist. Die bürgerliche Revolution muß sich ins Ökonomische fortentwickeln, die liberale Demokratie zur sozialen werden. Jeder weiß das im Grunde, und wenn Goethe gegen

Ende seines Lebens erklärte, jeder vernünftige Mensch sei doch ein gemäßigter Liberaler, so heißt das Wort heute: Jeder vernünftige Mensch ist ein gemäßigter Sozialist. Nun weiß ich wohl, daß gerade der ›gemäßigte‹, der humanistisch gezügelte, der liberale Sozialismus, also die Sozialdemokratie, den totalitären Kommunismus am allerbittersten haßt. Das ist in Amerika nicht anders, als es in Deutschland war. Und doch glaube ich, daß schon die Bereitwilligkeit in unserem Lager, einzuräumen, daß eine soziale Reform der Freiheit fällig und geboten ist, schon die Abkehr von dem Aberglauben, man müsse überall in der Welt den Sozialismus niederhalten und lieber sich mit dem Faschismus verbünden, als zuzulassen, daß irgendwo *free enterprise*« – das freie Unternehmertum – »Schaden nehme, – ich glaube, daß schon dies eine solche Veränderung der Atmosphäre mit sich bringen würde, daß dem russisch-amerikanischen Gegensatz viel, ja Entscheidendes von seiner Schärfe genommen wäre ...«

Konrad Adenauer und seine Freunde sahen die Dinge entschieden anders als Thomas Mann. Sie waren längst entschlossen, lieber Bündnisse auch mit schwerer belasteten Männern als Dr. Globke einzugehen, denn »zuzulassen, daß irgendwo *free enterprise* Schaden nehme«. Auch war für Adenauer der verschärfte amerikanisch-sowjetische Konflikt, solange er nicht zum offenen Krieg eskalierte und nur auf Nebenschauplätzen, fern von Europa, als »Stellvertreter-Krieg« stattfand, geradezu unentbehrlich. Denn nur in einer solchen Situation ließ sich sein eigentliches Ziel, die Schaffung eines endgültigen, souveränen, mit Frankreich und den Beneluxländern ökonomisch eng verbundenen Weststaats, rasch verwirklichen. Nur so konnten die nationalen Bindungen der Westdeutschen gelöst, die Erfüllung ihrer Wiedervereinigungswünsche auf den Sankt Nimmerleinstag verschoben und sie selbst zu guten Westeuropäern umgeformt sowie ihr Land in die bürgerlich-demokratische und kapitalistische Allianz voll integriert werden.

Was den Preis betraf, den die Bundesbürger nicht bezahlen mochten, weil sie zwar gern europäisch, souverän, wohlhabend und in Sicherheit leben wollten, aber ohne Wiederbewaffnung und ohne Verzicht auf den »anderen Teil Deutschlands«, so war Adenauer hinsichtlich der Remilitarisierung entschlossen, über alle Köpfe, auch die seines Kabinetts, hinweg, vollendete Tatsachen zu schaffen; was die damit in noch weitere Ferne gerückten Chancen einer Wiedervereinigung betraf, so würden sich die Westdeutschen durch schöne Sonntagsreden darüber hinwegtrösten lassen und schließlich daran gewöhnen.

Am 17. August 1950 erklärte Bundeskanzler Adenauer vor der Presse in Bonn: »Die Ereignisse in Korea haben . . . eine merkliche Auswirkung gehabt, und es besteht ein Gefühl der Hilflosigkeit, daß die Russen eines Tages die Macht ergreifen werden . . . Wir müssen die Notwendigkeit der Schaffung einer starken deutschen Verteidigungskraft erkennen. Ich will nicht von einer Armee oder Waffen sprechen, aber diese Streitmacht muß stark genug sein, um jede mögliche, den Vorgängen in Korea ähnliche Aggression der Sowjetzonen-Volkspolizei abzuwehren. So stark wie diese Volkspolizei ist, müssen wir auch sein. Das Ausmaß der Bewaffnung und Ausbildung muß dem Ausmaß der Bewaffnung und Ausbildung der Volkspolizei entsprechen.«

Kurz vor dieser Presseerklärung hatte der Kanzler jedoch dem amerikanischen Hohen Kommissar McCloy weit mehr zugesagt, nämlich die Aufstellung von 30 Divisionen als westdeutschen »Verteidigungsbeitrag«. Das war ganz nach den Wünschen der Amerikaner, aber die Vertreter Frankreichs und Englands hatten, wie Adenauer wußte, sich auch nicht durch die Zusicherung beruhigen lassen, daß die künftigen deutschen Soldaten in eine Europa-Armee integriert werden würden. So gab sich Adenauer in den anschließenden Interviews wieder als Befürworter einer nichtmilitärischen Lösung, was insbesondere McCloy erheblich irritierte.

Am 24. August 1950 forderte daher der verärgerte amerikanische Hochkommissar den Bundeskanzler in einem sehr förmlichen Schreiben auf, ihm endlich baldmöglichst eine »klare Zusammenfassung« seiner Ansichten zukommen zu lassen.

Am selben Tag befaßte sich auch das Bundeskabinett unter Adenauers Vorsitz mit der Sicherheitsfrage. Die Minister wünschten ebenfalls zu wissen, welche Absichten der Kanzler denn nun eigentlich hege; ob er nur an eine Verstärkung der Polizeikräfte denke, sei es auf den derzeitigen Stand der DDR-Volkspolizei – 43 000 Mann –, sei es auf 120000 Mann, wie man gerüchtweise höre, oder ob der Kanzler ernstlich an eine Remilitarisierung denke, gegen die, wie er ja wisse, sehr viele Menschen, möglicherweise die Mehrheit der Westdeutschen, eine begreifliche Abneigung hätten.

Adenauer beruhigte seine Minister. Es könne keine Rede davon sein, daß schon irgend etwas beschlossen wäre. Die Angelegenheit bedürfe noch reiflicher Überlegung, und er erwarte zunächst die Vorschläge aller zuständigen Herren. Dabei meinte er aber – so schien es jedenfalls der Ministerrunde – nicht nur den für eine etwaige Bundespolizei zuständigen Bundesinnenminister Dr. Gustav Heinemann, Präses der Evangelischen Kirche Deutschlands, deren Kernland die DDR war. Heinemanns pazifistische Haltung und freundschaftliche Verbindung zu Kirchenpräsident Martin Niemöller, der entschieden gegen eine Remilitarisierung und für eine Neutralisierung ganz Deutschlands eintrat, wurde von Adenauer nur deshalb hingenommen, weil er für seine abendländisch-katholische Politik einen solchen Alibi-Protestanten im Kabinett dringend brauchte. Die Minister hatten den Eindruck, als habe sich Adenauer auch an Wohnungsbauminister Eberhard Wildermuth gewendet, der im Zweiten Weltkrieg als Oberst und Regimentskommandeur mit dem Ritterkreuz ausgezeichnet worden war und dessen Kriegskamerad Oberst a.D. Graf Schwerin nun als »Sicherheitsbeauftragter« im Bundeskanzleramt eine nicht genau definierte Rolle spielte; sein Etat wurde aus den Haushaltsmitteln der noch gar nicht existierenden Bundeszentrale für Heimatdienst gespeist.

Fünf Tage nach dieser Kabinettssitzung, am 29. August 1950, unterrichtete Bundeskanzler Adenauer die Hohen Kommissare mit zwei Memoranden über seine Beurteilung der Lage und gab ihnen die von McCloy geforderte »klare Zusammenfassung« seiner Ansichten.

Im ersten Memorandum war von einer wünschenswerten

Neuordnung der Beziehungen zu den Besatzungsmächten die Rede, was im Klartext bedeutete, daß die Bundesrepublik, im Austausch gegen die Aufstellung einer neuen Wehrmacht, weitestgehend souverän zu werden wünsche. Das zweite Memorandum befaßte sich mit der militärischen Lage in Westdeutschland. Adenauer verlangte darin für die Bundesrepublik »mehr Sicherheit« durch Aufstellung einer Bundespolizei und durch Verstärkung der alliierten Truppen auf deutschem Boden. Und hinzu kam der bedeutsame Satz: »Der Bundeskanzler hat ferner wiederholt seine *Bereitschaft* erklärt, im Falle der Bildung einer internationalen westeuropäischen Armee einen Beitrag in Form eines deutschen Kontingents zu leisten.«

Über den Inhalt der beiden Memoranden wurde tags darauf die Presse insoweit informiert, als es Adenauer für nützlich hielt, und in den Morgenzeitungen vom 31. August 1950 konnten die sich zur turnusmäßigen Kabinettssitzung versammelnden Minister lesen, was der Bundeskanzler den Hohen Kommissaren ohne ihre Zustimmung angeboten hatte, in den Worten Heinemanns: »deutsche Soldaten gegen die vierte Besatzungsmacht«. Die Ministerrunde – so beschrieb Gustav Heinemann es später in den *Frankfurter Heften* – »war über die Eigenmächtigkeit des Kanzlers empört, bis er als letzter hinzukam und die Sitzung eröffnete. Dr. Adenauer entwickelte seine Sicht von der Lage und verlas das Sicherheitsmemorandum, so wie er es später am 8. Februar 1952 schließlich auch im Bundestag bekanntgab. Ich erklärte, daß ich sein Angebot für verhängnisvoll hielte und es nicht mitzuverantworten gedächte. Dr. Adenauer fragte erregt, was das bedeuten solle. Ich sagte: ›Ich scheide aus der Bundesregierung aus.‹ Der Eklat war da. Die übrigen Mitglieder der Bundesregierung ließen von ihrer Ungehaltenheit über die Art, wie sie übergangen worden waren, nichts merken. Es wurde keine Mitteilung über den Vorfall an die Presse gegeben.«

Wenige Tage nach diesem – der Öffentlichkeit in seinem vollen Umfang verheimlichten – Eklat, am Abend des 4. September 1950, erhielt der Botschafter der USA in Paris, David K. E.

Bruce, ein Telegramm aus Washington, worin ihm Außenminister Dean Acheson mitteilte, er habe sich entschlossen, die Frage der bundesdeutschen Wiederaufrüstung auf der unmittelbar bevorstehenden Konferenz des NATO-Rates zu behandeln; Bruce möge das französische Außenministerium sofort davon verständigen. Noch in der Nacht benachrichtigte Botschafter Bruce den Quai d'Orsay, damit dem französischen Außenminister Robert Schuman wenigstens ein paar Stunden blieben, sich mit der ihm völlig neuen Situation vertraut zu machen.

Der Pariser Redaktionschef der *New York Harald Tribune*, Walter Kerr, sah in der Entscheidung Washingtons bereits das – erst viel später klar zutage tretende – Scheitern der Bemühungen, nur kleine westdeutsche Kontingente, jeweils in Bataillonsstärke, in eine autonome »Europäische Verteidigungsgemeinschaft« (EVG) zu integrieren. Offenbar waren sich Acheson und Adenauer schon weitgehend einig darüber, daß eine deutsche Armee aufgestellt und in die NATO eingegliedert werden sollte, wie es vier Jahre später geschah. Eine zweite Deutungsmöglichkeit: Mit einer Dreiviertelzusage an Acheson wollte Adenauer die Westeuropäer, insbesondere die Franzosen, zu eiligem Nachgeben bewegen, was die von ihm bevorzugte EVG-Lösung und die Zustimmung zur Aufstellung deutscher Truppenkontingente betraf.

Wie dem auch war: »Konrad Adenauers Memorandum an die Westmächte trägt das Datum vom 29. August. Sechs Tage später sandte Außenminister Acheson sein Telegramm (nach Paris) ... Sollte der Bundeskanzler nicht doch eine Art ›Bereitschaftserklärung‹ abgegeben haben, obwohl dies in Bonn von offizieller Seite energisch dementiert wird?«

Im Bonner Bundestag rätselten die Abgeordneten, zumal die Remilitarisierungsgegner in der Fraktion der CDU/CSU, was Konrad Adenauer den Hohen Kommissaren und insbesondere McCloy zugesagt haben mochte, das so geheim war, daß weder das Kabinett noch das Parlament oder gar die Bevölkerung etwas davon erfahren durften. Der SPD-Vorsitzende Dr. Schumacher spottete: Die Minister und die Fraktionsvorstände der Regierungskoalition könnten bei ihm »allemal gründlicher über Adenauers Absichten informiert werden, als beim Herrn selber«.

Gustav Heinemann, der seinen Rücktritt als Bundesinnenminister inzwischen vollzogen hatte – alle Bemühungen Adenauers, ihn von diesem Schritt zurückzuhalten, waren gescheitert –, kannte den genauen Wortlaut des Sicherheitsmemorandums. »Ich habe als einziges Kabinettsmitglied das Memorandum Adenauers an die Alliierten in der Hand gehabt und gelesen«, bestätigte er auf Anfrage, und niemand zweifelte an seinem Wort noch daran, daß es dem bekennenden Christen und guten Deutschen Gustav Heinemann bitter ernst war mit dem, was er zur Begründung seines Rücktritts erklärte:

»Es ist nicht unsere Sache, eine deutsche Beteiligung an militärischen Maßnahmen nachzusuchen oder anzubieten. Wenn die Westmächte unserer Mitwirkung zu bedürfen glauben, so mögen sie an uns herantreten und uns verbindlich sagen, welches die Grundlagen einer etwa von ihnen gewünschten deutschen Mitwirkung sein sollen ... Nachdem die Alliierten in fünfjähriger Besatzungszeit alles darauf angelegt haben ... das deutsche Volk zu einer jedem Militärwesen abholden Geisteshaltung zu erziehen, haben wir allen Anlaß, auf gegenteilige Aufforderungen so zurückhaltend wie nur möglich zu reagieren. Dies wird für unsere Nachbarvölker im Westen wie im Osten der eindrücklichste und immer noch notwendige Beweis für die doch unleugbare Gesinnungsänderung des deutschen Volkes sein. Wenn wir anders handeln, kann nur der alte Verdacht gegen unseren Militarismus und die aus ihm folgende Mißachtung unseres Volkes verhängnisvoll belebt werden ...

Die Aufstellung deutscher Truppen bedeutet eine schwere Belastung unserer sozialen Gestaltungsmöglichkeiten. Wenn es bisher nicht gelangt hat, den Ostvertriebenen und Kriegsbeschädigten, den Wohnungslosen und Sozialrentnern, der Jugend und manchen anderen Gruppen unseres Volkes zu geben, was ihnen zusteht, so werden Rüstungsausgaben ihre Situation nicht erleichtern. Wo ist die soziale Generalstabsarbeit, die hier eine Antwort vorbereitet?«

Nachdem Heinemann auch noch auf die Belastung der jungen Demokratie durch die Aufstellung einer neuen Wehrmacht hingewiesen hatte, war er auf die deutschlandpolitischen Folgen eingegangen:

»Natürlich kann Deutschland jederzeit von den anderen zum Schlachtfeld gemacht werden. Aber wir legitimieren unser Deutschland selbst als Schlachtfeld, wenn wir uns in die Aufrüstung einbeziehen. Ich weiß, daß es zur Zeit irreal ist, an die Verständigung unter den Weltmächten über Deutschland oder an eine UNO-Lösung für Deutschland zu denken. Wer aber vermöchte zu sagen, daß es auch morgen irreal sein wird? Es kommt darauf an, daß die Chance für eine friedliche Lösung nicht verlorengeht. Unsere Beteiligung an der Aufrüstung würde das Aufkommen einer solchen Chance kaum mehr offen lassen.«

In seiner Rücktrittserklärung hatte Gustav Heinemann sodann harte Kritik an Adenauers Regierungsstil und Demokratieverständnis geübt und unter anderem festgestellt:

»Der Bundeskanzler denkt in den Formen autoritärer Willensbildung und des stellvertretenden Handelns. Streiten wir dabei nicht um Verfassungswortlaute. Wo ein Wille zur Mitbeteiligung des Volkes vorhanden ist, gibt es auch Wege, um diese Mitbeteiligung aufzuschließen. Wir werden unser Volk nur dann demokratisch machen, wenn wir Demokratie riskieren. Wenn in irgendeiner Frage der Wille des deutschen Volkes eine Rolle spielen soll, dann muß es in der Frage der Wiederaufrüstung sein . . .« Schließlich hatte Gustav Heinemann direkt an seine Mitbürger appelliert, sich mehr Gedanken über das zu machen, was von einem einzelnen in ihrer aller Namen entschieden worden war: »Mein Ausscheiden aus der Bundesregierung«, so endete seine Erklärung, »möge das deutsche Volk vor die Frage führen, wie es sich Demokratie denkt und was es von seinen Ministern erwartet. Es möge die deutschen Männer und Frauen insbesondere in den vor uns stehenden sachlichen Fragen der Wiederaufrüstung veranlassen, selber nachzudenken und ihren Willen deutlich zum Ausdruck zu bringen.«

Es waren indessen nicht allzu viele zum Nachdenken bereit.

»Ich hatte gehofft«, schrieb damals Walter Jens, »wir würden nach zwei verlorenen Kriegen sehr leise und still sein, würden alles tun, was zur Verständigung beiträgt, würden dem Frieden dienen, wo wir nur können ... Ich hatte gehofft, die alten, verderblichen Kräfte würden nie wieder Einfluß gewinnen. Statt dessen feiert der Kommiß fröhliche Urständ ...«

Immerhin, eine Leserumfrage des *Spiegel* zu dem Problem der Wiederbewaffnung erbrachte bis zum Jahresende 1950 rund 33000 Antworten: 85,1 Prozent der Einsender erklärten, sie seien nicht bereit, Soldat zu werden; 60,8 Prozent waren auch gegen die Aufstellung von Freiwilligen-Verbänden; 82,6 wollten von allgemeiner Wehrpflicht nichts wissen. Eine Wiederbewaffnung zu den von Frankreich gestellten Bedingungen lehnten 95,5 Prozent ab, einen Beitritt zum (NATO-)Paktsystem 81,5 Prozent. Gegen eine uneingeschränkte, mit keinen Bedingungen verbundene Wiederbewaffnung äußerten sich 68,4 Prozent.

»Es mag also sein«, bemerkte dazu *Spiegel*-Herausgeber Rudolf Augstein abschließend, »daß es über dem geforderten ›Sicherheitsbeitrag‹ im nächsten Jahr dazu kommen wird, daß wir unserem Gewissen mehr gehorchen müssen als den Amerikanern.« Aber was dann tatsächlich geschah, das ist schon nicht mehr nur ein anderes Kapitel dieser Geschichte Westdeutschlands in den ersten fünf Jahren nach der größten Katastrophe, die die Deutschen je erlebten; es ist ein neuer Zeitabschnitt, der im Zeichen der »Politik der Stärke«, der vollständigen Restauration und des krassesten Materialismus stand; eine Epoche des endgültigen Verzichts auf nationale Einheit, auf mehr soziale Gerechtigkeit und auf Abkehr von alledem, was den Zweiten Weltkrieg heraufbeschworen hatte.

***

Der zweite Band, der die folgenden Jahre behandelt, erscheint voraussichtlich im Frühjahr 1981.

Zeittafel

1943 *25. Januar:* Ende der Konferenz von Casablanca, Verkündung der Formel der bedingungslosen Kapitulation.
31. Januar: Kapitulation der Reste der deutschen Armeen in Stalingrad, etwa 100000 Mann geraten in sowjetische Gefangenschaft.
18. Februar: Goebbels proklamiert im Berliner Sportpalast den »totalen Krieg«.
23. März: »Arbeitskreis für außenwirtschaftliche Fragen« (AAF) der »Reichsgruppe Industrie« beginnt in Berlin mit der Nachkriegsplanung.

1944 *20. Juli:* Mißglückter Staatsstreich gegen Hitler-Diktatur.
Ludwig Erhard, der dem Anfang 1944 gegründeten »Kleinen Arbeitskreis« der Reichsgruppe Industrie im März seine Denkschrift zur Nachkriegsplanung vorgelegt hat, rückt zum Cheftheoretiker der in der »Reichsgruppe Industrie« vertretenen Konzerne auf.
21. Oktober: Aachen wird als erste deutsche Stadt (von den Amerikanern erobert.

1945 *4.–11. Februar:* Konferenz von Jalta auf der Krim.
12. April: Roosevelt stirbt, Harry S. Truman wird neuer Präsident der USA.
18. April: Lucius D. Clay wird Chef der amerikanischen Zivilverwaltung im besetzten Teil Deutschlands.
25. April: Amerikanische und sowjetische Truppen treffen sich in Torgau an der Elbe.
30. April: Hitler begeht Selbstmord; Dönitz bildet die neue Reichsregierung (Sitz Flensburg).
2. Mai: Berlin kapituliert vor den sowjetischen Armeen.
7. Mai: Konrad Adenauer wird von den Amerikanern zum Oberbürgermeister von Köln ernannt (am 9. Oktober von den Briten abgesetzt).
7./8. Mai: Bedingungslose Kapitulation der deutschen Wehrmacht in Reims und Berlin.
1.–4. Juli: Sowjetische Truppen besetzen die von den Amerikanern geräumten Gebiete von Sachsen und Thüringen sowie die

von den Briten geräumte Küste Mecklenburgs (Peenemünde); die Westalliierten marschieren in ihre Westberliner Sektoren ein.
17. Juli–2. August: Konferenz von Potsdam.
4. August: Frankreich tritt dem Potsdamer Abkommen bei.
13. August: In der amerikanischen Zone werden Parteigründungen erlaubt.
30. August: Alliierter Kontrollrat konstituiert sich in Berlin.
11.–27. September: Konferenz der Außenminister in London.
15. September: In der britischen Zone werden Parteigründungen erlaubt.
20. September: Kontrollratsgesetz Nr. 1 hebt Nazi-Gesetze auf.
5.–7. Oktober: SPD-Konferenz in Hannover.
10. Oktober: Kontrollratsgesetz Nr. 2: Verbot der NSDAP und ihrer Gliederungen.
20. November: In Nürnberg beginnt der Hauptkriegsverbrecherprozeß vor dem Internationalen Militärtribunal (Urteilsverkündung am 1. Oktober 1946).
14.–16. Dezember: »Reichstagung« der CDU in Bad Godesberg.
1946 *20. Januar:* Erste Kommunalwahlen in der amerikanischen Zone.
21./22. Januar: Zonenausschuß der CDU wählt Adenauer zum Vorsitzenden.
28. Februar: In der britischen Zone werden die Lebensmittelrationen für Normalverbraucher auf 1014 Kalorien täglich gekürzt.
28. März: Erster alliierter Industrieplan für Deutschland.
21./22. April: Vereinigung von SPD und KPD der sowjetischen Zone zur SED.
25. April: Beginn der Pariser Außenministerkonferenz.
9.–11. Mai: Erster Parteitag der SPD der Westzonen in Hannover.
26. Mai: Clay stoppt Reparationslieferungen aus der amerikanischen Zone an die Sowjetunion.
20. Juli: Die USA bieten im Kontrollrat den wirtschaftlichen Zusammenschluß aller vier Besatzungszonen an; nur Großbritannien stimmt am 28. Juli zu.
5. September–1. Oktober: Briten und Amerikaner gründen Zwei-Zonen-Verwaltung.
15. September: Kommunalwahlen in der britischen und französischen Zone.
4./5. Oktober: Interzonenkonferenz aller deutschen Ministerpräsidenten in Bremen.
12. Oktober: Kontrollratsgesetz zur Befreiung vom Nationalsozialismus und Militarismus.
20. Oktober: Wahlen zur Berliner Stadtverordnetenversammlung (letzte gemeinsame Wahl in West- und Ost-Berlin).

4. November–12. Dezember: Konferenz der Außenminister in New York.
24. November/1. Dezember: Landtagswahlen in den Ländern der amerikanischen Zone.
22. Dezember: Das Saarland wird dem französischen Wirtschaftsgebiet eingegliedert, scheidet aus dem Besatzungsgebiet aus.
31. Dezember: Kardinal Frings predigt im Kölner Dom über die Grenzen des Gebots »Du sollst nicht stehlen« in lebensbedrohenden Notlagen.

1947: *3. Februar:* CDU gibt sich im westfälischen Ahlen ein fortschrittliches, entschieden antikapitalistisches Programm.
10. März–24. April: Moskauer Außenministerkonferenz.
12. März: Verkündung der »Truman-Doktrin«.
20. April: Erste Landtagswahlen in Nordrhein-Westfalen, Niedersachsen, Schleswig-Holstein und Hamburg.
18. Mai: Erste Landtagswahlen in der französischen Zone.
5.–7. Juni: Auf Einladung des bayerischen Ministerpräsidenten Ehard treffen sich die Regierungschefs der Länder aller vier Besatzungszonen in München.
5. Juni: Verkündung des »Marshall-Plans«.
25. Juni: In Frankfurt tritt der Wirtschaftsrat des Vereinigten Wirtschaftsgebiets (Bizone) zu seiner ersten Sitzung zusammen.
24. Juli: Ernst Reuter zum Oberbürgermeister von Berlin gewählt; sowjetisches Veto verhindert seinen Amtsantritt.
28. August: Westalliierte beschließen Milderungen des Industrieplans für Deutschland.
September: Erste Tagung der »Gruppe 47« im Allgäu.
25. November–15. Dezember: Londoner Außenministerkonferenz.
26. November: Aufruf zum »Deutschen Volkskongreß für Einheit und gerechten Frieden«, der am 6. Dezember im Ostsektor von Berlin beginnt.

1948 *1. Januar:* Gründung des Nordwestdeutschen Rundfunks (NWDR) in Hamburg als Anstalt des öffentlichen Rechts.
2. März: Ludwig Erhard wird (als Nachfolger von Johannes Semler) Direktor der Zweizonen-Wirtschaftsverwaltung.
6. März: Die Westalliierten beschließen in London die Errichtung einer Ruhrbehörde.
16. Juni: Letzte Sitzung der Alliierten Kommandantur in Berlin.
18. Juni: Gesetz über die Währungsreform in den Westzonen, die am 20. Juni mit »Kopfgeld«-Umtausch beginnt. Es folgt eine Währungsumstellung in der sowjetischen Zone.

23. Juni–12. Mai 1949: Berlin-Blockade.
1. Juli: Westalliierte fordern Ministerpräsidenten der Länder ihrer Besatzungszonen auf, eine Verfassunggebende Nationalversammlung (für einen westdeutschen Separatstaat) einzuberufen.
8.–10. Juli: Konferenz der Ministerpräsidenten in Koblenz beschließt eine »provisorische« Lösung.
11.–23. August: Verfassungskonvent in Herrenchiemsee erarbeitet Grundgesetz-Entwurf.
1. September: Der Parlamentarische Rat tritt in Bonn zusammen.
30. September: Magistrat und Verwaltung von Gesamt-Berlin spalten sich.
November: In Göttingen wird das P.E.N.-Zentrum Deutschland gegründet.
29. Dezember: Einigung über die Errichtung einer Internationalen Ruhrbehörde (ohne Sowjetunion).
1949 *1. April:* Die französische Zone schließt sich der Zweizonenverwaltung an.
4. April: Gründung der NATO.
10. April: Die westdeutschen Länder vereinbaren mit den Westalliierten ein Besatzungsstatut; es tritt am 1. September in Kraft.
8. Mai: Der Parlamentarische Rat verabschiedet das Grundgesetz. Es wird am 12. Mai von den drei westlichen Militärgouverneuren gebilligt und tritt am 23. Mai in Kraft.
23. Mai: Die Pariser Außenministerkonferenz kommt zu keiner Lösung der deutschen Frage.
14. August: Wahlen zum ersten Deutschen Bundestag in den drei Westzonen; er konstituiert sich am 7. September in Bonn und wählt am 15. September Adenauer zum ersten Bundeskanzler.
7. Oktober: Gründung der Deutschen Demokratischen Republik.
12.–14. Oktober: In München schließen sich die westzonalen Gewerkschaftsorganisationen zum DGB zusammen.
24. November: Petersberger Abkommen zwischen den Hohen Kommissaren und Bundeskanzler Adenauer.
1950 *23. März:* Bundesregierung schlägt freie gesamtdeutsche Wahlen zu einer verfassunggebenden Nationalversammlung vor.
24. Mai: Adenauer erklärt vor ausländischen Journalisten, ein Beitritt der Bundesrepublik zur NATO komme nicht in Frage.
25. Juni: Beginn des Korea-Kriegs.
17. August: Adenauer beginnt die Verhandlungen mit den Hohen Kommissaren über einen deutschen Verteidigungsbeitrag
29. August: Nach der »Bereitwilligkeitserklärung« Adenauers in der Frage der Wiederbewaffnung tritt Bundesinnenminister Gustav Heinemann zurück (9. Oktober).

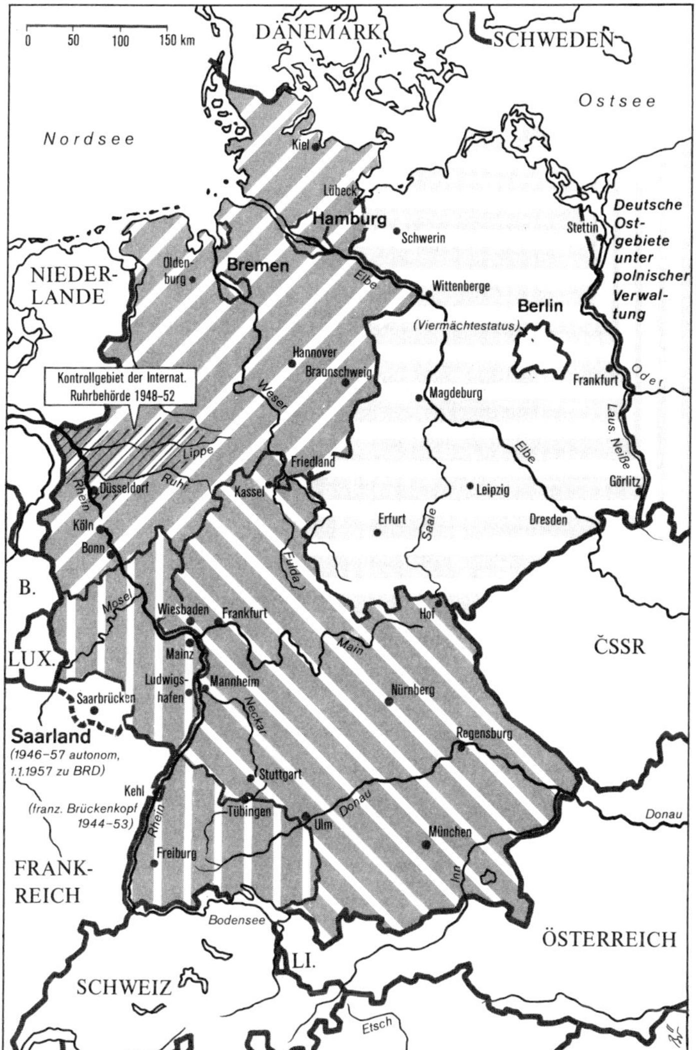

Deutschland nach dem 2. Weltkrieg

- Amerikanische Besatzungszone
- Britische Besatzungszone
- Französische Besatzungszone
- Sowjetische Besatzungszone

Quellen und Anmerkungen

1. Ein Landstrich namens Deutschland

Seite 14/15: ... *bei einer Befragung ...*
Völlig zufrieden ...
Quelle: Allensbacher Jahrbuch der Demoskopie 1977, hg. v. Elisabeth Noelle-Neumann, Band VII.

Seite 17: ... *Bad Kreuznacher Konferenz vom April 1917 über die Kriegsziele des Deutschen Reichs ...*
Im einzelnen wurden damals folgende territoriale Forderungen außerhalb des europäischen Festlands erhoben: Malta, die Azoren, Madeira, die Kapverdischen Inseln, dazu in Afrika eine Vermehrung des deutschen Kolonialbesitzes um Nigeria, Guinea, Angola, Dahomey, Französisch Äquatorial-Afrika, Ober-Volta, Belgisch-Kongo nebst Katanga, Uganda, Britisch Somaliland, Kenia, Nordrhodesien, Nord-Mozambique sowie Madagaskar.
Vgl. hierzu: Fritz Fischer, *Griff nach der Weltmacht*, Düsseldorf 1964.

Seite 20: ... *kräftig gefördert worden war ...*
Der vom Juli 1918 an für die Außenpolitik des Deutschen Reiches verantwortliche Staatssekretär Paul v. Hintze wies einen Plan der deutschen Militärs, Großindustriellen und Agrarier, mit deutschen Elitetruppen und zarentreuen Kosaken das Regime der Bolschewiki in Rußland wieder zu beseitigen, wie folgt zurück: »Was wollen wir denn ... (anders als) ... die militärische Paralyse Rußlands? Das besorgen die Bolschewiken besser und gründlicher als jede andere russische Partei und ohne daß wir einen Mann und eine Mark drangeben ...«
Indessen hatte die Oberste Heeresleitung den Bolschewismus in Rußland installieren helfen, Lenins Machtergreifung von langer Hand vorbereitet, ihn und seine Freunde im schweizerischen Exil durch den Mittelsmann Platten geradezu gedrängt, sich mit deutscher Hilfe nach Rußland bringen zu lassen, wie es am 4. April 1917 dann auch tatsächlich geschah.
Vgl. hierzu Robert Payne, *The Life and Death of Lenin*, New York 1964, S. 285ff.

Seite 20: ... *haargenau dem Reichsdurchschnitt* ...
Vgl. *Die deutschen Juden als Soldaten im Kriege 1914/18*, hg. v. Segall und Silbergleit, Berlin 1922; *Die jüdischen Gefallenen des deutschen Heeres, der deutschen Marine und der deutschen Schutztruppen 1914–1918*, hg. v. Reichsbund jüdischer Frontsoldaten, Berlin 1932. Eine wesentliche Abweichung vom Reichsdurchschnitt stellt nur der Prozentsatz der gefallenen jüdischen Offiziere dar: er liegt 1,3 Prozent über dem aller gefallenen Offiziere.

Seite 20: *»Weisen von Zion«*
Angebliche »Protokolle der Weisen von Zion« von behaupteten 24 Geheimsitzungen des (dreitägigen) Basler Zionistenkongresses von 1897 sollten Pläne zur Errichtung einer jüdischen Weltherrschaft beweisen. Die Echtheit dieser »Protokolle«, deren Urschrift, Ursprache und Verfasser unbekannt geblieben sind, konnte nie nachgewiesen werden. Wahrscheinlich handelte es sich um eine Fälschung der zaristischen Geheimpolizei zur Anzettelung von Pogromen.

Seite 21: *»Herren der Wallstreet«, »Drahtzieher des Bolschewismus«*
Vgl. hierzu das Standardwerk des deutschen Antisemitismus, *Handbuch der Judenfrage*, zusammengestellt und hg. v. Theodor Fritsch, das 1933 in 32., neu bearbeiteter Auflage im 104. Tausend im Hammer-Verlag, Leipzig, erschienen ist.

Seite 21: ... *künstlich gesteigerte – Inflation* ...
Schacht sah in der totalen Geldentwertung das geeignete Mittel, die ungeheuere Verschuldung des Reichs durch Kriegsanleihen und Reparationsverpflichtungen zu beseitigen; hinsichtlich der Reparationen gelang dies zunächst nicht, dagegen verloren alle, die deutsche Kriegsanleihen gezeichnet hatten, ihre so angelegten Ersparnisse.

Seite 21: *Führende Industrielle* ...
Vgl. hierzu: Bernt Engelmann, *Einig gegen Recht und Freiheit*, München 1975, Kapitel 9: »Wie der Faschismus installiert wurde ...«, S. 241 ff.

2. Die Stunde Null

Seite 27: *»Bastarde zwischen Menschen und Tieren« mit »bestialischen Instinkten«*
Diese Ausdrücke finden sich in einer Schrift des späteren niedersächsischen Spitzenkandidaten der CDU für das Europa-Parlament, Hans Edgar Jahn, die dieser 1943 verfaßt hat. Da die europäischen Christdemokraten mit Sitzungsboykott gedroht hatten, falls Jahn die Fraktion nicht verlasse, legte er 1979 sein Mandat nieder.

Seite 31: ... *formell nicht beseitigt.*
Vgl. dazu: F. Faust, *Das Potsdamer Abkommen und seine völkerrechtliche Bedeutung*, 1964; H. Kröger, *Die staatsrechtliche Bedeutung des Potsdamer Abkommens für das deutsche Volk*, 1967, und W. Präg, »Potsdamer Konferenz«, in: *Lexikon zur Geschichte und Politik im 20. Jahrhundert*, Köln 1971.
Seite 41: *»Wir haben keinen Anlaß ...«*
Antwort im Bayerischen Landtag am 11. 11. 1922 auf Anfrage des SPD-Abg. W. Hoegner.
Seite 41: ... *für ein Reichskabinett der »nationalen Konzentration« ... »gegen eine Kanzlerschaft Hitlers keine prinzipielle Einwendung« »... durchaus bereit, in eine Regierung ...«*
zit. nach H. O. Meißner/Harry Wilde, *Die Machtergreifung – Ein Bericht über die Technik des nationalsozialistischen Staatsstreichs*, Stuttgart 1958.
Seite 41: *»die Aufgabe, zu der Adolf Hitler ...«*
Regensburger Anzeiger vom 4. 5. 1933
Seite 44: *Ihr Schützling hatte sich nach 1933 ...*
Ernst Lemmer stimmte als Reichstagsabgeordneter der Deutschen Staatspartei am 24. März 1933 dem Ermächtigungsgesetz zu; schon am 14. März 1933 hatte er für den Gewerkschaftsring, als dessen Generalsekretär, die folgende Loyalitätserklärung abgegeben:
»... Die freiheitlich-nationalen Gewerkschaften sind deshalb gewillt, auch der jetzigen Regierung, die mit der verantwortlichen Staatsmacht das Schicksal des ganzen deutschen Volkes zu gestalten hat, ihre Mitarbeit zur Verfügung zu stellen.« (Deutsches Zentralarchiv Potsdam / DDR, Bestand Reichsarbeitsministerium)
In einem Aufruf forderte er die Mitglieder des Gewerkschaftsrings auf, vollzählig an den Naziaufmärschen zum 1. 5. 1933 teilzunehmen.
Von 1934 an arbeitete Ernst Lemmer als Auslandskorrespondent in Berlin für mehrere ausländische Zeitungen (*Berner Bund, Neue Zürcher Zeitung, Pester Lloyd, L'Indépendance Belge* usw.). Im Auftrag des Reichspropagandaministeriums verfaßte er Artikel, die die Judenverfolgungen verharmlosen, rechtfertigen und im Ausland als »erträglich« erscheinen lassen sollten. So erschien am 4. November 1936 im *Berner Bund* ein Artikel von Ernst Lemmer, worin den Juden selbst die Schuld an ihrer grausamen Behandlung durch die Nazis gegeben wurde. Zwei Tage zuvor hatte Lemmer sein Manuskript dem Reichspropagandaministerium, Abteilung VII, eingereicht. Das Begleitschreiben lautet:
»Ich nehme an, daß die endgültige Formulierung unseren Bedürfnissen entspricht, gleichzeitig aber so gehalten ist, daß sie in dem von mir

bedienten liberalen Schweizer Blatt wirklich aufgenommen wird ...
Heil Hitler!

Ihr ergebener E. Lemmer.«

(Deutsches Zentralarchiv Potsdam / DDR, Bestand Reichspropagandaministerium)

In einer Mitteilung vom 5. November 1936 berichtete der »Judenreferent« für Frankreich, Belgien, Schweiz, Palästina und Ägypten der Abt. VII, Regierungsrat Dierwege, dem Reichspropagandaminister Dr. Goebbels, daß Lemmer den Auftrag erfüllt habe. Gleichzeitig veranlaßte Dierwege, daß der im *Berner Bund* erschienene Artikel von Lemmer in der reichsdeutschen Presse nachgedruckt wurde – als Beweis für die Billigung der Judenverfolgung im Nazi-Reich durch das benachbarte Ausland. Lemmers Artikel fand auch die volle Zustimmung der deutschen Gesandtschaft in Bern, die am 13. November 1936 dem Reichspropagandaministerium berichtete: »Der von Ihnen lancierte Artikel im ›Berner Bund‹ hat bisher außerordentlich gut gewirkt.«

In mehr als 2000 Korrespondentenberichten für ausländische Zeitungen, die samt und sonders mit dem Reichspropagandaministerium »abgestimmt« waren, hat Ernst Lemmer den Wünschen der Nazis entsprechend deren Verbrechen gerechtfertigt oder beschönigt.

Ein letztes Beispiel: »Der Attentatsversuch vom 20. Juli hat mit dem Urteilsspruch der Richter des Volksgerichtshofs eine schnelle Sühne gefunden . . .«, schrieb er 1944. Zuvor hatte er den Volksgerichtspräsidenten Roland Freisler und dessen Beisitzer als »Männer von großer Rechtserfahrung« geschildert. Zu den barbarischen Hinrichtungen der Männer des 20. Juli heißt es in Lemmers Artikel:

»Wenn sich der Gerichtshof zu dieser drastischen Form der Exekution entschloß, so offenbar deshalb, weil die Verbrechen der Angeklagten als besonders schimpflich beurteilt werden . . .« (*Pester Lloyd*, 10. August 1944)

Seite 47: *. . . einen mächtigen Freund und Gönner . . .*

Vgl. hierzu: Bernt Engelmann: »Onkel Franz und der Schrecken von Schongau«, in: *deutsches panorama*, Nr. 3, 1966, S. 7.

Seite 48: *Er war nämlich am 1. Mai 1937 . . .*

Alle Angaben, die Mitgliedschaft des Studienrats Franz Strauß in Nazi-Organisationen betreffend, stützen sich auf dessen Personalakte (E III f, Strauß, Franz c/43 (b) des Reichsministers für Wissenschaft, Erziehung und Volksbildung).

Seite 48: *Nach den strengen Richtlinien . . .*

Vgl. hierzu: »Zur Geschichte des nationalsozialistischen Führungsoffiziers«, Dokumentation, in: *Vierteljahreshefte für Zeitgeschichte*, 9. Jhrg., 1961, Heft 1.

Seite 49: *»auf Betreiben von Strauß . . .«*

Dazu berichtete *Der Spiegel* Nr. 21 vom 19. Mai 1954, S. 32: »Einen . . . Werwolf und Nazioffizier, so sagt nun Strauß, hätten die Amerikaner eines Tages [1945] auch im benachbarten Schwabsoien suchen wollen. Sie hätten ihn dazu mitgenommen und seien direkt zu Kirst gefahren. Er, Strauß, habe zwar erklärt: ›Jawohl, das ist ein ehemaliger Offizier, aber kein Werwolf‹, die Amerikaner hätten Kirst aber trotzdem mitgenommen. Kirst berichtet, daß er bei der Vernehmung geschlagen wurde und nach zwei Tagen dadurch entkommen sei, daß er vom fahrenden Zug sprang. Erst später holten ihn die Amerikaner wieder in automatischen Arrest, entließen ihn aber nach Monaten wegen seiner Harmlosigkeit.«

3. Vom Rosenzüchter zum Weichensteller

Seite 55: *»Ich komme . . . zu der Frage . . .«*

zit. nach Karl Dietrich Erdmann, *Adenauer in der Rheinlandpolitik nach dem ersten Weltkrieg*, Stuttgart 1966, S. 44f.

Seite 60: *»im Hof des Apostelgymnasiums . . .«*

Vgl. Paul Weymar, *Konrad Adenauer*, München 1955, S. 64.

»Sie können sich denken . . .«

Vgl. Anneliese Poppinga, *Meine Erinnerungen an Konrad Adenauer*, Stuttgart 1970, S. 241.

. . . Einbeziehung der Nazis in die Regierungsverantwortung . . .

Vgl. Terence Prittie: *Konrad Adenauer. Vier Epochen deutscher Geschichte*, Stuttgart 1958, S. 104f.: »1932 spielte Adenauer mit dem Gedanken, ›den Nazis den Giftzahn zu ziehen‹, indem man sie in die Reichsregierung hineinnahm. Am 6. August 1932 teilte er dem Grafen Wolff-Metternich in einem Brief streng vertraulich mit, daß die Zentrumspartei eine solche Handlungsweise unterstützen würde.«

Seite 61: *»Die NSDAP . . . habe ich immer durchaus korrekt behandelt . . .«*

Der vollständige Text des Briefes lautet:

Neubabelsberg, den 10. August 1934
Augustastrasse 40.

An den
Herrn Preussischen Minister des Inneren
Berlin.

Durch Verfügung des Herrn Preussischen Ministers des Inneren vom 17.7.33 bin ich auf Grund des § 4 des Gesetzes zur Wiederherstellung des Berufsbeamtentums aus dem Dienst entlassen worden. Gründe sind mir nicht mitgeteilt worden. Ich beantrage, die Gründe dieser

Verfügung einer Nachprüfung zu unterziehen und mich auf Grund des § 6 dieses Gesetzes in den Ruhestand zu versetzen.

In der Durchführungsverordnung vom 2. 4. 33 zu dem B.B.G. heisst es zu § 4: »Bei der Prüfung, ob die Voraussetzungen des § 4 gegeben sind, ist die gesamte politische Betätigung des Beamten, insbesondere seit dem 9. November 1918 in Betracht zu ziehen.

Die Durchführungsverordnung vom 6. 5. 33 lautet zu § 4:

1) Die Zugehörigkeit eines Beamten zu einer politischen Partei – ausgenommen die kommunistische Partei – rechtfertigt allein noch nicht die Annahme nationaler Unzuverlässigkeit. Dies gilt auch dann, wenn der Beamte eingeschriebenes Mitglied der Partei gewesen ist, an sie Beiträge bezahlt und ihre Versammlungen besucht hat.

2) Die Voraussetzungen des § 4 Satz I sind insbesondere dann erfüllt, wenn ein Beamter in Wort, Schrift oder durch sein sonstiges Verhalten gehässig gegen die nationale Bewegung aufgetreten ist, ihre Führung beschimpft oder seine dienstliche Stellung dazu missbraucht hat, um national gesinnte Beamte zu verfolgen, zurückzusetzen oder sonst zu schädigen.

Ich bin im Jahre 1906, nachdem ich im Jahre 1902 das Examen als Gerichtsassessor bestanden hatte, in den Dienst der Stadtv. Köln als Beigeordneter eingetreten. Im Jahre 1917 bin ich einstimmig zum Oberbürgermeister der Stadt Köln gewählt und vom Könige bestätigt worden. Im Jahre 1929 bin ich als solcher wiedergewählt worden, trotzdem die Sozialdemokraten und die Kommunisten den heftigsten Kampf gegen meine Wiederwahl geführt haben.

Ich bin seit langer Zeit eingeschriebenes Mitglied der Zentrumspartei gewesen, einer anderen Partei habe ich niemals angehört. Die NSDAP habe ich immer durchaus korrekt behandelt und mich dadurch wiederholt in Gegensatz zu den damaligen ministeriellen Anweisungen und auch zu den von der Zentrumsfraktion der Kölner Stadtverordnetenversammlung vertretenen Anschauungen gesetzt. So habe ich Jahre lang entgegen der damaligen Verfügung des Preussischen Innenministers der NSDAP die städtischen Sportplätze zur Verfügung gestellt und ihr bei ihren Veranstaltungen auf diesen das Hissen ihrer Hakenkreuzfahnen an den städtischen Flaggenmasten gestattet. Ich beziehe mich auf die einschlägigen Akten der Stadt Köln und auf das Zeugnis des Beigeordneten i. R. Billstein. Seit Jahren bin ich in dem zuständigen städtischen Ausschuss entgegen den ministeriellen Verfügungen dafür eingetreten, dem Westdeutschen Beobachter die städtischen Bekanntmachungen zu geben. Siehe das Protokollbuch des Verfassungsausschusses der Stadt Köln. Im Sommer 1930 habe ich angeordnet, dass die Verfügung des Preussischen Staatsministeriums, die nationalsozialistischen Beamten zwecks Disciplinierung namhaft zu machen – die Verfügung war vom Regierungspräsidenten zur Durchführung übersandt worden – nicht ausgeführt worden ist, da ich sie für unberechtigt und für ungerecht hielt. Beweis: Zeugnis des Beigeordneten i.R. Berndorff in Köln. Dem nationalistischen Stadtverordneten Gauleiter Grohé habe ich in jener Zeit auf seine an mich gerichtete Frage, ob städtische Beamte, die für NSDAP sich bekännten, von mir etwas zu befürchten hätten, geantwortet, dass kein Beamter – gleichgültig, welcher Partei er angehöre – im Dienste für diese Partei agitieren dürfe; wenn aber ausserhalb des Dienstes ein Beamter für die NSDAP eintrete, so sei das seine persönliche Angelegenheit, deretwegen er von mir nichts zu befürchten habe.

Ein Vorfall, der sich an einem der letzten Sonntage vor der Reichstagswahl vom 5. März 33 abspielte, hat in dem Teil der Kölner NSDAP, der nicht die ganzen Vorgänge kannte, den Eindruck einer feindseligen Behandlung der Partei entstehen lassen. In der Nacht vor diesem Sonntage waren auf den Pylonen der Hängebrücke heimlich Hakenkreuzfahnen aufgezogen worden. Die Brücke war städtisches Eigentum, ihre Beflaggung fand immer nur dann statt, wenn die Stadtverwaltung selbst flaggte. Ich habe infolgedessen der Kölner Parteileitung mitteilen lassen, ich könne verstehen, dass die Partei bei ihrer Kundgebung ihre Flagge zeigen wolle, es handle sich aber hier um ein städtisches Bauwerk, das in keinem örtlichen Zusammenhange mit dieser Kundgebung stehe; ich sei damit einverstanden, dass die Fahnen vor den Messehallen, in denen die Kundgebung stattfinden sollte, gehisst würden, die Parteileitung möge jemand schicken, der angebe, wo dort die Flaggen gehisst werden sollten. Es sind dann in Gegenwart eines Vertreters der Parteileitung unter Aufsicht eines Beigeordneten durch städtische Beamte vor den Messehallen Fahnenmaste in den Boden gerammt, und an diesen die Fahnen gehisst worden. Beweis: Zeugnis des Beigeordneten i.R. Billstein in Köln.

Ich bin von der Errichtung des Preussischen Staatsrates an Mitglied und Präsident gewesen bis zum Jahre 1933. Im Staatsrat sind höchst selten parteipolitische Debatten gewesen. Ich habe mich an ihnen nie beteiligt, weil ich als Präsident Wert darauf legte, nur dort in Aktion zu treten, wo ich das als Vertreter des ganzen Staatsrates tun konnte.

Das in der damaligen Preussischen Verfassung vorgesehene sogenannte Dreimännerkollegium – Ministerpräsident, Landtagspräsident, Staatsratspräsident – ist nur zweimal zusammengetreten und zwar im Winter 32/33 auf Veranlassung des damaligen Landtagspräsidenten Kerrl, um über die Auflösung des Landtags zu beschliessen. Ich habe beim ersten Male gegen die Auflösung gestimmt, beim zweiten Zusammentreten erklärt, dass ich Herrn von Papen nicht für rechtlich befugt hielte teilzunehmen; die Verhandlungen verliefen nicht nur in der sachlichsten und höflichsten Form, ich habe auch bei ihnen ausdrücklich erklärt, dass nach meiner Meinung eine so grosse Partei wie die NSDAP unbedingt führend in der Regierung vertreten sein müsse. Ich berufe mich auf das Zeugnis des Herrn Ministers Kerrl, sowie auf die über die Verhandlungen aufgenommenen bei den Akten des Staatsministeriums befindlichen Protokolle.

Während der Revolution 1918 und während der Zeit der feindlichen Besatzung habe ich mich um die deutsche Sache am Rhein verdient gemacht.

Während der Revolution 1918 habe ich meine Tätigkeit als Oberbürgermeister der Stadt Köln erst wiederaufgenommen, als der damalige Gouverneur der Festung Köln mich im Interesse des Heeres, da Köln für den Rückzug der Deutschen Armeen so wichtig sei, und im Interesse der Bürgerschaft darum ersucht hatte, und als mir von den Sozialdemokraten die Zusage gegeben worden war, dass die rote Fahne nicht auf dem Rathause aufgezogen würde – es ist mir übrigens gelungen, auch das Gouvernementsgebäude vor dem Aufziehen der roten Fahne zu schützen, auf allen anderen öffentlichen Gebäuden in Köln ist sie aufgezogen worden –. Es gelang mir, während die staatlichen Stellen nichts taten, im Zusammenarbeiten mit Männern aller Parteien in Köln Ordnung zu schaffen, sehr grosse Heeresvorräte vor dem Zugriff durch den Feind zu retten und alle Vorkehrungen zu treffen, damit der Durchzug der Köln passierenden Deutschen Armeen ungehindert erfolgen konnte. Ich beziehe mich auf die einschlägigen Akten der Stadt Köln und das Zeugnis des Majors a.D. Schwink in München, der damals von der obersten Heeresleitung nach Köln geschickt wurde, um in Zusammenarbeit mit mir alles zu tun, was einen glatten Durchmarsch der Truppen sichern konnte.

Über meine Tätigkeit Ende 1918 und in den ersten Monaten 1919 gegenüber den damaligen Bestrebungen zur Errichtung einer Rheinischen Republik hat im Sommer 1933 auf Veranlassung des Herrn Preussischen Ministerpräsidenten im Preussischen Innenministerium eine Untersuchung stattgefunden. Ich beziehe mich auf das Ergebnis dieser Untersuchung und beschränke mich hier auf folgende Ausführungen. Gegenüber den Bestrebungen auf Errichtung einer Rheinischen Republik habe ich mich, als sie am 9. 2. 18 an mich herangetragen wurden, vollständig ablehnend verhalten, ich hielt sie für falsch und für gefährlich und habe dieser Ansicht auch klaren Ausdruck verliehen. Man zog mich deshalb in der Folgezeit zu den fast ständig stattfindenden Besprechungen nicht mehr zu, so dass ich z. Beispiel von der Entschliessung, die am 4. 12. in der bekannten Versammlung in der Bürgergesellschaft in Köln gefasst wurde, erst am anderen Tage aus der Zeitung erfuhr. Inzwischen hatte mich die damalige Reichsregierung gebeten, bemüht zu sein, dass keine Unüberlegtheiten geschähen. Die Bewegung gewann an Boden, sie wurde namentlich deshalb so gefährlich, weil sie drohte, die Bevölkerung in zwei Lager zu trennen, während vollste Einigkeit der rheinischen Bevölkerung im Hinblick auf die von Frankreich drohenden Gefahren das oberste Gebot war. Ich versuchte deshalb im Laufe des Dezember und des Januar die Verbindung und das Vertrauen zwischen den verschiedenen politischen Parteien, das insbesondere auch durch die oben erwähnte Versammlung in der Bürgergesellschaft empfindlich gestört war, wiederherzustellen. Die Bestrebungen zur Errichtung einer rheinischen Republik wählten sich nunmehr zum Platze ihrer Tätigkeit kleinere Conventikel in allen möglichen Orten des besetzten Gebietes; sie wurden dadurch unkontrollierbar und sehr gefährlich. – Inzwischen hatten die Wahlen zur Deutschen Nationalversammlung und zur Preussischen Landesversammlung stattgefunden, so dass durch diese Wahl legitimierte Vertreter der Bevölkerung vorhanden waren. Ich schlug deshalb den politischen Parteien vor, alle im Rheinland gewählten Abgeordneten der Nationalversammlung und der Landesversammlung, die Oberbürgermeister der Städte, die Vertreter der Kirchen, von Handel und Industrie, der Provinzialverwaltung usw. zu einer Aussprache nach Köln zusammen zu berufen. Köln kam als Tagungsort allein in Frage, weil man annehmen konnte, dass die Engländer die Versammlung nicht einem politischen Druck aussetzen würden. Ich wollte auf dieser Versammlung die Einigkeit und Geschlossenheit der Rheinischen Bevölkerung wieder herstellen und die Behandlung der wichtigen politischen Fragen den Konventikeln, die sich allenthalben gebildet hatten, entziehen. Die Versammlung fand am 1. 2. 19 im Rathause in Köln statt. Die Aktivistische Richtung suchte durch einen am gleichen Tage in der Kölnischen Volkszeitung erschienenen Artikel, den man bis zu seinem Erscheinen sorgfältig vor mir geheim gehalten hatte, die Versammlung im Sinne eines Beschlusses auf baldigste Bildung eines Rheinischen Bundesstaates zu beeinflussen. Es gelang mir, nachdem ich zuerst ein umfangreiches Referat gehalten hatte, das auch den Bestrebungen und Überlegungen desjenigen zunächst die Mehrheit bildenden Teiles der Versammlung, der auf dem Boden des oben erwähnten Artikels der Kölnischen Volkszeitung stand, gerecht wurde, die Versammlung nach vielstündiger Dauer dahin zu bringen, dass ein einstimmiger Beschluss gefasst wurde und zwar dahin gehend, dass ein energischer Einspruch gegen die französischen Absichten und Pläne eingelegt wurde, und dass ferner beschlossen wurde, unter meinem Vorsitz einen Ausschuss einzusetzen, der die Pläne »zur Errichtung einer Westdeutschen Republik im Verbande des Deutschen Reiches und auf dem Boden der von der Deutschen Nationalversammlung zu schaffenden Reichsverfassung« weiter bearbeiten sollte.

Da die Verhältnisse in Deutschland sich nach der Einberufung der Nationalversammlung konsolidierten, da die Aspirationen Frankreichs auf den Rhein bei seinen Verbündeten keine Gegenliebe fanden, und weil in der ursprünglich von Deutscher Vaterlandsliebe getragenen Bewegung sich nach einiger Zeit französische Einflüsse geltend machten, erschien mir schon die Einberufung des Ausschusses nicht opportun, ich habe sie deshalb unterlassen.

Georges Clemenceau sagt in seinem Buche »Grösse und Tragik eines Sieges« (Union Deutsche Verlagsanstalt 1930), Seite 153 zu dieser Episode:

»Einige Wochen vergingen. Der Bürgermeister von Köln, Adenauer, hatte die Leitung der Bewegung übernommen.

Am 1. Februar 1919 wurden alle rheinischen Abgeordneten, die zu Mitgliedern der Nationalversammlung gewählt worden waren, nach Köln berufen, ebenso auch die Bürgermeister der rheinischen Städte. Es handelte sich darum, feierlich die Gründung der rheinischen Republik auszurufen.

Was geschah? Man begnügte sich unter dem Einflusse Adenauers einen Ausschuss zu wählen, der den Auftrag erhielt, an der Bildung eines selbständigen Rheinlandes im Verbande des Deutschen Reiches zu arbeiten.

Wie oft trat dieser Ausschuss zusammen? Nicht ein einziges Mal!«

Als einige Zeit später, am 1. 6. 1919, von Dorten und seinen Anhängern in Wiesbaden und Mainz die Rheinische Republik ausgerufen wurde, und diese Ausrufung von den französischen Militärbehörden aber auch von der Rheinlandkommission in Koblenz teils ausdrücklich teils durch konkludente Handlungen anerkannt wurde, gelang es mir, durch die Argumentation, die englische Besatzung sei völkerrechtlich verpflichtet, dem Deutschen Reiche das englisch besetzte Gebiet in der staatsrechtlichen Form wiederzugeben, in der sie es bei Antritt der Besatzung übernommen habe, den Erlass einer Ordonanz durch die englische Besatzungsbehörde zu erwirken, durch die eine Änderung der Staatsform im britisch besetzten Gebiet ohne Zustimmung der Besatzungsbehörde verboten wurde. Damit war das Übergreifen der Bewegung auf die Kölner Zone verhindert, und der Separatistische Vorstoss zur Erfolglosigkeit verurteilt, da eine Rheinische Republik ohne Köln unmöglich war.

Ich möchte noch erwähnen, dass ich vor Unterzeichnung des Versailler Vertrages gleichzeitig im Auftrage einer Anzahl massgebender Rheinländer den damaligen Reichskanzler Scheidemann aufgesucht und ihn gebeten habe, den Vertrag unter keinen Umständen zu unterzeichnen. Die Rheinländer seien durchaus bereit, den ungeregelten Zustand der Besatzung weiter zu ertragen, man werde jeder Separatistischen Bewegung mit Erfolg entgegen treten. Besonders kritisch war die Lage des Rheinlandes im Winter 1923–24 nach Abbruch des passiven Widerstandes, und zwar einmal wegen der Verhältnisse im Rheinlande selbst, vor allem aber, weil die damalige Reichsregierung unter dem Reichskanzler Stresemann zu der Überzeugung gekommen war, dass sie das ganze damals besetzte Gebiet aufgeben müsse. Am 13. November 1923 wurde einer kleinen Anzahl führender Rheinländer in der Reichskanzlei von Reichskanzler Stresemann in Anwesenheit mehrerer Mitglieder der Reichsregierung mitgeteilt, dass die Reichsregierung beschlossen habe, jede Zahlung in das besetzte Gebiet einzustellen, weil durch die Fortsetzung dieser Zahlungen die eben eingeführte Rentenmark gefährdet werde; das besetzte Gebiet solle de facto, nicht de jure einen eigenen Staat bilden, die anwesenden Vertreter des Rheinlandes sollten am anderen Tage nach Koblenz zur Rheinlandkommission fahren und von dieser ein Besteuerungsrecht erbitten, die Reichsregierung hoffe, dass das besetzte Gebiet später einmal zum Reich zurück komme, dieser Beschluss der Reichsregierung werde am Abend dieses Tages in einer Pressekonferenz von ihr der Weltöffentlichkeit mitgeteilt werden.

Die anwesenden Rheinländer erhoben unter meiner Führung entschiedensten Einspruch gegen diese Absichten der Reichsregierung, die unbedingt zur Vernichtung Deutschlands geführt hätten. Es kam zu so erregten Auseinandersetzungen, dass ein Reichsminister Tätlichkeiten zwischen mir und einem anderen Minister befürchtete, der Reichskanzler Stresemann erlitt einen Anfall von Herzschwäche. Die Reichsregierung zögerte gegenüber diesem entschiedenen Widerspruche mit der Durchführung ihres Beschlusses. Sie stürzte kurz darauf infolge einer Abstimmung im Reichstage, es folgte ein Kabinett Marx. Unser Kampf gegen den noch bestehenden Beschluss des früheren Kabinetts Stresemann ging weiter, und es gelang erst auf Grund von Zahlenmaterial, das ich durch besondere Informationen erhielt und dem Reichskanzler Marx unterbreiten konnte, nach weiteren stundenlangen Verhandlungen in einem Ausschuss der Reichsregierung, diese für eine Aufhebung des Beschlusses der Regierung Stresemann zu gewinnen. Öffentlich sind diese Vorgänge, bei denen das Schicksal Deutschlands auf des Messers Schneide stand, nicht bekannt geworden. Ich beziehe mich zum Nachweise der Richtigkeit der obigen Darstellung auf die Akten der Reichskanzlei und nötigen Falles auf das Zeugnis der in diesen Akten als anwesend angeführten Personen.

Über die Einschätzung meiner Tätigkeit durch die Separatisten gibt folgender Auszug aus den »Geheimprotokollen der Rheinischen Republik«, die im Jahre 1933 in der rheinischen Presse veröffentlicht wurden, Auskunft (entnommen aus Nr. 76 des Düsseldorfer Mittag vom 30. 3. 13):

»Ärger auf Köln und Adenauer.

Koblenz, den 29. Oktober 1923

Mit dem militärischen Bevollmächtigten Graf d'Arboneau verhandelte heute Herr Mathes über seinen Plan, mit etlichen tausend Mann die Kölnische Zone zu zernieren; Köln müsse von dem übrigen besetzten Gebiet ganz abgesperrt werden, der Besatzungsverkehr werde natürlich nicht gestört. Wenn sich die Berliner Parteiführer aus dem preussisch-englischen Fuchsbau Köln ins Gebiet der rheinischen Regierung wagen sollten, auch nach Koblenz, wolle er sie verhaften lassen. Das sei doch logisch die von Herrn Tirard als Oberkommissar Frankreichs ausdrücklich anerkannte de facto Gewaltausübung der Provisorischen Regierung. D'Arboneau sagte, das würde den französisch-englischen Konflikt noch verschärfen, die Sache müsste von Herrn Tirard und in Paris erst wohlerwogen werden.

Dr. Kremers und einige engere Parteigenossen haben sich in der Schlossstraße 8 zusammen getan,

um einen Anschlag auf Adenauer vorzubereiten,

den man ebensogut beseitigen könne bzw. müsse, wie man lange vor jeder Aktion in Köln Smeets tödtlich verwundet und seinen Schwager Kaiser erschossen habe; der Generalsekretär Trier sei bei jenem Attentat nur wie durch ein Wunder unverletzt geblieben. Man müsse endlich den Preussen mit gleicher Münze heimzahlen.

Als Mathes davon hörte, sagte er, er habe nichts dagegen, Adenauer, wenn man ihn habe, vor ein rheinisches Revolutionsgericht zu stellen und ihn eventuell standrechtlich erschiessen zu lassen; politische Meuchelmorde, wie sie verschiedentlich an Rheinländern verübt worden seien, dulde er aber nicht.«

Der Hass der Separatisten gegen mich währte auch später noch fort, da sie in mir einen Hauptgegner sahen. Als ich im Herbst 1928 in der Deutschen Gesellschaft in Amsterdam einen öffentlichen Vortrag hielt, wollte der inzwischen aus Deutschland geflohene Separatist Mathes meine Anwesenheit in Amsterdam zur Ausführung eines Attentats gegen mich benutzen. Ich musste deshalb während meiner zweitägigen Anwesenheit in Amsterdam unter sorgfältigsten polizeilichen Schutz gestellt werden.

Die in der Entlassung nach § 4 des B.B.G. liegende Kennzeichnung als national unzuverlässig ist für mich und meine Familie – ich habe sieben Kinder – in höchstem Masse schmerzlich und unverdient. Ich glaube sagen zu dürfen, dass ich mir unter den schwierigsten Verhältnissen erhebliche Verdienste um die Rettung der Deutschen Rheinlande erworben habe. Der Herr Reichspräsident von Hindenburg hat nach dem Abzug der englischen Besatzung diese meine Verdienste in sehr warmen Worten anerkannt und mir sein Bild geschenkt.

Um so bitterer ist für mich die Entlassung auf Grund des § 4. Ich bitte daher dringend um eine Nachprüfung der Entscheidung. Wenn noch über irgend einen Punkt Unklarheiten oder Zweifel bestehen sollten, so bitte ich mir Gelegenheit zur Stellungnahme dazu geben zu wollen. gez. Konrad Adenauer

Seite 64: *»Köln von Zentrum beherrscht . . .«*
»Brisch wieder Oberbürgermeister Solingen . . .«
Vgl. *Zwischen Befreiung und Besatzung. Analysen des US-Geheimdienstes über Positionen und Strukturen deutscher Politik 1945*, hg. von Ulrich Borsdorf und Lutz Niethammer, Wuppertal 1976.

Seite 66: *»Nach meiner Ansicht . . .«*
Vgl. Konrad Adenauer, *Erinnerungen 1945–1953*, Stuttgart 1965, S. 35.

Seite 67: *»Der Name Mussolini . . .«*
zit. nach *Kölnische Volkszeitung*, Jg. 1929, . . . Februar.

Seite 68: *Im gesamten Gebiet . . .*
Den Berechnungen liegen die Angaben von Max Schwarz, *MdR. Biographisches Handbuch der Reichstage*, Hannover 1965, zugrunde.

4. Der Kampf um die Macht

Seite 70: *»Vor lauter Winter . . .«*
zit. nach *Deutsche Literatur im Exil. Briefe europäischer Autoren 1933–1949*, hg. von Hermann Kesten, München 1964, S. 235 der Fischer-Taschenbuchausgabe.

Seite 73: *Dem »Freundeskreis . . .«*
Die Darstellung stützt sich auf das Dokumentenbuch der Anklage 135, Fall 11, American Military Tribunal, insbesondere auf Doc. NI-12148 Office of Chief of Counsil for War Crimes, im Max-Planck-Institut für Öffentliches Recht.

Seite 78: *»Trotz allem haben . . .«*
Vgl. *Zwischen Befreiung und Besatzung, Analysen des US-Geheimdienstes über Positionen und Strukturen deutscher Politik 1945*, hg. von Ulrich Borsdorf u. Lutz Niethammer, Wuppertal 1976.

Seite 85: *»Das heutige Deutschland . . .«*
zit. nach *Sozialismus. Eine Gegenwartsaufgabe.* Dr. Schumacher auf dem Parteitag der SPD in Hannover, Entschließungen und die programmatische Kundgebung der Sozialdemokratischen Partei Deutschlands, (Berlin-Wilmersdorf) 1946, S. 23–28.

Seite 88: *»Es war gerade der Sinn der Konzernbildung . . .«*
zit. nach Kurt Pritzkoleit, *Das kommandierte Wunder. Deutschlands Weg im 20. Jahrhundert,* München 1962, S. 696.

Seite 89: DAS PROGRAMM VON AHLEN
Der Zonenausschuß der CDU für die britische Zone erließ in seiner Tagung vom 1. bis 3. Februar 1947 in Ahlen folgende programmatische Erklärung: *Das kapitalistische Wirtschaftssystem ist den staatlichen und sozialen Lebensinteressen des deutschen Volkes nicht gerecht geworden.* Nach dem furchtbaren politischen, wirtschaftlichen und sozialen Zusammenbruch als Folge einer verbrecherischen Machtpolitik kann nur eine *Neuordnung von Grund aus* erfolgen.

Inhalt und Ziel dieser sozialen und wirtschaftlichen Neuordnung kann nicht mehr das kapitalistische Gewinn- und Machtstreben, sondern nur das Wohlergehen unseres Volkes sein. *Durch eine gemeinwirtschaftliche Ordnung soll das deutsche Volk eine Wirtschafts- und Sozialreform erhalten, die dem Recht und der Würde des Menschen entspricht, dem geistigen und materiellen Aufbau unseres Volkes dient und den inneren und äußeren Frieden sichert.*

In dieser Erkenntnis hat das Parteiprogramm der CDU vom März 1946 folgende Grundsätze aufgestellt:

Ziel aller Wirtschaft ist die Bedarfsdeckung des Volkes.

Die Wirtschaft hat der Entfaltung der schaffenden Kräfte des Menschen und der Gemeinschaft zu dienen. *Ausgangspunkt aller Wirtschaft ist die Anerkennung der Persönlichkeit,* Freiheit der Person auf wirtschaftlichem und Freiheit auf politischem Gebiet hängen eng zusammen. Die Gestaltung und Führung der Wirtschaft darf dem einzelnen nicht die Freiheit seiner Person nehmen. Daher ist notwendig:

Stärkung der wirtschaftlichen Stellung und Freiheit des einzelnen; Verhinderung der Zusammenballung wirtschaftlicher Kräfte in der Hand von Einzelpersonen, von Gesellschaften, privaten oder öffentlichen Organisationen, durch die die wirtschaftliche und politische Freiheit gefährdet werden könnte. Kohle ist das entscheidende Produkt der gesamten deutschen Volkswirtschaft. Wir fordern die Vergesellschaftung der Bergwerke.

In Verfolgung dieser Grundsätze ist nunmehr von der CDU folgendes Programm für die Neuordnung der Wirtschaft beschlossen worden:

I. Die deutsche industrielle Wirtschaft in der Vergangenheit

1. Die deutsche industrielle Wirtschaft war technisch und wissenschaftlich in der Zeit von 1918 bis 1945 im allgemeinen auf der Höhe. Sie konnte jeden Vergleich mit der Wirtschaft anderer Länder nach dieser Richtung aushalten. Das gilt auch vom Bergbau. Den klarsten Beweis für die technische und wissenschaftliche Höhe der deutschen Industrie liefern die Erklärungen ausländischer Staatsmänner und Zeitungen über den ungeheuren Wert der von ihnen beschlagnahmten deutschen Patente und Geheimverfahren. Sie erklären, daß die deutsche Wirtschaft, Technik und Industrie in vielen Beziehungen voraus gewesen sei.

2. Das Verhältnis zwischen der deutschen industriellen Wirtschaft und dem Staate, der Gesamtheit des Volkes und dem einzelnen Arbeitnehmer zeigte in vieler Hinsicht schwere Mängel. *Es darf auch hier nicht verkannt werden, daß in Deutschland, ehe es 1933 zum getarnten Staatssozialismus überging, erhebliche Teile der industriellen Wirtschaft in Gemeindebesitz waren: Bahnen fast restlos, einschließlich der Kleinbahnen und Straßenbahnen, Post, Telegraf, Rundfunk, Gas- und Wasserversorgung, der größte Teil der Erzeugung elektrischer Kraft, ein erheblicher Teil des Bergbaus in der britischen Zone, der Saarbergbau ganz.*

Auch das Genossenschaftswesen war in Deutschland auf allen Gebieten einschließlich dem des Geldwesens sehr stark entwickelt. Auf dem Gebiete des Geld- und Bankwesens war der gemeinwirtschaftliche Einfluß durch Reichsbank, Staatsbanken, Giroverbände der Sparkassen, Landesbanken, Sparkassen sehr groß. Dasselbe gilt vom Versicherungswesen durch die staatlichen und provinziellen Versicherungen.

Aber auf den wichtigsten Gebieten des Bergbaues und der Schlüsselindustrien waren schwere Schäden vorhanden. Die Zeit vor 1933 hat zu große Zusammenballungen industrieller Unternehmungen gebracht. Diese bekamen dadurch einen monopolartigen Charakter. *Sie wurden für die Öffentlichkeit undurchsichtig und unkontrollierbar.* Wenn der Aktienbesitz der großen industriellen Unternehmungen, abgesehen von wenigen Ausnahmen, wie zum Beispiel Krupp, auch stark gestreut war, so wurde doch die Zusammensetzung des Aufsichtsrats und Vorstands infolge der Vertretung der zahlreichen Aktionäre durch wenige Banken von einem verhältnismäßig kleinen Kreis von Personen bestimmt. *Die zu dem engen Kreis der Vertreter der Großbanken und der großen industriellen Unternehmungen gehörigen Personen hatten infolgedessen eine zu große wirtschaftliche und damit zu große politische Macht.*

Das Verhältnis des Arbeitnehmers zu seinem Betriebe war vor 1933 im Beginn einer die Interessen des Arbeitnehmers berücksichtigenden Entwicklung. Diese Entwicklung war aber 1933 noch nicht zu einem befriedigenden Abschluß gelangt. *Während der Jahre 1933–1945 waren auch die größeren industriellen Unternehmungen der Sache nach, wenn auch nicht dem Namen nach, Staatsbetriebe.* Der nationalsozialistische Staat nahm sich das Recht, jede leitende Persönlichkeit, wenn sie ihm politisch oder wirtschaftlich widerstrebte, ohne weiteres zu entfernen; er vergab Aufträge, er verteilte dementsprechend die Rohstoffe, die Arbeitskräfte, er setzte Preise, Löhne usw. fest.

Der Arbeitnehmer war gegenüber seinem Betriebe machtlos. Es gab keine Lohnbewegungen, keine Lohnerhöhungen, keinen Wechsel des Arbeitsplatzes, kein Mitspracherecht bei der Führung der Betriebe. *Es herrschte in vollem Umfange ein getarnter Staatssozialismus.*

II. Neue Struktur der deutschen industriellen Wirtschaft

Die neue Struktur der deutschen Wirtschaft muß davon ausgehen, daß die Zeit der unumschränkten Herrschaft des privaten Kapitalismus vorbei ist. *Es muß aber ebenso vermieden werden, daß der private Kapitalismus durch den Staatskapitalismus ersetzt wird,* der noch gefährlicher für die politische und wirtschaftliche Freiheit des einzelnen sein würde. Es muß eine neue Struktur der Wirtschaft gesucht werden, die die Mängel der Vergangenheit vermeidet und die Möglichkeit zu technischem Fortschritt und zur schöpferischen Initiative des einzelnen läßt.

1. *Konzerne und ähnliche wirtschaftliche Gebilde, die nicht technisch, sozial oder wirtschaftlich absolut notwendig sind, sind zu entflechten und in selbständige Einzelunternehmungen zu überführen.* Die technische Entwicklung verlangt bei gewissen Unternehmungen eine bestimmte Mindestgröße, namentlich auch, um gegenüber dem Ausland konkurrenzfähig zu sein. Diese Mindestgröße muß derartigen Unternehmungen unbedingt belassen werden.

2. Unternehmungen monopolartigen Charakters, Unternehmungen, die eine bestimmte Größe überschreiten müssen, verleihen eine wirtschaftliche und damit eine politische Macht, die die Freiheit im Staate gefährden kann. Dieser Gefahr muß dadurch vorgebeugt werden, *daß entsprechende Kartellgesetze erlassen werden.* (Siehe Antrag 1 der CDU-Fraktion im Landtag Nordrhein-Westfalen.) Darüber hinaus soll bei diesen Unternehmungen das *machtverteilende Prinzip eingeführt werden, damit jede* (Seite 6) *mit dem Gemeinwohl unver-*

trägliche Beherrschung wesentlicher Wirtschaftszweige durch den Staat, Privatpersonen oder Gruppen ausgeschlossen wird.

a) Zu diesem Zweck sollen öffentliche Körperschaften wie Staat, Land, Gemeinde, Gemeindeverbände, ferner Genossenschaften und die im Betrieb tätigen Arbeitnehmer an diesen Unternehmungen beteiligt werden; der dringend notwendigen Unternehmerinitiative ist der erforderliche Spielraum zu belassen.

b) Weiter soll bei solchen Unternehmungen der private Aktienbesitz, der in einer Hand dem Eigentum oder dem Stimmrecht nach vereinigt ist, in der Höhe gesetzlich begrenzt werden.

3. *Bergbau.* Monopolartigen Charakter haben die Kohlenbergwerke schlechthin wegen des von ihnen geförderten, für das gesamte Volk lebenswichtigen Urproduktes. Daher ist die Anwendung der in Ziffer II/2 aufgestellten Grundsätze auf sie vordringlich, sie sind somit zu vergesellschaften.

Wenn in besonderen Fällen die Form des Staatsbetriebes zweckmäßiger erscheint, so sollen die vorstehenden Grundsätze der Anwendung dieser Form nicht entgegenstehen.

4. *Eisenschaffende Großindustrie.* Auch bei der eisenschaffenden Großindustrie ist der Weg der Vergesellschaftung zu beschreiten. (Antrag 2 der CDU-Fraktion im Landtag Nordrhein-Westfalen.)

5. *Das Genossenschaftswesen* ist mit aller Kraft auszubauen und die Rechtsform der Stiftungen auch in wirtschaftlichem Bereich nachdrücklich zu fördern.

6. Die schon vor 1933 begonnene gesetzliche Kontrolle des Geld- und Bankwesens sowie des Versicherungswesens muß weiter ausgebaut werden.

7. Leistungsfähige Klein- und Mittelbetriebe sind um ihres volkswirtschaftlichen Wertes und ihrer sozialen Aufstiegsmöglichkeiten willen zu fördern. In Industrie, Handel, Handwerk und Gewerbe ist die private Unternehmertätigkeit zu erhalten und zu entwickeln.

8. Rechtmäßig erworbenes Eigentum, mit dem politischer Mißbrauch nicht getrieben wurde, ist im übrigen bei der Durchführung dieser wirtschaftlichen Neuordnung im Rahmen der allgemeinen Gesetze zu achten.

III. Neugestaltung des Verhältnisses zwischen Arbeitgeber und Arbeitnehmer im Betriebe

In den Betrieben, in denen wegen ihrer Größe das Verhältnis zwischen Arbeitnehmer und Unternehmer nicht mehr auf einer persönlichen Grundlage beruht, ist ein Mitbestimmungsrecht der Arbeitneh-

mer an den grundlegenden Fragen der wirtschaftlichen Planung und sozialen Gestaltung sicherzustellen.

Dies muß zunächst dadurch geschehen, *daß die Arbeitnehmer des Betriebes in den Aufsichtsorganen, zum Beispiel im Aufsichtsrat des Unternehmens, die ihnen zustehende Vertretung haben.* Zu diesem Zweck bedarf es einer Reform des Gesellschaftsrechts. Insbesondere ist dem Aufsichtsrat eine stärkere Stellung gegenüber der Verwaltung zu verleihen.

Bei Großbetrieben mit mehrköpfigem Vorstand *sollte Betriebsangehörigen, die in langjähriger Betriebszugehörigkeit sich um den Betrieb verdient gemacht haben, Mitwirkung in der Leitung des Unternehmens durch Berufung in den Vorstand gewährt werden.* Die Berufung erfolgt auf Vorschlag der Betriebsangehörigen, die dem Aufsichtsrat mindestens drei Vorschläge zu unterbreiten haben. Dem von der Belegschaft gewählten Vorsitzenden des Betriebsrates ist Gelegenheit zur Mitwirkung in allen Fragen zu geben, welche die sozialen Interessen der Betriebsangehörigen berühren. Darüber hinaus hat die Betriebsleitung in jedem Fall dem Betriebsrat einmal monatlich Bericht über die Lage des Unternehmens zu erstatten, und den Betriebsratsangehörigen ist ein Anspruch auf Auskunftserteilung in diesen Besprechungen zuzubilligen. *Durch geeignete Maßnahmen soll den Arbeitnehmern eine Beteiligung am Ertrage gesichert werden.* Die Formen dieser Beteiligung können verschiedenartig sein und unterliegen besonderer Vereinbarung. (Siehe Antrag 3 der CDU-Fraktion im Landtag Nordrhein-Westfalen.)

IV. Planung und Lenkung der Wirtschaft

wird auf lange Zeit hinaus in erheblichem Umfange notwendig sein; es ist aber ein Unterschied, ob die Planung und Lenkung im Hinblick auf die Schwierigkeiten der wirtschaftlichen Lage erfolgt oder von Fall zu Fall als notwendig betrachtet wird, oder ob die Planung und Lenkung der Wirtschaft als Selbstzweck angesehen wird. *Planung und Lenkung wird auch in normalen Zeiten der Wirtschaft in gewissem Umfange notwendig sein, was sich aus unserer Auffassung ergibt, daß die Wirtschaft der Bedarfsdeckung des Volkes zu dienen hat.*

Diese Planungs- und Lenkungsaufgaben sollen von Selbstverwaltungskörperschaften der Wirtschaft in Wirtschaftskammern wahrgenommen werden. Ob diese Wirtschaftskammern identisch sein werden mit den Industrie- und Handelskammern ist eine Frage von sekundärer Bedeutung. Notwendig ist auf jeden Fall, daß die breiten Massen der Arbeitnehmer und Konsumenten an dieser Planung und

Lenkung innerhalb der wirtschaftlichen Selbstverwaltung neben den Unternehmern gleichberechtigt teilnehmen. In ihren letzten Entscheidungen unterliegen auch die Selbstverwaltungskörperschaften der parlamentarischen Kontrolle. (Siehe Antrag 4 der CDU-Fraktion im Landtag Nordrhein-Westfalen.)

V. Bei allen Reformen der deutschen Wirtschaft,

mag es sich um Bodenreform, Neuaufbau der industriellen Wirtschaft oder Neugestaltung des Verhältnisses zwischen Arbeitnehmern und Betrieb handeln, ist das erste und vornehmste Ziel das Wohl des gesamten Volkes. Die deutsche Wirtschaft hat weder in erster Linie dem Wohle einer bestimmten Schicht zu dienen noch dem Auslande. Die Alliierten insbesondere haben ein Recht und ein Interesse an der Beseitigung der ausgesprochenen Kriegsindustrie und an Wiedergutmachungsleistungen nach Befriedigung der Lebensnotwendigkeiten des deutschen Volkes. Sie haben aber kein Recht, unter Hintansetzung der notwendigen Lebensbedürfnisse des deutschen Volkes, die deutsche Industrie so zu beschneiden oder so zu gestalten, wie es das Exportbedürfnis ihrer eigenen Industrien verlangt. Demontage nicht kriegsindustrieller Werke dient ebenso diesem Zwecke wie die Übertragung des Eigentums an den Grundindustrien auf den deutschen Staat, da sich dann jede gewollte wirtschaftliche Maßnahme durch politischen Druck auf den politisch schwachen Staat erreichen läßt.

Es ist ferner zu berücksichtigen, daß die deutsche Wirtschaft nicht nur industriell ist; sie umfaßt als wesentliche Teile: die industrielle Wirtschaft, die bäuerliche Wirtschaft, das Handwerk, Handel, Gewerbe und Verkehr, Geld- und Bankwesen.

Alle Teile der Wirtschaft greifen ineinander und stehen in Wechselwirkung. Kein Teil darf losgelöst vom andern betrachtet werden. Bei der Gestaltung der industriellen Wirtschaft muß deshalb der Zusammenhang mit den übrigen Wirtschaftsteilen berücksichtigt werden.

Ebenso einstimmig wie das Ahlener Programm von der CDU proklamiert worden ist, formulierte *die CDU-Fraktion des Landtages für Nordrhein-Westfalen* sofort die sich daraus ergebenden nachstehenden *sechs Anträge:*

1) Betrifft: *Entflechtung von Bergbau, eisenschaffender und chemischer Großindustrie*

Die CDU-Fraktion des Landtages stellt folgenden Antrag: Der Landtag wolle beschließen:

Die *Entflechtung* des Bergbaus, der eisenschaffenden und chemischen Großindustrie hat nach folgenden Grundsätzen zu erfolgen:

1. Die Wirtschaft muß wieder ihrem natürlichen Zweck, nämlich der Bedarfsdeckung, zugeführt werden. Die privatkapitalistischen Konzern- und Machtbildungen im Bergbau und in der Großindustrie werden auf dem Wege der Entflechtung aufgelöst, weil sie ihren Einfluß und ihre Machtstellung zum Nachteile des Staates und der Gesellschaft mißbraucht haben.

2. *Die Kohlenwirtschaft ist grundsätzlich von der Eisenwirtschaft zu trennen,* soweit nicht entscheidende wirtschaftliche Gesichtspunkte dem entgegenstehen. Wirtschaftliche Gebilde des Bergbaus mit einer Jahreskapazität von mehr als 5 000 000 t sind durch Zerlegung auf diese Durchschnittskapazität zurückzuführen, falls nicht besondere wirtschaftliche Gesichtspunkte eine Ausnahme rechtfertigen.

3. Die neu entstehenden Einheiten müssen, auch dem Ausland gegenüber, wettbewerbsfähig bleiben.

4. In der eisenschaffenden Großindustrie sind die bestehenden Mammutgebilde zu beseitigen. *Beteiligungen, die nicht organisch und betriebswirtschaftlich mit den eisenschaffenden Industrien in Zusammenhang stehen, sind abzustoßen.* Alle zum Konzern zusammengeschlossenen, nicht organisch mit der eisenschaffenden Industrie verbundenen Teile sind abzutrennen – alle mit ihr organisch zusammenhängenden, den Wirtschaftszweck fördernden Anlagen dürfen nicht für sich allein verselbständigt werden. Die Entflechtung hat unter Berücksichtigung verbundwirtschaftlicher Gesichtspunkte vertikal, nicht horizontal zu erfolgen.

Es ist Rücksicht zu nehmen

a) auf volkswirtschaftliche Belange,
b) auf die Belange der in den Werken Beschäftigten,
c) auf die große Zahl der an diesen Unternehmungen beteiligten Personen, insbesondere Kleinaktionäre.

5. In der chemischen Industrie ist insbesondere die IG-Farbenindustrie AG in eine Reihe von Einzelunternehmungen zu zerlegen. *Die zur Zeit zu der IG-Farbenindustrie zusammengeschlossenen Werke sind möglichst wieder selbständig zu machen,* unter Lösung von denjenigen neuen Beteiligungen, die sie inzwischen erworben haben und die nicht notwendigerweise zu dem Arbeitsgebiet der chemischen Grundindustrien gehören. Die drei reinen Chemiebetriebe Uerdingen, Elberfeld und Leverkusen sind in einem Unternehmen vereinigt zu belassen.

Die Landesregierung wird ersucht, im Sinne dieser Grundsätze bei der Militärregierung vorstellig zu werden, soweit deren Zustimmung erforderlich ist.

2) Betrifft: *Änderung der Besitz- und Machtverhältnisse in der Wirtschaft*

Die CDU-Fraktion des Landtages stellt folgenden Antrag: Der Landtag wolle beschließen:

Bei den Schlüsselindustrien des Landes (Bergbau, eisenschaffende und chemische Großindustrie) und bei sonstigen Großunternehmen mit monopolartigem Charakter ist das *machtverteilende Prinzip* wie folgt zur Anwendung zu bringen:

1. Der Bergbau wird auf dem Wege der Vergesellschaftung in die Form der *Gemeinwirtschaft* übergeführt. Wenn sich in besonderen Fällen der Staatsbetrieb als zweckmäßig erweisen sollte, kann auch diese Form gewählt werden. Dabei soll aber die Führung des Betriebes nicht einer staatlichen Regie, sondern Organen übertragen werden, die das Unternehmen bei voller wirtschaftlicher Selbstverantwortlichkeit und Initiative zu führen haben. Erfahrene Männer des Bergbaus müssen entscheidend eingeschaltet bleiben.

Die eisen- und stahlerzeugende sowie chemische Großindustrie und die Großindustrien mit monopolartigem Charakter werden gleichfalls auf gemeinwirtschaftlicher Grundlage neu geordnet.

Die durch gesetzliche Maßnahmen herbeizuführende Gemeinwirtschaft für den Bergbau und die anderen oben aufgeführten Industrien werden dadurch gekennzeichnet, daß die bisherige Vorherrschaft des Privatkapitals aufgehoben und daß ein machtverteilendes Prinzip auf der Grundlage einer Beteiligung von Land, Gemeinden, Gemeindeverbänden, Arbeitnehmern und Genossenschaften herbeigeführt wird. *Die Beteiligungen haben so zu erfolgen, daß die Vertreter des nicht-privaten Kapitals in jedem Falle die Mehrheit des Stimmrechtes besitzen.*

Zur Verwirklichung dieser Grundsätze sollen die folgenden Maßnahmen getroffen werden:

1. *Die Vertreter des nicht-privaten Kapitals sind in der Weise am Aktienkapital dieser Gesellschaften zu beteiligen, daß sie zusammen – jedoch keiner von ihnen allein – die absolute Mehrheit der Stimmen in den Hauptversammlungen dieser Gesellschaften haben.*

2. *Kein Aktionär der privaten Hand und kein Beauftragter darf über mehr als 10 Prozent, kein Aktionär des nicht-privaten Kapitals über mehr als 15 Prozent der Stimmen in der Hauptversammlung direkt oder indirekt verfügen.*

Hiervon kann abgewichen werden bei Betrieben, die sich bereits im Besitz der öffentlichen Hand befinden oder deren Überführung in die öffentliche Hand sich als zweckmäßig erweist.

3. Die zur Beteiligung der Vertreter des nicht-privaten Kapitals erforderlichen Änderungen der Besitz- und Machtverhältnisse sind wie folgt vorzunehmen:

a) Zunächst ist der bisherige private Besitz heranzuziehen, der entschädigungslos frei wird auf Grund einer Verurteilung als Kriegsverbrecher oder auf Grund der Entziehung aus politischen Gründen im Rahmen der gesetzmäßigen Maßnahmen.

b) Es ist der bisherige private Besitz zu verwenden, der im Rahmen des kommenden Lastenausgleichs und der damit verbundenen direkten oder indirekten Vermögensabgabe frei wird. Im Rahmen der zu erwartenden Maßnahmen kann eine vorschußweise Heranziehung dieses Besitzes erfolgen.

c) Reicht der unter a) und b) genannte frei werdende Besitz nicht aus, so sind den Vertretern des nicht-privaten Kapitals Aktien mit vielfachem Stimmrecht in dem erforderlichen Umfang zuzuteilen.

4. Rechtmäßig erworbenes Eigentum, mit dem politischer Mißbrauch nicht getrieben wurde, ist im übrigen bei der Durchführung dieser Neuordnung im Rahmen der allgemeinen Gesetze zu achten.

Die Landesregierung wird ersucht, im Sinne dieser Grundsätze bei der Militärregierung vorstellig zu werden, soweit deren Zustimmung erforderlich ist.

3) Betrifft: *Neuordnung der Verhältnisse zwischen Arbeitnehmern und Arbeitgebern*

Die CDU-Fraktion des Landtages stellt folgenden Antrag: Der Landtag wolle beschließen:

Die Neuordnung des Verhältnisses zwischen Arbeitnehmern und Arbeitgebern hat unter Zugrundelegung folgender Grundsätze zu erfolgen:

1. In den Betrieben, in denen *wegen ihrer Größe das Verhältnis zwischen Arbeitnehmer und Unternehmer nicht mehr auf einer persönlichen Grundlage beruht, ist ein Mitbestimmungsrecht der Arbeitnehmer an den grundlegenden Fragen der wirtschaftlichen Planung und sozialen Gestaltung sicherzustellen.*

2. *Zu diesem Zweck ist den Arbeitnehmern des Betriebes in den Aufsichtsorganen, zum Beispiel im Aufsichtsrat des Unternehmens, die ihnen zustehende Vertretung einzuräumen.* Das Gesellschaftsrecht bedarf einer entsprechenden Reform unter gleichzeitiger Stärkung der Stellung des Aufsichtsrates gegenüber der Verwaltung.

3. Bei Großbetrieben mit mehrköpfigem Vorstand *soll ein langjähriger Betriebsangehöriger in den Vorstand des Unternehmens* als ordentliches Vorstandsmitglied berufen werden. Die Berufung soll auf Vorschlag der Betriebsangehörigen erfolgen, die dem Aufsichtsrat mindestens drei Vorschläge zu unterbreiten haben.

4. Dem von der Belegschaft gewählten Vorsitzenden des Betriebsrates ist Gelegenheit zur Mitwirkung in allen Fragen zu geben, welche die sozialen Interessen der Betriebsangehörigen berühren. Darüber hinaus hat die Betriebsleitung in jedem Fall dem Betriebsrat einmal monatlich Bericht über die Lage des Unternehmens zu erstatten, und den Betriebsangehörigen ist ein Anspruch auf Auskunftserteilung in diesen Besprechungen zuzubilligen.

5. *Durch geeignete Maßnahmen soll den Arbeitnehmern eine Beteiligung am Ertrag gesichert werden.* Die Formen dieser Beteiligung können verschiedenartig sein und unterliegen besonderer Vereinbarung.

Die Landesregierung wird ersucht, im Sinne dieser Grundsätze bei der Militärregierung vorstellig zu werden, soweit deren Zustimmung erforderlich ist.

4) Betrifft: *Planung und Lenkung der Wirtschaft*

Die CDU-Fraktion des Landtages stellt folgenden Antrag: Der Landtag wolle beschließen:

Die Planung und Lenkung der Wirtschaft hat nach folgenden Grundsätzen zu erfolgen:

1. Die Planung und Lenkung der Wirtschaft bedarf dringend der gesetzlichen Regelung. Die Erörterung der damit in Zusammenhang stehenden Fragen in der Öffentlichkeit ist so weit fortgeschritten, daß ein gewisser Abschluß möglich erscheint.

2. Die Planungs- und Lenkungsaufgaben sollen von Selbstverwaltungskörperschaften der Wirtschaft wahrgenommen werden. In diesen Selbstverwaltungskörperschaften müssen Unternehmer, Arbeiter und Verbraucher gleichberechtigt vertreten sein.

Es wird hierzu auf die entsprechenden Vorschläge verwiesen, die die CDU bereits im November 1945 gemacht hat, els sie den amtlichen Stellen den Plan einer paritätischen Zusammensetzung der Kammern (Industrie- und Handelskammer, Handwerkskammer, Landwirtschaftskammer) und der Bildung regionaler Wirtschaftskammern vorlegte.

3. Diese Selbstverwaltungskörperschaften unterliegen letzten Endes parlamentarischer Kontrolle.

4. *Planung und Lenkung der Wirtschaft sind nicht Selbstzweck, sondern dienen nur dem allgemeinen Wirtschaftszweck, nämlich der Bedarfsdeckung des Volkes.* Planung und Lenkung müssen deshalb auf das unbedingt notwendige Maß beschränkt werden.

Die Landesregierung wird ersucht, im Sinne dieser Grundsätze bei der Militärregierung vorstellig zu werden, soweit deren Zustimmung erforderlich ist.

5) Betrifft: *Offenlegung der Besitzverhältnisse im Bergbau, in eisenschaffender und chemischer Großindustrie*

Die CDU-Fraktion des Landtages stellt folgenden Antrag:

Der Landtag wolle beschließen:

Die Landesregierung wird ersucht, sofort Ermittlungen anzustellen über die Besitzverhältnisse im Bergbau und in der eisenschaffenden sowie chemischen Großindustrie, und das Ergebnis dem Landtag vorzulegen.

6) Die CDU-Fraktion des Landtages stellt folgenden Antrag: Der Landtag wolle beschließen:

Die Landesregierung wird ersucht, der Militärregierung folgende Stellungnahme des Landtages zur Kenntnis zu bringen:

1. *Die Entflechtung der Großindustrien, die Neuordnung der Besitz- und Machtverhältnisse sowie die Neuordnung des Verhältnisses zwischen Arbeitnehmern und Arbeitgebern können nur vom deutschen Volke selbst auf demokratischem Wege vorgenommen werden.*

2. Die in Ziffer 1 genannten Maßnahmen sollten deshalb der Entscheidung der Deutschen selbst vorbehalten bleiben.

3. *Zu diesem Zwecke sollte den Landtagen, abweichend von dem bisherigen Zustande, umgehend das Recht übertragen werden, die notwendigen Maßnahmen auf dem Wege der Gesetzgebung durchzuführen.*

4. Der Landtag bittet die britische Militärregierung deshalb, von endgültigen Maßnahmen auf den in Ziffer 1 genannten Gebieten abzusehen, bis die Zuständigkeit des Landtages auf diese Gebiete ausgedehnt ist.

5. Die Einsetzung von geeigneten deutschen Treuhändern zur vorübergehenden Verwaltung erscheint angebracht, wird aber nicht als endgültige Maßnahme betrachtet.

Schon bei der Debatte im Landtag am 4.–5. März in Düsseldorf haben diese Gedanken und Forderungen weit über den Kreis der CDU hinaus Beachtung und Zustimmung gefunden. Der Landtag hat mit Mehrheit die Anträge angenommen beziehungsweise die Regierung des Landes aufgefordert, auf dieser Grundlage die notwendigen Gesetzentwürfe auszuarbeiten.

Die CDU wendet sich jetzt an das Volk:

Das Programm muß in die Tat umgesetzt werden!

Am Wahltag fällt die Entscheidung.

Wer

eine wahrhaft neue Ordnung,

echten Fortschritt,

soziale Gerechtigkeit und
gesunde Demokratie will,
wird sich zu dem richtungweisenden, die kommenden Auseinandersetzungen beherrschenden Programm von *Ahlen* bekennen und *wählt CDU!*

5. . . . wo sind sie geblieben?

Seite 104: *In den letzten Tagen seines Lebens . . .*
Vgl. Heinz Höhne, *Der Orden unter dem Totenkopf. Die Geschichte der SS*, Hamburg 1966, S. 597f. der Fischer-Taschenbuchausgabe.
Seite 104: *»Es ist unmöglich . . .«*
Der Prozeß gegen die Hauptkriegsverbrecher vor dem Internationalen Militärgerichtshof. Nürnberg 14. November 1945–1. Oktober 1946, Verhandlungsniederschriften, Band XXII, S. 587.
Seite 105: *ausgenommen . . . die . . . »Reiter-SS«*
In der »Reiter-SS« hatten sich zahlreiche Prominente und Aristokraten organisiert, die einesteils unter sich bleiben, andernteils ein Alibi für ihr Nazi-Engagement haben wollten, darunter auch Prinz Bernhard der Niederlande vor seiner Vermählung mit der holländischen Thronfolgerin.
Seite 108: *An der »Heimatfront« . . .*
Vgl. Eugen Kogon, *Der SS-Staat*, wo der Prinz und sein Verhalten ausführlich beschrieben sind.
Seite 114: *Doch in der Praxis . . .*
Das nachfolgende Zitat stammt aus: *Dr. Hans Globke. Aktenauszüge. Dokumente*, hg. von Reinhard M. Strecker, Hamburg

Wer Jude ist, bestimmt § 5

Nicht immer besaß der Kommentar die Kürze dieses einprägsamen Satzes: *Wer Jude ist, bestimmt § 5.*

Der Fall war klar. Aber andere Fälle waren viel komplizierter. Da gab es die vielen Mischlinge. (Siehe Seite 103.) Der Kommentar war doch geschrieben worden, um ihnen zu helfen. Wie half man am besten? Indem man alles ganz klar machte, auch zuungunsten der Betroffenen? Also darf ein Viertel-Jude keine Deutschblütige lieben. Das steht zwar nicht im Gesetz, aber dafür nun im Kommentar.

Oder half man besser mit einer Auslegung des § 2 des Reichsbürgergesetzes?*

*Quelle: Seite 52ff. im Kommentar

(1) Reichsbürger ist nur der Staatsangehörige deutschen oder artverwandten Blutes, der durch sein Verhalten beweist, daß er gewillt und geeignet ist, in Treue dem Deutschen Volk und Reich zu dienen.
(2) Das Reichsbürgerrecht wird durch Verleihung des Reichsbürgerbriefes erworben.
(3) Der Reichsbürger ist der alleinige Träger der vollen politischen Rechte nach Maßgabe der Gesetze.

Wer hat ein Anrecht auf den Reichsbürgerbrief? Dr. Globke meint, das sei gar nicht so sicher. Der Erwerb des Reichsbürgerrechts könne auf einen kleinen Teil bewährter Volksgenossen, etwa die Angehörigen der NSDAP, beschränkt werden, und die große Masse der Volksgenossen davon ausgeschlossen bleiben. Das hält er jedoch für unpraktisch. Nein, mehr sollen es schon erhalten, aber auch nicht jeder.

Aus der nationalsozialistischen Staatsauffassung folgt dabei ohne weiteres, daß das Reichsbürgerrecht nur an Volksgenossen verliehen werden kann; demnach kommt eine Verleihung an Juden, da diese nicht zum deutschen Volke gerechnet werden können, nicht in Frage.

Die Reichsbürgerschaft, die Gesamtheit der Reichsbürger, ist die politisch geformte Volksgemeinschaft. Das Reichsbürgerrecht ist nicht eins von vielen Rechten des Staatsangehörigen. Es gewährt diesem vielmehr die rechtliche Stellung als Vollgenosse der politisch geformten Volksgemeinschaft. In ein Volk wird der einzelne Mensch als Glied hineingeboren. Aus diesem Gliedsein erwachsen seine Rechte und Pflichten gegenüber der Volksgemeinschaft und den einzelnen Volksgenossen. Der Erwerb des Reichsbürgerrechts gibt den Vollbesitz der aus seiner Volkszugehörigkeit fließenden Rechte und Pflichten.

Ist das nun alles Camouflage oder sind das »tief empfundene« Phrasen?

Und noch ein Gummiparagraph:

Die subjektive Voraussetzung für den Erwerb des Bürgerrechts besteht

c) in dem Willen und der Eignung des Volksgenossen zum Dienst am deutschen Volk. Wann diese Voraussetzung als erfüllt angesehen wird, ist bisher noch nicht festgelegt; es dürfte nach verschiedenen objektiven Merkmalen festgestellt werden. In erster Linie wird eine einwandfreie Führung des Volksgenossen erforderlich sein. Auch die Forderung nach seiner Bewährung im Beruf wird in Frage kommen . . .

Doch dann kommt der Rassesachverständige an die Reihe. In Punkt 3 wird er nun den Mischlingen helfen. Deshalb ist ja der Kommentar doch nur geschrieben worden.

3. Bei der Entscheidung der Frage, welche rassischen Erfordernisse erfüllt werden müssen, um das Reichsbürgerrecht zu erlangen, ist folgendes zu beachten:

b) *Artfremdes Blut* ist alles Blut, das nicht deutsches Blut noch dem deutschen Blut verwandt ist. Artfremden Blutes sind in Europa regelmäßig nur Juden (s. unten Bem. c) und Zigeuner. Artfremde erhalten das Reichsbürgerrecht grundsätzlich nicht.

c) Insbesondere werden die staatsangehörigen *Juden* nicht Reichsbürger. Der Kreis der Personen, die als Juden vom Erwerb des Reichsbürgerrechts ausgeschlossen sind, bestimmt sich nach § 5 der Ersten V. z. RBürgG. Danach ist kraft seines Blutes Jude, wer von mindestens drei der Rasse nach volljüdischen Großeltern abstammt; ferner gilt kraft Gesetzes als Jude der staatsangehörige jüdische Mischling ersten Grades, der sich selbst durch Zugehörigkeit zur jüdischen Religionsgemeinschaft oder durch Verheiratung mit einem Juden zum Judentum bekannt hat oder der diesem auf Grund einer Bestimmung seiner Eltern angehört; dies wird angenommen, wenn der Mischling aus einer Ehe mit einem Juden stammt, die nach Inkrafttreten des Blutschutzgesetzes – zulässiger- oder unzulässigerweise (vgl. unten Bem. 6 zu § 1 BlSchG.) – geschlossen ist, oder wenn er aus dem außerehelichen Verkehr mit einem Juden stammt und nach dem 31. Juli 1936 außerehelich geboren wird. Im einzelnen vgl. die Bem. zu § 5 der Ersten V. z. RBürgG. Mischlinge zweiten Grades oder deutschblütige Personen gelten auch dann nicht als Juden, wenn sie der jüdischen Religionsgemeinschaft angehören. Eine Ausnahme von diesem Grundsatz gilt nur insoweit, als es sich um die rassische Einordnung ihrer Enkel handelt; insoweit bestimmt § 2 Abs. 2 Satz 2 und § 5 Abs. 1 Satz 2 der Ersten V. z. RBürgG., daß ein Großelternteil ohne weiteres als volljüdisch gilt, wenn er der jüdischen Religionsgemeinschaft angehört hat. Vgl. im einzelnen die Bem. zu §§ 2 und 5 der Ersten V. z. RBürgG.

d) Außer den Personen artfremden Blutes gehören auch die aus Verbindungen deutschblütiger und artfremder Personen hervorgegangenen Mischlinge nicht zu den Personen deutschen oder artverwandten Blutes. Diese Mischlinge können aber auch nicht zu den Artfremden gerechnet werden. Der Mischling hat deutsche und fremde Erbmasse. Die gesetzliche Behandlung der Mischlinge geht daher von der Erkenntnis aus, daß sie weder dem deutschen noch dem artfremden Blute wesensgleich sind. Wer Mischling ist, ist durch § 2 Abs. 2 der Ersten V. z. RBürgG. nur für Personen mit jüdischem Bluteinschlag ausdrücklich geregelt; jüdischer Mischling ist danach, wer von einem oder zwei der Rasse nach volljüdischen Großeltern abstammt; wer mehr als zwei volljüdische Großeltern besitzt, ist Jude; wer keinen volljüdischen Großelternteil hat, wird grundsätzlich als deutschblütig behandelt und nicht mehr zu den Mischlingen gezählt, auch wenn er einen geringfügigen jüdischen Bluteinschlag aufweisen sollte. Die gleichen Grundsätze, wie sie für die rassische Einordnung als jüdischer Mischling gelten, müssen auch für die Einordnung als sonst artfremder Mischling zugrunde gelegt werden.

Gegenüber besonders rabiaten Gauleitern (s. S. 91) mag das eine Hilfe gewesen sein. Aber wurde sie nicht durch folgenden Absatz wieder entwertet? Von dieser Auslegung steht jedenfalls nichts im Gesetz:

Ein voll deutschblütiger Großelternteil, der etwa aus Anlaß seiner Verheiratung mit einem Juden zur jüdischen Religionsgemeinschaft übergetreten ist, gilt ... für die rassische Einordnung seiner Enkel als volljüdisch. Ein Gegenbeweis ist nicht zugelassen. Diese Regelung erleichtert die rassische Einordnung erheblich ... Wie lange der Großelternteil der jüdischen Religionsgemeinschaft angehört hat, ist gleichgültig. Auch eine nur vorübergehende Zugehörigkeit genügt.

Die Regelung erscheint auch nicht unbillig; denn die Zugehörigkeit zur jüdischen Religionsgemeinschaft muß in der Regel als ein solch starkes Bekenntnis zum Judentum angesehen werden, daß mit einer Weitergabe der jüdischen Einstellung an die Nachkommen gerechnet werden kann. Wie lange der Großelternteil der jüdischen Religionsgemeinschaft angehört hat, ist gleichgültig. Aber auch die trotz Kenntnis nicht beanstandete Führung in den Listen einer Synagogengemeinde oder die widerspruchslose Zahlung jüdischer Kultussteuern müssen schon allein als ausreichende Merkmale angesehen werden. (Seite 64)

Nähere Bestimmungen über die Verleihung der Reichsbürgerbriefe sind bisher nicht ergangen. Da die Verleihung aber in jedem Einzelfall von einer Durchprüfung der Verhältnisse des betreffenden Volksgenossen abhängig ist, wird die Ausstellung der Reichsbürgerbriefe erst in geraumer Zeit abgeschlossen werden können; denn etwa 40 Millionen Menschen müssen darauf nachgeprüft werden, ob sie den Voraussetzungen für die Verleihung entsprechen ...

Eine Verschärfung bedeutete es, daß er im Kommentar jenen Pfarrern mit Gefängnis drohte, die Nottrauungen vornahmen. Diese Auslegung war eine freiwillige Zugabe Dr. Globkes. Nottrauungen waren durch das Konkordat von 1933 genehmigt, und Ehen, die so geschlossen wurden, hat der Bundestag am 23. Juni 1950 ausdrücklich legalisiert. Diese Lücke war im Gesetz gar nicht bemerkt worden. Weshalb ging er darauf ein und weshalb zuungunsten der Verfolgten?

»Die danach (§ 67 Abs. 2 des Personenstandgesetzes) bestehende Befugnis des Geistlichen ... ohne Rücksicht auf die standesamtliche Eheschließung bei einer kirchlichen Eheschließung ohne bürgerlichrechtliche Wirkung mitzuwirken, ist durch Art. 26 des am 10. September 1933 in Kraft getretenen Konkordats vom 20. Juli 1933 ... auf die Fälle ausgedehnt worden, in denen ein schwerer sittlicher Notstand vorliegt. Diese Bestimmungen können indes nicht die Vornahme einer kirchlichen Eheschließung zwischen Personen, die wegen Rassenverschiedenheit keine standesamtliche Eheschließung vornehmen können, rechtfertigen.«

Kommentar zu § 1 Blutschutzgesetz, Seite 102 ff.

Eine andere freiwillige Zugabe war der Kommentar zu § 2 Blutschutzgesetz, der etwas, was nicht einmal die Nürnberger Gesetze verboten, als unerwünscht bezeichnete.

In der Praxis werden vielfach Anträge gestellt, einen durch § 2 Blutschutzgesetz nicht verbotenen außerehelichen Verkehr für unbedenklich zu erklären oder ihn sogar ausdrücklich zu gestatten. Solchen Anträgen kann von den um Entscheidung angegangenen Behörden nicht entsprochen werden. Denn wenn auch ein solcher Verkehr nicht verboten und unter Strafe gestellt ist, so ist er doch unerwünscht.

(Seite 112)

Den Paragraphen 3 Blutschutzgesetz rechtfertigte er mit dem Hinweis, er sei nötig, um deutsche Hausmädchen vor rasseverderblichen geschlechtlichen Gefährdungen zu schützen ...

Ein jüdischer Haushalt liegt ... vor, wenn ein jüdischer Mann Haushaltsvorstand ist oder der Hausgemeinschaft angehört ... Ein männliches Kind ist dabei bis zu dem Zeitpunkte nicht als Mann anzusehen, in dem mit der Erreichung der Geschlechtsreife gerechnet werden muß, das heißt bis zur Vollendung des sechzehnten Lebensjahres ... Der jüdische Mieter eines möblierten Zimmers ohne Familienanschluß ist nicht Angehöriger der Hausgemeinschaft des Vermieters. Nimmt der Mieter aber am Familienleben des Vermieters teil, nimmt er insbesondere die Mahlzeiten gemeinsam mit der Familie ein, so gehört er zur Hausgemeinschaft.

Es kommt also nicht darauf an, daß es sich dabei nämlich bei der Beschäftigung im Haushalt um eigentliche Haushaltsarbeiten handelt. Beispiele: Bei Aufnahme in die Hausgemeinschaft fallen unter das Verbot außer Dienstmädchen, Kindermädchen, Köchinnen, Zofen,

Jungfern, Stützen, Gesellschafterinnen, Haustöchtern auch Krankenschwestern, Stenotypistinnen, Sprechstundenhilfen, Privatsekretärinnen usw. Von der Aufnahme in die Hausgemeinschaft abgesehen, ist das Verbot auf die Verrichtung alltäglicher Hausarbeiten oder damit in Verbindung stehender alltäglicher Arbeiten beschränkt. Unter alltäglichen Hausarbeiten sind solche Arbeiten zu verstehen, die üblicherweise in einem Haushalt regelmäßig verrichtet werden. Das Verbot ist aber im Einzelfall nicht davon abhängig, daß die Angestellte die Arbeiten täglich verrichtet. Beispiele: Verboten ist die Beschäftigung von außerhalb wohnenden Dienstmädchen, Stubenmädchen, Putzfrauen, Waschfrauen usw.

Der Kommentar zu § 4 Blutschutzgesetz lieferte vorweg eine Begründung für die Brandmarkung der Juden mit dem Davidstern.

Da die Juden nach nationalsozialistischer Auffassung nicht zum deutschen Volke gehören, sondern ein eigenes Volk, wenn auch keinen Staat, bilden, kommen die deutschen Symbole für sie nicht in Frage. Die Angehörigen des jüdischen Volkes können sich aber ihrer eigenen Symbole bedienen, um die Zugehörigkeit zu ihrem Volkstum dadurch äußerlich kundzutun.

Der Verfasser hatte sich in der Einleitung auf Gott zur Rechtfertigung der Nürnberger Gesetze berufen:

Die nationalsozialistische Staatsführung hat den unerschütterlichen Glauben, im Sinne des allmächtigen Schöpfers zu handeln, wenn sie den Versuch macht, die ewigen, ehernen Gesetze des Lebens und der Natur, die das Einzelschicksal wie das der Gesamtheit beherrschen und bestimmen, in der staatlich völkischen Ordnung des Dritten Reiches wieder zum Ausdruck zu bringen, soweit dies mit den unvollkommenen, den Menschen zu Gebote stehenden Mitteln möglich ist.

(Seite 9)

Eine andere Rechtfertigung findet sich im Kommentar zu § 6 Blutschutzgesetz:

Jedes Volk wird durch die Aufnahme artfremden Blutes in den Volkskörper in seiner Lebensfähigkeit beeinträchtigt. Eine seiner Hauptsorgen sollte aber die Reinerhaltung seines Blutes sein.

(Seite 132)

Keine Hilfeleistung bedeutete es, in einen Rechtsstreit zwischen Reichsgericht und Kammergericht einzugreifen, wieder zuungunsten der Verfolgten. Die Partei wünschte die Auflösung möglichst vieler Mischehen. Nach § 1339 BGB kann eine Ehe innerhalb von 6 Monaten nach Entdecken eines schwerwiegenden Irrtums angefochten werden. Auf den Seiten 109/110 des Kommentars steht dazu:

Fraglich kann aber erscheinen, wann die Frist zu laufen begonnen hat, wenn ein Ehegatte zwar die Rassezugehörigkeit des anderen Ehegatten kannte, sich aber über ihre Bedeutung nicht klar war. Die Ansichten des Reichsgerichts und des Kammergerichts stehen sich in dieser Frage gegenüber. Während das Reichsgericht die Auffassung vertritt (RGZ, Bd. 145, S. 1), daß seit der Veröffentlichung vom 24. Februar 1920 Fälle eines Irrtums nach der gedachten Richtung nur selten anzunehmen seien, nimmt das Kammergericht den Standpunkt ein (JW 44/3120), von den politisch und wissenschaftlich geschulten Volksgenossen abgesehen, sei der großen Masse des Volkes die Bedeutung des Rassenproblems erst nach dem Siege der nationalsozialistischen Bewegung bekannt geworden. Die Ansicht des Kammergerichts verdient den Vorzug.

Keine Hilfeleistung bedeutete seine unnötige Erläuterung für die Erb- und Rassepflegestellen bei den Gesundheitsämtern, es sei in jedem Falle eine Genehmigung zur Eheschließung zu verweigern, wenn aus der Ehe eine rassisch nicht erwünschte Nachkommenschaft zu erwarten sei.

Hierdurch ist die Schließung von Ehen verboten, aus denen – abgesehen von den Fällen deutsch-jüdischer Rassenmischehen – eine rassisch unerwünschte Nachkommenschaft zu erwarten ist, z.B. die Eheschließung zwischen Deutschen und Zigeunern . . .

Viele waren so sehr auf den »deutsch-jüdischen Gegensatz« versessen, daß sie vielleicht den andern, vor allem bei »Mischlingen«, übersehen hätten.

Eine weitere Verschärfung schuf er, indem er zum § 1 Blutschutzgesetz . . .

Eheschließungen zwischen Juden und Staatsangehörigen deutschen oder artverwandten Blutes sind verboten, trotzdem geschlossene Ehen sind nichtig, auch wenn sie zur Umgehung dieses Gesetzes im Ausland geschlossen sind.

. . . zu den Worten »im Ausland geschlossene Ehen sind nichtig« eine Strafbestimmung hinzufügte. Wieder eine freiwillige Zugabe. Und selbstverständlich alles nur, um zu helfen.

9. Berlin-Blockade und Weststaat-Gründung

Seite 190: *»Ich glaube, daß die deutsche Hauptstadt . . .«* zit. nach *Die Welt*, Hamburg, 30. 11. 1946, S. 3.

Seite 198: . . . *Begleitschreiben der Hohen Kommissare*

Frankfurt, den 12. Mai 1949

Herrn
Dr. Konrad Adenauer
Präsident des Parlamentarischen Rates
Bonn

Sehr geehrter Herrr Dr. Adenauer!

1. Das am 8. Mai vom Parlamentarischen Rat angenommene Grundgesetz ist hier mit beachtlichem Interesse zur Kenntnis genommen worden. Nach unserer Auffassung verbindet es sehr glücklich deutsche demokratische Überlieferung mit den Begriffen repräsentativer Regierung und einer Herrschaft des Rechts, wie sie in der Welt als Erfordernis für das Leben eines freien Volkes anerkannt worden sind.

2. Indem wir diese Verfassung zwecks Ratifizierung durch das deutsche Volk in Übereinstimmung mit den Bestimmungen des Artikels 144 (1) genehmigen, nehmen wir an, daß Sie verstehen werden, wenn wir verschiedene Vorbehalte machen müssen. In erster Linie sind die Vollmachten, die dem Bund durch das Grundgesetz übertragen werden, sowie die Machtbefugnisse, die die Länder und örtlichen Regierungsstellen ausüben, den Vorschriften des Besatzungsstatus unterworfen, das wir Ihnen schon übermittelt haben und das mit dem heutigen Datum verkündet wird.

3. Zweitens versteht es sich, daß die Polizeibefugnisse, wie sie in Artikel 91 (2) enthalten sind, nicht ausgeübt werden dürfen, bis sie von den Besatzungsbehörden ausdrücklich gebilligt sind. In gleicher Weise sollen die übrigen Polizeifunktionen des Bundes im Einklang mit dem in dieser Frage an Sie gerichteten Schreiben vom 14. April 1949 ausgeübt werden.

4. Ein dritter Vorbehalt betrifft die Beteiligung Groß-Berlins am Bund. Wir interpretieren den Inhalt der Artikel 23 und 144 (2) des Grundgesetzes dahin, daß er die Annahme unseres früheren Ersuchens darstellt, demzufolge Berlin keine abstimmungsberichtigte Mitgliedschaft im Bundestag oder Bundesrat erhalten und auch nicht durch den Bund regiert werden wird, daß es jedoch eine beschränkte Anzahl Vertreter zur Teilnahme an den Sitzungen dieser gesetzgebenden Körperschaften benennen darf.

5. Ein vierter Vorbehalt bezieht sich auf die Artikel 29 und 118 und die allgemeinen Fragen der Neufestsetzung der Ländergrenzen. Abgesehen von Württemberg-Baden und Hohenzollern hat sich unsere Haltung in dieser Frage, seitdem wir die Angelegenheit mit Ihnen am 2. März besprochen haben, nicht geändert. Sofern nicht die Hohen Kommissare einstimmig eine Änderung dieser Haltung beschließen, sollen die in den genannten Artikeln festgelegten Befug-

nisse nicht ausgeübt werden und die Grenzen aller Länder mit Ausnahme von Württemberg-Baden und Hohenzollern bis zum Zeitpunkt des Friedensvertrages, so wie sie jetzt festgelegt sind, bestehen bleiben.

6. Wir sind fünftens der Auffassung, daß Artikel 84 Absatz 5 und Artikel 87 Absatz 3 dem Bund sehr weitgehende Befugnisse auf dem Gebiet der Verwaltung geben. Die Hohen Kommissare werden der Ausübung dieser Befugnisse sorgfältige Beachtung schenken müssen, um sicherzustellen, daß sie nicht zu einer übermäßigen Machtkonzentration führen.

7. Bei unserer Zusammenkunft mit Ihnen am 25. April unterbreiteten wir Ihnen eine Formel, in der auf englisch der Sinn des Artikels 72 (2), 3 wiedergegeben war. Diese Formel, die Sie annahmen, da Sie Ihre Auffassung wiedergebe, lautete wie folgt:

». . . weil die Wahrung der Rechts- oder wirtschaftlichen Einheit sie erfordert, um die wirtschaftlichen Interessen des Bundes zu fördern oder eine angemessene Gleichheit wirtschaftlicher Möglichkeiten für alle sicherzustellen.«

Wir möchten Sie davon unterrichten, daß die Hohen Kommissare diesen Artikel in Übereinstimmung mit dem vorliegenden Text auslegen werden.

8. Um die Möglichkeit zukünftiger Rechtsstreitigkeiten auszuschalten, möchten wir klarstellen, daß wir bei der Genehmigung der Verfassungen für die Länder bestimmten, daß nichts in diesen Verfassungen als Beschränkung der Bestimmungen der Bundesverfassung ausgelegt werden kann. Ein Konflikt zwischen den Länderverfassungen und der vorläufigen Bundesverfassung muß daher zugunsten der letzteren entschieden werden.

9. Wir möchten es auch klar verstanden wissen, daß nach Zusammentritt der gesetzgebenden Körperschaften, die das Grundgesetz vorsieht, und nachdem entsprechend dem im Grundgesetz festgelegten Verfahren die Wahl des Präsidenten sowie die Wahl und Ernennung des Kanzlers bzw. der Bundesminister erfolgt sind, die Regierung der Bundesrepublik Deutschland konstituiert ist und das Besatzungsstatut daraufhin in Kraft tritt.

10. Nach Vollendung seiner letzten Aufgabe, wie sie in Artikel 145 Absatz 1 festgelegt ist, wird der Parlamentarische Rat aufgelöst. Wir möchten diese Gelegenheit benützen, um die Mitglieder des Parlamentarischen Rates zur erfolgreichen Vollendung ihrer unter kritischen Verhältnissen durchgeführten schwierigen Aufgabe sowie zu der offenkundigen Sorgfalt und Gründlichkeit, mit der sie ihre Arbeit geleistet haben und zu der Hingabe an demokratische Ideale, nach deren Erreichung wir alle streben, zu beglückwünschen.

gez. B. H. Robertson, General
Militärgouverneur Britische Zone
Pierre Koenig, Général d'Armée
Militärgouverneur Französische Zone
Lucius D. Clay, General, US Army
Militärgouverneur Amerikanische Zone

10. Das Kabinett des Doktor Adenauer

Seite 208: *»Die Sozialdemokratie hätte ...«*

Am 20. August 1932 erschien in dem von Leopold Schwarzschild herausgegebenen *Tagebuch* ein Aufsatz mit der Überschrift: »Herrn Schachts ›Grundsätze‹«, dessen Verfasser Dr. Ludwig Erhard war. Die wichtigsten Passagen dieses Beitrags lauten:

»Schachts Kritik an dem Wirtschaftsbürokratismus stützt sich im wesentlichen auf Tatsachenfälschung. Er stellt es so hin, als ob der Staat sich danach gedrängt habe, Unternehmer zu werden oder Subventionen zu gewähren. Die Sozialdemokratie hätte, nachdem sie zusammen mit anderen Parteien an die Macht gelangt ist, hinsichtlich der Sozialisierung privater Wirtschaftsbetriebe wahrhaftig nicht rücksichtsvoller verfahren können, und es ist noch sehr die Frage, ob man ihr diese Haltung zugute rechnen soll. Wenn die ›unter marxistischem Einfluß stehende Regierung‹, wie im Falle der Bankenstützung, intervenierend eingriff, so geschah dies immer unter Zwang, mindestens aus vermeintlichem, und niemals aus dem Wunsch oder mit der Folge echter Sozialisierung. Ob Herrn Schacht andrerseits aber wirklich nicht bekannt ist, daß beispielsweise staatliche Bergwerke heute rentabler arbeiten und besser durch die Krise kommen, weil sie, eben infolge ihrer bürokratischen und damit wohl auch schwerfälligeren Verwaltung, das Hexentempo der Rationalisierung nicht im gleichen Maße mitmachten? Eine gleiche Übung in der privaten Wirtschaft hätte möglicherweise die massenhaften Kapitalfehlleitungen verhüten und uns einen großen Teil der ausländischen Verschuldung, gegen die Herr Schacht so wettert, ersparen können. Es ist also mindestens noch sehr die Frage, welches System sich in der deutschen Nachkriegsperiode vorteilhafter ausgewirkt hätte. Der Herr Reichsbankpräsident a.D. geht aber in seinen Grundsätzen den Problemen grundsätzlich aus dem Weg, ... Jedermann steht es frei, zu glauben, daß die der privaten Initiative unterstehende Wirtschaft die beste oder doch die unsrer wirtschaftlichen Struktur adäquate sei. Aber daß ›eine andere Wirtschaftsform überhaupt keine Verteilung zuläßt‹ – eine derart lächerliche Behauptung blieb der Weisheit Schachtens vorbehalten.«

Seite 221: *»aus der Verwertung der Judenarbeit«*
»aus dem angefallenen jüdischen Vermögen«
»Es ist dabei darauf zu achten . . .«
Vgl. hierzu die in Faksimile wiedergegebenen Dokumente aus dem Zentralarchiv der Lettischen SSR, Riga, Bestand: Reichskommissariat für das Ostland.

Der Reichskommissar
für das Ostland

Abteilung II
Verwaltung
Geheim-Tgb. Nr. 282
Riga, 31. Juli 1943

II Fin./26/43 g

GEHEIM

Geheim!

Betr. Zusammenfassung der Juden
in Konzentrationslagern
1 Anlage

Der Reichsführer SS hat unter dem 21. Juni 1943 angeordnet, daß alle im Gebiet Ostland noch in Ghettos vorhandenen Juden in Konzentrationslagern zusammenzufassen sind. Abschrift der Weisung des Reichsführers SS vom 21. Juni 1943 lege ich bei. In wiederholten Besprechungen mit dem Höheren SS- und Polizeiführer für das Ostland wurde festgelegt, daß solche Arbeiten, deren Fertigung nicht in große Konzentrationslager verlegbar ist, in kleinen Konzentrationslagern zusammengefaßt werden. So wird z.B. ein kleiner Teil des bisherigen Rigaer Ghettos voraussichtlich zu einem Konzentrationslager umgestaltet, in dem Werkstättenbetriebe wehrwichtige Aufträge erledigen. Daneben werden die bisher für die Dienststellen des Generalkommissars und Reichskommissars unterhaltenen Werkstätten, z.B. die Uniformschneiderei, Anfertigung von Verdunkelungsvorrichtungen für Dienst- und Wohnräume usw. usw. in dieses KZ verlegt. Die Leitung dieses zu errichtenden KZ's soll nach meinem Wunsch vom Generalkommissar Riga übernommen werden, die sicherheitspolizeilichen Aufgaben werden selbstverständlich von den Polizeidienststellen wahrgenommen, der finanzielle Ertrag soll, wie bisher, meinem Haushalt zufließen. Endgültige Vereinbarungen liegen hierüber aber noch nicht vor.

Ich

Herrn
Generalkommissar
in Reval

Ich empfehle Ihnen, sich mit den zuständigen Dienststellen der Sicherheitspolizei und des SD sofort ins Benehmen zu setzen und gegebenenfalls ähnliche Maßnahmen beschleunigt durchzuführen, falls hierfür ein Bedürfnis vorliegt.

Über die Neugestaltung bitte ich mir zum 1. Oktober 1943 zu berichten.

Im Auftrag

gez.Dr Vialon

Beglaubigt:
Gerlach.
Reichsangestellter.

Der damalige Regierungsdirektor Karl Friedrich Vialon, Leiter der Finanzabteilung des Reichskommissariats, war in Riga zuständig für die ökonomische »Verwertung« der jüdischen Bevölkerung. In seinem Wirkungsbereich – Estland, Lettland, Litauen und Weißrußland – kamen nach Angaben im »Einsatzgruppen«-Prozeß 1947/48 und nach erhaltenen Listen allein im Baltikum 118430 Juden ums Leben; etwa 500000 wurden in Weißrußland ermordet. 1963 erklärte Staatssekretär Vialon im Prozeß gegen den SS-Obergruppenführer und Einsatzgruppenleiter Hausser als Zeuge unter Eid: »Ich verneine ausdrücklich die Frage nach meinem Wissen um Judenvernichtungsaktionen.«
Wegen des dringenden Verdachts, einen Meineid geleistet zu haben, mußte Vialon 1966 zurücktreten.

11. Die Bundesrepublik als moralische Anstalt

Seite 232: *»Hinter dem Gesetz verbirgt sich ...«*
Erich Kästner, »Der trojanische Wallach«, zit. nach *Vaterland, Muttersprache. Deutsche Schriftsteller und ihr Staat von 1945 bis heute*, zusammengestellt von Klaus Wagenbach, Winfried Stephan und Michael Krüger, Berlin 1979, S. 90ff.

Seite 234: *»... überall, wo wir dem Staat ...«*
Stefan Andres, »Warum nicht ein anderes Gesetz?« zit. nach *Vaterland, Muttersprache ...*, a.a.O., S. 93.

Seite 234: *»Ich halte dieses Gesetz ...«*
Luise Rinser, zit. nach *Vaterland, Muttersprache ...*, a.a.O., S. 93.

Seite 234: *»Die Vernebelung der Köpfe ...«*
Wolfgang Koeppen, zit. nach *Vaterland, Muttersprache* ..., a.a.O., S. 94.
Seite 238: ... *bestätigte Staatssekretär Otto Meißner den Eingang.*
Vgl. Reinhard Vogelsang, *Der Freundeskreis Heinrich Himmler*, Göttingen 1972, S. 41.

13. Das Wirtschaftswunder – geplant seit Stalingrad

Seite 268: *»Da, wie ich höre ...«*
Brief Rudolf Stahls an Otto Ohlendorf, Berlin, 14. November 1944, Original im Bundesarchiv Koblenz, R 7 V/1233 unpag., Dok. 5.
Seite 269: *In einem weiteren Brief Stahls ...*
Vgl. Wolfgang Schumann, »Nachkriegsplanungen der Reichsgruppe Industrie im Herbst 1944. Eine Dokumentation«, in: *Jahrbuch für Wirtschaftsgeschichte 1972/III.*
Eine Bestätigung der im Brief enthaltenen Mitteilung liefert die Eintragung vom 30. Dezember 1944 im Brieftagebuch der Abteilung II/1 des RWM (Bundesarchiv Koblenz R 7/2126).
Seite 270: ... *als Nachfolger Heydrichs ...*
Reinhard Heydrich, seit 1936 Chef der Sicherheitspolizei und des SD, seit 1939 Chef des Reichssicherheitshauptamts, seit 1941 SS-Obergruppenführer und General der Polizei, wurde am 27. 9. 1941 Stellvertretender Reichsprotektor von Böhmen und Mähren (unter Beibehaltung seiner sonstigen Ämter und Funktionen). Er starb am 4. 6. 1942 an den Folgen eines Attentats. SS-Oberführer Reinhard Höhn wurde Heydrichs Nachfolger im Polizeiausschuß der Akademie für Deutsches Recht.
Seite 270: ... *von Himmler ... »beordert« worden ...*
Professor Dr. jur. Reinhard Höhn gab am 16. Dezember 1971 zur Unterstützung eines Antrags auf Erlaß einer Einstweiligen Verfügung eine eidesstattliche Erklärung ab, in der es heißt: *»... Wahr ist vielmehr, daß das Institut für Staatsforschung mit Himmler nicht das Geringste zu tun hatte ...«* Die daraufhin vom Autor angestellten Nachforschungen ergaben, daß diese eidesstattlich versicherte Angabe Höhns falsch war. Bei den Akten der (Ost-)Berliner Humboldt-Universität befindet sich ein Schreiben der Reichsführung SS vom 16. 9. 1939, worin es wörtlich heißt: *»Der Direktor des Instituts für Staatsforschung an der Universität Berlin«*, also Prof. Höhn, *»und sein wissenschaftliches Personal sind zur Dienstleistung im Rahmen der wissenschaftlichen Aufgaben des Instituts für den Reichsführer SS und Chef der deutschen Polizei«*, also Himmler, *»während des Krie*

ges beordert worden.« Auf dieses Schreiben bezieht sich ein – gleichfalls bei den Universitätsakten befindlicher – Arbeitsbericht Höhns vom 22. Juni 1940, worin es heißt: *»Auf Grund dieser Beorderung bearbeitet das Institut seit dem 1. September 1939 eine Reihe vom Reichsminister des Innern und vom Chef der Sicherheitspolizei und des SD übertragener Aufgaben ... Bisher sind zur Erledigung gelangt: ... 16 Berichte aus dem Aufgabenbereich des Reichsführers SS ...«* (Archiv d. Humboldt-Universität, Institutsangelegenheiten, Nr. 227-5/4/1.)

Seite 270: ... *SS-Brigadeführer im Reichssicherheitshauptamt ...*
In der eidesstattlichen Erklärung Reinhard Höhns vom 16. Dezember 1971 heißt es unter 4.): *»Unwahr ist die Behauptung, ich habe nach 1937 im aktiven Dienst der SS gestanden. Wahr ist vielmehr, daß ich 1937 auf Grund einer ›Führeranweisung‹ meiner Stellung in der SS enthoben wurde.«*
Dem widersprechen die Angaben in den »Dienstalterslisten der Schutzstaffel der NSDAP« vom 1. 12. 1938, 20. 4. 1942, 30. 1. 1944 und 9. 11. 1944. Daraus ergibt sich, daß Reinhard Höhn am 30. Januar 1939 zum SS-Standartenführer, am 9. November 1944 zum SS-Oberführer befördert wurde. Die letzte Eintragung lautet:
»727 Höhn Reinhard Prof. Dr. ... Dienststellung: RSi-Hauptamt (Reichssicherheitshauptamt) *Partei-Nr. 2175900 SS-Nr. 36229 Geburtsdatum 29. 7. 04 ... SS-Oberführer seit 9. 11. 44«.*

Seite 271: ... *Arbeitsbericht des Ohlendorf unterstehenden Referats ...*
Im Arbeitsbericht des Referats II/1 vom 9. Januar 1945 befindet sich unter der Rubrik »Neue Verbindungen« die Feststellung: *»Mit Dr. Erhardt* (sic!), *dem Leiter des Instituts für Industrieforschung, Nürnberg, wurde Fühlung aufgenommen wegen der Zusammenarbeit über Industriefragen.«* (Bundesarchiv Koblenz, R 7/2121)
Die sehr vage Umschreibung des tatsächlichen Themas – Nachkriegsplanung – läßt vermuten, daß Ohlendorf an einer Geheimhaltung des wahren Sachverhalts gelegen war.

Seite 272: *Im Herbst 1944 stand der Arbeitskreis ... unter der Leitung von Karl Blessing ...*
Mindestens zeitweise hat auch Kurt Freiherr v. Schröder den »Arbeitskreis für außenwirtschaftliche Fragen« geleitet. Dies ergibt sich aus einem Ergebnisprotokoll der Sitzung am 28. September 1944 im Hotel »Adlon«, Berlin, die unter Leitung von v. Schröder stand. (Akten d. Deutschen Bank – Generalsekretariat Abs, Deutsches Zentralarchiv Potsdam 16682)
Blessing sagte im Nürnberger Kriegsverbrecherprozeß im »Fall 6« (IG Farben) über seine Beziehungen zu Ohlendorf aus und erklärte, daß er »in vertraulicher Form« beauftragt wurde, Material zu erstel-

len, das »der deutschen Delegation für etwaige Friedensbesprechungen zur Verfügung stehen« sollte.
(Eidesst. Erklärung K. Blessing vom 4. 12. 1947 in: Geh. Staatsarchiv Berlin-Dahlem, Rep. 335, Fall 6, Nr. 731, Blatt 42)

Seite 278: ... *Beispiele, die sich beliebig ergänzen ließen.*
Das im Staatsverlag der DDR, Berlin 1968, erschienene *Braunbuch. Kriegs- und Naziverbrecher in der Bundesrepublik und in Westberlin*, enthält auf den Seiten 86 bis 107 annähernd 300 Namen von – zum Teil ungewöhnlich schwer belasteten – Kriegsverbrechern, die sich auf freiem Fuß befanden und großenteils im Polizeidienst Wiederverwendung gefunden hatten.
Der Autor hat seinerzeit (1968/69) etwa dreißig der im »Braunbuch« aufgezählten Fälle recherchiert. Diese Stichprobe erbrachte folgendes Resultat: in 24 Fällen stimmten die Angaben ohne Einschränkung; in 5–6 Fällen konnte keine Klärung stattfinden, weil die Auskunft verweigert wurde.
Bei dieser Untersuchung stieß der Autor durch Zufall auf einen ihm von früher her persönlich bekannten, im »Braunbuch« auf S. 102 angeführten Gestapobeamten: *»Waldbillig, Hermann, vor 1945 Leiter des Judendezernats in der Gestapo-Leitstelle Düsseldorf, seit 1930 (Mitglied der) NSDAP«*. Von diesem seinerzeitigen Kriminalassistenten bei der Düsseldorfer Gestapo waren der Autor und dessen Mutter am 2. März 1944 wegen »Judenbegünstigung« verhaftet und mißhandelt worden; dem Autor, der dann bis Kriegsende in Gestapohaft und in Konzentrationslagern war, sind aus eigenem Wissen eine ganze Reihe von Fällen bekannt, in denen sich Waldbillig gegenüber seinen unschuldigen Opfern brutal und mitleidlos verhalten hat.
Waldbilligs Nachkriegskarriere wird im *Braunbuch* so beschrieben: *»Nach 1945: Polizeihauptkommissar in Köln«*.

Seite 279: ... *Dr. Eberhard Taubert ...*
Vgl. hierzu Bernt Engelmann, *Schwarzbuch: Strauß, Kohl & Co.*, Köln 1976, S. 28ff.

Seite 280: *Im Jahre 1936 noch Regierungsrat ...*
Vgl. hierzu den »Schnellbrief« des Reichsministers für Volksaufklärung und Propaganda vom 2. April 1938.

Seite 280: ... *Amt eines »ehrenamtlichen« Richters beim 1. Senat des berüchtigten »Volksgerichtshofs« ...*
Vgl. Volksgericht, Mitteilungsblatt für das Geschäftsjahr 1938, Bl. 3 d. Manuskripts (DZAP 730520.2)

Seite 280: ... *Dr. Tauberts Verbindungsmann ... Kurt Georg Kiesinger*
Die Aufgabe des von Taubert geleiteten »Generalreferats Ostraum«

war die propagandistische Vorbereitung des millionenfachen Massenmords, wobei die Auslandspropaganda mit den zuständigen Stellen des Auswärtigen Amts abgestimmt werden mußte. Kiesinger, der spätere CDU-Parteivorsitzende und Bundeskanzler von 1966–1969, oblag »*im Zusammenwirken mit der Leitung der Interradio und mit der Nachrichten- und der Programmabteilung die Vermittlung der allgemeinen außenpolitischen Propagandarichtlinien sowie die Behandlung jener Fälle, in denen das Zusammenwirken zwischen den Länderreferaten der Rundfunkpolitischen Abteilung des Auswärtigen Amtes und den unmittelbar zuständigen Einrichtungen der Interradio nicht zur Durchsetzung der außenpolitischen Richtlinien führen sollte.*« In einem Geheimschreiben vom 27. November 1942 berichtete der Verbindungsmann des Reichssicherheitshauptamts der RSHA-Abteilung VI A 4: »*Der Verbindungsmann des AA zum PROMI für alle Rundfunkfragen, Dr. Kiesinger ...*«

Seite 281: *... so schrieb er später an einen alten Freund ...*

Brief vom 12. Dezember 1971 an den Restaurantbesitzer Horcher, früher Berlin, nun Madrid.

... Beraterstatus bei ... Strauß

vgl. Bernt Engelmann, *Schwarzbuch: Strauß, Kohl & Co*, Köln 1976, S. 31 f.

14. Autoritäre Willensbildung und einsame Entschlüsse

Seite 286: *»Am Schluß besuchte ich ...«*

zit. nach: Rudolf Augstein, »Dreißig Divisionen«, in: *Die Bundesrepublik in der Ära Adenauer 1949–1963*, hg. von Hans Dollinger, München 1966.

Register

Seitenzahlen mit * weisen auf Abbildungen hin.

Abraxas (W. Egk) 232f.
Abs, Hermann Josef 252ff., 272, 274f.
Acheson, Dean 291, 297
Adenauer, Emma (geb. Weyer) 53
Adenauer, Gabriele (geb. Werhahn) 138
Adenauer, Gussie (geb. Zinsser) 57f., 63, 166f., 289
Adenauer, Hans 138
Adenauer, Konrad 43, 48, 52–70, 86f., 98ff., 102, 130–139, 153, 155, 165f., 190, 192–204, 207–220, 226, 228, 236, 258, 260, 271, 273f., 283, 285, 299, 288/89*
Adenauer, Konrad jun. 137
Adenauer, Libeth s. Werhahn, L.
Adenauer, Lotte 286
Adenauer, Ludwig 138
Adenauer Max 137
Adenauer, Paul 138, 200
Agartz, Viktor 80/81*, 87f., 95f., 125
Ahlener Programm 86–92, 219
Akademie für Deutsches Recht 73, 77, 270
Akademie für Führungskräfte der Wirtschaft 270
Albrecht, Karl 267f., 272f.
Alliierter Kontrollrat 31
Alsen, Horst Herbert 109
Amelunxen, Rudolf 93
Anders, General Wladislaw 284
Andersch, Alfred 33, 229–232, 243
Andres, Stefan 229, 234
Antifa (Antifaschistische Ausschüsse) 78ff.
Antikomintern 279f.
Antisemitismus 20f., 36, 221ff., 279
Antonescu, Marschall Ion 114
Arbeitskreis für außenwirtschaftliche Fragen (AAF) 272ff.
Arbeitslosigkeit 21, 262f.
Arenberg, Herzöge von 122ff.
Arenberg, Engelbert Maria Herzog von 123f.
Arenberg, Jean Herzog von 124
Arenberg, Rose-Sophie Prinzessin von 124
Arndt, Adolf 114
Arnold, Karl 94
Augstein, Rudolf 201, 286, 300
Auriol, Vincent 193

Badoglio, Marschall Pietro 224
Banken 77f., 120, 131ff., 238ff., 245ff., 267, 274f.
Barraclough, Brigadegeneral John 65, 69
Bauer, Franz Xaver 47, 49
Baumgartner, Josef 50, 97, 288/89*
Beck, Friedrich 278
Behrends, Hermann 73
Bergemann, Günther 224
Berlin-Blockade 184–190, 194
Berlin-Status 198
Besekow, Arno 278
Bevin, Ernest 32
BHE (Bund der Heimatvertriebenen und Entrechteten) 81
Binder, Paul 267
Bingel, Rudolf 73
Bishop, Generalmajor W. H. A. 151
Bismarck, Otto von 99, 204
Blankenhorn, Herbert 286
Blessing, Karl 73, 80/81*, 272ff.
Bloch, Ernst 159, 229
Blücher, Franz 207, 274, 288/89*
Boch-Galhau, Luitwin von 127
Bodenreform 90, 94f., 100, 121f., 142, 151f., 252
Bokassa I., »Kaiser« von Zentralafrika 9, 11f.
Boldt, Berthold 278
Bolschewismus-Angst 19ff., 27f., 60, 198f., 276, 278f., 290ff.
Borchert, Wolfgang 157
Bormann, Martin 48, 101, 107, 112f.
Brackenheim (Pseudonym) s. Heuss, Theodor
Brandt, Willy 291
Braschwitz, Rudolf 278
Brecht, Bertolt 155, 158f., 229
Brenner, Otto 259
Brentano, Lujo 205
Brisch, Josef 64
Broch, Hermann 229
Brockhaus, F. A. 16
Brockmann, Johannes 195
Bromage, Oberstleutnant 39
Bruce, David K. E. 296f.
Bruckner, Ferdinand 229
Brüning, Heinrich 97, 111, 166, 214, 238
Buckau-Konzern 134f.
Bundesnachrichtendienst 149f.
Bürckel, Josef 114

Burschell, Friedrich 229
Bütefisch, Heinrich 73

Camus, Albert 158
Canaris, Wilhelm 49
Christ, Oskar 278
Churchill, Winston S. 29, 32, 183, 187f., 251
CDU (Christlich-Demokratische Union) 45, 51, 69, 80, 86f., 90–95, 97f., 117, 129f., 139,148, 151, 153, 155, 164–167, 186, 192, 194f., 198, 200ff., 207f., 210f., 214f., 219, 231, 236, 258ff., 281, 288, 290, 297
Clay, General Lucius D. 43, 163f., 168ff., 180, 182f., 191
Cramer, Hartwig 51
Crossman, Richard 47
CSU (Christlich-Soziale Union) 47, 49ff., 81, 95–98, 148, 164–167, 192, 194ff., 200, 202, 210f., 231f., 258ff., 281, 288, 297

Dalferes, Colonel Ray 42f.
Daniel, Jens (Pseudonym) s. Augstein, Rudolf
DDR s. Deutsche Demokratische Republik
DDR-Volkspolizei 295
Deeg, Peter 51
Dehler, Irma (geb. Frank) 210
Dehler, Thomas 210, 288/89*
Demontage 31, 78, 141ff., 203
Deutsche Demokratische Republik (DDR) 16, 215f., 291, 295
Deutscher Volkskongreß (Ost-Berlin) 153
Dietrich, Josef (»Sepp«) 107f.
Dinkelbach, Heinrich 267
Displaced Persons (DP) 284f.
Dönitz, Großadmiral Karl 23
Dorten, Adam 237
Douglas, Lewis William 57f.
DP (Deutsche Partei) 211ff., 259
Dreyfus, Bankhaus J. 247f.
Dulles, Allen 163

Ebert, Friedrich 128
Ebert, Friedrich jun. 188
Edschmid, Kasimir 159
Eggebrecht, Axel 159
Egk, Werner 233
Ehrenstein, Albert 229
Eichler, Willi 82
Eisenhower, General Dwight D. 26f., 37f., 42 149
Eliot, Thomas Stearns 158
Emigranten-Rückkehr 228ff.
Entnazifizierung 42f., 72, 278f.
Erdmann, Kurt 279
Erhard, Ludwig 80/81*, 167f., 177, 208ff., 212, 219, 226, 260ff., 267–274, 288/89*
Erler, Fritz 45
Ernst August, Herzog von Braunschweig und Lüneburg 96
Essen, Werner 223
Exupéry s. Saint-Exupéry
Eynern, Gert von 188

Farny, Oskar 76
Faulhaber, Michael Kardinal 39f.
Faulkner, William 158
FDP (Freie Demokratische Partei) 80, 92, 146, 151, 166f., 192, 209, 259
Fegelein, Hermann 104
Feuchtwanger, Lion 158f., 229
Finck, August von 77, 246–251, 256
Finck, Wilhelm von 245f.
Finck, Wilhelm jun. 246
Fischböck, Hans 73
Fischer, Eugen 98
Fischer, Fritz 17
Flick-Konzern 255ff., 274
Flick, Friedrich 73f., 80/81*, 102, 120, 125, 251–259, 267, 274, 278
Flick, Friedrich Karl 252
Flick, Otto Ernst 252
Flüchtlinge 34, 216ff.
Forrestal, James 185
Forster, Albert 114
Franco, General Francisco 22
Frank, Hans 77, 101
Frank, Irma s. Dehler, Irma
Frank, Karl Hermann 114
Frank, Leonhard 159, 229
Frankfurter Hefte 207, 296
Freisler, Roland 114
Freistaat Bayern 210f.
Freund, Michael 143, 154
Freundeskreis des Reichsführers SS Heinrich Himmler 73ff.
Frick, Wilhelm 61, 77, 101, 111, 113, 115ff.
Frings, Josef Kardinal 65, 119f., 138
Frohne, Edmund 167
Furck, Herbert 279

Gastarbeiter 14
Gaulle, General Charles de 29
GB (Gesamtdeutscher Block) 81
Gehlen, Generalmajor Reinhard 80/81*, 149
Geißler, Kurt 279
»gesamtdeutsche Fragen«, Ministerium für 215ff.
Gewerkschaften 83, 88, 179, 201, 213, 240, 282
Gille, Herbert 107f.
Gleit, Maria 229
Globke, Augusta (geb. Vaillant) 115
Globke, Hans Maria 110–117, 132, 138, 210, 219f., 223f., 226, 288/89*, 293
Goebbels, Joseph 44, 48/49*, 77, 82, 264, 279f.
Goerdeler, Carl Friedrich 125, 128, 271
Goetz, Karl 267

Göring, Herbert 73
Göring, Hermann 61, 101, 225, 247
Gottberg, Curt von 223
Graf, Oskar Maria 229
Greene, Graham 236
Grimm, Hans 12
Großgrundbesitz 121ff., 142, 238
Großindustrie 89f., 125 ff., 264f., 274, 277
Grotewohl, Otto 81, 83
Grüber, Propst Heinrich 33
Grundgesetz für die Bundesrepublik Deutschland 192ff.
Grünig, Ferdinand 267
Gruppe 47 (Literatengruppe) 236
Gütersloh, Paris 229
Guth, Karl 266
Guttenberg, Karl Theodor, Reichsfreiherr von und zu 124f.

Haag, Siegfried 9
Habermann, Max 214
Häbich, Theodor 121
Habsburg, Haus 125
Hagen, Louis (eig. Levy) 131, 133, 237
Halt, Karl Ritter von 74
Hanftstaengl, Erna 246f.
Haniel-Konzern 125f.
Harmssen, Gustav Wilhelm 146
Hartmann, Alfred 167, 223
Hauser, Captain Ernest F. 47
Hauser, Heinrich 229
Hausser, Paul 107
Haußleiter, August 50
Hecker, Ewald 74
Hehemann, Heinrich 87
Heile, Wilhelm 195f.
Heine, Fritz 82
Heinemann, Gustav 208, 288/89*, 295f., 298f.
Heißmeyer, August 108
Helfferich, Emil 74
Hellwege, Heinrich 211, 288/89*
Hemingway, Ernest 158
Henle, Günter 128ff., 133f., 137, 148
Herbst, Ludolf 268, 270
Hermlin, Stephan 158f., 282
Herwegen, Abt Ildefons 61
Herzfelde, Wieland 229
Heß, Rudolf 113, 241
Hesse, Hermann 158, 226f., 229
Heuer, Otto 74
Heuss, Theodor 43, 202, 205f., 220
Heydrich, Reinhard 270
Hielscher, Erwin 178
Himmler, Heinrich 73, 77, 104, 107ff., 113, 115f., 222, 240f., 252, 270, 285
Hindenburg, Paul von 41, 125, 128, 204, 238f., 253
Hitler, Adolf 21ff., 39, 41, 53, 61f., 76, 82, 103f., 107f., 116, 125, 129, 131, 193, 204, 206, 214, 224, 226, 230, 237–241, 247, 253, 257, 267, 279, 289
Hitler-Papen-Treffen 240f.
Hochschulreform 231ff.
Hoegner, Wilhelm 42f.
Hoesch-Konzern 175, 239
Hoffmann, Bernhard 245
Hohenzollern, Haus 19f., 22
Höhn, Reinhard 270
Höhne, Heinz 107
Holzapfel, Friedrich 94, 98, 166
Hoover, Herbert 140
Huch, Ricarda 159
Huchel, Peter 159
Huelsenbeck, Richard 229
»Hühnerfutterrede« (J. Semler) 163ff.
Hundhammer, Alois 50,

Huxley, Aldous 158

IG-Farben-Konzern 175f., 266f., 272
Ihering, Herbert 159
Ilgner, Max 272
Institut für Industrieforschung 266ff.
Jahn, Hans Edgar 9
Jarres, Karl 87, 127f., 131, 134
Jens, Walter 300
Jessen, Fritz 267
Jodl, Generaloberst Alfred 24, 101
Josias Fürst zu Waldeck und Pyrmont 108f., 124
Juden s. Antisemitismus
»jugendgefährdende Schriften«, Gesetz gegen den Vertrieb von 234ff.

Kaiser, Jakob 153, 213–217, 288/89*
Kaletsch, Konrad 253ff.
Kaltenbrunner, Ernst 101
Kantorowicz, Alfred 158f.
Karmasin, Franz 114
Kaselowsky, Richard 74
Kästner, Erich 159, 232f.
Kather, Linus 212
Kausen, Rechtsanwalt 53f.
Keegan, Colonel Charles 39f.
Keiser, Günter 266, 268
Keitel, Generalfeldmarschall Wilhelm 101
Kempner, Robert 116
Keppler, Wilhelm 74, 240f.
Kerr, Alfred 159, 229
Kerr, Walter 297
Kerrl, Hanns 77
Kesten, Hermann 70
Keun, Irmgard 70
Kiesinger, Kurt Georg 280
Kipphardt, Heinar 159
Kirst, Hans Hellmut 49
Kisch, Egon Erwin 159
Kißkalt, Wilhelm 77
Kläber, Kurt 229
Kleindienst, Ferdinand 195
Kleinmann, Wilhelm 74
Klett, Arnulf 45
Klöckner-Konzern 10, 127ff., 175
Klöckner, Peter 126–129, 137
Knoeringen, Waldemar von 82
Koeppen, Wolfgang von 235
Kogon, Eugen 79, 156, 207

Kolb, Walter 196
Kolbenhoff, Walter 159, 235f., 241
Konzerne 31, 77, 88, 125ff., 252ff., 272, 274
Koreakrieg 275f., 292
KPD (Kommunistische Partei Deutschlands) 80ff., 92 f., 117, 151, 166, 240
Kranefuß, Fritz 74
Kriegsgefangene 35, 37
Krogmann, Carl Vincent 74
Kroll, Gerhard 195
Krolow, Karl 159
Krone, Heinrich 116
Krupp-Konzern 10, 103, 125, 255f.
Krupp von Bohlen und Halbach, Alfried 80/81*, 103, 120
Kubel, Alfred 95f.
Kunert, Günter 159
Küpper, Anne-Liese 128

Laforet, Wilhelm 195
Lammers, Hans 108, 112
Landeen, Captain 39
Landry, Harald 229
Lange, Karl Arthur 43
Langgässer, Elisabeth 159, 235f., 242
Lederer, Joe 229
Lehr, Robert 128f.
Lemmer, Ernst 44f., 153, 215
Lenin (Ilja J. Uljanow) 186
Lenz, Otto 51, 116
Leonhard, Rudolf 159, 229
Leuschner, Wilhelm 214
Levy, Bankhaus 131f., 237
Lex, Hans Ritter von 224
Lindemann, Karl 74, 272
Lohse, Hinrich 222
Londoner Außenministerkonferenz 154
Schuldenkonferenz 274
Lorenz, Rosemarie 109
Lorenz, Werner 109
Löwenthal, Fritz 195
LPD (Liberale Partei Deutschlands) 186
Ludwig II. von Bayern 245
Luft, Friedrich 159
Lukaschek, Hans 212f., 288/89*

Maass, Joachim 229
MacArthur, General Douglas 275f.
McCarthy, Joseph Raymond 276, 278, 280
McCarthyismus 276, 278ff.
McCloy, John Jay 57f., 288, 294f. 297
Mach, Alexander 114
Maier, Reinhold 45
Mangoldt, Hermann von 195
Mann, Heinrich 158f., 229
Mann, Thomas 159, 229, 292f.
Mannesmann-Konzern 175, 256, 258, 265
Marcuse, Ludwig 229
Marshall, George C. 150
Marshall-Plan 150f., 180
Marx, Wilhelm 128, 166
Mateotti, Giacomo 67
Maximilian II., Kaiser 191
Mayer, Hans 159
Mehring, Walter 229
Meißner, Otto 238
Mendelssohn, Peter de 159
Merck, Finck & Co, Bankhaus 77, 246f.
Meyer, Emil 74
Meyer, Kurt 107
Meyer, Paul, 229
Möller, Hans 169f.
Monat, Der (Kulturzeitschrift) 157f.
Mönckeberg, Johann Georg 96
Montanindustrie 125ff., 277f.
Moses, Robert 163
Mühlen, Hermynia zur 229
Müller, Heinrich (»Gestapo-Müller«) 107
Müller, Hermann 166
Müller, Josef (»Ochsensepp«) 49ff., 98, 116, 164, 166
Mumm von Schwarzenstein 237
Mussolini, Benito 67
NATO-Pakt 297, 300
Naumann, Werner 74
Neumann, Alfred 229
Neumann, Robert 229
Neurath, Konstantin Freiherr von 114, 128f.
Nicolai, Eduard von 247
Niemöller, Martin 295
Niklas, Wilhelm 211, 288/89*
Nürnberger Prozesse 101f., 104ff.

Oder-Neiße-Grenze 30, 84
O'Donell, John 287
Oetker, August 74
Ohlendorf, Otto 74, 269–272
Olden, Balder 229
Ollenhauer, Erich 82, 290
Olscher, Alfred 74
Oppenheim, Friedrich Carl Baron von 131f., 137
Oppenheim, Bankhaus Sal. 130ff., 135, 237
Oppenheim, Waldemar Baron von 131f.
Oppenheimer, Franz 266
Orwell, George 158
Oster, Achim 51
Ost und West (Kulturzeitschrift) 159
Oster, Oberst Hans 51

Papen, Franz von 41, 60, 127f., 238–241, 257
Parlamentarischer Rat 191ff.
Patton, General George 39, 42
Pell, Robert T. 33
Petersberger Abkommen 203
Petschek, Braunkohlenzechen 253
Pfeiffer, Anton 195
Pferdmenges, Dorothea 237
Pferdmenges, Robert 61, 131–134, 148, 237f., 254, 258, 274, 288/89*
Pieck, Wilhelm 81, 83
Pietrzuch, Konrad 239
Pius XI., Papst 40

Plappert, Werner 209
Plievier, Theodor 159
Poethke, Herbert 279
Pohl, Oswald 75
Pohle, Wolfgang 258f.
Pol, Heinz 159, 229
»Politik der Stärke« 291f.
Potsdamer Abkommen 30f.
Industrieplan 142ff.
Predöhl, Andreas 273
Preysing, Konrad Kardinal Graf von 116
Pritzkoleit, Kurt 86f., 99, 136, 146f. 172ff., 177, 190, 261, 277
Pünder, Hermann 165f.

Quandt-Konzern 189

Rasche, Karl 75, 272
Rattenhuber, Ernst 43
Reemtsma, Philipp F. 266f., 273
Rehfisch, Hans Josef 229
Reichsgruppe Industrie (RI) 265–272
Reichskommissariat Ostland 221f.
Reimann, Max 195
Reinhart, Friedrich 75
Reithinger, Anton 266, 272
Remarque, Erich Maria 229
Remilitarisierung 12f., 100, 281–300
Renn, Ludwig 158
Renner, Heinz 93, 195, 208
Reusch, Hermann 126
Reusch, Paul 87, 125f., 239
Reuter, Ernst 152, 186ff., 290
Ribbentrop, Joachim von 101
Richter, Hans Werner 204, 236
Riedel, Fritz 279
Rinser, Luise 226f., 234
Robertson, General Sir Brian 164, 194, 284
Röchling, Hermann 120
Roehnert, Hellmuth 75
Röhm, Ernst 107
Roosevelt, Franklin D. 29, 251
Röpke, Wilhelm 156
Rosenberg, Alfred 101
Rosenberg, Arthur 159
Rösener, Erwin 75
Rösler, Oswald 267
Rosterg, August 75
Rothschild, Louis Baron 247f.
Rudolph, Hagen 36
Ruhrindustrie-Kontrolle 180, 193f., 197

Saarland 22
Saint-Exupéry, Antoine de 158
Sartre, Jean-Paul 158
Sauckel, Fritz 101
Sawatzki, Günter 156ff.
Schacht, Hjalmar 21, 97f., 240
Schaeffer, Albrecht 229
Schäffer, Fritz 40–43, 196, 210, 274, 288/89*
Scheer, Maximilian 229
Schickele, René 159
Schieber, Walter 75
Schlange-Schöningen, Hans 97f., 167
Schleicher, Kurt von 239f., 257
Schlieker, Willy 253f., 278
Schlögl, Alois 167
Schlüter, Herbert 229
Schmid, Carlo 192
Schmidt, Heinrich 75
Schmidt, Helmut 8
Schmitt, Kurt 75
Schmitz, Hermann 267
Schniewind, Otto 97f.
Schnitzler, Edith von s. Schröder, Edith von
Schnitzler, Karl-Eduard von 237
Schoettle, Erwin 82
Schreiber, Walther 153
Schröder, Edith Freifrau von (geb. von Schnitzler) 237
Schröder, Kurt Freiherr von 75, 132, 236–241, 272
Schuberth, Hans 98, 167, 211, 288/89*
Schumacher, Kurt 81–85, 93, 99, 153, 164, 194f., 198f., 203, 288/89*, 290 297
Schuman, Robert 297
Schwalber, Josef 195
Schwerin, Oberst Graf 295
SED (Sozialistische Einheitspartei Deutschlands) 83, 86, 153, 165, 185f.
Seebohm, Hans-Christoph 195, 211f., 288/89*
Seghers Anna 158f., 229
Seibold, Kaspar 195
Semler, Christian 164
Semler, Johannes 80/81*, 96, 98, 161–165
Senteck, Rudolf 222f.
Separatismus-Bestrebungen 55f., 66f.
Settels Franz 279
Seyß-Inquart, Arthur 101, 114
Sicherheitsmemorandum Adenauers 296ff.
Siemens-Konzern 189, 266f.
Sievers, Wolfram 75
Simer, Pater Laurentius 115
Sonnemann, Theodor 224f.
Sozialisierung 29ff., 85f., 90–94, 272
SPD (Sozialdemokratische Partei Deutschlands) 80–86, 88, 92f., 95, 99, 117, 151, 153, 164ff., 179, 185f., 192, 194, 196, 201, 203, 206, 220, 290f.
Speyer, Wilhelm 229
Spiegel, Der (Nachrichtenmagazin) 167f., 174, 196, 202, 220, 236
Springer, Axel Cäsar 109
Springorum, Friedrich 76, 239
Stahl, Rudolf 265–271
Stalin, Josef 29
Stauffenberg, Schenk von 125
Stauß, Emil Georg 76
Stegerwald, Adam 214
Stein, Bankhaus J. H. 236f., 272

Steinbrinck, Otto 75, 252, 257
Steiner, Felix 107
Stinnes, Hugo 273
Stolper, Gustav 140f.
Storch, Anton 213, 288/89*
Strasser, Gregor 240
Strauß, Franz Josef 9, 46–51, 196, 210, 258f., 281, 288, 288/89*
Strauß, Walter 167
Streicher, Julius 101
Stresemann, Gustav 96
Stuckart, Wilhelm 110ff., 114, 132
Stützle, Walther 291
Suhr, Otto 185

»Tapetenmark« (Ostzonen-Währung) 180f.
Taubert, Eberhard 279ff., 291
Teheran-Konferenz 28
Tenenbaum, Edward A. 170f.
Terboven, Josef 129
Thedieck, Franz 223
Thiermann, Richard 51
Thyssen-Konzern 10, 125
Thyssen, August 133
Thyssen, Fritz 76, 80/81*, 120
Tillmann, Robert 257ff.
Tiso, Jozef 114
Toller, Ernst 228f.
Truman, Harry S. 150, 275
Truman-Doktrin 150
Tulpanow, Oberst 164

Uexküll, Gösta von 56, 62, 69, 193, 199, 289
Uhse, Bodo 229
Unruh, Fritz von 229

Vaillant, Augusta s. Globke, A.
Valéry, Paul 158
Vershofen, Wilhelm 266
Vialon, Friedrich Karl 220–223
Viertel, Berthold 229
Villeroy & Boch-Konzern 127
Vits, Ernst Hellmut 273
Vogel, Hans 82
Vogelsang, Reinhard 238ff.
Vögler, Albert 75f., 125, 239
»Volksbund für Frieden und Freiheit« 281
Voß, Wilhelm 76

Wagner, Robert 114
Währungsreform 167–180
Waldinger, Ernst 229
Wallraf, Max 54
Wallstreet-Kapitalismus 21
Walz, Hans 76
Wandersleb, Hermann 224
WAV (Wirtschaftliche Aufbau-Vereinigung) 166
Weimarer Republik 18, 64, 55
Weinert, Erich 159
Weise von Zion 20
Weisenborn, Günther 159, 228f.
Weiß, Hanns 51
Wels, Otto 206
Welter, Erich 147
Werhahn-Konzern 134–139
Werhahn, Gabriele s. Adenauer, G.
Werhahn, Hermann Josef 138, 200
Werhahn, Libeth (geb. Adenauer) 138
Werhahn, Peter 119
Werhahn, Wilhelm 119, 134, 136f.
Wessel, Helene 194f.
Westrick, Ludger 80/81*, 225f., 273f.
Weyer, Emma s. Adenauer, Emma
Weymar, Paul 63
Weyrauch, Wolfgang 159
Wiederaufrüstung s. Remilitarisierung
Wiedervereinigung 15f., 83f.
Wildermuth, Eberhard 211, 288/89*, 295
Wilhelm II., Kaiser 204
»Wirtschaftswunder« 168ff., 263ff.
Wittelshöfer, Friedrich 112f.
Witthoeft, Franz Heinrich 76
Wolf, Friedrich 101, 158f.
Wolfe, Thomas 158
Wolff, Karl Friedrich 76
Wolff, Otto 87
Wuermeling, Bernhard 138
Wuermeling, Franz-Josef 80/81*, 138f.
Wüst, Walther 76

Yorck, Peter Graf von 213

Zander, Eugen 62f.
Zangen, Wilhelm 265f.
Zimmermann, Friedrich 51
Zinn, Georg August 195
Zinsser, August 57
Zinsser, Auguste s. Adenauer, Gussie
Zinsser, Ellen 57
Zinsser, Ferdinand 57
Zinsser, George 57
Zinsser, Hans 57f.
Zoff, Otto 229
Zuckmayer, Carl 191f., 158
Zweizonen-(Bizone-)Wirtschaftsrat 94f., 99f., 161ff., 263
Zweig, Arnold 158f., 229

ABBILDUNGSNACHWEIS

The Associated Press GmbH, Frankfurt (5); Bildarchiv Preußischer Kulturbesitz, Berlin (3); dpa, Frankfurt (4); Presse- und Informationsamt der Bundesregierung, Bundesbildstelle, Bonn (1); Süddeutscher Verlag, Bilderdienst, München (15); Ullstein GmbH, Bilderdienst, Berlin (5); Verlagsgruppe Bertelsmann GmbH, München (1).